若い知性が拓く未来

今西錦司が『生物の世界』を著して、すべての生物に社会があると宣言したのは、三九歳のことでした。以来、ヒト以外の生物に社会などあるはずがないという欧米の古い世界観に見られた批判を乗り越えて、今西の生物観は、動物の行動や生態、特に霊長類の研究において、日本が世界をリードする礎になりました。

若手研究者のポスト問題等、様々な課題を抱えつつも、大学院重点化によって多くの優秀な人材を学界に迎えたことで、学術研究は新しい活況を呈しています。これまで資料として注目されなかった非言語の事柄を扱うことで斬新な歴史的視点を拓く研究、あるいは語学的才能を駆使し多言語の資料を比較することで既存の社会観を覆そうとするものなど、これまでの研究には見られなかった溌剌とした視点や方法が、若い人々によってもたらされています。

京都大学では、常にフロンティアに挑戦してきた百有余年の歴史の上に立ち、こうした若手研究者の優れた業績を世に出すための支援制度を設けています。プリミエ・コレクションの各巻は、いずれもこの制度のもとに刊行されるモノグラフです。「プリミエ」とは、初演を意味するフランス語「première」に由来した「初めて主役を演じる」を意味する英語ですが、本コレクションのタイトルには、初々しい若い知性のデビュー作という意味が込められています。

地球規模の大きさ、あるいは生命史・人類史の長さを考慮して解決すべき問題に私たちが直面する今日、若き日の今西錦司が、それまでの自然科学と人文科学の強固な垣根を越えたように、本コレクションでデビューした研究が、我が国のみならず、国際的な学界において新しい学問の形を拓くことを願ってやみません。

第26代　京都大学総長　山極壽一

中世の〈遊女〉——生業と身分

辻浩和

目次

第三部　〈遊女〉の身分とその変容……259

序章

〈遊女〉を理解するために

第一節　中世の〈遊女〉とは

本書は、中世、つまり九世紀後半から一六世紀半ばにかけての〈遊女〉について、その生業のあり方と集団・身分との関係を論じようとするものである。

ここでいう山括弧つきの〈遊女〉とは、買売春に従事した女性の総称であるが、これは研究上用いられているタームに過ぎず、歴史的な実体としては、おおよそ以下三種の女性たちを指している。

まず、遊女と呼ばれる女性たちは、九世紀後半ごろから交通の要衝に出現し、和歌や歌謡などの芸能をもって宴席に侍したほか、買売春にも従事した。一一世紀以降は特に今様という流行歌の歌い手として有名となる。遊女の中から、次に述べる傀儡子が分化していくと、彼らと区別する意味で、淀川沿い、瀬戸内海沿いなどの水辺に集住し、小舟に乗って旅人の船に近寄ってくる者たちを特に遊女と呼ぶようになっていった。淀川沿いの江口、神崎川河口の神崎などが、その本拠地としては有名である。一三世紀後半頃からは、京中で遊女屋を構える営業形態の方が目立つようになっていき、近世の遊廓へとつながっていく。

次に傀儡子《くぐつ》と呼ばれる女性たちは、一一世紀頃に遊女から分化したもので、社会的実体としては遊女と同じ可能性が高いのだが、今様の曲調の違いによって呼び分けられたものらしい。東海道の宿《しゅく》に集住し、旅人に一夜の宿《やど》を提供する者たちを、特に傀儡子と呼んでいる。[1] 美濃国青墓・墨俣（いずれも現岐阜県大垣市）が特に有名である。た

（1）こうした呼び分けの意識は、一一世紀後半から一三世紀前半の史料に実際に確認されるほか、和歌の世界では『六百番歌合』以降、「寄遊女恋」「寄傀儡恋」という歌題の詠み方として定着し再生産されていく（『連珠合璧集』『塵添壒囊抄』『題林愚抄』九三九一など）。とはいえ、西国の遊女にも摂津国瀬川宿の事例や昆陽野など陸上での所見があり、東国でも船を使う者たちがいるので、こうした呼び分けは必ずしも厳密なものとはいえない。『惟宗光吉集』一二三七、『光経集』四一四、『吾妻鏡』建久五年閏八月二日条、『仏道の記』、『隣女集』八一五など。

現在の室津（兵庫県たつの市 図中①）
室泊とも呼ばれ、法然の遊女教化説話などで有名。『閑居友』で出家する遊女も室に住んでいた。付近の浄運寺には、伝説の遊女友君を祀る塚がある。

現在の鏡宿（滋賀県蒲生郡竜王町大字鏡　図中⑧）
京からほぼ一日で鏡宿に至る。「鏡の山のあこ丸」はこの地に宅を構えたまま朝廷の主殿司に仕えていた。山を挟んで西隣の野洲市には、鏡宿長者米持女造立の阿弥陀如来像（福泉寺）が残る。

現在の青墓（岐阜県大垣市青墓町　図中⑩）
最も有名な傀儡子の拠点。後白河の師、乙前も青墓の出身。町の入り口には、説経節『小栗判官』にちなんだ遊女照手姫の水汲み井戸が、付近の円興寺には青墓長者大炊氏や、源朝長などの墓がある。

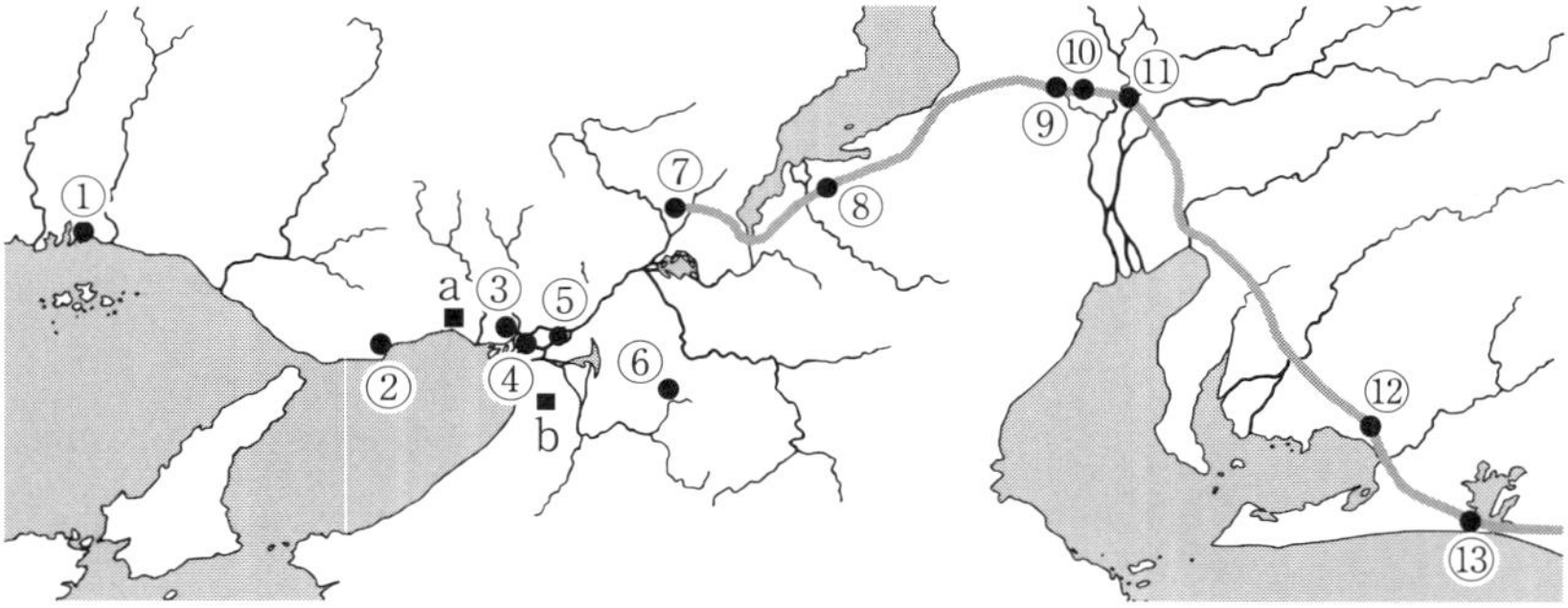

応賀寺（静岡県湖西市新居町）所蔵毘沙門天像
胎内文書によれば、文永7年、橋本宿（図中⑬）長者妙相が造立したものである。妙相という法名は女性のものであり、宿の長者という職と関わって、遊女ではないかと見られてきた。妙相は河内国磯長廟所まで参詣に出かけている点、注目される。奈良の法華寺でも橋本宿の「遊君」の長者一家の供養が行われており、「遊女」の行動範囲の広さがうかがえる。

【図1】遊女・傀儡子の拠点

遊女・傀儡子の拠点のうち、本書に登場する主な地名を掲げた。丸囲み数字が遊女・傀儡子の拠点を、アルファベットは関連地名を示している。後藤紀彦「遊女と朝廷・貴族」（『週刊朝日百科3　日本の歴史中世Ｉ－③　遊女・傀儡・白拍子』朝日新聞社、1986）所掲「東海道の宿と遊女の拠点」をもとに作図し、加筆。同論文は、遊女・傀儡子の拠点を他にも多く挙げている。

①室	⑥奈良	⑪墨俣
②兵庫	⑦京都	⑫赤坂
③神崎	⑧鏡	⑬橋本
④加島（蟹島）	⑨野上	a 広田社（西宮）
⑤江口	⑩青墓	b 四天王寺

だ、一三世紀後半以降、傀儡子を呼び分けることはほとんどなくなり、彼女たちは再び遊女と同一視されるようになる。

最後に白拍子と呼ばれる女性たちは、一二世紀後半に京周辺で出現し、鼓に合わせて足拍子を踏む、白拍子舞を芸とした。彼女たちも売春を行っていたが、一六世紀ごろまでは基本的に芸能者として扱われていたようであり、遊女・傀儡子とは区別されることが多い。

さて〈遊女〉という言葉から、人はどういったイメージを浮かべるだろうか。映画『吉原炎上』や『サンダカン八番娼館』、あるいは漫画『親なるもの断崖』や『さくらん』など、有名な作品に描かれた〈遊女〉像を総合すると、おおよそ以下のようになるのではないかと思う。

①彼女たちは不特定多数の男性と性交を行う、買売春従事者である。

②彼女たちの多くは貧しさゆえに売られてきた存在で、前借金と廓のシステムとによって縛られ、逃げることが許されない。

③彼女たちは〈遊女〉をやめた後も蔑まれ、深刻な差別の中に生きざるを得なかった。

多くの人が抱くであろうこうした〈遊女〉のイメージは、近世後期以降の〈遊女〉をもとに形作られたものである。しかし、本書で扱う中世〈遊女〉のあり方は、右とはかなり様相を異にする。

①第一に、中世〈遊女〉の生業には芸能や宿泊業などが含まれており、必ずしも売春を伴わない。例えば一一～一三世紀ごろの遊女・傀儡子は今様などの歌謡を芸としており、「歌女」と総称される存在であった[2]。客たちが遊女・傀儡子を呼ぶ場合にも、その主目的が芸能にある場合が多かった。京の南郊、定法寺の別当に「常ニ碁・双六ヲ好テ、其ノ道ノ者ヲ集メテ遊ビ戯ル。亦《また》、諸ノ遊女・傀儡等ノ歌女ヲ招テ詠ヒ遊ブヲ常ニ業トス」とあるよう

（2）『中右記』元永二年七月八日条には「歌謡女」という呼称も見える。

に、碁・双六と並ぶ遊興の一環として遊女・傀儡子などの「歌女」を招き、いつも歌い遊んでいたという（『今昔物語集』巻一三―四四）。後に大納言となる源経信は、永保元（一〇八一）年頃、しばしば仲間たちと場所を提供しあって宴会に興じているが、そこには歌女が連れてこられることが多かった。しかし彼らは通常、夜の内に解散して帰宅しており、歌女たちと性交渉を持っている様子はうかがわれない。摂関家の藤原忠実は、とりわけ今様との関わりが深い人物であり、彼の日記『殿暦』には遊女・傀儡子を邸宅に呼び寄せている記事が多く見られる。その際の遊興には女性も参加していることがあり、遊興が終わると遊女・傀儡子を帰らせるのが普通であった。[4] 同じく摂関家の藤原基房は、内裏の女房たちを宇治の別荘に招いて和歌会を催しているが、その際「白拍子の会」も併せ行われており、若・千歳という初期の有名白拍子女が参加している。[5]〈遊女〉たちは他にも和歌や朗詠などの芸能を行っている。中世〈遊女〉の史料には、売春よりもむしろ芸能に関する記述の方が圧倒的に多く残されている。

また、遊女・傀儡子の住居は、しばしば旅宿として利用された。例えば、和歌で有名な藤原定家は、有馬温泉からの帰途、江口で船を下り、「三位」という遊女の宅に泊まっている。しかし、その日「三位」は天王寺参詣に行っていて不在であったとされており、定家はその家が遊女三位の宅であること自体、人から聞いて認識しているに過ぎない。[6] 彼の目的が「三位」との性交渉になかったことは明らかだろう。建長六（一二五四）年に編纂された説話集『古今著聞集』には、中間法師・山伏・鋳物師の三人が天王寺から京に向かう途中で道連れになり、同じ宿に宿泊した話が出てくる。その宿の主人は遊女であったというが、初め三人は同じ部屋で就寝しており、主人の遊女は男たちとは別の部屋に入って就寝する。人々が寝静まったころ、山伏がそっと起き出し、鋳物師のふりをして遊女と同衾の交渉をする。遊女は提示された報酬（脇釜）に同意して鋳物師（実は山伏）を部屋に入れ、性交渉を行う。翌朝早く、山伏は宿を出てしまったので、何も知らない鋳物師が遊女に責められて難儀するが、男性器の大きさで無実を証明するという笑い話である（巻一六―五四九）。この話からは、遊女の家がやはり旅宿として用いられていたこと、交渉次第で性交渉を行えるが、それは必須ではなく、別料金であったことなどがうかがえる。遊女の家の宿泊機能は、女性によっても利用されることがあった。一四世紀初頭、後深草院二条によって書かれた回想録『とはずがたり』には、二条が女房づとめをやめて尼になってから旅をした時の様子が綴られている。彼女は行く先々で「遊女」と出会い、その様子を書き留めているが、美濃国赤坂宿では、若い「遊女」の姉妹が経営する宿に宿泊している。そこで二条は姉妹に琴や琵琶を演奏させ、酒を飲ませ、和歌の贈答などを行っている（巻四）。

もちろん、中世の〈遊女〉史料には、先に見た『古今著聞集』のほか、「抱く」[7]「通ず」[8]「合宿」[9]など、性交渉を示す記述も散見されるので、中世〈遊女〉が売春を生業の一つとしていたことは疑えない。しかし、売春だけに注目してしまうと、右のような中世〈遊女〉の多様な生業を見逃してしまうであろう。

②第二に、中世〈遊女〉の基本的な形態は独立的な自営業であって、彼女たちは居住や就業の自由を有していた。彼女たちが広範な地域を遍歴していたことは比較的よく知られている。例えば後白河が記した『梁塵秘抄口伝集』巻一〇を繙くと、淀川沿いの遊女たち、東海道の傀儡子たちが頻繁に京に上ってきていた様子が分かる。一三世紀半ばにも、美濃国青墓宿の「遊女」の長者は、夢説きに占ってもらうという目的のためだけに、はるばる京まで移動してきている[10]。さらに、彼女たちは自分の意志で廃業することができた。例えば一三世紀前半に書かれた『閑居友』下―二には、播磨国室の遊女が中納言源顕基と別れた後、故郷に戻ったが、遊女の仕事をやめて仏道に

---

(3)『殿暦』長治元年九月二三日条、永久三年九月五・一一日条。
(4) 例えば『殿暦』長治二年三月七日条には「子剋許歌了退出了」と明記されている。
(5)『続古事談』巻二―四九。
(6)『明月記』建仁三年七月一〇日条。
(7)『長秋記』元永二年九月三日条。
(8)『台記』久安四年三月二一日条。
(9)『古今著聞集』巻九―三四一、巻一〇―三八一、巻二〇―七二〇など。
(10)『平戸記』仁治元年正月二四日条。

専念する話が出てくる。遊女が発心して生業を放棄するという話は、『とはずがたり』や『法然上人絵伝』巻三四などにも見えている。

こうした自由は、中世の〈遊女〉たちが〈イエ〉を代表する家長として働いており、人に使われる立場になかった点に由来する。『閑居友』の記事では、遊女が仕事をやめたことによって家計が急速に傾き、母に諌められること、それでも意志を貫いた結果、従者たちが離れていく様子などが描かれている。ここからは、遊女が家族や従者の生計を支えていた様子がうかがわれる。それゆえに家族（「夫聟」「父母」）も遊女の営業（「淫奔之行」「徴嬖之幸」）を督励していた（大江以言「見遊女」詩序）。家族・従者を支える家長としての遊女の地位は、代々女系で伝えられたと考えられる。例えば一一世紀末、江口の「しろ」という遊女が、娘の「とと」を源俊頼に紹介し、まだ幼いのでよくしてやってくれと頼んでいるが、その約二〇年後、江口で「戸々子母」が所見しており、今度は「とと」が自分の娘を連れてきている。母子三代で遊女となっているのである。[11]他にも、中世の遊女には、「孫」の母娘、[12]江口の「せん一」の娘、[13]「きひめ《木姫》」[14]の娘など、母娘が共に遊女である例が少なくない。その生業は母子相承の「家業」であった。[15]つまり、中世〈遊女〉の再生産は、基本的には人身売買によってではなく、家業の継承として行われていたのである。

〈遊女〉たちは個々に独立した経営を行っていたが、地域ごとに集住し、院・摂関の下向などに伴って大きな収入があればそれを分け合うなど、相互扶助的な集団を形成していた。このように〈遊女〉に横の連帯が存在したことも、中世の特徴に含められよう。

③第三に、中世〈遊女〉の被差別性は近世以降と比べて弱いとされる。後藤紀彦・網野善彦はこのことを〈遊女〉の社会的地位の高さとして強調し、彼女たちの地位が低下し、差別されるようになるのは一四世紀以降のことであるとした。そこでは、〈遊女〉が天皇・院・貴族らに寵愛されて子を産んでおり、またその子が特に問題なく昇進を果たしていること、〈遊女〉の中に女房になるものが多かったことなどが指摘されている。[16]

中世〈遊女〉が天皇・院から庶民層に至る広範な階層と関係を持っていたことは間違いない。例えば一〇世紀前半には、陽成天皇の皇子である元良親王が「たきぎ」という遊女の家に住んで婚姻関係を持ち、人の噂にのぼっている（『元良親王集』七～九）。院や摂関の寺社参詣に際して遊女が現れることは一般的だが、藤原道長はそうした際に「小観童」と個人的な関係を持ったらしく、彼女が現れると赤面したという説話が残っている[17]。道長の息子の藤原頼通もまた、寺社参詣の折に「中君」という遊女と関係を持ったとされる（『遊女記』）。また、「賢人右府」と呼ばれた右大臣藤原実資も実は女好きで、内大臣藤原教通（頼通の弟）と同時期に播磨国加島の遊女香炉を寵愛し、「お前は既に大臣二人に通じたが、私とあの髭と、どちらを愛しているのか」と尋ねたという説話がある（『古事談』二―四〇）。この香炉は『遊女記』に出てくる有名な遊女で、長久二（一〇四一）年頃には大和守藤原義忠と婚姻関係にあり、義忠の急死によって加島に戻った。その噂を聞きつけて藤原彰子の女房である伊勢大輔周辺の人々が歌を詠んだというのだから、貴族たちに広く知られた遊女だったようである（『伊勢大輔集』）。一二世紀に入ると、後藤や網野が指摘するように、貴族や武士、社僧などと〈遊女〉との間に生まれる子供が目立つようになり、天皇・院

（11）『散木奇歌集』八二一、『長秋記』元永二年九月六日条。服藤早苗『古代・中世の芸能と買売春』一〇四～一〇五頁（明石書店、二〇一二）参照。
（12）『長秋記』元永二年九月六日条。
（13）『源家長日記』。
（14）群書類従本『藤原隆信朝臣集』三六二・三六三。
（15）『とはずがたり』、『右記』など。
（16）後藤紀彦「遊女と朝廷・貴族」（『週刊朝日百科三　日本の歴史　中世I―③　遊女・傀儡・白拍子』朝日新聞社、一九八六）、網野善彦「中世の女性」および「遊女と非人・河原者」（以上『網野善彦著作集』一一、岩波書店、二〇〇八（初出一九八八、八九））。なお、学術書という性格上、本書では研究者に対する敬称を全て省略させていただいた。
（17）『遊女記』、『古事談』巻二―六。

が〈遊女〉との間に子を設ける例も見られ始める。江口遊女の「丹波局」に承仁法親王を産ませた後白河や[18]、白拍子「滝」に覚仁法親王を、白拍子「石」に凞子内親王を、白拍子「姫法師」に覚誉大僧都らを産ませた後鳥羽[19]などである。この時期には〈遊女〉と庶民層の関係をうかがわせる史料も顕著になる。先に挙げた『古今著聞集』の山伏はその一例だが、同史料にはほかに、近江国海津の支配者であった法師が遊女「金」を妻としていた話を載せている。法師が「金」の同僚の（「おもてをならべたる」）遊女に手を出したので、大力の「金」に折檻をうけたという話であるが、「金」は遊女稼業を続けながら法師と婚姻関係を結んでいたように読め、興味深い（巻一〇—三八一）。

　さて、一二世紀後半以降、公卿層に〈遊女〉の子が増加する現象については、〈遊女〉の社会的地位が高かったからではなく、一二世紀前半に貴族の家格が確立し、父系相承が確かなものになったので生母の地位が問題でなくなったためだとする批判がある[20]。遊女所生の皇子女は養君として乳母・乳父に預けられて養育される慣行があったとする指摘や[21]、遊女所生の女子を建春門院の女房にする際、姉の養子にする措置が取られたりした例（『たまきはる』）があるので、〈遊女〉の社会的地位の高さを過度に強調するのは問題であると筆者も考える。

　しかし、問題を社会的地位の高さではなく、差別的まなざしの希薄さという点に絞れば、後藤・網野の主張にはうなずける部分が少なくない。何をもって差別とみなすかという問題は実は大変難しいのであるが、例えば後白河が傀儡子「乙」（乙前）を今様の「師」と仰いでおり、病気に際しては自ら見舞っていること[22]、その乙前が藤原忠子に歌を送ってきたとき、息子の藤原惟方が忠子に代わってきちんと返歌を返し、乙前に対して敬語を用いていること[23]、日吉社の祢宜である祝部成仲が鏡山の傀儡子「あこまろ」の旧宅を見て彼女を偲ぶ歌を詠んでいること[24]、公卿層の源経信が、「最愛の」次女の養育を「奥殿」という傀儡子に任せていたこと（『胡琴教録』）など、複数の史料から見て、少なくとも一二世紀頃の〈遊女〉が差別的な扱いを受けていた様子はうかがわれない。一三世紀後半以降は徐々に〈遊女〉へのまなざしが変わってくるが、少なくとも、〈遊女〉を一般の女性と区別するようなまなざしが確立し、〈遊女〉が一定の区画＝廓に押し込められていくのは、中世末から近世初期にかけての頃かと思われる

（第九章後述）。

　このように中世〈遊女〉は、①生業の多様性、②経営形態、③社会的位置付けに特徴を有している。本書が中世〈遊女〉の生業と身分をテーマとするのは、中世〈遊女〉を特徴づける右の諸点を明らかにするためである。

　中世〈遊女〉の特徴は、もちろんこれまでの研究史でも部分的には意識されてきている。しかしながら、先行研究の多くは〈遊女〉の生業（①）のうち売春のみに着目する傾向があり、また議論も社会的位置付けの問題（③）に集中して行われてきた。つまり、遊女の生業とその経営（①・②）といった生活のあり方は等閑視されてきたといってよい。だが、彼女たちが社会の中でどのように生きているのかという生活の視点を欠いたままで、彼女たちの社会的位置付けを論じても、それは結局空疎な議論にしかならないだろう。本書はこのような問題意識に立った上で、できる限り彼女たちの生活に即した視点から、その生業や集団構造について明らかにし、その位置付けを再考してみたいと思う。

---

(18)『山槐記』安元元年八月一六日条、『玉葉』同二年一〇月二九日条、『天台座主記』等。
(19)『本朝皇胤紹運録』、『皇胤系図』等。
(20) 羽下徳彦「家と一族」一〇〇頁（朝尾直弘ほか編『日本の社会史六　社会的諸集団』岩波書店、一九八八）。
(21) 秋山喜代子「養君にみる子どもの養育と後見」（『史学雑誌』一〇二―一、一九九三）。なお、秋山は『明月記』嘉禄三（安貞元）年正月三〇日条で、舞女（白拍子）の「夜叉」を妻とした徳大寺公継に対し、「貪欲忘レ恥、心操挟レ凶、以二下女一為レ妻、子息有二禽獣之聞一」という評価がなされていることをもって、遊女に対する蔑視を説き、遊女所生が養君とされるのもそのためであるとした。しかし、この甍伝はあくまでも公継に向けられたものであるから、遊女に対する差別意識として一般化することには慎重でありたい。
(22)『梁塵秘抄口伝集』巻一〇、『転法輪鈔』。
(23)『粟田口別当入道集』一五九。
(24)『祝部成仲集』八六。

第二節　中世〈遊女〉をめぐる研究の現状

まず、これまでの研究で中世〈遊女〉がどのように扱われてきたかを整理し、現状の問題点を把握することから始めたい。中世〈遊女〉史の研究は、相場長昭「遊女考」[25]、喜多村信節「画証録」[26]、本居内遠「賤者考」[27]など既に近世期から行われているが、いずれも史料蒐集の側面が強いため、ここでは近代の研究から見ていくこととする。

（一）　遊女の「起源」

①〈遊女〉＝異民族説

（a）柳田国男

柳田国男は、傀儡子（・遊女）をサンカと同系統とみなし、更に彼らを「百姓と呼ばる、階級の外」なる「特殊部落」の一員と位置付けた[28]。「わが邦のクグツは九州より上りたりと覚ゆれば、朝鮮を通過して大陸より入り込みしジプシーの片われではなきか」「クグツの中代の帰化なることは、小生においてほぼ立証の拠有之」等とあるように[29]、柳田は傀儡子を異民族とみなしていた。こうした理解は、被差別民を異民族とみなす近世的観念[30]を継承し、近代的な人種概念・民族概念でこれを補強することによって成り立つものである。同時期の柳田は、日本人を混合民族とみなす立場に立って「先住民」としての「山人」を追及していたが、山人と傀儡子とは別系統の異民族と考えていたようである。遊女・傀儡子を被差別民の一部とみなすこと、被差別民が「異民族」であること、日本人＝混合民族論等はいずれも当時の通説的位置をなしているが、柳田説の特徴は「異民族」の文化がその独自性を保ったまま現代に残存しているとみなした点に求められる[31]。

柳田自身は一九一三年頃になると突如として「特殊部落」＝「異民族」説を修正ないし放棄したようで、一時後述する喜田貞吉に近い見解を述べることもあった[32]。背景には植民地同化政策への政治的配慮があったと推測され、「山人」説についても同様に放棄されるようになっていった[33]。

(b) その他の〈遊女〉＝異民族説

一方、異民族説自体は、柳田以後も継続している。背景には、日鮮同祖論や、韓国併合によって朝鮮語・朝鮮民俗(特に操り人形)の研究が進んだことなどが挙げられるだろう。

安藤正次は、傀儡子を中国から伝わった「ヂプシー的のもの」とした濱田耕作説[34]に今西龍の「朝鮮白丁考[35]」を加

(25) 岩本活東子編『燕石十種』一所収、中央公論社、一九七九。
(26) 岩本活東子編『続燕石十種』一所収、中央公論社、一九八〇。
(27) 『本居内遠全集』吉川弘文館、一九二七。
(28) 「踊の今と昔」(『定本柳田國男集』七、筑摩書房、一九六二(初出一九一一)、「『イタカ』及び『サンカ』」(『同』四、一九六三(初出一九一一～一二)。
(29) 『柳田国男・南方熊楠往復書簡集』下(平凡社ライブラリー、一九九四)所収大正元(一九一二)年一二月五日付書簡および同年一二月一〇日付書簡参照。
(30) 上杉聰によれば、一五世紀初頭に成立した被差別民の異民族起源説は、一六～一七世紀に社会的広がりを見せ始め、一八世紀になると広範に唱えられるようになる。さらに幕末になると、中国からの渡来説に代わって朝鮮からの渡来説が登場し、「蕃国」思想と結び付いて強力なものになっていくという。上杉聰『明治維新と賤民廃止令』序章、解放出版社、一九九〇。こうした諸言説の中には、〈遊女〉を被差別民に含めるものも散見される。
(31) 橘川俊忠「柳田國男におけるナショナリズムの問題」(『神奈川法学』一九―一、一九八三)。
(32) 柳田国男「所謂特殊部落ノ種類」(『定本柳田國男集』二七、筑摩書房、一九六四(初出一九一三))。
(33) 柳田は官僚として韓国併合に関わっているが、そのスタンスは必ずしも明確でないため議論を呼んでいる。小熊英二『単一民族神話の起源』(新曜社、一九九五)によれば、山人論から常民論に移行する時期には植民地政策に批判的な言辞を見せている。
(34) 青陵子(濱田耕作)「古表八幡の傀儡子」(『芸文』二年五号、一九一一)。
(35) 今西龍「朝鮮白丁考」(『高麗及李朝史研究』国書刊行会、一九七四)。

味して発展させ、言語学の立場から「くぐつ」の語源が朝鮮語にあると主張して、「傀儡子は支那より朝鮮を経て日本に入ったもの」であり、直接には朝鮮の被差別民である楊禾尺が渡来したものと推定した。[36]

西村眞次は、傀儡子（・遊女）はコーカシヤ系の民族で、ジプシーと同じく西インドに発し、朝鮮を経て先史時代に日本に渡ってきたものと主張した。西村によれば彼らはサンカ・非人に分化し、非人の中からクグツメが出現したという。[37]高野辰之もほぼ同様の見解をとっている。[38]

滝川政次郎は、民妓すなわち遊女はもともと日本には存在せず、帰化人、特に朝鮮の漂泊民である白丁族によってもたらされたと主張した。[39]滝川説は安藤説に近いが、白丁族が渡来以前に中国文化の影響を受けて道教的百大夫信仰、散楽芸能、房中術等を獲得したとするなど、中国との関係を強調する点が特色といえる。滝川説は端々に差別的観念を覗かせてはいるが、その異民族性を論証するために遊女・傀儡子の生活・職業上の実態について詳細に検討を行っており、遊女社会の構成員や居住形態、遊女名、「遊女職」など組織・制度面での実態、あるいは技術としての散楽や房中術、百大夫信仰に見られる信仰と職業の関係に言及するなど、[40]有用な指摘も多く残している。中世の遊女は芸能という特殊技能を持つ職業婦人であって、単なる売笑婦とは異なると述べ、その芸能性を強調した点などは特筆されるべきであろう。

②〈遊女〉＝巫女説

柳田は傀儡子の最大の収入源として「祈祷禁呪等の巫女職業」を想定し、彼女等を「巫と娼と相兼ぬる」存在と位置付けた。[41]これはサンカや比丘尼のあり方から発想されたもので、[42]本来は傀儡子・サンカ・熊野比丘尼等の特異性を指摘する点に主眼があったと思われるが、異民族説を放棄した後には同じ現象が今度は女性一般の巫女性・宗教性を示すものとして強調され、遊行女婦の主任務は宗教であって売春は活計のたよりではなかったとさえ言われるようになっていく。[43]

中山太郎は、売笑は太古から神社と関係しているとして、売笑婦を兼ねる巫女を巫娼と呼び、その展開を通史的に叙述した(44)。しかしながら、中山の所説は巫娼の外来を示唆する一方で、民俗に残る共同婚・母系制の遺制が売笑の発生・存続に関与していたとし、また年老いた巫女が生活上の必要から堕落して売笑を行ったとするなど、社会経済関係によっても説明がなされており、理論的に未統合な印象が強い。他方、各時代を通じた史料の博捜・網羅性は今なお有用で優れたものである。こうした理論的曖昧さと史料集的性格が相俟って、巫娼説は後世に強い影響を及ぼした。

民俗学の分野では、葬送を掌る遊部から「遊行女婦」と「遊行女巫」への分化を説いた五来重や(45)、境界という霊的な空間と遊女のつながりに着目した宮田登など(46)、〈遊女〉＝巫女説は根強く支持されている。

こうした民俗学の定説が国文学・歴史学に与えた影響は大きい。脇田晴子が傀儡子（・遊女）を漂泊の巫女と近

(36) 安藤正次「久具都（傀儡子）名義考」（『安藤正次著作集』三、雄山閣出版、一九七五（初出一九一九））。
(37) 西村眞次「中世の漂泊民衆」（『日本文化史點描』東京堂、一九三七（初出一九三三））。
(38) 高野辰之『国劇史概観』春秋社、一九三四。
(39) 滝川政次郎『遊女の歴史』至文堂、一九六五。滝川は「社会の落伍者」の流入を認めているが、基本的には白丁族と帰化漢人であったとしている。
(40) 滝川政次郎『江口・神崎』至文堂、一九七六増補（初出一九六五）。
(41) 柳田注28前掲「『イタカ』及び『サンカ』」、および同「巫女考」（『定本柳田國男集』九、筑摩書房、一九六二（初出一九一四））。
(42) 『柳田国男・南方熊楠往復書簡集』上（平凡社ライブラリー、一九九四）所収明治四四年八月一四日付書簡および同年一〇月四日付書簡参照。
(43) 柳田国男「妹の力」（注41前掲『定本柳田國男集』九、初出一九二七）。
(44) 中山太郎『売笑三千年史』ちくま学芸文庫、二〇一三（初出一九二七）。
(45) 五来重「中世女性の宗教性と生活」（女性史総合研究会編『日本女性史』二、東京大学出版会、一九八二）。
(46) 宮田登「境に住む遊女」（『女の霊力と家の神』人文書院、一九八三（初出一九八二））。

縁で古代的な女性主導の祭祀を継承するものとしているほか[47]、体制から排除され、かつ芸能の宗教性・身体性に根ざしている点で遊女と巫女を類義的な存在とした倉塚曄子[48]、巫女を「遊女の源流の一つ」とした上で、巫女・遊女・傀儡子・白拍子等はセックスや芸能を通じて天皇・神などの「聖なるもの」に奉仕しそれ自身「聖別」されたとした網野善彦[49]、巫女が遊女に転身するのではなく「遊女という表現」自体が巫女性を持つとした佐伯順子[50]、民俗事例に残る不特定の人との性行為は神婚・聖婚であり、それは遊女と天皇の関係に重なると主張する大和岩雄[51]、芸能の上で巫女と遊女が重なり合っていたとした阿部泰郎[52]等の所説にも、〈遊女〉＝巫女説は強い影響を与えている。

③問題点

以上の二説には、既にいくつかの批判が提出されている。

まず〈遊女〉＝異民族説に対しては網野善彦が、日本列島と朝鮮半島の密接な交流を考えれば遊女・傀儡子のみを特別視出来ないとして、その差別性を批判している[53]。

〈遊女〉＝巫女説には、以下のような批判がある[54]。

- 中近世巫女の状況によって古代巫女を規定している。
- 傀儡子の祈祷は自分のための個人的祈祷であって、他者のための職業的祈祷ではない。
- 性的放縦を「遊女的」とみなす点が曖昧である。
- 歌舞／買売春／女性の聖性が混同されている。

総じて、本項で取り上げた二説は本質主義的性格が強く、起源が超歴史的に〈遊女〉の性格を規定し続けると考える傾向がある。したがって豊富な事例は全て特定の図式に吸収され、叙述はパターン化とマンネリズムに陥るほかない。歴史的変容過程や社会的背景への関心が、そこではきわめて希薄である。歴史家から次項のような反論が出されるのは当然といえる。

（二）〈遊女〉を疎外する社会構造

①喜田貞吉

喜田貞吉は、被差別民を異民族とみなす当時の通説的理解に対し、差別は「単に境遇上の問題で、決して民族上の問題では」なく、彼らは「生存競争上の劣敗者、社会の落伍者」であったと主張した。[55]異民族説が社会進化論を民族間の生存競争に適用したのに対し、喜田説はこれを個人レベルの生存競争に適用しており、公民＝百姓＝農民と賤民との間には流動性＝「新陳代謝」があり、賤民は社会・経済上の理由によって不断に生じ続けるとしている点が特色である。

喜田は傀儡子（・遊女）をもこうした賤民の一部と見ており、彼らは本来「国津神系統の民族と、世の落伍者」

(47)　脇田晴子「性別役割分担と女性観」（『日本中世女性史の研究』東京大学出版会、一九九二（初出一九八二））。
(48)　倉塚曄子「遊女論にことよせて」および同「古代の女の文化」（以上『古代の女』平凡社選書、一九八六（初出一九八〇、八三））。
(49)　網野善彦「異形の王権」（『網野善彦著作集』六、岩波書店、二〇〇七（初出一九八六））、網野注16前掲諸論文。
(50)　佐伯順子『遊女の文化史』中公新書、一九八七。
(51)　大和岩雄『遊女と天皇』白水社、一九九三。
(52)　阿部泰郎「声わざ人の系譜」（『聖者の推参』名古屋大学出版会、二〇〇一（初出一九九六））。
(53)　網野善彦「中世における聖と賤の関係について」（『日本中世に何が起きたか』洋泉社、二〇〇六（初出一九八六））。
(54)　滝川政次郎「巫女起源説批判」（滝川注39前掲書）、服藤早苗「遊行女婦から遊女へ」（『平安王朝社会のジェンダー』校倉書房、二〇〇五（初出一九九〇））、曽根ひろみ「売春の歴史をめぐって」（『娼婦と近世社会』吉川弘文館、二〇〇三（新稿））、小谷野敦「『聖なる性』の再検討」（『日本研究』二九、二〇〇四）、同『日本売春史』（新潮社、二〇〇七）など。
(55)　喜田貞吉「特殊部落の成立沿革を略叙してその解放に及ぶ」（『被差別部落とは何か』河出書房新社、二〇〇八（初出一九一九））、同「賤民概説」（『喜田貞吉著作集』一〇、平凡社、一九八二（初出一九二八））。

であって、「同化の機会」に外れた結果、「祖先以来の」浮浪生活を続けていたウカレビトで、「真の戸籍帳外の浮浪人」であったと述べた。つまり喜田説では、定住し同化さえすれば、傀儡子が農民になれる可能性を認めている。喜田は「同化」を時に「皇化」とも呼んでおり、天皇の支配下にあることと農民であること、差別されないことを同一視していたようである。[56]

喜田は韓国併合に際して日本人の「同化力」を強調し、同化主義の立場をとっていたが、民族自決運動に対抗して同化政策を推進するためには、民族上の出自によって差別され続ける人々が国内に存在するとも読める柳田らの異民族説は不都合であった。彼が国内の部落問題を「境遇上の問題」と強調して融和主義を説き、同化＝皇化の有無を差別の指標としたのは、帝国主義と関わるきわめて政治的な主張だったとされている。[57]

②問題点

喜田説は〈遊女〉を歴史的に形成される存在とした点で評価されるが、一方疎外の構造に着目するあまり問題点を抱えてしまっている。[58]すなわち、喜田説は「個々の『賤民』を各時代の社会的関係の中に位置付ける視点には結び付くが」、支配や階級、構造変化等に対する視点に欠けるため「『賤』の再生産の要因を、人口増加による『賤民』集団内部の構造変化と、社会における蔑視観念の残存に求めざるを得ない」とされている。[59]喜田説には、集団の再生産や変容に関する議論が欠けているといえるだろう。この点を補う形で集団の実態に踏み込んだのが、次項に挙げる角田一郎・脇田晴子である。

(三)〈遊女〉の集団と再生産

①角田一郎

角田一郎は、『傀儡子記』などの文芸作品と実態との乖離、特に傀儡子の定住化傾向を指摘した上で、人を指す

「傀儡子」・「くぐつ」がいずれも一〇世紀中頃までの用例を欠くことから、傀儡子は平安朝に頻出した逃散民が集団化したもので、定住化・半農化するまでの過渡的存在であったと述べた。角田によれば傀儡子集団の特性の中核は「無課の民」「治外の民」である点にあり、治下の民としての遊女との相違もこの点に存在するのであるが、鎌倉期になって傀儡子の定住化が進むとこの相違が薄れ、両者が「遊君遊女」として一体化するという。(60) 以上の考え方は角田自身が説明しているように、喜田説から「国津神系統の民族」という民族の要素を取り去り、「世の落伍者」を主勢力と見ることによって成立している。これにより、傀儡子論が古代史と分断されて中世史固有の問題となった点は重要だろう。

角田は、同じく売淫者である遊行女婦・遊女等と比較するとき、傀儡女の特異相はその「部族的な在り方」「老幼男女打ちまじった集団性」にこそあると述べ、傀儡子集団が世帯を単位とし「老若男女を包含する多数の家族の集合体」であること、支配の中心には母系相承による長者的女性が存在し、その裾野に群小歌女やはかない売淫女

---

(56) 国津神系統は当時日本列島の先住民族を指して用いられた用語。喜田は他の異民族説論者と同様に傀儡子と朝鮮の白丁との類似性を指摘するが、両者がいずれも「同一系統」の先住民族であるとしている点、起源としての民族と、差別の要因とを分離している点が独特である。喜田貞吉「朝鮮の白丁と我が傀儡子」（『史林』三―三、一九一八）参照。

(57) 田中聡「喜田貞吉と部落史研究」（『部落問題研究』一一三、一九九一）、小熊注33前掲書等を参照。

(58) 必ずしも〈遊女〉の問題を正面から取り上げたわけではないが、「傀儡子師《（ママ）》」などの「雑芸人」を非人の一種と位置付け、秩序を規定する「基本的な生産手段」から疎外され、「権門体制＝荘園制社会の支配秩序の諸身分から原則としてはずれている」身分外の身分と見た黒田俊雄の理解もまた、喜田説と同様、疎外の構造に着目したものといえる。黒田俊雄「中世の身分制と卑賤観念」（『黒田俊雄著作集』六、法蔵館、一九九五（初出一九七三））。黒田の非人論は、中世社会を余りに一元的・固定的に捉え過ぎているため「非人」の変動を捉え切れておらず、また「非人の本質を〝孤絶の個人〟と規定するとすれば、かれらは必然的に家をもたず、世代をかさねる条件をもちえないことになる」と批判されている。永原慶二「解説」（黒田前掲書に所載）。

(59) 田中注57前掲論文。

(60) 角田一郎『人形劇の成立に関する研究』旭屋書店、一九六三。

たちが拡がっていることなどを指摘した。歌謡・血統に基づく女性側の秩序と、芸能・血統に基づく男性側の秩序との関係については、集団化の初めにおいては男子側が、有力傀儡子（名儡）出現後には女子側が主導力を持ったという。さらに傀儡子の居住や階層性に着目する角田は、特定の有力傀儡子（名儡）が京畿に「出張」している点を党内貧富の差の発生要因、党の解体の機運として重視し、またその出張の背後に男性労働や旅館業者・周旋業者の存在を看取して「漂泊」の集団性を指摘した。角田説には後述する問題点も存するが、こうした集団実態の分析はきわめて示唆に富み、他に卓越した高度な達成を示しているといえるだろう。

②**脇田晴子**

脇田晴子は中世の被差別民を二つの系統として理解しており、①社会体制の中から没落していった人々や、②律令国家体制の枠外で生活していた狩猟民などが、新たに体制に接触する中で被差別集団を形成し、①は非人、②は「化外の民」になったとしている。[61] 脇田によれば、②にあたる傀儡子（・遊女・白拍子）は、「わが国原住の狩猟・漁労民」を母体として、没落民が加わって出来た集団で、課役貢納に基づく権利義務を持たず、室町初期に河原者・坂非人・散所非人に分化するという。

脇田説は、傀儡子集団を母系の家族の集合体であり、その女性家長を構成員とする非血縁の座的集団であると位置付けた点に特色を有する。これらの家には家族や非血縁の養女・従属労働力等が含み込まれており、また長者は集団の代表者であると説明される。こうした指摘は、〈遊女〉集団論を座的集団論に開くものとして重要な意味を持っている。

③**問題点**

角田・脇田両説は、支配体制からの逸脱を主張する喜田説を継承発展させたものだが、これら三説に共通する傾向として、傀儡子を主として考察しており、遊女は傀儡子の一種とみなされている点が挙げられる。これは『傀儡子記』の記述を重視しているためで、傀儡子が支配体制から逸脱しているという主張は、同史料をほぼ唯一の論拠としている。同様の傾向は、〈遊女〉＝異民族説、〈遊女〉＝巫女説にも認められる。

『傀儡子記』とは、一二世紀初め頃に学者の大江匡房が書いた史料である。少し長いが、以下に全文を掲げる。

傀儡子者、無二定居一、無二当家一、穹廬氈帳、逐二水草一以移徙、頗類二北狄之俗一。男則皆使〔便〕二弓馬一、以二狩猟一為レ事。或跳二双剣一、弄二七丸一、或舞二木人一、闘二桃梗一、能二生人之態一、殆近二魚龍曼蜒之戯一。変二沙石一為二金銭一、化二草木一為二鳥獣一、能□二人目一。女則為二愁眉・啼粧・折腰歩・齲歯咲一、施レ朱傅レ粉、倡歌淫楽、以求二妖媚一。父母夫聟不レ誡二□丞一、雖レ逢二行人旅客一、不レ嫌二一宵之佳会一。寵嬖之余、自献二千金・繍服・錦衣・金釵・鈿匣之具一、莫レ不レ異二有之一。不レ耕二一畝〔田脱カ〕一、不レ採二一枝桑一。故不レ属二孫〔県カ〕官一、皆非二土民一、自以浪人。上不レ知二王公一、傍不レ怕二牧宰一、以レ無二課役一為二一生之楽一。夜則祭二百神一、鼓舞喧嘩、以祈二福助一。東国美濃・参川・遠江等党、為二豪貴一。山陽播州・山陰馬州等党、次レ之。西海党、為レ下。其名儡、則小三四、百三、千歳、万歳、小君、孫君等也。動二韓娥之塵一、余音繞レ梁、聞者霑レ纓、不レ能二自休一。今様、古川様、足柄、片下、催馬楽、黒鳥子、田歌、神歌、棹歌、辻歌、満周、風俗、咒師、別法等之類、不レ可二勝計一。即是天下之一物也。誰不二哀憐一者哉。

前半部によれば、傀儡子は定まった住居がなく、移動しながらのテント暮らしを行っており、男性傀儡子は狩猟と、ジャグリング・操り人形などの大道芸を、女性傀儡子は唱歌と性的サービスを生業としており、いずれも農業に携わらず、国司の支配に従わず、課役を納めなかったとされている。しかし、角田が詳しく指摘したように、

(61) 脇田注47前掲論文、同「芸能・文化の担い手」（『日本中世被差別民の研究』岩波書店、二〇〇二〈初出一九八五・八八〉）、同「中世の分業と身分制」（永原慶二・佐々木潤之介編『日本中世史研究の軌跡』東京大学出版会、一九八八）、同『女性芸能の源流』（角川選書、二〇〇一）等。

『傀儡子記』の記述には実態と乖離している面が少なくない。まず、『傀儡子記』自体が後半で傀儡子を本拠地で分類しているように、一二世紀の傀儡子は定住している。そのことは一二世紀後半に書かれた『梁塵秘抄口伝集』や、同時期に青墓傀儡子の今様相承を示した系図『今様の濫觴』などを見ても明瞭である。また一三世紀半ばには傀儡子が所領を有している事例や訴訟を行っている事例も見られるので[62]、耕作を行わない、支配体制から外れているといった記述とは食い違う。角田自身はこうした乖離を「過渡的な在り方」として時間的に処理したが、『傀儡子記』の成立時期において既に乖離が見られる以上、その記述や規定性そのものを疑う意見が出てくるのは当然で、網野善彦による脇田説批判[63]もこの点をめぐってなされている。結局のところ、『傀儡子記』は、一代の碩学匡房が、『漢書』「匈奴伝」の、

逐二水草一遷徙、無二城郭・常居・耕田之業一。……其俗、寛則随二畜田一猟二禽獣一為二生業一、急則人習二戦攻一以侵伐、其天性也。……漢使曰、匈奴父子同穹廬臥（師古曰「穹廬、旃帳也。其形穹隆、故曰穹廬」）……

や、『後漢書』「烏桓鮮卑伝」の、

俗善二騎射一、弋二猟禽獣一為レ事。随二水草一放牧、居無二常処一、以二穹廬一為レ舎。

といった文献に依拠しながら書いた文学作品なので、中央の支配に属さない異民族性を強調している部分については、かなり慎重に読まざるを得ないのである[64]。

角田はまた、「傀儡子」「くぐつ」の用例が一一世紀以降に出現し、鎌倉期には「遊君遊女」に同化していくという注目すべき指摘を行っており、この点は宇津木言行によっても論じられているが[65]、例えば一一世紀前半の『更級日記』に見える足柄山や野上の「あそび」は、後世の傀儡子に連続するものと見るほかなく、一一世紀における「傀儡子」の出現は部族の形成として見るよりも、遊女からの分化による名称変化と見るのが適当だろう（第八章第

二節に後述）。傀儡子のみに着目する角田・宇津木両説では、この点が見過ごされている。「遊女」の考察においては、傀儡子ではなく、九世紀以降[66]の遊女を軸として論ずるべきと考える。

柳田以降の『傀儡子記』重視と、それによる特殊性・逸脱性の強調に異を唱えたのが、次項に述べる後藤紀彦・網野善彦であった。

（62）建長元年七月二三日付関東下知状（『尊経閣古文書纂』所収宝菩提院文書、『鎌倉遺文』七〇九三）、建長七年一〇月日付「伊予国神社仏閣等免田注進状写」（伊予国分寺文書、『鎌倉遺文』七九一二、および『愛媛県史』資料編）。前者については網野善彦・笠松宏至『中世の裁判を読み解く』（学生社、二〇〇〇）に詳しい。

（63）網野善彦「脇田晴子の所論について」（『網野善彦著作集』七、岩波書店、二〇〇八（初出一九八四））、同「中世の旅人たち」（注16前掲『網野善彦著作集』一一、初出一九八四）。網野は脇田が傀儡子を「化外の民」と位置付けた点を批判して、傀儡子が訴訟の当事者となり得る点、国衙によって免田を与えられている点などを指摘した。網野はさらに、脇田が遊女を「支配外の者」とした点については朝廷・幕府とのつながりを、脇田が遊女の人身売買を示す史料とした白拍子玉王請文については史料解釈の誤りを指摘し、脇田は「近世の遊女のイメージで中世の遊女・白拍子をおしはかる固定観念にとらわれ、史料の恣意的解釈に陥っている」と批判している。

（64）なお、〈遊女〉＝異民族説では、『傀儡子記』と『高麗史』「崔忠献伝」との類似から、傀儡子の朝鮮からの渡来（楊水尺由来）をいう説があった。しかし、「無㆓貫籍・賦役㆒、好㆓逐水草㆒遷徙無㆑常、唯事㆓畋猟㆒、編㆓柳器㆒、販鬻為㆑業」といった記述はむしろ、『漢書』などになぞらえて書くと『傀儡子記』のような文章が容易に生じ得ることを示しているといえるだろう。

（65）宇津木言行「古代中世クグツについて」（『日本歌謡研究』三九、一九九九）。

（66）遊女の初見は九世紀後半の下総国分寺跡出土墨書土器、文献上の初見は九世紀末頃の紀長谷雄『競狩記』とされている。東野治之「日本古代の遊女」（原田平作・溝口宏平編『性のポリフォニー』世界思想社、一九九〇）、川尻秋生「『遊女』の源流を探る」（『全集日本の歴史四　揺れ動く貴族社会』小学館、二〇〇八）、山路直充「『更級日記』上洛の記」（倉田実・久保田孝夫編『王朝文学と交通』竹林舎、二〇〇九）等参照。

（四）被支配者としての〈遊女〉

①後藤紀彦

後藤紀彦は、遊女・傀儡子に皇女を始祖とする伝承があること、後白河・後鳥羽の〈遊女〉への寵愛等を指摘した上で、『右記』「音曲事」に見られる「或倡家女・白拍子、皆是公庭之所属也」の記事は、遊女・白拍子が「朝廷に所管」されていたことを示すと主張した。具体的には、遊女の源泉の一つを雅楽寮所属の内教坊に求める滝川説を紹介し、また五節下仕に江口・神崎の遊女が参仕しており、五節所には雅楽寮との関係が認められるとして、「遊女は古く内教坊と何らかのつながりがあったが、それが衰微した院政期に、畿内・近国の遊女・傀儡・白拍子を雅楽寮付属の機関を設けて、かなり大がかりな組織に再編したもの」と推定した。後藤によればその職掌として朝廷行事への参仕や院御所等への歌舞奉仕などが想定されるが、そうしたあり方は供御人とほとんど同じであり、また遊女と宮廷女官との類似性もこの点に原因が求められるという。

さらに後藤は、一六世紀、「洛中傾城局公事」徴収の問題に関して、久我家が「所々亭主」を通して「洛中傾城并仲人方公事」「洛中洛外局公事」を徴収していたことを明らかにした。後藤によれば院政期に朝廷が有した〈遊女〉統轄権が人的結合であったのに対して、傾城局公事職が地縁的に管理されていることは、〈遊女〉が遍歴性を弱めて京に定住したことと関わるとされている。傾城局公事職は、豊臣政権によって廃されたという。[67]

②網野善彦

網野善彦は、天皇・上皇・女院などに仕える女房の中に遊女・白拍子出身の女性が存在したこと、逆に女房たちが「遊女的」な「愛の遍歴」を行っていたことなどから、「遊女が宮廷の女性官人を、少なくともひとつの重要な源流としていた」として内教坊妓女や遊行女婦の存在に注意を喚起し、さらに「女性官人はその根底に『聖なるものへの奉仕者』の性格を潜在させていた」から、女官と同時に「巫女もまた、遊女の源流のひとつと考えることができる」と主張した。

また傾城局公事職の問題に関しても、同公事がもともと検非違使庁職員の勢多氏に納められていたことから、南北朝期以後、遊女・仲人の洛中への定着とともに検非違使―勢多氏の公事徴収権が確立したもので、勢多氏が久我家被官となった際に権限の一部が久我家に移譲されたものとした。一方、その性格については、賦課が地子ではなく公事の形態をとっていることから、遊女支配は土地ではなく人的集団に対する支配であったと述べて、後藤とは異なる見解を示している。[68] 新史料の紹介によって、傾城局公事が「けいせい座」に関わる点を明らかにした点も特筆される。[69]

③問題点

後藤・網野両説は、「職能民」のうち「職人」と呼ばれる人々が、中世前期には神人・供御人として天皇・神仏などの「聖なるもの」に奉仕する代わりに遍歴を保障されていたが、南北朝以降になると天皇権威の低下に伴って卑賤視されるようになり定住に向かうという、所謂「網野史学」のシェーマに沿ったものである。この点は、それ以前の〈遊女〉史研究と対照的に、〈遊女〉を被支配者として位置付け、〈遊女〉論を中世「職能民」一般の世界に開いてみせたという点で意義を有しているといえよう。傀儡子中心に社会からの疎外と漂泊を論じてきた研究史は相対化され、遊女・傀儡子・白拍子の居住や家地所有、集団構成、権力との接点などが、つまり彼女たちが社会を

(67) 後藤注16前掲論文。
(68) 網野注16・注49・注63前掲諸論文。
(69) 網野善彦「検非違使の所領」(『網野善彦著作集』一三、岩波書店、二〇〇七(初出一九八六))。

生きる諸条件が問題とされるようになった。これによって、例えば脇田が指摘していたような〈遊女〉集団の座的構成についても、他の座的集団と同一次元で語ることが可能になったのである。[70]

しかし後藤・網野両説は、〈遊女〉と朝廷との関係を強調しすぎた。「網野史学」が天皇・神仏の権威低下と「職能民」への賤視を連動させた点には批判が多く、大山喬平は「彼等は、天皇ないし神仏という回路を通してしか、〈無縁の原理〉を獲得し得ないのであり、それ自体で自立する存在ではありえないことになっている」ため、「職能民」集団個々の社会的位置付けを却って不明確にしていると批判した。[71] ここには、天皇・神仏との関係の過度な強調、職能民の集団や生業が持つ固有性の軽視、という二つの問題点が指摘されている。

したがって、後藤・網野が説いた〈遊女〉の支配と変容は、支配者側の視点ではなく、〈遊女〉側の視点で捉え直されねばならない。つまり、彼女たちの「自立」を支える諸条件としての生業や集団のありように即して、支配や変容を論じることが必要である。その後の研究史は確かにそうした方向に進んできているが、私見では（五）〜（七）の三つの潮流に分かれて論じられているように思われる。

（五）　買売春論

①服藤早苗

服藤早苗は、巫女起源説や内教坊起源説を批判して遊行女婦と遊女との連続性を強調した。すなわち、古辞書において同じく「ウカレメ」と呼ばれている点から遊行女婦と遊女とが系譜的につながると指摘した上で、遊行女婦を賓客接待を行う「準女官的性格」の「女流専門歌人」と位置付け、遊女にも女官的性格の名残が見られることを論じた。以上の点は従来の研究でも指摘されていたが、服藤説の重要性は、そうした系譜的連続性にも関わらず、遊女は売春を行う点で「八世紀の遊行女婦とは質を異にする」と位置付けている点にある。「売春をその職能の一つとする遊女は、一〇世紀に成立し、一一世紀中葉以降は、中世的遊女として職能集団を形成し、広く各地に活動するようになる。この遊女の成立は、未熟ながらも社会全体の家父長的家族＝家成立を歴史的背景にしたものであり、女性の性が男性に従属する歴史の成立でもあった」とあるように、買売春への着目は家父長制や家への注目を促し、遊女の中世的あり方に目を向けさせることとなったのである。(72)

服藤説によれば、「女流専門歌人」たる遊行女婦が売春性を獲得して遊女となる。このことは、必然的に芸能と売春という遊女の生業の複合性に目を向けさせることとなる。この点が服藤説のもっとも重要な点だろう。服藤は近年、膨大な史料をもとに古代〜中世の通史的〈遊女〉把握を試みているが、その際にも「売春性」と「芸能性」のバランスを軸に論じている。(73)居住地・呼称への着目など、全体として継承すべき点は少なくない。

②関口裕子

関口裕子もほぼ同様の見解を示しており、配偶者に対する性の独占の不在と気の向く間のみの継続を特徴とする対偶婚から、家父長制下で行われる強固な一夫一婦婚＝単婚へ、という家族の変容を論証する中で、傍証として買

---

(70) 例えば網野は、職能民の組織を論ずる中で、補任され相伝・世襲される「職」としての長者論を展開し、その中で「遊女の長者」にも触れている。網野善彦「中世前期の都市と職能民」（網野善彦・横井清『日本の中世六　都市と職能民の活動』中央公論新社、二〇〇三）。

(71) 引用は大山喬平「多様性としての列島一四世紀」（『日本中世のムラと神々』岩波書店、二〇一二（初出二〇〇七））。他に小関素明「網野史学の問題系列」（小路田泰直編『網野史学の越え方』ゆまに書房、二〇〇三）、義江彰夫「網野史学の成果と課題」（『歴史学研究』七九五、二〇〇四）、伊藤喜良「非農業民と南北朝時代」（『歴史評論』六六二、二〇〇五）、佐藤弘夫「〈聖なるもの〉をどう捉えるか」（永井隆之ほか編『検証網野善彦の歴史学』岩田書院、二〇〇九）、片岡耕平「聖なるものの転換をめぐって」（『日本中世の穢と秩序意識』吉川弘文館、二〇一四（初出二〇〇九））等も参照。

(72) 服藤注54前掲論文。なお、近年では遊女の初見が九世紀後半に遡っているため、服藤も遊女の成立を九世紀に修正している。

(73) 服藤早苗「白拍子女の登場と変容」（服藤早苗・赤阪俊一編『罪と罰の文化誌』森話社、二〇〇九）、同「傀儡女の登場と変容」（『埼玉学園大学紀要　人間学部篇』一〇、二〇一〇）、同「日本における買売春の成立と変容」（服藤早苗・三成美保編『権力と身体』明石書店、二〇一一）、同「遊女の成立」（『歴史読本』編集部編『歴史の中の遊女・被差別民』新人物往来社、二〇一一）、服藤注11前掲書。

売春の成立を論じている。関口によれば、対偶婚段階にある八世紀の遊行女婦（ウカレメ）は遊女の前身ではあるものの性を売る女性ではなく、彼女たちは一〇世紀の単婚成立と照応して遊女（ウカレメ・アソビ）に「転化」する。「アソビという言葉の成立時期が、同時に買売春の成立時期を示す」のであり、アソビという和名に対応して「遊女」という漢字表現が成立したという(74)。

③問題点

服藤・関口両説は、基本的にはエンゲルスの買売春論を日本に適用したものとみなし得る。エンゲルスは、家父長制の成立に伴って、妻には父子相続を確かなものとするために貞操が求められるようになるのに対し、男性にのみ婚姻外の交渉として売春が許されたと論じている。エンゲルス説は買売春論においては今なお通説的位置を占めているが、その特徴は、性のありようを重視し、性によって女性が「主婦」と「娼婦」とに二分されるとみる点、および婚姻・買売春を男女の権力関係の表れとみる点にある。この考え方に立てば、売春は婚姻からの逸脱ないし婚姻のネガとみなされるが故に、「娼婦」は一般の女性とは区別される、特殊な存在とならざるを得ない。また、そこで注目されるのは買売春という社会的行為そのものであって、買売春の具体像や「娼婦」の実態に関しての関心は希薄なものとなりがちである。さらに、問題が男女関係に集約されてしまうために、女性同士の階層性や権力関係は見えづらい構造になっている。私見では、服藤・関口両説にもまた、こうした傾向が看取される。

服藤の場合には、「売春性」と「芸能性」のバランスという重要な視点を提示しているにも関わらず、自ら「芸能史は、買売春にかかわる点のみの検討であり、主軸は買売春の考察である」と述べるように、その記述は買売春が中心で、芸能史研究や歌謡史研究の成果を十分に組み込めていない。このため、遊女・傀儡子・白拍子の区別が単に居住地の違いに回収されてしまうなど、その芸態や歴史的展開の相違が適切に位置付けられていないように思われる。

また関口は、遊女の特殊性を過度に強調している。すなわち、『和名抄』の配列から見て、後藤・網野説のように遊女の身分の高さをいうのは誤りであるとし、遊女の名前・服飾の考察から、遊女と女房が家父長の庇護の外側に置かれた点で共通性を有すること、一方「遊女の世界が普通の女性（性を売らない女性）の属する一般の社会とは峻別された……特殊な世界」であったことなどを主張した。しかしその論証は一〇世紀のきわめて限定された史料に基づくもので恣意的であり、社会的身分に関する論点は継承できない。

畢竟、服藤・関口両説は〈遊女〉を〈遊女〉たらしめている売春性の獲得、いうなれば〈遊女〉の起源を解明した点に意義を有するが、芸能などの他生業や集団構造への関心を欠くために、その後の展開に関して十分な説明を提供できていないといえよう。

（六）　集団論

①豊永聡美

豊永聡美は、脇田の「化外の民」説と、後藤・網野の「職人」説との対立を、〈遊女〉の階層の相違に起因するとし、集団の構成を問題にした。つまり、後藤・網野が論じた〈遊女〉は、史料上に残りやすい上ランクの者たちであるとして、集団の中でも権力との結び付きが強い長者の位置付けを論じたのである。そこでは、遊女が「江口方」「神崎方」として集団ごとに官司に把握され公的行事に奉仕したこと、こうした奉仕は長者の強力な統制下に行われたこと、それ故に長者は貴族社会と強い結び付きを有したこと、長者は祭祀の統率者あるいは在地有力者の一族であったことなどが明らかにされた(75)。

（74）　関口裕子『日本古代婚姻史の研究』上・下（塙書房、一九九三）、同「対偶婚の終焉と買売春の発生」（『歴史評論』五四〇、一九九五）。

（75）　豊永聡美「中世における遊女の長者について」（安田元久先生退任記念論集刊行委員会編『中世日本の諸相』下、吉川弘文館、一九八九）。なお網野は豊永説に対して、史料に数多く姿を現す〈遊女〉の姿こそが「職能集団そのものの実態」であって、「史料に現われない遊

②楢原潤子

楢原潤子は、家族史の成果を援用しつつ遊女・傀儡子集団の基礎的単位としての「家」について分析を加えた。それによれば、遊女・傀儡子は「家」の基本的性格である家族・住居を有しており、「家」を媒介として集団を形成していた。また遊女集団は長者・上首と一般遊女との間に階層性を有しており、収入物に関しても階層に基づく一定の規定があった。さらに「長者職」は女系的に相伝されているが、これは家業としての遊女の職能＝歌謡・売色を「貴公」に奉仕することによって得られる得分の世襲化であり、「家」の確立を背景としていた。楢原は、長者がかなり特権的な地位を有していたことは確かだが、「男性の支配者が遊女を絶対的に支配していたわけではなく、長者自身も遊女であり、ある意味では遊女どうしで自己管理していた」のであって、この点が後代とは異なる中世前期遊女集団の特質であったとしている[76]。

③問題点

豊永・楢原両説の意義は、まず「遊女」集団の分析により、「遊女」集団の内部に長者・上首と一般遊女といった階層性を、「遊女」集団の外部に長者と支配者との結び付きを見いだした点に求められる。階層性や支配―被支配といった観点を持ち込むことにより、「遊女」たちは決して均質・一様な存在ではないことが明らかとなり、より立体的な把握の必要が示されたといえる。また、「遊女」集団の基礎にある、遊女の〈イエ〉の存在を指摘したことは、「遊女」を〈イエ〉から疎外されるだけの存在とみなすのではなく、「遊女」自身が〈イエ〉を作って再生産を行っていく側面を示したという点で重要である。

一方で、豊永・楢原両説で論じられたのは、集団構成員としての「遊女」同士の関係にとどまっている。「遊女」の〈イエ〉の内部にどのような階層性が存在し、家族や従者たちが「遊女」の生業とどのように関わるのか、あるいは集団の再生産に集団外女性がどのように関わり得るのかなど、集団内外の諸身分まで含めて論じることで、より立体的、かつ生活に即した形で「遊女」集団を論じることができるだろう。

（七）芸能論

①歌謡史研究

一九八〇年代以降、日本文学者を中心に進められた歌謡史研究、特に中世歌謡研究会周辺で生み出された諸論考は、『梁塵秘抄』や『梁塵秘抄口伝集』の読みを精緻化し、今様と〈遊女〉とをめぐる諸問題を次々と明らかにしてきた。その結果、院政期における今様流行に関してはかなりの部分が明らかになったと評価されるが、その中でもとりわけ重要な点は、今様相承の論理が解明された点だろう。

馬場光子は、青墓傀儡子の今様相承系図である『今様の濫觴』と『梁塵秘抄口伝集』巻一〇との分析によって、傀儡子集団における今様相承の正統性判断基準が①実子相承、②青墓宿での生育、の二点にあることを指摘した。②を満たすため、京にいる傀儡子女は青墓宿との連絡を絶やさず、両地を往還していたという。馬場は、傀儡子・遊女・琵琶法師のそれぞれで今様の旋律様式が異なっていたとする『體源鈔』の記事をも挙げつつ、今様の管理・伝承が集団本拠地と密接に結び付いて行われていたことを論証した。[77]こうした正統性をめぐる論理は、後白河にも受け継がれていたとされている。[78]

女等を想定することは、問題を不可知の世界に導いてしまう結果になる」として反批判を加えている。網野注16前掲「遊女と非人・河原者」。最下級の〈遊女〉が「化外の民」であったかどうかには筆者も疑問を覚えるが、権力との結び付きが強い長者とその他の一般遊女との間に差異を認める豊永氏の視点は継承すべきものと考える。

(76) 楢原潤子「中世前期における遊女・傀儡子の『家』と長者」（総合女性史研究会編『日本女性史論集九　性と身体』吉川弘文館、一九九八）。

(77) 馬場光子「今様の濫觴」（『今様のこころとことば』三弥井書店、一九八七（初出一九八三））、同全訳注『梁塵秘抄口伝集』（講談社学術文庫、二〇一〇）。

(78) 伊藤高広「『梁塵秘抄口伝集』巻十に於ける後白河院の流派意識」（『梁塵』八、一九九〇）。

飯島一彦は、享受の観点から集団本拠地と今様伝承との結び付きに関する指摘を行っている。すなわち、今様が謡われる〈場〉において、「南宮」のように一義的な指示対象を持たない語が正確に受け取られるためには、共通の理解を可能にする「今様圏」の存在を想定せざるを得ず、そうした今様圏と謡い手集団とは対応関係を持っていたという[79]。

宇津木言行は、今様が一回性の〈場〉に即して謡い替えられ、読み替えられる点に関して分析を重ねていたが、近年、そうした謡い替え・読み替えが集団的・恒常的に行われるケースについても言及している[80]。

②問題点

右に挙げた諸氏の研究は、芸能と集団との密接な結び付きを明らかにし、芸能という生業を通して「遊女」集団を理解するための道筋を示している。各地の「遊女」集団はそれぞれ固有の旋律＝芸態を管理しており、その管理は「遊女」の〈イエ〉の再生産によって成し遂げられた。したがって芸能をめぐる諸関係は、〈イエ〉を基礎とする集団の構成にまで影響を及ぼしていたはずである。また、こうした芸能の論理が後白河をはじめとする貴族たちにも理解され共有されていた点は、〈遊女〉集団の側から支配を捉え返す時、「遊女」の把握が集団ごとになされていたであろうことを推測させる点で重要だろう。

一方で、これらの研究には変容に対する動態的把握において、未だ不十分な点がある。「遊女」集団の存立が芸能の論理によって支えられていたのであれば、芸能の盛衰によって「遊女」集団もまた変容を蒙るに違いない。歌謡史研究が明らかにしてきた今様流行の諸相を「遊女」集団の側から捉え直し、同時に買売春からみた「遊女」論とも接合を図っていく必要がある。

（八）小括

以上の研究史を簡単にまとめておこう。まず一九七〇年代以前においては、傀儡子を中心に〈遊女〉の疎外性・特殊性を強調するような研究が主流であった。その中では、〈遊女〉の異民族性や部族性を強調する目的で生業・集団など生活の諸側面が論じられることがあり、滝川政次郎・角田一郎・脇田晴子などが優れた業績を残している。後藤・網野説は、〈遊女〉を「職能民」一般と同列に置き、社会の中で生活する存在と位置付け、生業や集団を論じた点で、それまでの研究を転換させる画期となった。しかし、〈遊女〉に対する朝廷の支配を強調するあまり、〈遊女〉の固有性に関する視点が不十分であり、生活実態の解明に課題を残した。現在の研究は買売春、集団、芸能という生活の諸側面を追究する方向に向かっているが、相互に独立した状況で行われているため、三つの潮流を統合する作業が必要である。

第三節　本書の視角と課題

本書は、前節で述べた研究史理解に基づき、〈遊女〉を特殊視することなく、〈遊女〉の実態と固有性に即して、その社会的位置付けと変容とを論じることを課題とする。具体的には、

(79) 飯島一彦「南宮の今様圏」（『古代歌謡の終焉と変容』おうふう、二〇〇七（初出二〇〇一））。
(80) 宇津木言行「寺社という制度」（『日本歌謡研究』四三、二〇〇三）。

・生業論＝〈遊女〉の生業である売春・芸能等の実態解明
・集団論＝〈遊女〉の生業と集団との連関解明、および集団内外における諸身分の解明
・身分論＝生業と集団のありように即した〈遊女〉の社会的位置付けとその変容解明

の三点がさしあたり本書の追究すべき課題となる。

本節では、右の課題をより掘り下げて理解するために、芸能環境論とセックスワーク論という二つの議論を参照しておきたい。この二つの議論は、前者が芸能、後者が売春に関わる議論であるが、どちらも当事者を主体として、生業のあり方から当事者と社会との関係を論じている点に共通性があり、本書の視角に大きな示唆を与えてくれる。

（一）　芸能環境論に学ぶ

林屋辰三郎は、芸能史研究を歴史学の中に位置付けた記念碑的著作である『中世芸能史の研究』（岩波書店、一九六〇）において、芸能を「芸に関して、個人が主体的に発揮しうる実力」（七頁）であり、「その実演者個人を措いて決して成立しないもの」（二四頁）と定義した。こうした定義に立って林屋は、芸能者を重要な研究対象に位置付ける。すなわち一回きりで消えゆく芸能そのものではなく、芸能者を取り巻く社会的な「環境」について論ずることによって、その芸能が持つ社会的背景や機能を当時の社会の中に位置付けることを提唱した。こうした林屋の立場は芸能史研究において「芸能環境論」と呼ばれており、芸能そのものの把握を目指す「芸態論」と相互補完的な位置付けにある。

中世において、「芸能」という言葉は、文士、武士から医師、巫女、番匠、遊女、傀儡子、好色、白拍子、鼓打、商人、博打、双六打、窃盗などに至るまで、ほとんどあらゆる技能や社会的分業を示す言葉として使われている

が、[81]林屋は、こうした歴史的な広義の芸能概念と現代的な狭義の芸能概念との間には全く断絶がないと指摘した。芸能を人の能力として捉える林屋の定義は、こうした歴史的な用法をも視野に入れて芸能を論じることの必要性を指し示したのであり、それによって芸能史と社会史・身分論との接近を用意した。[82]こうした点を踏まえると、林屋が提唱した芸能環境論の視角は、〈遊女〉の生業が持つ社会的背景や機能を当時の社会の中に位置付けようとする本書にとっても無関係ではなく、以下の点で芸能環境論に学ぶ必要があると考える。

・芸能者と観客の相互関係

芸能環境論の特徴の一つは、芸能者個人と社会との相互関係を重視する点にあるだろう。林屋は、芸能は芸能者個人を離れては存在しないが、しかし芸能が育成された環境はむしろ集団的であり、社会的であったと指摘する。つまり、芸能はその時々の「場」においては、共演者・観客・相伴者などの存在によって成り立つのであり、またより長いスパンで見るときには、芸能の伝承には社会的支持を必要とする。こうした点で、芸能は「個人と社会との両面から強く支えられている」というのである。芸能者が行う芸能を、人々の支持や共感、ないし需要によって捉えることは、そうした支持や需要を生み出す、芸能の社会的な機能を論じることにつながっていく。林屋は別の論文で、芸態は芸能の演技者、環境は芸能の観客であると述べているが、客側からの視点を組み込むことは、〈遊女〉の芸能あるいは生業全体を単に個別的な問題として論じるのではなく、社会の中に位置付けていく上で必要だろう。ただし、林屋は、環境＝観客を単に社会として理解するべきではないという。[83]それは制度や構造としてでは

(81)『普通唱導集』上、『二中歴』など。
(82) 黒田注58前掲論文、網野善彦『日本中世の百姓と職能民』(平凡社ライブラリー、二〇〇三(初出一九九八))など。
(83) 林屋辰三郎「芸能史における観客と環境」(『芸能史研究』五〇、一九七五)、同「中世芸能史研究の軌跡を語る」(『歴史評論』五五〇、一九九六)。

なく、常に人間の具体的な活動として描かれなければならないのである。

(二) 買売春研究の動向

次にセックスワーク論と呼ばれる買売春研究の潮流を参照しておきたい。セックスワーク論は、売春を特殊な行為とみなしてきた従来の理解を批判し、売春を労働の一つとみなすことにより、買売春の現場で働く「セックスワーカー」の生活実態に根差した議論・対策を行っていこうとする考え方を指している。基本的には現代社会のアクチュアルな問題として提起されているものだが、その視点には右に述べた研究状況や本書の課題と通底する部分が少なくなく、セックスワーク論の議論を参照することで、我々の認識をより豊かなものにすることができると考える。近世・近現代の買売春史研究では、近年セックスワーク論の視点を取り入れた議論が増えつつあるようだが、冒頭に述べたように売春以外の生業を伴う中世〈遊女〉の場合には、売春のみを特別視しないセックスワーク論の視点が、より一層活かされるはずである。

①通説的買売春論

まず、セックスワーク論が批判する通説的な買売春論について概観しておく。

買売春、あるいは買売春の歴史は、婚姻や家父長制と関連付けて論じられてきた。バハオーフェンは、原始社会では無規律な両性関係としての娼婦制が行われていたが、女性の要望によって一夫一婦的・排他的な母権制段階へと移行する際、神の掟を犯すことへの贖罪として全女性が一時的に娼婦としての奉仕を行うようになり、後に特定娼婦による神聖売春へと展開したと論じた(84)。エンゲルスはこれを踏まえた上で、母権制から家父長制への移行を論じ、父子相続を確かなものにするために妻の「貞操」が求められ、厳格な一夫一婦制としての単婚に移行する反面、男性には婚姻外での性的自由が認められて「売春」が残存し、単婚を補足するとした。したがって単婚と売春は「不可分の対立物」であるという。[85] これらの説は後世の買売春論に強い影響力をもち、例えば心理学の立場から買売春を包括的に論じたハヴロック・エリスや、買売春の比較文化史的調査を行ったバーン&ボニー・ブーローなどの議論も、基本的に売春と婚姻を不可分のものとして論じている。[86] バハオーフェンやエンゲルスの説は、売春を婚姻制度・社会構造の問題とみなすことで買売春史の地平を広げ、また売春の起源や売春婦への非難・差別を説明した点に意義を有する。一方で、既に触れたように、これらの説は、婚姻論・家族論として展開されるため、性（特に性交）を重視し、売春を婚姻・家族からの逸脱として特殊視する傾向にある。また、基本的な視座を男女の権力関係に置いているために売春や売春婦の実態にはさほど関心を向けない、といった傾向を有している。

　このように婚姻の側に立って売春・売春婦を特殊視し、売春の現場に目を向けないという傾向は、近代の買売春批判の言説に通底するものである。女性を「主婦」と「娼婦」に二分するエンゲルスらの枠組み自体、近代家族制度の影響下に置かれたものであるため、[87] 近代家族制度の枠組みに立って売春を批判し、否定する言説とは親和性を有している。赤川学によれば、日本では明治二〇年代頃になって、売春は通常の職業ではなく「醜業」であり、「売買春は悪いことだ」という観念が一般化する。以後、恋愛中心主義の立場からは売春が愛のない性交であって「女性の玩弄物視を招く」とされ、貞操観念を重視する立場からは「売買春が婚姻外性交だから悪い」、純潔教育の立場からは「性は人格の中心であり、それを金銭で売買することは人格を売買することと同じだ」といった非難が

(84) J．J．バハオーフェン著、吉原達也訳『母権制序説』ちくま学芸文庫、二〇〇二（原著一八六一）。

(85) エンゲルス著、戸原四郎訳『家族・私有財産・国家の起源』岩波文庫、一九六五（原著一八九一）。

(86) ハヴロック・エリス著、佐藤晴夫訳『性の心理六　性と社会I』未知谷、一九九六（原著一九二八）、バーン&ボニー・ブーロー著、香川檀ほか訳『売春の社会史』上下、ちくま学芸文庫、一九九六（原著一九八七）。

(87) シャノン・ベル著、山本民雄ほか訳『売春という思想』青弓社、二〇〇一（原著一九九四）、加藤秀一「〈性の商品化〉をめぐるノート」（江原由美子編『フェミニズムの主張二　性の商品化』勁草書房、一九九五）。

繰り返し主張されてきた。こうした買売春批判のレトリックは、フェミニズムにおける〈性の商品化〉批判にも流れ込んでいるのだが、そうした言説はそもそも売春を悪とする前提に立っているため、女性の自由意思による売春を認めず、女性が社会的弱者であることを強調して「本人が自由意思で選んだように見えるときでも、売春は実は何らかの強制の結果なのである」というレトリックをとるようになり、強制性や人身拘束・搾取状態を裏書きするような悲惨な事例が強調されるようになっているという[88]。

このように近代においては、学問上でも、社会運動上でも、買売春は婚姻の対立物とみなされ、逸脱したもの、非難されるべきものとして扱われてきたといえよう。

②セックスワーク論

セックスワーク論は、こうした通説的な買売春論に対する批判として、セックスワーカー自身によって提起されたものである。その要点は、売春がセックスワーカーによって自発的かつ合理的に選択された労働（ワーク）であるとみなす点にあり、売春を特殊視することなく、他の労働と同じく「非犯罪化」することで、セックスワーカーたちは自らの労働環境や労働条件に関して主体的な働きかけを行うことができると主張する。通説的な買売春批判の言説に見られるように、セックスワーカーを「犠牲者」「被害者」としてのみ扱い、売春の禁止や合法化・厳罰化を行うことは、そこからはみ出るセックスワーカーたちを非合法な地位に追いやり、彼らの主張する権利を奪い、暴力と搾取にますますさらされやすくするという[89]。

こうした権利の主張は一九七五年にフランス、リヨンで起こった売春婦のストライキをきっかけに各地に広まり、世界娼婦会議や世界娼婦サミットなどを経て支持を拡大してきた。日本においては、九〇年代末ごろからセックスワーカーたちの声が可視化されるようになり[90]、それと連動して一九九九年に支援団体ＳＷＡＳＨが設立されるなどの動きがあった。二〇一二年以降は定期的にセックスワークサミットが開催されており、この原稿を書いている二〇一六年には、AV出演強要事件に端を発して労働環境整備のための同業者団体AVANが設立されるなど、セックスワーク概念は着実に広がりを見せている。

思想的には、主体の複数性を尊重するポストモダンフェミニズムの立場から、売春婦を無視・犠牲者視してきた近代主義的フェミニズムのあり方を批判したものと位置付けられる。したがってその論点は、早くから主体性・エイジェンシー（環境の中で行為する力）の問題に集中し、前者が主張するように買売春は「自由意思（自己決定権）」に基づくものなのか、それとも後者が指摘してきたように広義の「強制」を伴うものなのか、といった点をめぐって議論が対立してきた。[91] 日本では一九九〇年代に輸入され、性の商品化をめぐる議論や、「ブルセラ」「援助交際」といった社会現象とも結び付いて、盛んに議論されたが、そこでの争点もやはり主体性の問題に集中する傾向が強かった。[92]

---

(88) 赤川学「売買春をめぐる言説のレトリック分析」（江原編注87前掲書）。

(89) フレデリック・デラコステ&プリシラ・アレキサンダー編『セックスワーク』（パンドラ、一九九三（原著一九八七））、ベル注87前掲書、シャノン・ベル著、吉池祥子訳『セックスワーカーのカーニバル』（第三書館、二〇〇〇（原著一九九五））、メリッサ・ジラ・グラント著、桃井緑美子訳『職業は売春婦』（青土社、二〇一五（原著二〇一四））など。

(90) 鈴木水南子「買売春の是非論『拘泥』現象」・桃河モモコ「だれのための買売春論議か」（以上、『女たちの21世紀』一六、一九九八）、松沢呉一＋スタジオ・ポット編『売る売らないはワタシが決める』（ポット出版、二〇〇〇）、松沢呉一編『ワタシが決めた』（一・二、ポット出版、二〇〇〇・〇三）、要友紀子・水島希『風俗嬢意識調査』（ポット出版、二〇〇五）、水嶋かおりん『風俗で働いたら人生変わったwww』（コアマガジン、二〇一五）など。

(91) ベル注87前掲書。

(92) 橋爪大三郎「売春のどこがわるい」・瀬地山角「よりよい性の商品化へ向けて」（以上、江原由美子編『フェミニズムの主張』勁草書房、一九九二）、江原編注87前掲書、田崎英明編『売る身体／買う身体―セックスワーク論の射程』（青弓社、一九九七）、宮台真司ほか『〈性の自己決定〉原論』（紀伊国屋書店、一九九八）、水島希「セックスワーカーの運動」（天野正子ほか編『新編日本のフェミニズム六 セクシュアリティ』岩波書店、二〇〇九）など。

一方、強制と自由意思の二者択一的議論を脱却しようという動きも早くから見られた。例えば鈴木水南子は両者が自己の中に同時に存在することを夙に指摘しつつ、セックスワーカーの役に立たない買売春の是非論に拘泥することをやめ、社会におけるセックスワークの機能、役割を明らかにすることの必要を説いた[93]。浅野千恵は、セックスワーク概念を単に「自由意思に基づく売春の肯定」として一面的に理解しがちな現状を批判している[94]。近年はむしろ、こうした見方の方が主流になりつつある。青山薫はタイ人セックスワーカーへの聞き取り調査を通して、「一人の女性のライフ・コースのなか、経歴の段階のなか、あるいはたった一日のなかにも、仕事をしている期間と囚われの身になっている期間の両方が存在する」と指摘した[95]。鈴木涼美はAV女優が自身の動機を語る「語り」の分析から、「彼女たちが自由意思であること自体、業務の一角に組み込まれて」おり、その「語り」が女優自身に次第に内面化されていくことを明らかにした[96]。

歴史学における買売春史研究では、例えば曽根ひろみが比較的早期にセックスワーク論の提起を受け止め、「自由意思に基づく売春」を含めて売春社会の構造的把握を目指した[97]。また藤目ゆきは、「公娼廃止・自由廃業が売淫の廃止や娼婦の真の救いになったかどうか」という視点から、「醜業婦」観に代表される廃娼運動の抑圧的性格を指摘し、これに対する当事者たちの抵抗として、戦間期に娼妓・芸妓・女給などが労働条件改善を要求して起こした争議や、売春防止法に反対する赤線従業員組合の運動などを取り上げている[98]。最近では特に遊女や売春婦の主体的行動が問題とされることが多く、セックスワーク論の影響を受けたものも散見される。近世史・近代史においては近年、都市社会構造論の文脈で、遊女屋のネットワークや関連業種の従属などを問題とする「遊廓社会論」が盛んに論じられているが[99]、横山百合子はそれらの研究では遊女が商品として客体化され事実上意志を持たぬ存在と位置付けられているとして、ジェンダー視点の欠如を指摘した。横山は明治五年の芸娼妓解放令に関して、よりよい生存と「解放」を求める遊女の「意志と行動」が地域や国家政策に影響を与えていく様子を描いた[100]。平井和子は、占領軍「慰安所」やパンパンの実態を解明する中でセックスワーク論に触れ、女性団体と売春女性間の分断が売春婦差別を支え、また当事者の必要と乖離した婦人保護政策を生み出してきたことを指摘している。(101) 山家悠平は、大正末から昭和初期にかけて遊廓の中の女性たち自身が遊廓内での生活改善を求めて行った告発や集団逃走、ストライキなどを分析し、それらの行動が当時の労働運動とつながっていることを示した。(102) 当事者側の視点から買売春史を捉える姿勢が定着しつつあるといえよう。

③セックスワーク論に学ぶ

セックスワーク論は本来、セックスワーカーたちの社会的権利を獲得しようとする闘争のための議論であり、自発的意思や主体性のありようもそうした観点から問題とされている。一方で、セックスワーク論は、当事者たちの生活実態に即して考えるという姿勢を大きな特徴としており、セックスワークに対する人々の誤解を指摘しつつ、一般に知られることの少なかったセックスワーカーの実態と多様性を明らかにしてきた。そこで示された豊かな実

---

(93) 鈴木注90前掲論文。
(94) 浅野千恵「セックスワークについて考える」(『女たちの21世紀』一六、一九九八)。
(95) 青山薫『「セックスワーカー」とは誰か』六〇頁、大月書店、二〇〇七。
(96) 鈴木涼美『「AV女優」の社会学』二四二頁、青土社、二〇一三。
(97) 曽根注54前掲書。
(98) 藤目ゆき『性の歴史学』不二出版、一九九七。これに対し、小野沢あかね『近代日本社会と公娼制度』(吉川弘文館、二〇一〇)は、セックスワーク論に現実策としての有効性を認めつつも、なお搾取・暴力や心身への影響に配慮すべきだと述べ、藤目のような見方では公娼制度廃止問題や「女性解放」の歴史的性格をつかみきれないと批判する。
(99) 佐賀朝「序文」(佐賀朝・吉田伸之編『シリーズ遊廓社会二　近世から近代へ』、吉川弘文館、二〇一四)。
(100) 横山百合子「一九世紀都市社会における地域ヘゲモニーの再編」(『歴史学研究』八八五、二〇一一)。
(101) 平井和子『日本占領とジェンダー』有志舎、二〇一四。
(102) 山家悠平『遊廓のストライキ』共和国、二〇一五。

態には、中世の〈遊女〉を考える上で参考になる点が少なくない。セックスワーク論の本質からは外れてしまうのかもしれないが、ここではあくまで中世〈遊女〉史研究の立場で、セックスワーク論から筆者なりに学んだ点を列記し、本書の視角にどのように活かし得るのかを考えたい。

・セックスワークをめぐる需要と供給

まず、性産業を労働として捉えるセックスワーク論では、エスコート、街娼、ホステス、ストリッパー、AV俳優、ソープ、デリヘル、ピンサロ、SMクラブ、ワリキリといった業態の多様性が常に意識される。また、同じ業態の中でも一連のサーヴィスは幅広い行為の集合体として意識されており、セックスワーカーと客の間では、どこまでのサーヴィスを行うかの選択や交渉が常に行われているという。例えばタイのホステスのサービスは「微笑む」「手を握る」「食事に出かける」「遊びに行く」「セックスする」「彼の世話を焼く」といった一連の幅広い行為であり、援助交際の場合にも、「食事とカラオケだけ」「胸まで」といった細かい線引きがある。[103] 通説によく見られるような、性交をするかしないかの単純な売春像はそこにはない。セックスワーカーは体を売っているのではなく、サーヴィスを売っているのだという言明は、当事者によく見られるものである。

労働が経済的な行為である以上、セックスワークは需要と供給とによって成り立つ。業態の多様性は、需要の多様性に基づいて生じるものである。これに対して、供給側には、それぞれの業態に応じたスキルと駆け引きが求められる。[104] ただし、それは単に客からの要求に受動的に答えることを意味しない。金塚貞文は、新たな性の商品化の背景には消費者の欲求があるが、同時にその商品によって新たな欲求を持った消費者が作り出されるとして、商品化された性と現実との間に相互因果関係を見いだしている。[105]

中世〈遊女〉の生業は、酒食を提供し、酒宴に侍り、各種の芸能を披露し、性交渉を行い、時に旅宿を提供し、あるいは一定期間生活を共にするといった一連の行為の、緩やかな集合として捉え得る。これらのそれぞれについて、社会的な需要が存在し、また〈遊女〉がそうした需要に応じたスキルを獲得し、新たな需要を喚起するのだとすれば、〈遊女〉の生業論はそのまま、社会的な需要のあり方、〈遊女〉の社会的機能をめぐる議論となり、その変容の中に社会変化を読み取ることすら可能となる。〈遊女〉の主体性・固有性の側に立ちつつ、社会との関係（支配、身分）とその変容を論じようとする本書にとっては、こうした視座をとることが有効であろう。

・スタッフと関連業者

性産業の現場には、ワーカー以外にも多くの人々が関わっている。これらの人々は時に支配者・搾取者となる場合もあるが、セックスワーク論の立場をとるときには、むしろスタッフとして、同僚として、協力的な立場で組織やネットワークを支える人々の存在が目に入ってくる。例えば前掲の鈴木は、ＡＶ業界にはプロダクション、メーカー、監督、ＡＶ男優、共演女優、マネージャー、メイク、照明、カメラマン、スチールカメラマン、ＤＶＤショップなど多数の人々が関わっていることを具体的に指摘し、「彼女たちの性の商品化は高度に複雑化されていて、多くの場合は誰に対して性を売っているのかもよく分からない状況に置かれている」（五二頁）と述べている。そこでは関係性の濃淡や思惑の微妙な齟齬を含み込みつつ、視聴者の欲望やＡＶ女優自身の戦略、よい作品を作ろうとするスタッフの願望がある程度一致して、作品上のＡＶ女優像が打ち出されるという。(106)

(103) グラント注89前掲書、速水由紀子「援助交際を選択する少女たち」（宮台ほか注92前掲書）、青山注95前掲書など。なお、こうした業態の多様性は、男性セックスワーカーやトランスセックスのセックスワーカーの存在、女性セックスワーカーと女性客との関係なども含みこんでいる。本書ではこうした問題について直接取り扱わないが、男女間の権力関係として買売春を描く通説ではこうした存在が無視されてしまうという点には注意を喚起しておきたい。

(104) グラント注89前掲書。

(105) 金塚貞文「買春する身体の生産」（田崎編注92前掲書）。

(106) 鈴木注96前掲書。

中世〈遊女〉の集団論では、これまで基本的に〈遊女〉のみが語られてきたが、〈遊女〉の生業を支える人々の存在、例えば下働きの女性や、角田が想定した男性労働や旅館業者・周旋業者などに着目する必要がある。その際、彼らもまた独自の思惑や願望を持つ存在として、〈遊女〉との緊張を伴った関係性を明らかにしていかなくてはならないだろう。

・生業・身分の複合性

一九世紀以降、「プロスティテュート（売春婦）」は特定の傾向を持つ集団・身分として表象されるようになった。セックスワーク論の特徴は、彼らの生き方としての「プロスティテューション（売春）」を、一時的な状態としての「ワーク（労働）」として捉え直した点にある。労働である以上、そこでは兼業や転職が普通に行われる。メリッサ・ジラ・グラントによれば、セックスワーカーが複数の仕事で稼ぐのはめずらしいことではなく、こうした複数の仕事の中には、セックスワークのみならず非性的なサーヴィス業も含まれている[107]。例えばシャノン・ベルが取り上げるセックスワーカーたちは、セックスワーカーとしての肩書以外に、大学教員、映画製作者、コメディアン、活動家、脚本家など実に多様な肩書を持っている[108]。さまざまな業態を渡り歩き、複数のセックスワーク・非セックスワークを戦略的に兼ねるといった働き方は、日本のセックスワーカーにも多く見られる。また、一人のセックスワーカーは、ライフ・コースの中でさまざまに職業や立場を変える[109]。例えば山家は娼妓たちが遊廓に入る前、廃業した後の職業を調査し、娼妓が女中や女工と互換性を持つことを明らかにしている[110]。セックスワーカーは常にセックスワークをしているわけではなく、共時的にも通時的にも、彼女たちにはさまざまな顔があり、その立場は複合的・重層的である。

このことを中世〈遊女〉論に引き付けて考えると、次の二点が問題となろう。一つは、〈遊女〉を単一の「職能」や「職掌」によって、つまり上部権力との関係のみによって把握することの危険性である。例えば本書第四章で述べる春日若宮の〈遊女〉たちは、芸能によって神社に仕えているが、その私宅では複数の男性を受け入れて酒宴をするなど、神社との関係だけでは捉えきれない側面を持っている。〈遊女〉側の視点から、こうした一連の仕事を生活のための「生業」と捉え、(111)その複合性・重層性を前提として論じていくことが必要なのではないか。二点目は、〈遊女〉のライフ・コースを考えたときに、〈遊女〉になる、〈遊女〉をやめるということが、どのような仕組みで行われ、どのような意味を持つのかという問題である。このことは、集団論としてみれば、〈遊女〉集団の流出入や再生産の問題であり、身分論としてみれば、〈遊女〉とその他の女性たちとの互換性や身分移行の問題となろう。

(三) 本書の課題と方法

以上を踏まえ、本書が取り組むべき課題について再び述べる。

・生業論＝〈遊女〉の生業である売春・芸能などは、社会においてどのように需要され、〈遊女〉はそうした需要に

(107) グラント注89前掲書。
(108) ベル注89前掲書。
(109) 青山注95前掲書。
(110) 山家注102前掲書。
(111) 歴史学における「生業」概念は、産業を担い手（人間集団）の側から捉え直した概念として出発し、土地所有論を基軸とした生産関係論と、上からの分業編成論に対する批判を背景として展開してきた。そこでは生業が「家」などの生活単位、村などの社会単位を構成し、権力との関係や地域の秩序を形づくる基本要因であるとされる。生業論は山間・海辺の地域研究の中で発展したため、最近では人と自然との関係が重視される傾向にあるが、〈遊女〉のように非生産的なサーヴィス業従事者の場合にも、担い手側に視点を置き複合的な生業のありようを問う生業概念は有効に機能し得ると考える。春田直紀「生業論の登場と歴史学」（国立歴史民俗博物館編『生業から見る日本史』吉川弘文館、二〇〇八）参照。

どのように対応していたのかについて考察する。

・集団論＝〈遊女〉の生業に対する需要が変化するとき、〈遊女〉集団のありようにはどのような変化が生じ得るのか、および集団内の諸身分がどのように〈遊女〉の生業と関わっているのかについて考察する。また、集団への流入／集団からの流出を通して、〈遊女〉集団の再生産について考察する。

・身分論＝〈遊女〉の生業に対する需要が変化するとき、〈遊女〉の社会的位置付けにはどのような変化が生じ得るのかについて考察する。また、〈遊女〉になる、〈遊女〉をやめるということが、彼女たちの社会的位置付けにもたらす影響について考察する。

かくして本書の課題は、生業論を基軸にして、〈遊女〉の集団と身分の変容を論じる点に求められる。以下、そのための方法について簡単に述べておく。

〈遊女〉史の研究はこれまで、起源論に関わる古代（八・九世紀頃）と、史料の豊富な院政期（一二世紀頃）とを中心として行われてきた。そのことによって、中世〈遊女〉史研究は近世〈遊女〉史との間に断絶を抱えている。本書でその断絶を全て埋めることはできないが、本書ではさしあたり、院政期に続く鎌倉期、すなわち一二世紀末から一四世紀前半あたりを考察の中心として、その後の展開を見通したい。この時期に着目するのは、先行研究で南北朝期（一四世紀後半）における変容がいわれているためであるが、私見では変容の画期は鎌倉中・後期（一三世紀後半）にまで遡ることになるだろう。

鎌倉期以降の研究が少ない要因としては、史料の大半が断片的な記述にとどまるという問題が大きいと思われる。また、それらの記述は古記録、古文書をはじめとして聖教、古辞書類、系図類、軍記や説話、紀行文、歌集等の文学作品、絵巻物等の絵画史料、楽書や能楽論等の道書類、経典奥書や造像銘等の伝世品、またキリシタン関係史料など、ほとんどあらゆるジャンルに所見するため、史料の収集や、史料的性格の把握において困難が少なくない。しかし、筆者の手元にある約一〇〇〇件の中世〈遊女〉史料を見渡すと、鎌倉期以降の史料がその過半を占めている。こうした史料が活用されない状況は決して望ましいものではない。そこで本書では、さしあたりジャンルを限定することはせず、断片的な史料を複合させて「群」として扱うことで、時代ごとの傾向とその変化を把握することに重点を置きたい。例えば〈遊女〉の呼称には時代ごとの変化が認められるが、多くの史料を時期ごとのまとまりとして見ることで、こうした変化の画期をつかむことが可能となる。こうした方法は、個々の事例に肉薄しにくいという面では弱点を抱えているが、一方で、時期変化を大きく捉えることを可能にし、これまでの〈遊女〉史研究で用いられてこなかった断片的な史料をも活用できるというメリットがある。

なお、本書で使用する用語として、狭義遊女（水辺の遊女）と広義遊女（買売春に従事した女性の総称としての〝遊女〟）が研究史上混用されている現状、および狭義遊女と傀儡子が史料上区別されるのは一一世紀中頃〜一三世紀中期であってそれ以前・以後はいずれも「遊女」と表記されるという指摘[112]に鑑み、本書では以下のような表記の使い分けを行う。すなわち、水辺に集住する狭義遊女を遊女とし、遊女・傀儡子が史料上区別されない九〜一一世紀前半、一三世紀後半以降には、両者を包摂する「遊女」の表記を用いる。また研究史上、『中世の非人と遊女』といった具合に、売春を行う中世女性、つまり遊女・傀儡子・白拍子、時に女曲舞や熊野比丘尼、桂女などを含めて〝遊女〟と総称されている現実がある。売春を行う女性の総称があることは叙述上の便宜からも望ましいので、こうした広義の遊女を指すタームとしては〈遊女〉という表記を用いる（第八章で詳述）。

(112) 角田注60前掲書、宇津木注65前掲論文、服藤注73前掲「傀儡女の登場と変容」。

第四節　本書の構成

本書は、三部九章に序章と終章を加えて構成される。

序章では、先行研究の整理によって本書の課題を見出し、芸能や現代の買売春をめぐる議論から、さらに課題を掘り下げた。

第一部は、〈遊女〉の生業について考察する。特に〈遊女〉の芸能とその需要に関して、芸能を享受する王権、貴族・官人、寺社などの側から考察する。第一章では、〈遊女〉の担った今様などの新興芸能が朝廷社会に入り込み、〈遊女〉への需要が高まっていく過程を明らかにする。特に〈遊女〉と王権とを繋ぐ位置にあり、朝廷社会の流行をリードした貴族層・官人層の動きに着目したい。第二章・第三章および付論一では、〈遊女〉との関わりの深さで知られる後白河・後鳥羽を取り上げ、彼らが〈遊女〉と接したのは、当時流行していた新興芸能をくみ上げようとした結果であり、下から規定された動きであったことを明らかにする。併せて、〈遊女〉が朝廷によって組織的に支配されていたという通説を再検討することになるだろう。第四章では、寺社と〈遊女〉との関わりについて論ずる。寺社のもとに組織されていた〈遊女〉について考察することで、〈遊女〉と朝廷・王権との関わりを重視する通説を相対化するとともに、寺社が〈遊女〉の芸能を必要としていたことを明らかにしたい。第一部の考察全体を通して、一一世紀末～一三世紀半ばには、〈遊女〉への需要が芸能の流行によって支えられていたことが明らかになるはずである。

第二部は、「遊女」の集団について考察する。「遊女」は地域的に集住して集団を形成していたが、集団内にはいくつかの階層と序列があり、また集団構成員のそれぞれが家族や従者を率いて生業に従事していた。こうした集団構造の解明を通じて、生業を支えるシステムについて考える。また、こうした集団と集団外社会との諸関係を読み解くことで、集団構成員の流出入についても考察したい。第五章では、これまで注目されていなかった史料をもとに遊女集団の構成を分析し、特に長者の位置付けについて考察する。第六章では、『遊女記』の読解を通して、遊女の競合者や従者の存在形態を明らかにする。付論二では、働く遊女の姿を今様から復元する。付論三では、「遊女」研究の基礎となる『遊女記』『傀儡子記』に関して諸本の比較を行う。

第三部は、〈遊女〉の身分とその変容について考察する。第七章は、一二世紀の絵画史料を手掛かりとして、〈遊女〉と女房、従女の違いを明らかにし、そうした諸身分間を移行・兼帯する場合の条件について考察する。第八章では、一三世紀後半、今様の衰退＝需要の減少によって「遊女」の営業形態や呼称、つまり社会との関係に大きな変容が生じたことを明らかにし、白拍子との歴史的展開の相違を示す。これにより、「遊女」にとって、芸能が生活・集団を一変させてしまうほどの重要性をもっていたことが明らかになるだろう。第九章では、中世後期における〈遊女〉の〈イエ〉の変容を通じて、〈遊女〉の身分変容と差別の問題を考察し、売春への需要のありようも含めて、近世〈遊女〉へと至る道筋を展望したい。

終章では、本書全体の成果をまとめつつ今後の課題について述べる。

第一部

〈遊女〉の芸能とその享受層

第一部では、〈遊女〉の生業について、特に〈遊女〉の芸能とその需要について考察する。「遊女」、白拍子いずれの場合にも、芸能の流行ということが、彼女たちの歴史的展開を支えている。芸能の流行とは、言葉を換えれば需要の増大に他ならない。ここでは〈遊女〉の生業のうち、芸能の問題を取り上げて、社会が〈遊女〉たちに何を求めていたのか、〈遊女〉たちはそうした需要にどのように対応し、どのような社会的機能を果たしたのかを考えてみたい。流行という移ろいやすい現象を扱うことで、〈遊女〉と社会の関係を動態的に捉えることも、容易になるはずである。

前提として、〈遊女〉の歴史と芸能について簡単に述べておく。

「遊女」は、奈良時代に歌人として宴会に侍った遊行女婦の後身とされている。[1] 一〇世紀前半の辞書である一〇巻本系『倭名類聚抄』巻一に、

> 遊女〈夜発附〉 楊氏漢語抄云、遊行女児〈宇加礼女（已上本注）。一云、阿曽比。今案、又有二夜発之名一。俗也保知。本文未レ詳。但或説、白昼遊行、謂二之遊女一、待レ夜而発二其淫奔一、謂二之夜発一也〉

とあるためである。ただし、『倭名類聚抄』の段階で新たに「あそび」という訓が加わること、白昼に遊行するため「遊女」、夜を待って淫奔を発するため「夜発（やほち）」と呼ぶのだという説明が加わっていることなどから、[2]「遊女」は遊行女婦と完全に一致するのではなく、売春を行う女性としての新たなカテゴライズとして生じてきた語であることがわかる。実体としては遊行女婦と変わらないのだが、単婚化の進展に伴って、遊行女婦を見る社会のまなざしの方が変わってくるということだろう。歌人である遊行女婦の後身であることから、成立期の「遊女」は売春と和歌とによって生業を立てていたとされている。実際に、一〇世紀前半頃の「遊女」には、和歌を詠む事例が目立つ。[3]

しかし一〇世紀末以降、「遊女」は和歌を詠む存在としてよりも、歌謡を謡う存在として所見することが、圧倒的に多くなる。[4] この時期が今様の出現期と重なっていることを考慮すれば、「遊女」は一〇世紀末、庶民や下級貴族・若公達たちの間で新たに流行し始めた今様を、自らの生業に取り込んでいったと見ることができる。この時期「遊女」に関する史料所見が増えてくることは、貴族たちが「遊女」に寄せる関心が、次第に高まりつつあったことを示していよう。そして一一世紀末以降になると、「遊女」は今様の管理者とされ、今様を謡うためだけに召し出されることも増えていった。この時期にはまた、「遊女」の客層が広がったため、史料所見が飛躍的に増加する。この間、「遊女」にはいくつか大きな変化が生じる。一つは、一一世紀前半に

「遊女」が遊女・傀儡子に分化し、それぞれ異なる旋律を謡うようになることである。次に、「遊女」の営業場所の変化である。それまで、本拠地周辺で貴族たちの来訪を待っていた「遊女」が、貴族の招請によって次第に京や京近郊の邸宅・別荘に出張してくるようになってくる。新しく獲得した生業によって、「遊女」の集団形態や営業形態が大きく変わっていくのである。このことは、〈遊女〉の生業と集団・身分の変容とを統合的に理解しようとする本書にとって、まずもって検討すべき現象であると思われる。

また白拍子女は、一二世紀中ごろ、信西、あるいは鳥羽院によって創出されたと伝えられる（『徒然草』『平家物語』）。当初から貴族の関与が想定されているわけだが、実際にこの時期は、歌謡白拍子・白拍子舞の出現期に当たっており、貴族たち自身が白拍子を謡い、舞う記事が所見する。(5) それまでになかったリズム主体の白拍子舞に、貴族たちが熱狂するにつれて、(6) 白拍子女の史料所見も増えていく。

（1） 服藤早苗「遊行女婦から遊女へ」（女性史総合研究会編『日本女性生活史一　原始・古代』東京大学出版会、一九九〇）、関口裕子『日本古代婚姻史の研究』上・下（塙書房、一九九三）、同「対偶婚の終焉と買売春の発生」（『歴史評論』五四〇、一九九五）。

（2） 先行研究では遊女と夜発を別の存在としているが、明確に夜発の存在を示す史料はない。『倭名類聚抄』の記事も、また『類聚名義抄』「遊行女児〈ウカレメ、一云アソビ、一云ヤホチ〉」、『新猿楽記』「十六女者、遊女夜発之長者、江口河尻之好色也」といった関連記事の場合も、「遊女」「夜発」が同一実体の異称であると見て矛盾しないように思われる。

（3） 『大和物語』一四五・一四六段、『元良親王集』九、西本願寺本『三十六人集』（忠見集一四九）など。

（4） 一〇世紀末から一一世紀前半にかけて「遊女」の歌謡を示す事例としては、書陵部本『実方中将集』一〇四、「見遊女」詩序、『扶桑略記』治安三年一〇月二九日条、『更級日記』、『栄花物語』巻第三一「殿上の花見」、『日本紀略』長元六年四月二二日条、『類聚歌合巻』長元八年五月二二〜二四日条、『春記』長久元年五月三日条、『宇治関白高野山御参詣記』永承三年一〇月二〇日条など。一一〜一三世紀の改作本しか残っていないが、一〇世紀末頃に古本が成立した『住吉物語』下巻にも、河尻の遊女の歌謡を描く諸本がある。ただし、小野小町の歌を「ながめ」る＝吟詠するとしている諸本もあるので、検討が必要である。

（5） 『異本梁塵秘抄口伝集』巻一四、『顕広王記』仁安二年六月二八日条裏書、『兵範記』同年一一月一五日条など。

（6） 沖本幸子『今様の時代』（東京大学出版会、二〇〇六）、同『乱舞の中世』（吉川弘文館、二〇一六）。

第一章

今様の流行と貴族社会

第一節　今様流行を論じる視角

「遊女」の客は、どんな人たちなのだろうか。客たちは、「遊女」との交流によって何を得ようとしていたのだろうか。本章では、貴族社会を中心に、今様の流行現象がどのように起こるかを分析することで、「遊女」への需要の高まりと、「遊女」の客層の拡大について跡付ける。まずは本章の視角について述べたい。

流行現象そのものについての理論的考察は、社会学ないし社会心理学の分野を中心として行われてきた。そこでは、「流行」が人々への強制力を持つ「社会的規範」の一つと見なされている。[1] 流行に関する古典理論として、ドイツの社会学者ジンメルは、流行には範例への「模倣」と、そこから逸脱する「差異の欲求」の二面性があることを指摘し、流行は常に「階級的区別の所産」であると主張したことで知られる。ジンメルによれば、流行は同じ階級の人々を団結させると同時に、他の階級から区別する機能を持つが、下層階級の人々が上層階級を模倣するため、常に上層から下層に移行するという。[2] 二〇世紀初頭のヨーロッパ社会を念頭に置いたジンメルの所説に対し、今和次郎は、日本においては歌舞伎や小袖など下層から上層への流行伝播が存在することを指摘し、これを批判した。[3] 一方、中島純一によれば、戦後の社会変化の中で、階級社会を前提とした古典理論は説得力を失い、現在はロジャースなどの「二段階の流れ」説が主流になっているという。この説に基づけば、流行はまず情報源からマスメディアなどを通じてローカルな社会へと伝播し、第二段階では情報への接触度が高いオピニオンリーダーからパー

(1) 松原治郎「制度的文化と社会組織―慣習」(福武直ほか編『講座社会学第三巻　社会と文化』東京大学出版会、一九五八)。
(2) ゲオルク・ジンメル「流行」(『ジンメル著作集七　文化の哲学』白水社、一九七六(原著一九一九))。
(3) 今和次郎「流行」(『今和次郎集第九巻　造形論』ドメス出版、一九七二(初出一九三八〜六九))。

ソナルコミュニケーションを通してローカルな社会の内部へと伝播する。[4] このように、近年の流行研究においては階層間移動から地域・グループ間移動へ、いわば垂直移動から水平移動へと関心が移ってきているのだが、身分社会のただなかにある院政期において、階層性を無視して今様の流行を論ずることはできない。では身分社会下で、オピニオンリーダーという概念は全く無効なのであろうか。私見では、今様の流行過程にはオピニオンリーダー的な存在が見受けられ、身分社会の中でも二段階の流れ説に類するモデルが想定できる。

　そのヒントは既に今様をめぐる研究史の中で示されている。ごくごく単純化すれば、従来の研究において今様流行は「声の文化」から「文字の文化」へ[5]、地方から都へ[6]といった枠組みで語られることが多かった。前者は遊女・傀儡子・庶民から後白河院へといった文化的階層性、後者は青墓などの地方から京へといった地域性に注意が払われているが、二元的な対置構造の中で論じられている点は共通している。[7] そうした中で、二元的秩序の「間」を繋ぐ人々に注目した小川寿子、菅野扶美、植木朝子、沖本幸子らの所論は注目される。すなわち小川は、後白河の今様愛好に生母待賢門院が影響を与えているとみて、待賢門院の周辺に近侍した今様人たちを詳しく検討した。[8] 菅野は、土佐守藤原盛実や監物清経は大貴族と傀儡子・遊女の宿の仲立ちをして人材を斡旋しただけにとどまらず、遊女・傀儡子の組織化にも関わっていたと推測し、彼らのような連中こそが今様を都の芸能として定着させる契機になったと指摘する。菅野によれば、彼ら下級貴族は白河院周辺で永縁・慶増などの今様作者と交流しており、白河院周辺の今様圏では、荷担者の組織、詞章の改変・新修、音楽的洗練を通じて、前代の今様を院政期に相応しい音楽とする作業が行われたという。[9] 植木は後述するように「歌い女を手元に置き、貴族社会の今様環境を支えた」貴族たちに注目し、藤原忠実が彼らを通じて遊女や傀儡子を召していた可能性を指摘した。[10] 沖本は、一一世紀初頭、今様が「あやしの今様歌」と呼ばれており、童（庶民）や若公達が謡うもので、年長者や高位者にはふさわしくないと見なされていたにもかかわらず、一一世紀後半以降に宮廷芸能へと入り込んでくることに注目し、傀儡子四三と藤原敦家の登場を画期として貴族の交流が深まっていくことを指摘した。沖本は交流の具体像として、四三と藤原盛実・源俊頼、藤原敦家・敦兼と目井の事例などを挙げているほか、白河院皇女・藤原忠実・白河院などの貴顕の周辺に近侍した今様人たちについても詳細に論じている。[11]右の諸研究が挙げた今様人たちは、いずれも貴族社会の今様愛好をリードし、貴顕への窓口になっているという点で、先に述べたオピニオンリーダーと相似するといえるのではないか。階層間、地域間を繋ぐ存在として、彼らが担った機能に着目しつつ、今様流行を眺めてみること、これが本章の第一の視角である。

さて、院政期には、今様以外にも階層を超えた芸能の流行が存在する。特に蹴鞠や読経は、①摂関期に萌芽し院

(4) 中島純一『増補改訂版　メディアと流行の心理』金子書房、二〇一三。以上の研究史整理も同書に負う。なお最近では、ロジャース説に対する批判として、オピニオンリーダー(アーリー・アドプター)とアーリー・マジョリティとの間に断絶があるとする、ムーアのキャズム理論があるが、同理論は基本的にハイテク産業に関するものであるので、ここでは捨象している。ジェフリー・ムーア『増補改訂版　キャズム ver. 2』翔泳社、二〇一四。

(5) 三谷邦明「日記文学としての梁塵秘抄口伝集巻十」(今西浩子『こゑわざ日記　梁塵秘抄口伝集巻十総索引』有精堂出版、一九九四)、三田村雅子「声のジェンダー」(『国文学　解釈と教材の研究』四四―一三、一九九九)、神田龍身「書かれた今様文化」(『偽装の言説』森話社、一九九九(初出一九九五))など。

(6) 馬場光子「歌謡圏の拡大」(久保田淳ほか編『岩波講座日本文学史四　変革期の文学Ⅰ』岩波書店、一九九六)など。

(7) 勿論、これらの研究の中には、両者の関係性に着目しているものも見られるが、そこで両者の接点として想定されているのはテキストとしての『梁塵秘抄口伝集』である。本章は、両者の接点を言説レベルで捉えるのではなく、両者を媒介する人々とその機能の中に捉えてみようとするものである。

(8) 小川寿子「後白河院の『今様熱』と待賢門院璋子―女院院司と今様」(『日本歌謡研究』一九、一九八〇)、同「後白河院の『今様熱』と待賢門院璋子―俊頼、清経、有仁等をめぐって」(お茶の水女子大国語国文学会『国文』五六、一九八二)。

(9) 菅野扶美「『梁塵秘抄』前史」(日本歌謡学会編『日本歌謡研究―現在と展望』和泉書院、一九九四)。ただし、遊女集団の組織化は一一世紀半ばには既におこっていたと考えられる。本書第五章参照。

(10) 植木朝子「歌い女の主たち」(お茶の水女子大学国語国文学会『国文』九五、二〇〇一)。

(11) 沖本幸子『今様の時代』(東京大学出版会、二〇〇六)。

政期に流行すること、②もともと若者や庶民の好む芸能とされており、年長者や高位者の実践には抵抗があったこと、③院政期以降地位が上昇して貴顕の行う芸能とされ、芸道化・家業化を遂げること、などの点で今様と相似している。ごく簡単に、各芸能の歴史を述べておこう。

まず今様は、既に述べたように一一世紀初頭の出現期には卑俗とみなされていたが、白河・鳥羽院政期に貴族社会で大流行を迎える。後白河院政期には「上下」に広く流行するが（菊亭本『文机談』巻三）、流行には翳りが見える。一方でこの頃貴族の間には今様の「重代」意識が芽生え、[12]天皇・院による実践も始まる。一三世紀後半、後深草院は今様秘説や今様の家の保護に積極的に関与するが、[13]その頃を最後に今様の流行は終焉を迎える。[14]

蹴鞠は、九世紀後半以降、公卿・殿上人・下級官人・京中堪能者などの比較的広い階層に行われたが、主力となったのは下層身分者である。意識の上でも、蹴鞠は見た目のよくない「乱れ事」（『源氏物語』「若菜上」）、「あそびわざ」（『枕草子』二〇一段「あそびわざは」）で、高位者にはふさわしくないとされていた。[15]この頃の蹴鞠と今様は、人的にも、芸能の場としても、近接している。[16]一二世紀前半、地下の賀茂成平と、その弟子藤原成通が地下鞠から上﨟鞠への転換を図ったことで、蹴鞠が貴族（上﨟）にふさわしい形に整備される。[17]これを受けて後白河・後鳥羽院政期には貴顕の蹴鞠実践や蹴鞠の整備が進み、難波・飛鳥井・御子左など蹴鞠の家も生まれ、蹴鞠は和歌と並ぶ地位にまで上昇した。[18]

音楽芸能としての読経は、一〇世紀末以降流行し、宴席などの場で、俗人によって、今様・朗詠と共に奏された。人的にも重なりが見られる。[19]読経は今様と同様に、「たど〳〵しき若人たち」（『紫式部日記』）、「そこはかとなき若君達など」（『栄花物語』巻八「はつはな」）が行うものとイメージされていたようである。摂関期における庶民と読経との関係は明らかでないが、院政期以降は稚児・遊女なども読経を行っていることが確認できる。[20]読経は院政期には「あそび」から芸能になっていくとされるが、特に後白河院政期以降には芸道化が進み、一三世紀末には家業や道としての意識も見られる。[21]

流行の時期や階層の幅にはいささかのずれがあるものの、下から上への階層間移動に伴って高尚化・芸道化が起こるという点で右の諸芸能は共通している。こうした院政期の芸能流行全体と見比べながら今様流行を考えること、これが本章の第二の視角である。

前置きが長くなったが、本章では、第二節で下層の芸能を上層の貴族につなぐ媒介者について、第三節で階層間移動に伴う高尚化、特に上層における抵抗感の払拭について述べる。これらの作業を通して、新興芸能が、またその担い手としての「遊女」が貴族社会に入り込んでいく過程について考えたい。

---

(12) 飯島一彦「『異本梁塵秘抄口伝集』作者考」一・二（『梁塵』二・三、一九八四・八五）など。
(13) 『とはずがたり』『郢曲相承次第』。
(14) 新間進一「『今様』の転移と変貌」（『立教大学日本文学』五、一九六〇）、同「今様の享受と伝承」（『日本歌謡研究』一四、一九七五）、植木朝子編『梁塵秘抄』（角川ソフィア文庫、二〇〇九）など。
(15) 村戸弥生「鞠道家創設前後の蹴鞠史」上・下（『金沢大学国語国文』一五・一七、一九九〇・九二）。
(16) 山木幸一「西行歌風の形成」（北海道大学国語国文学会『国語国文研究』二七、一九六四）、村戸注15前掲諸論文。
(17) 村戸弥生『遊戯から芸道へ』（玉川大学出版部、二〇〇二）、同「公家鞠形成期」（扶桑社・霞会館編『蹴鞠』霞会館、非売品、二〇一五）。
(18) 渡辺融・桑山浩然『蹴鞠の研究』（東京大学出版会、一九九四）、渡辺融「「公家鞠の成立」から「公家鞠の成熟」まで」（注17前掲『蹴鞠』）。
(19) 田中徳定「芸能としての読経」（『駒澤国文』三四、一九九七）。
(20) 清水眞澄『読経の世界』吉川弘文館、二〇〇一。
(21) 田中注19前掲論文、柴佳世乃『読経道の研究』風間書房、二〇〇四。

第二節　流行摂取の場と方法

（一）　流行摂取の方法

①芸能を通じた階層間交流

野田有紀子は、『明衡往来』によって、一一世紀後半における貴族の交遊関係を分析し、交遊空間に集う人々が通常は公卿・殿上人といったほぼ同階層の身分範囲に収まるにも関わらず、漢詩・和歌・管絃のような「能」を要求する集いにおいては、地位の低い専門家が同席していることを指摘した。さらに、院政期になると、院や有力貴族が、各種芸能に優れた者を恒常的に召し抱える動きが見られ、彼らは芸能だけではなく日常的に主人にさまざまな奉仕を行ったという。公卿・殿上人の場合にも多才な能がある者はそれだけ多種多様の交遊関係に参加する機会があった。以上より、野田は、平安貴族社会では「能」が職場・職業・身分を超えた新しい関係を結び、維持する機能を果たしており、特に家格が形成され始める院政期において、「能」は身分の上下を問わず貴族社会で生き抜くための有力な武器となったと述べている。(22) 野田の指摘は芸能の社会的機能を考える上で示唆に富む。本章の関心からは特に、芸能によって異なる身分の者たちが結び付いた点が重要である。本来下層の芸能であった今様・蹴鞠・読経などでは、こうした身分を超えた交流がより一層必要とされたはずであろう。野田も院北面による今様・蹴鞠や、九条兼実の「常祇候男」たちによる蹴鞠に言及している。

『蹴鞠口伝集』下下六七「鞠足を賞する事」には、

景忠云、父祖〈忠資・資方〉のときにハ、可レ然公達の鞠このませ給ふに、迎へにわたらせ給て、門に御車をおさへて、めしいで、のせて、懸へはわたらせ給き。是等をめしとるをいみじきことにこそ候けれ。のちにたづねある人にハ、「其殿の御車にめしのせられていでぬ」と申けれバ、「さあらん、遅くきたるがそくかう也」とぞ候ける。さて帰さに纏頭にあづかりて、春はわれときぬたゝせて（ママ）ぞ候けるニ、景忠が代にハさる事も候ハねバ、資方…「わぬしのわろきか、上臈の心のかハり給へる」とぞ申候し。

とあり、白河院政期に貴族たちが侍層の鞠足たちを奪い合っていたことがわかる。(23) 小野忠資（「野五」「右京進」）父子は白河院政期の鞠会に所見する。いずれも多くの鞠説を残した名足である。

今様に関しては、一一世紀後半の記録によって野田説を補っておこう。【表1】に掲げたのは、永保元（一〇八一）年に、『師記』の記主である源経信が仲間たちと催した遊興の一覧である。経信のほか、源政長・橘俊綱・藤原忠綱などが中核メンバーであり、内容は饗饌や管絃・歌謡を主としている。政長の八条亭あるいは俊綱の伏見亭を主たる会場として、臨時に催されることが多い。(24) 注目すべきは、これらの遊興に、侍層のみならず、歌女（遊女・傀儡子）や呪師・猿楽などの非官人専業者が参加している点である。『師記』では、こうした専業者が参加している場合、彼らを連れてきた者の名前が書かれることが多い。藤原博定などの地下官人の場合には引率者名が書かれないので、両者の召集方法は異なっていたことが想定される。

---

(22) 野田有紀子「平安貴族の招待状」（お茶の水女子大学大学院人間文化創成科学研究科『大学院教育改革支援プログラム「日本文化研究の国際的情報伝達スキルの育成」活動報告書 平成二〇年度 学内教育事業編』、二〇〇九）。

(23) 鳥羽院政期の景忠の頃にそうしたことがなくなったとされているのは、先に述べたように丁度この時期地下鞠から上臈鞠への転換が起こっていることと恐らく関係している。貴族たちが彼らを通して地下鞠の技術を摂取することへのモチベーションを喪失しつつあったのであり、上臈の心が変わってしまったためという資方の推察は的を射ている。

(24) 小川寿子「今様人経信・俊頼の系譜」（『日本歌謡研究』二一、一九八二）参照。

【表１】『師記』永保元（1081）年にみえる遊興の参加者

月日	場所	内容（下線は専業者の召集）	参加者
３月10日条	藤原忠綱宅	歌女一両を喚び出だす	【公卿】源経信 【殿上人】藤原忠綱 【地下】歌女一両
４月７日条	源政長八条亭	食	【公卿】源経信、藤原経季、藤原顕家 【殿上人】源政長、藤原経平
５月３日条	蛟松殿	源師忠：歌女二人を具す 源師忠：食物等を遣はし取る	【公卿】源師忠、源経信、藤原宗俊 【殿上人】藤原公定、源顕仲 【地下】馬助（備前介子、琵琶冠者）、歌女二人
６月１日条	源師忠亭東廊	管絃の事あり。膳を羞めらる 歌女一両あり 博定・物師両三会合	【公卿】源師忠、源経信、藤原宗俊 【殿上人】源政長 【地下】藤原博定、物師両三、歌女一両
６月２日条	高階泰仲泉宅	不明	【公卿】源経信 【殿上人】源政長、源師賢、高階泰仲、源基綱
６月３日条	源政長八条亭	饌を儲く、遊汎 藤原伊家：歌女五人を相具す	【公卿】源経信、源季宗 【殿上人】藤原忠綱、源政長、藤原伊家 【地下】歌女五人
６月４日条	源政長八条亭	終日遊蕩 藤原忠綱：愛物子族二人を相具す	【公卿】源経信 【殿上人】藤原忠綱、源政長、藤原長兼カ 【地下】藤原基兼カ
６月５日条	源政長八条亭	終日閑談	【公卿】源資綱、源経信 【殿上人】源政長、六郎大夫
10月１日条	源政長八条亭	食、閑談 源政長・藤原忠綱：歌女両三会合	【公卿】源経信 【殿上人】源政長、藤原忠綱、藤原長兼カ 【地下】藤原長忠カ、藤原基兼カ、歌女両三
10月９日条	橘俊綱伏見亭	管絃の事あり。博定等相会う 藤原忠綱：歌女二人を送る 橘俊綱：呪師・散楽等を相具す →各々その芸を尽くす	【公卿】源経信 【殿上人】橘俊綱、源政長 【地下】藤原博定、院禅、歌女二人、呪師・散楽
10月17日条	源政長八条亭	藤原忠綱：酒膳を儲け、歌女三四人を遣はし喚ぶ →源政長：歌女と同会し乗舟	【公卿】源経信 【殿上人】源政長、藤原忠綱、源道時 【地下】歌女三四人
10月21日条	源政長八条亭	藤原忠綱：倡女・会物を相具す	【公卿】源経信 【殿上人】源政長、藤原忠綱、源道時、藤原長兼カ 【地下】藤原基兼カ、倡女（歌女）
10月22日条	橘俊綱伏見亭	管絃ならびに唱歌 藤原敦家：倡女と相具して別車	【公卿】源経信、源師忠 【殿上人】橘俊綱、藤原敦家、源政長 【地下】倡女（歌女）
10月28日条	源政長八条亭	源政長：饌を儲く 源政長・藤原忠綱：歌女を相具す	【公卿】源経信 【殿上人】源政長、藤原忠綱 【地下】歌女
11月13日条	源政長八条亭	藤原忠綱：饌を儲く 藤原忠綱：遊〔族〕子を相具す	【公卿】源経信 【諸大夫】源政長、藤原忠綱、藤原長兼カ 【地下】藤原基兼カ
11月24日条	源政長八条亭	藤原忠綱：饌を儲く	【公卿】源経信 【殿上人】源政長、藤原忠綱
12月７日条	橘俊綱堀川宅	管絃の事あり	【公卿】源経信、藤原宗俊、源師忠、源季宗 【殿上人】橘俊綱、源政長、藤原公定
12月20日条	源政長八条亭	藤原忠綱：食物を儲く 終日遊□□	【公卿】源経信 【殿上人】源政長、藤原忠綱、源基綱、源道時

＊殿上人・地下の別は便宜的なもので、昇殿勅許の有無を厳密に意味するものではない。
＊源政長・師賢は記主源経信の又従兄弟。
＊源基綱・道時は経信息。

引率者としての所見頻度が最も高いのは近江守藤原忠綱であるが、彼は一〇月九日、[25]経信らが但馬守橘俊綱の伏見亭に赴いた際には、

（前略）博定等相会有二管絃事一、[26]又自二近江守許一送二歌女二人一。又亭主相二具□〔呪〕師・散楽等一。各尽二其芸一。今夜不レ帰。

とあるようにわざわざ京から歌女を送り遣わしており、また一〇月一七日条では、

（前略）江州聊儲二酒膳一、又遣二喚歌女三四人一（後略）

とあって、源政長の八条亭が会場であるにもかかわらず忠綱が歌女との連絡を担っていることがわかる。恐らく忠綱は歌女に対する何らかのパイプを持っており、経信たちが遊興の場に歌女を召すにはこうしたパイプ役を通すことが慣習化していたものと考えられる。三月一〇日条で歌女一両を喚び出しているのも、会場が忠綱宅であることと関係しているだろう。忠綱がなぜそのようなパイプを有しているのかは、この時期の史料が少ないためもあって不明と言わざるを得ないのだが、忠綱以外の引率者がいずれも歌謡との関係を示す点は注目される。

まず五月三日条には、蛟松殿での会合に「左衛門督被レ来〈被レ具二歌女二人一〉」とあって、源師忠が歌女を引率しており、六月一日、師忠第での会合にも歌女一両が参加している。師忠は一五年後の『中右記』嘉保三（永長元、一〇九六）年三月一七日条に京極殿で今様を謡ったことが見えるが、これは貴族社会における今様歌唱としては比

(25) 以下、月日のみの記載は『帥記』永保元年の記事を指す。なお、橘俊綱と呪師・散楽とのつながりは不明である。昼呪師の早い例と考えることができる。呪師の歌謡性を指摘した宇津木言行「芸能と歌謡」（日本歌謡学会編『歌謡とは何か』和泉書院、二〇〇三）を踏まえると、歌謡的契機を想定してもよいかもしれない。

(26) 藤原博定は、父知定から続く今様の名手であり、藤原忠実の前でしばしば今様を謡っていたらしい。また、彼は楽人としても楽書預まで昇っており、当該記事においては管絃に際して召されているようである。詳細は沖本注11前掲書六四〜六五頁に詳しい。

較的早い事例である。[27] 師忠は他にもたびたび拍子をとって神楽・催馬楽・朗詠・風俗・東遊などの歌謡を行っているほか、[28] 和琴・横笛などを奏し、[29] 蹴鞠にも参加するなど、[30] 芸能に優れた人物だったようである。

次いで六月三日条には、「先レ是、家主（源政長）・江州（藤原忠綱）・蔵人弁（藤原伊家）〈相二具歌女五人一〉在二彼亭一」とあって、蔵人弁藤原伊家が歌女を五人連れてきていることがわかる。伊家は『今鏡』「昔語」第九「賢き道々」に朗詠の名手として名前を挙げられる人物である。竹鼻績は、同段に官職表記の不一致があり伊家に歌謡の事跡が無いことから同段を虚構とするが、[31] 当該記事を考慮に入れると、伊家が朗詠を通じて歌女と結びついていた可能性も捨て難い。

なお、同段には伊家と同じく朗詠の名手として藤原敦家の名前が載る。敦家は一〇月二二日条で管絃・唱歌の会に参加しており、倡女（歌女）[32] と同車して橘俊綱伏見亭に向かっている。「次予・備州（藤原敦家）・刑部卿（源政長）相具向二伏見一〈備州与二倡女一相具別車〉」とあるので、倡女を召したのが敦家であるとは確定できず、別車で同行した経信や政長の可能性もある。ただ、敦家は神楽・朗詠・今様の名人で、先述の通り今様の宮廷社会流入に大きく寄与したとされる人物である。傀儡子を召して今様談義を行ったほか、歌女綾木の弟子となるなど、歌女との関係が濃厚な点、注目される。[33]

また、一〇月二八日条では「家主弁江州相二具歌女一」とあって、源政長と藤原忠綱が歌女を引率している。忠綱については既に述べた。政長は郢曲源家の一員で、『郢曲相承次第』にも載せられているように今様の名人である。[34]

以上、藤原忠綱を除く歌女引率者にはいずれも歌謡、特に今様との接点が見受けられる。永保元年段階では今様が未だ貴族社会に定着していないことを考えると、このことは偶然とはいい難い。引率者たちがそうした歌謡活動を通じて専業者との人脈を形成し、専業者を貴族層に紹介し得た可能性が想定されよう。

さて、先にも少し触れたが、植木は「歌い女を手元に置き、貴族社会の今様環境を支えた」貴族たちに注目し、彼らを「歌い女の主たち」と呼んでいる。植木によれば、「歌い女の主たち」は必ずしも自ら今様を謡ったわけではないが、歌い女に住居を提供するなど彼女たちの生活を全面的に支えており、周辺には濃厚な歌謡環境があった。植木が取り上げたのはささ浪と初声を住まわせていた藤原家成、歌うたひの姫牛を「愛物」としていた藤原伊通、あこ丸の母を甲斐に連れていき大曲を習わせた藤原盛実、遊女戸々(35)を任国に具した藤原仲実など、いずれも一二世紀前半頃の人々だが、彼らは皆摂関家の藤原忠実との接点を有している。特に盛実・仲実の二人は忠実家司であり、「忠実が遊女や傀儡女を召す時には、彼女らとすでに交流のあった二人が実務的な働きをしたと考えられる」という。また伊通は待賢門院院司として神崎遊女かねを女院に紹介した可能性が高い。このように、「歌い女の主たち」は、歌女との人脈を形成し、彼女たちを貴族層、特に貴顕に取り次ぐ機能を果たしている。植木は他に、さはのあこ丸を手元に置いた藤原朝方、乙前の娘(36)を手元に置いていた信西などを挙げているが、後白河がさはのあこ丸や乙前を召す際には、やはり「主」である朝方や信西を通じて召しているのである。植木のいう「歌い女の主たち」は、先に見た歌女の引率者たちと同様の機能を示しているといえよう。

(27) 沖本注11前掲『今様の時代』六二頁。
(28)『中右記』寛治元年一一月二日条・同六年八月三日条・永長元年正月三日条・承徳元年三月二九日条、『殿暦』康和二年正月一二日条。
(29)『中右記』寛治七年三月一一日条・嘉保元年五月四日条・永長元年三月一・一一・一七日条。
(30)『後二条師通記』康和元年三月一日条。
(31) 竹鼻績全訳注『今鏡（下）』四八〇～四八二頁（講談社学術文庫、一九八四）。
(32) 一一世紀末～一二世紀初頭成立、一二～一三世紀前半増補の古辞書、観智院本『類聚名義抄』佛上・人部は、「倡」に「ウタ〳〵ヒ」「ウタメ」などの訓を付し、「倡女」を「ウタメ」と読んでいる。
(33) 敦家の伝記や歌謡事跡については、菅野扶美「後白河院と今様説話」（『梁塵』一八、二〇〇〇）、青木洋志「藤原敦家」（『鼎論　文学と歴史と音楽と』上野学園日本音楽資料室、二〇〇四（初出二〇〇一））、沖本注11前掲書一五～一九頁等を参照。
(34) 政長の伝記については、安田純生「源政長について」（『大阪城南女子短期大学研究紀要』一〇、一九七五）、同「永保初年の源経信」（『樟蔭国文学』一三、一九七五）、飯島一彦「源政長伝攷」（『梁塵』三一、二〇一五）等を参照。
(35)『散木奇歌集』八二一「しろといふあそびのむすめのとと」と同一人物と思われる。
(36) 原文は「それが子」なので、娘ではなく息子の木工允清仲をさす可能性もある。

治承～文治（一一七七～八九）頃の成立とされる文例集、『十二月往来』の一一月往・復状には、

其後何事候乎。抑今年可レ献二五節一候也。童女・下仕、傾城之属已以難レ得。先日倡女可レ然者召給候乎。専有二西施之姿一、蓋応二下仕之仁一哉。他事不レ具、謹言。

十一月十四日　左衛門督

宰相中将殿

五節御営事承及候。一夜傾城早可レ随レ召。但纔雖レ伝二梁塵之曲一、難レ被レ許二漢雲之交一候歟。恐々謹言。

十一月十四日　参議

とされており、五節下仕としての遊女は明らかに貴族個人の縁故によって召されている。すなわち、五節下仕を用意したい左衛門督某が、参議某に対して「先日の歌女のうちしかるべきものを召していただきたい」と依頼し、参議某の側では、歌女＝傾城の質に謙遜しながらその要請を承諾しているのである。このことは、参議某が「先日」行われた何らかの催しにおいて歌女＝「遊女」を用意した責任者であったこと、また日常的にも「遊女」の召集を期待され、その質に何らかの責任を負う立場にあったことを示している。本項での検討を踏まえれば、参議某もまた、「遊女」へのパイプ役であり、その「主」に属する人物であったと見られる。なお、同様のことは『勘仲記』弘安七（一二八四）年一一月一三日条「次参二内大臣殿一。有二出御一。神崎遊女参入、下仕料被二撰定一」や『藤の衣物語絵巻（遊女物語絵巻）』[37]第七段詞書「そのとし五せちあそびどものぞむ事ありてのぼりぬ。おほき大いとのにも大将殿いださせ給へば、ことにはへ〴〵しくわらは・下つかへゑらびとゝのへさせたまへば、あまためしいでゝ御らむぜらる」等からもうかがうことができる。

②媒介者たち

ここでは、貴族層が遊女・傀儡子などの専業者を召す場合に、パイプ役になり得るような貴族たちのことを、その文化的機能に着目して「媒介者」と呼んでみたい。ここで参考になるのは、近世ヨーロッパの民衆文化と貴族との関係についてのピーター・バークの議論である。バークは、教育のある少数者の「大伝統」とそれ以外の人々の「小伝統」との相互作用について論じたロバート・レッドフィールドのモデルについて、文化的区分と社会集団とは必ずしも一対一で対応してはいないと批判し、近世ヨーロッパ文化は「民衆文化が唯一の文化である大多数の人びとと、大伝統に接しつつ第二の文化として小伝統も享受する少数者とに分けられていた」、「貴族は当時みなの共有していた『民衆文化』と同時に、もっと排他的な固有の文化にも参加していた」と述べている。別の箇所で近世ヨーロッパ文化は「二つの文化としてよりも三つの文化として」描きうると述べ、「中間文化」の初期形態という説明をしていることからも分かる通り、バークの主眼は二つの文化を繋ぐ存在に置かれている。そうした存在としてバークが挙げるのが貴族や聖職者であり、彼らは「二文化にまたがる」「文化両棲的な（bi-cultural）」存在であったが故に、二文化の相互作用を媒介できた[38]。時代も地域も大きく異なるが、バークの議論は、従来〈声の文化―文字の文化〉〈地方―都〉という対置的二元構造の中で語られてきた院政期文化を考える際にも、参考にすべきもの

---

(37) 同絵巻の絵画部分は室町期の成立であるが、詞書は鎌倉期の成立とされている。伊東祐子『藤の衣物語絵巻（遊女物語絵巻）影印・翻刻・研究』笠間書院、一九九六。

(38) ピーター・バーク『ヨーロッパの民衆文化』人文書院、一九八八（原著一九七八）、同「新しい歴史学と民衆文化」（『思想』七八四、一九八九）。なお、氏家幹人「花咲く娘たちの刀」（『江戸の少年』平凡社ライブラリー、一九九四（新稿））もまた、社会階級が固有の文化を持つことに疑問を呈したウィリアム・ウェーバーの言葉を引きつつ、〈武士の文化〉と〈町人文化〉、〈支配者の文化〉と〈庶民の文化〉という対立的な捉え方を批判する。氏家によれば、一八世紀後半、本来「下司の芸」であったはずの三味線や浄瑠璃が大名旗本に愛好されるようになると、これらの芸能を身に付けた町の娘たちがそれによって武家奉公に採用される。娘たちの動向は、親の功利的打算や大名旗本の少女趣味に促されたものではあったが、結果として彼女たちは、武家社会と町人社会の間の文化的接触・交流を担ったという。

と考える。

院政期においても二つの文化は曖昧な範域としてしか把握されない。そうである以上、それらは実体としてではなく、両者の相互関係として把握される必要がある。したがって媒介者を考える際にも、その社会的実体を厳密に同定するよりは、媒介という行為自体を関係論的・機能論的に考える方が有効であろう。実際に、媒介者と見なし得る人々は公卿層から侍層までかなり幅広い階層にまたがって所見する。前項において公卿層・殿上人層・諸大夫層の具体的事例にはいささか触れたので、ここでは侍層の事例を挙げておきたい。

侍層における媒介者の典型は、植木が「歌い女の主たち」の一人として名前のみ挙げた源清経に求められよう。清経は白河院政期には蔵人所衆をつとめ、[39]寛治七（一〇九三）年以降は官職名によって「監物清経」と所見することが多い。西行の外祖父であり、蹴鞠の名手としていくつかの説を残しているほか、[40]今様にも堪能な人物であったようである。『梁塵秘抄口伝集』巻一〇には、傀儡子目井と夫婦関係を結び、傀儡子乙前を養女として養育したことが述べられている。話主は乙前である。

> 監物清経、尾張へ下りしに、美濃国に宿りたりしに、十二、三にてありし時、目井に具して罷りたりしに、歌を聞きて、「めでたき声かな。いかにまれ、末通らむずることよ」とて、やがてあひ具して京へ上りて、目井やがて一つ家にいとをしくして置きたりしに、「年来の替りには、これに歌を教へよ」と申ししかば、誓言を立てて、みな教へて候ひしぞ。（中略）清経、目井を語らひて、相具して年来棲み侍りけり。歌のいみじさに、こころざしなくなりにけれど、なほありけるが、（中略）青墓へ行くときはやがて具して行き、また迎へに行きて具して帰りなどして、のちに年老いては、食物あてて、尼にてこそ死ぬるまで扱ひてありしか。（中略）切利・初声、みな、我が弟子と人は知りて候へど、僻事に候ふ。清経ぞ教へはべりしか。誤りて、「目井に『さもあらむ秘歌少々教へよ』と清経が申し候ひしを、『それは、さらでありなん』と我《目井》が申し候ひしかば、みな、さ心得たり」と、目井申しき。

ここからは、清経が一二世紀初頭頃、都鄙を往反する中で傀儡子との関係を築いたらしいこと、関係の構築に婚姻・同居・養育が利用されること、性愛よりも歌謡の能力を重視して目井と同居し続けたこと、乙前や忉利・初声など自ら見初めた者に目井の今様を伝えようとし、断られた場合には自ら今様を教える力があったことなど、いくつもの興味深い事実を読み取ることができる。

清経が築いた今様の能力や歌女との人脈は、どのように機能したであろうか。『長秋記』元永二（一一一九）年九月三～七日条で「御前上」と扈従の貴族たちが西宮に参詣し、江口・神崎遊女と遊んだ際、清経は「前行者」として動いている。このことについて先行研究では、清経が遊女の手配にも関与したものと想定されている[41]。清経の抱える目井は、藤原敦家・敦兼などの参加する「歌談義」、藤原顕季主催の今様会に参加しているが、後者の催しには清経自身も参加し、目井を売り込むような意見を述べている（『梁塵秘抄口伝集』巻一〇）。また、清経が目井の弟子にしようとした初声は、藤原家成の抱える女性であった（同）。目井は伊通・伊実父子の愛物である歌うたひの姫牛や（同）、鴨維明をも弟子にしている[42]。上位者主催の遊興・談義会に目井を参加させ、上位貴族の抱える歌女や、清経とほぼ同階層の者に今様を教えさせていることからすれば、清経と目井との関係は必ずしも排他的・独占的なものではない。むしろ清経は目井を引率・紹介することで垂直的にも水平的にも人間関係の構築・維持を果たして

(39)『寛治二年高野御幸記』、『蹴鞠口伝集』下下六四。所衆は侍層にあたり、警固と近習の性格を持つ。同階層で類似する性格の滝口と同様、芸能的要素を持つことも多い。中原俊章『中世公家と地下官人』（吉川弘文館、一九八七）、沖本注11前掲書二八一～二八五頁。

(40) 山木注16前掲論文。

(41) 小川注8前掲「後白河院の『今様熱』と侍賢門院璋子―俊頭、清経、有仁等をめぐって」、馬場光子全訳注『梁塵秘抄口伝集』一三一～一三三頁（講談社学術文庫、二〇一〇）。馬場注釈は、「プロモーターのような役割を担った清経のごとき人物の存在が、都における今様の流行現象を陰で支えていた」と述べている。

(42)『今様の濫觴』。維明は、『長秋記』元永二年一一月二日条および賀茂県主同族会所蔵『賀茂祢宜神主系図（古系図）』に賀茂下社の「祝惟明」として見える人物であろう。

おり、結果として貴族社会への今様の媒介者たり得ているものと評価できよう。

なお、乙前も、藤原家成の命令によって、家成が抱えるささ浪に今様を教えたことが『梁塵秘抄口伝集』巻一〇に見えている。また、傀儡子が貴族・官人に今様を教えることは、同史料や『今様の濫觴』に多く見えており、「歌好ませたまふ上﨟もおはしまして、歌の節のおぼつかなからむには『某こそ知りたらめ』とて尋ね来る人もあらむに」(『梁塵秘抄口伝集』巻一〇)という清経の言葉からは、歌の習得を目的とした貴族と傀儡子との接触がかなり一般的なものと考えられていたことがうかがえる。媒介者が遊女・傀儡子との婚姻によって人脈を形成する例としては、『今様の濫觴』に、さはのあこ丸の実子小さはと、弟子の甲斐権守為方とが婚姻して八条院蔵人忠重を産み、小さはから忠重に今様相承がなされたことを載せている。以上のことから、清経と目井の事例は特殊な例ではなく、ある程度一般化して考えることができそうである。

侍層における媒介者の例として、清経について述べてきた。先に挙げた例も含めてまとめると、媒介者は公卿層から侍層にいたる広範な階層に所見する。彼らは職縁や婚姻関係、主従関係、経済的な支援などを通じて専業者との間に人脈を形成し、あるいは自身が今様や蹴鞠などの「能」を身に付ける。彼らはそうした人脈を上層あるいは同階層に提供し、あるいは自らの「能」で奉仕することによって、職場・職業・身分を超えた新しい関係を結ぼうとした。理念的にいえば、こうした奉仕の関係に支えられるが故に、媒介者を通じた文化の階層間移動は、恐らく侍層↓諸大夫層↓殿上人層↓公卿層↓摂関・院・女院と段階的に進むことが多かったものと推測される。勿論、実際にはいくつかの階層を飛び越えての奉仕が行われていたようであるし、それぞれの階層は新興文化の流行に対して均一な反応を見せるわけではない。重要なのは、媒介者が各階層の中でも先んじて新興文化に接した人々であり、社会心理学の用語を借りればオピニオンリーダーであったが故に、他の貴族たちに必要とされたという点である。新興文化は媒介者たる彼らを基点として朝廷社会の中に浸透していき、それによって貴族・官人たちは伝統文化と新興文化にまたがる文化的素養を獲得していくものと考えられる。

媒介者が新興文化を獲得する過程や、奉仕の具体的態様についてはなお追究が必要であるが、こうした作業を行う上では、都鄙を往反する国内名士に注目し、「彼ら相互の、彼らと国衙および都市中下層貴族との（また別に都市貴族相互の）政治的・社会的・文化的な相互交流（対立・競合を含む）」すなわち「地域内および都鄙間関係」が中世的荘園体制に組み入れられていく過程を問題にした戸田芳実の一連の研究が想起される。(43) また今様の隆盛期である白河・鳥羽院政期は、近年荘園公領制の確立期として捉えられており、立荘過程における近臣や家人の動向が追究されている。(44) 院や摂関家においてこの時期家政機関の急激な拡充整備が見られることは偶然ではなく、(45) 本項で挙げた藤原盛実・藤原仲実の家司としての活動や、清経の尾張国下向なども、当然こうした文脈の中で理解されるべきである。媒介者を考える際、単に文化的活動のみを扱うのではなく、政治的・社会的活動や存在形態も含めてトータルに論じていくことが求められよう。

(二) 流行摂取の場

前項では、芸能を通じた階層間交流について人的側面から検討した。ところで、身分社会において、異なる階層の者たちが同じ芸能を享受することは、どのように可能になるのであろうか。この項では、空間的性質の観点から、芸能と身分秩序の問題に迫ってみたい。

秋山喜代子は、院御所をはじめとする住宅内部の空間が、その性質によって使い分けられていることに注目し、以下のような点を指摘している。まず、住宅の内部には政務・儀式・接客などに用いられる公的な空間、表（ハレ）の空間が存在した。表の空間は近臣以外の男性（外人・外様）を中心とする空間であり、用いるべき入り口や座次、

(43) 引用は戸田芳実「王朝都市と荘園体制」一九一・一九八頁（『初期中世社会史の研究』東京大学出版会、一九九一（初出一九七六））。
(44) 川端新『荘園制成立史の研究』思文閣出版、二〇〇〇。
(45) 元木泰雄『院政期政治史研究』思文閣出版、一九九六。

振舞などの身分秩序規制が厳密に適用された。これに対して、奥（ケ）の空間は私的な生活空間、主人、家族、女性、近臣の空間であり、身分秩序規制が比較的弱かった。奥の空間には主人の許可があれば地下でも参入できたため、奥は内輪の遊興空間であり、「院と身分の低い芸能者の接点になる場であった」。逆にいうと、院や天皇はハレの場で地下芸能者に接することが難しく、私的な遊びという形でしか彼らの芸に接することができなかったのだという。秋山はその例として猿楽や蹴鞠などに触れている。奥は近臣の詰所でもあったが、ここで注目されるのは、以下の指摘である。

そのような芸能民と院の媒介をしたのは、身分的に貴族と雑人との中間に位置する下北面衆などの侍ではなかったかと推測されるが、院近臣の北面衆にも芸能に堪能な者が散見する。たとえば、後白河院は近臣や女房たちと年中今様にふけっていたが、そうした近臣たちの多くは下北面であり、平康頼、平業房、藤原為行・為保兄弟、平信業、平知康（鼓の名手）、藤原能盛などが挙げられる。ただし、下北面だけではなく、藤原成親や郢曲の名手であった源資賢などの公卿も交じっていた。（中略）このような近臣たちが、寝殿の北側の遊びを担っていたのである。

ここには、芸能の媒介が奥の空間においてこそ実現し得たことが、明確に指摘されている。その際、水干・直垂や上括など、身分の高い者が身分の低い者の服装を用いることによって、身分差の緩和が図られたという指摘も重要と思われる。芸能の階層間交流は、空間や服飾といったさまざまな装置によって支えられていたのである。(46)

藤田勝也も建築史の観点から同様の分析を行っている。藤田によれば、社会秩序の動揺する院政期には、それにふさわしい新たな空間が求められた結果、ケの空間が拡大し、新たな建物や空間が創出される。さて、ここで注目されるのは、後白河院政期、芸能・文芸の場において、ハレ―ケの中間的性格を持つ空間が創出されるとの指摘である。藤田によれば、後白河院政期に初見する弘御所という空間では、院・近臣・遊女・傀儡子たちによって今様の会が繰り広げられ、また後白河が傀儡子乙前に今様を習うなど、雑芸能者が院の御座近くまで昇殿している。鎌倉期以降も弘御所には「緇素雑芸輩」[47]や千秋万歳などの雑芸能者が出入りするなど、弘御所は身分秩序にとらわれない、ケの性質を持っていた。一方で、弘御所から雑人や雑芸能者を排除し、身分差に応じた空間的序列を貫徹させている例も見られることから、藤田は弘御所をハレ―ケ、公―私の中間的性格を有する新しい空間と位置付け、中世の「会所」的空間の始源とする。こうした新しい空間が創出されたのは、上皇にとって「旧来の秩序をある程度保持しつつ、しかし公的制約に囚われることのない私的性格をも内包する空間が必要であった」ためという。その形成過程は、和歌を例に説明される。白河院政期以降和歌が文芸化・芸道化することによって、歌才に恵まれた人々の近臣化が進められる。こうした人々との身分差を超えるための空間として、当初は北面・小御所・馬場殿などケの空間が用いられていたが、後鳥羽院政期には南釣殿廊や二棟廊など本来ハレであるはずの場において貴賤同座が確認される。こうした事例では、はじめ時空間を当座に限定することによって身分秩序緩和をはかっていたが、この当座性が喪失することによって、後鳥羽院政期の弘御所＝和歌所では身分秩序の顕在化が起こったのだという。藤田は弘御所における歌合の延長線上に、連歌など会所の諸芸能を見通している。その具体的過程については今後の課題とされているが、芸能・文芸の変容から空間と身分秩序の変容を見通している点、また儀礼空間が遊興性を胚胎していく過程を示唆している点で、興味深い指摘といえる[48]。

芸能における身分秩序と空間的性質との関連は、その後の芸能史研究でも注目されている。すなわち沖本は白河院と今様の関係を論ずる中で北面の場に触れ、宮廷に入った当初の今様がまだ身近な人々との私的な催しであったことを論じている[49]。筆者は、後白河院が儀礼の場で雑人を昇殿させている事例を紹介し、これらの儀礼が今様・説

(46) 秋山喜代子『中世公家社会の空間と芸能』山川出版社、二〇〇三。引用は同書九〇頁。
(47)『明月記』建暦二年八月一七日条。『皇帝紀抄』同日条によれば、「北面狂男」「舞女」などが含まれる。
(48) 藤田勝也『日本古代中世住宅史論』中央公論美術出版、二〇〇二。
(49) 沖本注11前掲書七九～八二頁。

教といった音曲・音芸と空間的性質とによって支えられていたことを指摘した（第二章）。また、永池健二は一二世紀後半以降に「酒盛」という語が見えることに着目し、正式の饗宴が「公の、晴れの空間」で行われ、雅楽・朗詠・催馬楽などを伴うものであったのに対して、酒盛は台所や局などの「私の、日常の空間」で行われ、小歌・小舞・乱舞などの新興の諸歌謡・諸芸能を伴うものであったこと、酒盛は身分や地位から解き放たれた「超脱の空間」であったことを指摘している。[50] 永池の指摘はむしろ民俗学の文脈に発するものだが、新興芸能と空間的性格との関係を鎌倉期以降で論じている点注目される。

さて、源資時によって治承四（一一八〇）年頃に書かれたとされる『異本梁塵秘抄口伝集』[51]の巻一四には、以下のような記述がある。

そのおり蓮華王院まいりて候ところに、一座御前に列して四方の御はなし共ありしに、院の仰人々有ける時に、高官又は北面の下臈といへども、調子音共の御沙汰のときは、高官は口をつかね、下臈のものといへ共、院の仰いろ〳〵御尋ども、高官にまさり口きゝぬ。芸能のみち稽古すべきことなり。高官なくして高位にます、音調之徳とおもひしぞかし。諸芸どもそれにおなじと人々申あへり。

ここには、芸能の重視によって身分秩序規制が緩和されていた後白河院周辺の状況が、よく表れている。芸能に優れていれば、下臈であっても同じ空間の中で高官に席を列ね、御前で高官を差し置いて発言することが可能であった。媒介者たちが「能」を武器に貴族社会を生き延びようとしていたことは既に述べたが、右のような場においては、彼らの目的は一層達せられやすい。

以上みてきたように、院政期以降の新興芸能は本来下層の芸能であったために、貴族たちがそれに接するためには身分秩序規制の弱い特別な空間を必要とした。院政期はこうした空間の拡充・展開期と見なされる。院政期における芸能の階層間移動の活発化と媒介者たちの活躍は、こうした空間の存在を前提として理解すべきものである。

第三節　新興芸能の貴族化をめぐって

第一節で述べたように、院政期に流行する今様・蹴鞠・読経などの芸能は、いずれも摂関期には卑俗な芸能、若者が行う芸能と意識され、高位者や年長者にはふさわしくないものと考えられていた。したがって院政期、これらの流行が院や天皇を含めた貴族層全体に及ぶに際しては、芸能に対するイメージの変容があったものと予想される。本節では、いくつかの観点から、これら新興芸能のイメージ向上、特に高尚化の過程について考察したい。

（一）芸態の改変

今様の形式に注目した小西甚一は、地方に伝わる神歌系・民謡系の伝承歌謡が遊女・傀儡子など遊行の芸能者によって都市化した点に今様歌謡の発生があること、今様歌謡は本来七五音四句形式ではなく不整形式を基本態とすること、摂関期から院政期にかけて遊女が貴人に接するようになると貴族の好尚に合わせて和讃・教化・訓伽陀など声明系歌謡の旋律ならびに四句形式が取り入れられ、さらに遊宴歌謡として洗練された点に法文歌が成立すること、声明系歌謡が神歌系・民謡系にも浸透した結果、狭義今様や四句神歌が生じたこと、などを夙に指摘している[52]。小西説は芸能者の働きと貴族の好尚とによって今様の芸態変化が起こったことを指摘する点で注目されるものである。

菅野は、小西説を踏まえた上で、初期（一一世紀）の今様は祝賀の意をこめたものと、主に恋をテーマとして笑

（50）永池健二「酒盛考」（『逸脱の唱声　歌謡の精神史』梟社、二〇一一（初出一九九七））。
（51）飯島一彦「『異本梁塵秘抄口伝集』成立再考」（福島和夫編『中世音楽史論叢』和泉書院、二〇〇一）。
（52）小西甚一『梁塵秘抄考』三省堂、一九四一。

いを誘う内容とが主であったが、そうした今様が旋律面で寺院的要素をくぐる過程で法文歌が形成されたと述べ、法文歌の作者像として教理に通じた天台僧周辺を措定した(53)。白河院周辺でそうした今様作者と藤原盛実・源清経などが交流した結果、詞章・音楽などの改変・洗練が行われたとする菅野の主張については第一節で触れたが、別の論考で菅野は、法文歌の顕著な類型性は、短期間に、かつ限定された人々によって形成されたことに由来するとして、鳥羽院政期にも変容の画期を想定している(54)。

さらに植木は、一一世紀半ば、『新猿楽記』の頃の古い今様は身振り手振りを交えて笑わせるような滑稽なものが中心であり、不整形式のものが多かったと述べている(55)。

呉文炳によれば、白河院政期には今様の中から佳遊で謡い得る「目出度い曲目」が選出され、今様が宮廷の遊宴歌謡としてふさわしいものに変化した。さらに後白河院政期には『平家物語』巻五「月見の事」に「大将《徳大寺実定》…古き都の荒れゆくを今様にこそ歌はれけれ」とあるように貴族による創作今様が出現した結果、今様は「うたひもの」として流動する今様本来の性質を喪失し、「詠む歌」へと変形したのだという(56)。

右に挙げた諸氏の指摘は、一一世紀後半から一二世紀前半にかけて、すなわちおおよそ白河・鳥羽院政期にあたる時期に、今様には大きな芸態の変化があったこと、その変化は貴族社会の好尚を踏まえてなされたことを示している。鳥羽院政期の貴族社会における信仰・風俗が今様に多数取り込まれていることもこの点と関わっていよう(57)。

同様のことは、蹴鞠においても指摘されている。村戸弥生によれば、蹴鞠は本来下臈に基盤を置く文化であり、鞠を落とさず数を上げることを最大の眼目としていた。そこでは、どんなところに鞠が飛んでも対応できるよう、アクロバティック・散楽的な技術が重視されていた。こうした「下臈鞠」では、例えば高欄や縁などに鞠が飛んだ際、躍足（ジャンピング・キック）でこれに対応することが通例であり、激しい跳躍運動を行うため、沓の脱げる心配がない裸足・片裸足での蹴鞠が好まれたという。しかし白河院政期には、地下の賀茂県主成平と、その弟子である公卿層の藤原成通とが下臈鞠の散楽的技術を否定し、上臈好みの新たなる蹴鞠―「上臈鞠」を形成していく。上臈鞠では必ずしも数に重きを置かず、「静か」「品ある」「閑か」な蹴鞠を志向した。その結果、難しいところにきた鞠は延足（スライディング・キック）や帰足・傍身鞠（トラッピング）によって対応することとなり、延足のために沓を履き足を保護することが好まれたという。また、上臈鞠の形成によって、やみくもに守備範囲が広いことよりもフォーメーションを守れることが重視されるようになり、鞠を落としてでも品を守ろうとする上臈を下臈がフォローする、役割分担が重要になった。これにより、蹴鞠の場では、個人的な実力よりも身分秩序が重視されるようになるという。フォーメーションの重視は同時に、自然木による懸から、切立による人工的かつ小規模な懸へと、空間の変容を引き起こしている[58]。このように、蹴鞠は白河院政期に上下臈双方から高尚化の動きが起こり、貴族の好む芸能として定着した。その結果、中級貴族を中心に蹴鞠の家職化＝芸道化の動きが生じ、また一方では天皇・院の蹴鞠実践が可能になるなど、蹴鞠の社会的地位が上昇する。

　読経については、既に述べた通り後白河院政期に芸道化の画期があったとされている。読経道では、「四句甲乙」が重視される。四句甲乙というのは、経文の五字を一単位としてまとまりのパターンを作り、音程を付ける謡い方のことで、文安本『読経口伝明鏡集』三三オによれば、後白河以前には「二々　三々　三四　三五」というパターンが定まっていた[59]。「敦兼朝臣之風」などいくつかの芸風があったようだが[60]、それらも全て右のパターンに収まる範囲

(53) 菅野扶美「天台五時教の今様と『久安百首』俊成詠について」（『梁塵』一四、一九九六）。
(54) 菅野扶美「『梁塵秘抄』巻二の編成における法文歌の位置」（『日本歌謡研究』五〇、二〇一〇）。
(55) 植木朝子「猿楽と今様」（『梁塵秘抄とその周縁』三省堂、二〇〇一（初出一九九九））。
(56) 呉文炳『今様考』理想社、一九六五。なお、後白河院政期以前、信西による今様創作も想起されるが、最近の研究では否定的な意見が出ている。松井輝昭「厳島内侍称揚譚の成立とその背景」（『県立広島大学人間文化学部紀要』五、二〇一〇）。
(57) 植木朝子「『梁塵秘抄』に見る流行と聞き手への意識」（『藝能史研究』二一〇、二〇一五）。
(58) 村戸注17前掲書。
(59) 数字は単位数を指すので、「二々」であれば二単位一〇字に特定の節が付き、次の二単位一〇字にまた別の節が付くということになる。

でなされていたらしい。ところが、後白河院の御読経衆によってパターンの改変がなされ、以後は「二々三四三五四五」というパターン編成が定着したという。ただし、こうした芸態改変が「高尚化」といえるほどのものだったかは筆者には判断がつかないし、柴佳世乃も「後白河院が読経道に深く関与したことは認められるが、当時にそれほどの口伝の整備が成されたのかは再考の余地がある」としている。[61]もともと若公達の芸能であった読経がどのように高尚化・芸道化を遂げるのかについては、現時点ではなお不明の部分が多いといわざるを得ないだろう。

以上、今様・蹴鞠・読経の高尚化について見てきた。読経の場合には不明点が少なくないが、少なくとも今様・蹴鞠については、貴族の好尚に合わせた芸態の改変がなされていたことが確認できる。

（二）理論化と他芸能の援用

前項で見たような高尚化は、芸態面のみならず理論面でもなされている。その基本的な方向性としては、貴族に馴染みのある和歌・管絃などの理論・方法を援用することで、新興芸能を権威づけようとする傾向が看取される。まず今様に関しては、和歌への意識が指摘される。菅野によれば、『梁塵秘抄口伝集』巻一〇にしばしば用いられる「歌談義」「今様談義」「歌沙汰」といった言葉は歌論用語と重なっており、白河院政期にまで遡り得るという。[62]また、『同』巻一〇冒頭に、執筆の動機として

詠む歌には、髄脳・打聞などいひて多くありげなり。今様には、いまださること無ければ、俊頼が髄脳を学びて、これを撰ぶところなり。

と書かれていることはよく知られている。ここからは後白河が和歌、特に源俊頼の歌学書『俊頼髄脳』を意識していたことがうかがえるが、実際『梁塵秘抄』巻一のうち狭義今様の編集は、四季・恋・雑・釈教・神祇という和歌

の部立てに則ってなされている。さらに後白河院が承安四（一一七四）年九月に行った今様合の催しも、歌合の形式になぞらえて行われたものであった。ここから菅野は、後白河院が今様を「従来の価値体系に持ち込」むことによって、「貴族文化圏に位置づけようと」していたことを指摘している。[63]

今様はまた、雅楽・声明とも関連付けられる。『異本梁塵秘抄口伝集』巻一四によれば、崇徳新院の時代には既に「催馬楽・今様の譜ども」が存在し、「拍子等」が詳しく記されていたとあるから、今様の楽譜化がなされていたことが判明する。文安本『読経口伝明鏡集』二六ウには、後白河院もまた管絃・神楽・催馬楽・今様・朗詠・読経に譜を作り博士を付けさせたことが記されている。同じ頃、藤原師長は今様を琵琶の楽譜として採譜している（『梁塵秘抄口伝集』巻一〇）。このように、一二世紀半ば頃には今様・読経を含む音楽芸能全般に楽譜化の流れがあったらしく、声明や琵琶の記譜法によってそれらを採譜する努力がなされていたのである。『梁塵秘抄口伝集』は一面で楽書としての性質も持つとされており、和歌だけでなく雅楽と今様との関係も重要である。[64]

蹴鞠の場合には、上臈鞠の創出にあたって舞楽の理論・身体が援用され、権威づけが図られたことが、村戸弥生によって詳細に検討されている。それによれば、上臈鞠を形成した藤原成通は、延足（スライディング）に適した踏み切り方を可能にするために舞楽の鞨鼓拍子を取り入れている。すなわち、常に右足から踏み出すために、待機時には、「鞨鼓拍子」という軽やかな足踏みを行い、実際に鞠を蹴る時には舞楽を応用した「三拍子」で蹴る。この

(60) 柴注21前掲書二三〜二四頁。
(61) 柴佳世乃「読経道と読経音曲」（藤田隆則・上野正章編『歌と語りの言葉とふしの研究』京都市立芸術大学日本伝統音楽研究センター、二〇一二）。
(62) 菅野扶美「『顕季、ひつめにて』考」（『梁塵』七、一九八九）。
(63) 菅野扶美「後白河院の今様」（網野善彦ほか編『大系日本歴史と芸能』四、一九九一）。
(64) 菅野扶美「『梁塵秘抄』の『二十』巻構成・試論」（『東横国文学』三一、二〇〇〇）。

ような舞楽の応用によって、蹴鞠は、

花園左府（源有仁）示給、舞台に楽調めて、舞の立ちたるに、鞠の上手ども立ち回りて、各々振る舞ひ合ひたる様態は、舞に劣りてもおぼえぬ事と云々（『蹴鞠口伝集』下下九三）

と好意的に評されるようになる。つまり、当時既に社会的に公認されていた舞楽の身体技術を利用することで、新興芸能たる蹴鞠は社会的認定を得て芸道化するのだという。(65)

読経の場合には、あまり明確ではないが、やはり既存のジャンルが利用されている。先に述べた通り、文安本『読経口伝明鏡集』一二六ウによれば後白河院は各種音楽芸能の楽譜化を図っているのだが、読経の楽譜化はこの時が初めてで、大原の声明師実円上人を呼んで博士を付けさせたとされているのである。

このように、一二世紀前半から後半にかけて、今様・蹴鞠・読経が高尚化するにあたっては、和歌や雅楽・声明といった既存の文化を援用することで、権威づけが図られたといえるだろう。

(三) 思想的・宗教的権威付与

新興芸能の権威づけは、少し遅れて思想的な面でも図られる。

小川豊生によれば、平安末期以降、歌学の世界で政教主義への傾斜が強まるにつれ、帝王が廷臣の不遇意識を受け止める〈システムとしての歌徳〉に注目が集まっていく。『梁塵秘抄口伝集』が、巻一で神楽・催馬楽・風俗は「みなこれ天地を動かし、荒ぶる神を和め、国を治め、民を恵むよたて（ママ）とす」として『古今集』仮名序を引用し、(66)巻一〇で「示現を被り、望むこと叶はずといふことなし。官を望み、命を述べ、病をたちどころに止めずといふことなし」と今様の徳を述べ立てるのも、こうした歌徳への注目と関連した動きであったらしい。小川はさらに、〈今様の徳〉という観念が後白河院のみにとどまるものではなかったことを、『異本梁塵秘抄口伝集』巻一四から論証している。前節の末尾で掲げた「高官なくして高位にます、音調之徳とおもひしぞかし」という記事もその一例であるが、こうした意識は「和歌ハ有レ興事也。無二止事一人及帝王ニモ達レ事其道也」（『袋草子』）という記述と共通するもので、やはり歌徳のありようが指標になっているという。このように後白河院周辺では、和歌の徳になぞらえて今様の徳が称揚されていたのだが、小川によれば、それは雑芸の世界を王権のイデオロギー活性化への重要な手立てとして組み込もうとする後白河院周辺の政治的意図によっていたという[67]。

また、『梁塵秘抄口伝集』巻一〇に今様往生思想が見えることはよく知られている。

たとひまた、今様を歌ふとも、などか蓮台の迎へに与《あつ》からざらむ。その故は、遊女のたぐひ…一念の心おこしつれば往生しにけり。まして我らは、とこそおぼゆれ。法文の歌、聖教の文に離れたることなし。法華経八巻が軸々、光を放ち放ち、二十八品の一々の文字、金色の仏にまします。世俗文字の業、翻して讃仏乗の因、などか転法輪とならざらむ。

最後の一文は『白氏文集』巻七一「香山寺白氏洛中集記」の一節、「我有二本願一、願以二今生世俗文字之業・狂言綺語之過一、転為二将来世世讃仏〔乗〕之因・転法輪之縁一也」あるいは『和漢朗詠集』「仏事」を踏まえたものであるが、これらが本来今生での文芸をあくまで否定的に捉え、来世で仏教に向かう因縁となることを願っているのに対して、後白河の場合は今様を肯定的に捉え、今様によって往生することすら可能としている。三角洋一によると、こうした狂言綺語観の転換は、永万二（一一六六）年の澄憲「和歌政所一品経供養表白」によって生じたもの

(65) 村戸注17前掲書。

(66) 小川は、古今序が礼楽思想に基づくことに注意を促し、そのことが後白河の意志を背後で支えていたとする。こうした政治思想からのアプローチも重要であろう。ここではひとまず、尤海燕『古今和歌集と礼楽思想』（勉誠出版、二〇一三）を挙げておきたい。

(67) 小川豊生「歌徳論序説」（渡部泰明編『秘儀としての和歌』有精堂出版、一九九五（初出一九九二））。菅野扶注33前掲論文も参照。

で、天台本覚論の論法を用いて和歌を顕彰した同表白が文芸肯定の考え方をもたらし、中世に大きく影響したのだという。[68]後白河の今様往生思想はまた、管絃往生思想の展開とも一部関係を持つとされている。[69]このように今様往生思想は、同時代に展開しつつあった和歌や管絃の思想に影響をうけつつ形成されたということができる。

後白河院政期には、蹴鞠においても蹴鞠の徳や蹴鞠往生が論じられつつあった。寿永年間（一一八二〜八三）頃、後白河院近臣藤原頼輔が師の藤原成通に仮託して作った『成通卿口伝日記』には、鞠精説話が載せられている。名人成通の前に出現した「鞠の精」は、蹴鞠について以下のように語る。

御鞠好ませおはします世には、国も栄え、好む人司成る福あり。命長く、病なし。後世までよく候ふなり。（中略）鞠を好ませ給ふ人は皆、庭に立たせ給ひぬれば、鞠の事より他におぼしめす事なければ、自然に後世まで縁となり、功徳すすみ候へば、必ず好ませ給ふべきことなり。

ここには、蹴鞠の徳と、蹴鞠道即仏道の思想がともに表明されている。村戸によればこれは、上臈鞠の形成によって蹴鞠の身体性が抑制された結果、精神性、心の状態に関心が向けられるようになり、天台思想や唱導の影響を受けて生じた考え方であるという。一三世紀にはさらに「鞠の三徳」が「世をおさめ国をしづむる計」としていわれるようになるほか、蹴鞠と狂言綺語観が結びつき、また鞠精の祭祀や成通影供が整えられるなど蹴鞠の祭祀化・儀式化が進展する。[70]

読経においては、「心を澄ます」という心の状態が重視された。柴によればこれは、和歌や管絃において神仏との交感をよびおこすものとして重視された心構えと重なり合うのみならず、今様にも通底しているという。[71]

このように、おおむね一二世紀後半以降、それぞれの新興芸能は、和歌や管絃、唱導などの影響を受けつつ、芸道の徳を称揚し、芸道即仏道、芸能往生の思想に近付いていったといえよう。

第四節　まとめ～〈遊女〉と貴族社会

以上、本章では院政期における新興芸能の流行を、芸能の階層間移動と捉え、その構造を探ってきた。本章で述べたことは、以下のように要約される。

①新興文化は媒介者を通じて朝廷社会に浸透していった。彼らは新興芸能に優れた下層身分者との間に人脈を形成し、あるいは自身が新興芸能を身に付けた人々である。彼らはそうした人脈や「能」を活かして、職場・職業・身分を超えた新しい関係を結ぼうとした。媒介者は新興文化に関して、貴族社会のオピニオンリーダーであったといってよい。

②媒介者が院政期に活躍する背景には、この時期に身分秩序規制の弱い空間が拡充・発展し、異なる階層の者が同じ空間で芸能を享受できるようになったことが挙げられる。

③卑俗視されていた新興芸能が貴族社会に受け入れられるにあたっては、貴族の好尚を踏まえた芸態の改変や、

---

(68)　三角洋一「いわゆる狂言綺語観について」（『源氏物語と天台浄土教』若草書房、一九九六（初出一九九二））。

(69)　南谷美保「『管絃も往生の業となれり』」（『四天王寺国際仏教大学紀要』人文社会学部三五・短期大学部四三、二〇〇三）。

(70)　村戸注17前掲書三・四章、同「遊戯から芸道へ—王法仏法相依思想を体現した後白河院の蹴鞠道」（扶桑社・霞会舘編注17前掲『蹴鞠』）、佐々木孝浩「鞠聖藤原成通影供と飛鳥井家の歌鞠二道」（『国文学研究資料館紀要』二〇、一九九四）。なお、村戸は『梁塵秘抄口伝集』と『成通卿口伝日記』との構想・文言上の近似性に注意を促している。

(71)　柴佳世乃「和歌の声と読経の声」（『文学』三—二、二〇〇二）。錦仁「和歌の思想」（院政期文化研究会編『院政期文化論集一　権力と文化』森話社、二〇〇一）も参照。

既存の文化ジャンルを援用した理論面・思想面の整備と権威づけが必要とされた。[72]

以上の分析を踏まえ、〈遊女〉と貴族社会との関わりについて私見を述べる。

朝廷社会への本格的今様流入は、一〇八〇～九〇年頃に起こったとされている。[73]『帥記』で「遊女」を引率していた媒介者たちは、まさにその最先端に立っていた人々といえるが、彼らのほとんどが歌謡との関わりを持ち、「遊女」を管絃・唱歌の催しに召し出していたことは重要である。このことは、貴族社会の「遊女」に対する関心が、何よりもまずその歌謡＝芸能にあったことを示している。一〇世紀末から一一世紀前半にかけては、貴族たちが江口などを通るついでに「遊女」と接する例が一般的であったが、[74]今様が流行する後朱雀天皇期（一〇三六～四五）の前後からは「遊女」が貴族の邸宅に招かれる例が増え始め、一一世紀末以降そうした接し方がむしろ一般的になっていく（第八章後述）。こうした動きと並行して、後朱雀朝前後から「遊女」の歌唱に関する貴族の感想が書かれるようになることは、[75]今様に対する貴族の関心の高まりに応じて、貴族と「遊女」との接し方が変化してきていることをうかがわせる。

「遊女」の側からこの動向を眺めれば、貴族社会における今様の流行は顧客層の向上拡大をもたらすものであるから、「遊女」たちは当然それに適応しようとしたはずである。まず貴族たちの召しに応じて京近辺の邸宅に赴くために、営業形態の変化が必要となる。具体的には、在京のための宿所ないし出張所と、連絡のためのネットワーク構築が行われたであろう。時代は下るが、『平戸記』仁治元（一二四〇）年正月二四日条の、青墓の「遊女」が京内に「縁者」を持っていたという記事によって、その片鱗をうかがうことができる（第八章後述）。同時に、顧客の需要に応える形で、今様を前面に出していく必要があったものと思われる。沖本は『今様の濫觴』における青墓傀儡子の今様相承系図がすべて「四三」を起点としている点に注目し、一一世紀後半に活躍した「四三」以降、青墓の傀儡子の中に今様の「正統」や「流派」といった意識が生じてくることを指摘している。[76]『梁塵秘抄口伝集』巻一〇に詳述されるような傀儡子同士の流派意識や競合意識は一一世紀後半にその淵源を求められるのであって、そうした競合の故に、媒介者たちはより優秀な謡い手とつながることで自らの価値を高める必要があったのである。ただし、京内での営業を重視し、今様を前面化したことは、「遊女」社会の少なくとも上層部において、貴族社会・今様流行に対する依存度を高めることでもあった。媒介者たる貴族・官人の側では、あくまで朝廷社会における人間関係を構築し、自らのプレゼンスを高めることが重要であったから、そうした欲求から、より朝廷社会に受け入れられやすく高尚化した今様をもたらし、自らの「能」を磨いて流派構築に向かうことは自然であった。一二世紀後半には宇多源氏嫡流（藤原資賢・雅賢・資時など）に今様の「重代」意識、流派意識が確認できることは第一節

---

(72) 芸態面について、今回は新興芸能の高尚化についてのみ論じたが、芸能の階層間交流は当然一方向の動きに収まるものではない。既に文学分野で蓄積があるように、新興芸能の流行が和歌・管絃に与えた影響が問われなくてはならない。新間進一「『千五百番歌合』と今様」（『解釈』二二—六、一九七六）、大野順子「顕季の和歌と今様」、同「俊成の和歌と今様」（以上『新古今前夜の和歌表現研究』青簡舎、二〇一六（初出いずれも二〇一〇））など。また、新興芸能のうち、高尚化した部分とそうでない部分とがどういう関係にあったのかも明らかにはなっていない。貴族社会での今様は、儀式化・固定化を経て一三世紀後半には衰退に向かうが、同じ頃に成立した『塵袋』第六「双六」には、「今ノ様ウタフ事モ、今ハメクラ《（盲）》・ツジ《（辻）》冠者原ナドノコノミ《（好）》ミスルコトナルユヘニ、カミ《（上）》ツ方ニハモテナサヌ体ノ事カ」とあり、下層ではなお今様が生き残っていたように書かれている。新間注14前掲「『今様』の転移と変貌」。また蹴鞠においては、一三世紀半ば頃成立の『鳥獣人物戯画』丙巻において、下﨟鞠の特徴であったはずの裸足・片裸足が所見する。このように高尚化せず残った部分があるとすれば、その実態と展開が問われるべきであろう。そのことは、猿楽的今様と能・狂言との関係にもつながってくる問題である。

(73) 沖本注11前掲書。

(74) 本書五三頁注4参照。

(75) 『栄花物語』巻三一「殿上の花見」（長元四（一〇三一）年九月二六日条）「声ども、蘆辺うち寄する浪の声も、江口のいふべき方なくこそ見えしか」、『類聚歌合巻』「長元八年五月十六日関白左大臣頼通歌合」長元八年五月二一日条「光粉妖冶、歌曲幽咽、蓋非レ受二天然之性一、乃是土俗之為也。…漫唱歌曲多蕩二人心一、放遊之思随レ時相催之故也。於戯、当時勝趣後代難レ伝」、『春記』長久元（一〇四〇）年五月三日条「傀儡子来歌遊。太有レ興々々」など。

(76) 沖本注11前掲書一〇～一五頁。

でも紹介したが、一二世紀には他にも頼宗流（藤原伊通・伊実・成通など）、敦家流（藤原敦家・敦兼・季兼・定能など）、顕季流（藤原顕季・家成・成親・実教など）など、今様に関わりの深い一族が多く所見する。こうした人々の中から、鎌倉中後期以降、綾小路家・田向家（源家流）、松木家（藤家流）、二条家・楊梅家（敦家流）など郢曲（うたいもの）の〈イエ〉が生じて今様を家業の一つとし、儀式における今様出歌などをめぐって競合対立を繰り広げるようになっていく。[77]既に今様流行が終焉を迎え、儀式の一部として朝廷社会に定着・固定化しつつあるこの時期には、「遊女」との接触によって外部から正統な今様を取り入れることはもはや重要ではなく、むしろ〈イエ〉として今様出歌の先例と故実をどれほど蓄積しているかが争われた。つまり、今様が朝廷社会に定着し、貴族化・高尚化が完了した時点で、貴族は謡い手としての「遊女」に関心を持つ必要を失い、今様の流行は終息に向かうと考えられる。貴族に合わせて今様の前面化を図っていた「遊女」たちには、大きな打撃となったに違いなく、彼女たちの生活は再び大きな変容を迫られることになる（第八章後述）[78]。

このように、「遊女」の生業に対する社会的需要のあり方と、それに応じた「遊女」側の対応が、「遊女」の存在形態に大きな影響を与えている。「遊女」を社会の中に位置付ける上で、こうした相互作用の考察が重要であることを確認して本章を終えたい。

---

(77) 飯島注12前掲諸論文、石原比伊呂「鎌倉後期～室町期の綾小路家」（『日本歴史』七〇九、二〇〇七）、池和田有紀「『郢曲相承次第』再考」（『書陵部紀要』六一、二〇〇九）、渡辺あゆみ「文保二年の綾小路有時殺害事件について」（『創価大学大学院紀要』三二、二〇一〇）、同「『郢曲相承次第』成立の背景」（『日本歴史』七七〇、二〇一二）など。

(78) 本章では特に「遊女」に焦点を絞って述べたが、貴族との関係の深さが指摘されている白拍子、あるいは歌謡を行う盲人たちについても生業からの分析が必要である。

第二章

後白河と〈遊女〉

前章では、今様に関心を持つ貴族・官人層の活動によって貴族社会に今様が浸透し、上層への文化移動が進む過程について述べ、これを「遊女」にとっての客層拡大として考察した。本章および次章では、そうした新興芸能の階層間移動がたどり着く極点の一つとして、王権と芸能の問題をとりあげ、王権と〈遊女〉との関係について論ずる。

第一節　王権と〈遊女〉・〈都市民〉

（一）〈遊女〉と王権の関係をめぐって

〈遊女〉と王権の関係、特に朝廷による〈遊女〉支配は、序章で述べた通り後藤紀彦・網野善彦によって強調された論点である。すなわち後藤は、院政期の遊女・傀儡子・白拍子が内教坊・雅楽寮を通じて朝廷に所管されていたと推定し[1]、網野は戦国期の「傾城局公事」を検非違使庁職員の瀬多氏が徴収していたことから、南北朝期に京内定住を行って以降の遊女は検非違使によって統括されていたとした[2]。しかし後藤説については金城武子・服藤早苗らによって[3]、網野説については菅原正子によって[4]それぞれに反論がなされており、また近年では両説の背景にある

（1）後藤紀彦「遊女と朝廷・貴族」（『週刊朝日百科　日本の歴史　中世I―③　遊女・傀儡・白拍子』朝日新聞社、一九八六）。
（2）網野善彦「検非違使の所領」（『網野善彦著作集』一三、岩波書店、二〇〇七（初出一九八六））。
（3）金城武子「白拍子について―遊女・傀儡子との関係を中心に」（『橘史学』五、一九九〇）、服藤早苗『古代・中世の芸能と買売春』（明石書店、二〇一二）。
（4）菅原正子「遊女の座と久我家」（『中世の武家と公家の「家」』吉川弘文館、二〇〇七（初出一九九五））。

所謂「網野史学」のシェーマ自体も批判・検証に晒されている（序章参照）。そこでまず、朝廷による〈遊女〉支配について再検討を行っておこう。

後藤・網野が、朝廷によって〈遊女〉が支配されていたとみなす根拠は、①遊女による五節下仕への参仕、②『右記』[5]「音曲事」に「或倡家女・白拍子、皆是公庭之所属也」とあること、の二点である。

①に関して後藤・網野が掲げた史料は、『玉葉』承安元（一一七一）年一一月二一日条「兼光語云、頼定下仕二人依レ論二座次一〈一人江口者、一人神崎者〔云々〕〉、一人今朝逐電、仍忽難レ尋レ替、事闕〔了〕云々」、『猪隈関白記』正治元（一一九九）年一一月一三日条「下仕四人〈皆遊君。先例如二半物一雖レ為二下仕一、今度無二其者一。仍召二遊君一也〉」、『源家長日記』「下つかひもなかりしかば、遊女にて侍き」、『平戸記』仁治元（一二四〇）年一一月一七日条「下仕〈神崎遊女〉等又召寄、各給二櫛棚一、盃酌之間発二郢曲一声一」などである。[6] 金城はこのうち『猪隈関白記』の記述を基に、遊女の五節下仕参仕は臨時の措置に過ぎないとして後藤説を批判した。[7] 最近では服藤からも同様の指摘がなされており、[8]『源家長日記』の記述からも両氏の指摘は首肯される。また、後藤説の背景には内教坊の衰微によって内教坊妓女が遊女に転出したとする滝川政次郎の所説があるのだが、[9] 金城は室町期における内教坊の存続、妓女との身分的相違からこの点にも疑問を呈している。金城・服藤らの批判に加えて本書では、五節下仕に参仕する遊女が制度的組織的に召集されていない点を指摘しておきたい。前章第二節で『十二月往来』などを用いて述べたように、一二世紀後半から一三世紀後半にかけて、五節下仕としての遊女は貴族個人の縁故によって召されている。[10] これは貴顕が媒介者たちの人脈を用いて遊女を召していたことの延長上に位置付けられる。以上の諸点から、遊女の五節参仕を以て朝廷による組織的な支配とみなすことはできない。

王権と〈遊女〉との交流の密接さで知られる後白河院政期（『十二月往来』）・後鳥羽院政期（『猪隈関白記』『源家長日記』）においてすら遊女の組織的支配が行われていないとすれば、②『右記』の「公庭之所属」についても字句通りに読むことは躊躇される。当該箇所は音曲が「立身之世塵」であることの例として倡家女・白拍子を挙げ、「故児童令レ翫ニ彼音曲一、可レ応ニ其身上一也」と稚児に奨励している箇所なので、「所属」は必ずしも制度的な事実を示しているとは限らず、倡家女・白拍子が音曲によって王権から保護を受けたことの表現と見れば十分であろう(11)。

如上の点を踏まえると、朝廷ないし王権と〈遊女〉との関係を強調してきた通説を相対化することが必要である。そこで本章および次章では、後白河・後鳥羽院政期に組織的支配が行われなかったという右の理解を補強しつつ、後白河・後鳥羽が〈遊女〉と交流を持ったことの意味を論じる。その際、やや迂遠ではあるが、院政期の天皇

---

(5) 従来守覚法親王の著作とされてきたが、近年光遍による偽作とする説が提出されている。五味文彦「作為の交談」(『書物の中世史』みすず書房、二〇〇三)。さらに渡邉裕美子「続歌の成立」(『中世文学』五七、二〇一二)は、その成立が文永期頃まで下るとする。これらの指摘が正しいとしても、後白河の文化政策が一三世紀にどのように理解されていたかを示すものとして、同史料は一定の価値を有する。

(6) 後藤注1前掲論文、網野善彦「中世の旅人たち」(『網野善彦著作集』一一、岩波書店、二〇〇八(初出一九八四))。

(7) 金城注3前掲論文。

(8) 服藤早苗「日本における買売春の成立と変容」(服藤早苗・三成美保編『権力と身体』明石書店、二〇一一)、服藤注3前掲書、服藤早苗『平安王朝の五節舞姫・童女』(塙書房、二〇一五)。

(9) 滝川政次郎『江口・神崎』至文堂、一九六五。

(10) 『十二月往来』一一月往・復状、『勘仲記』弘安七年一一月一三日条、『藤の衣物語絵巻(遊女物語絵巻)』第七段詞書。

(11) 「倡家女」は『文選』巻二九「古詩十九首」に出てくる言葉で、矢田博士によれば、『文選』の詩が出来た漢代において、「倡」とは宴会の場などで歌舞や芸当(曲芸)を行う職能的芸人集団のことを指し、「倡家」とはその集団を構成する家族、「倡家女」はそうした家系に生まれた女性のことを指す。漢代の「倡家女」は卑賤な身分ではあるものの、自ら富貴を求めて天子諸侯の宮殿や権勢の家に出向き、取り入ろうとする、積極的かつ主体的な側面が認められ、為政者や権力者の妻妾にまで登りつめる可能性をも秘めた存在であったという。矢田はこのことから『文選』「昔為ニ倡家女一、今爲ニ蕩子婦一」を、「昔は倡家の女という比較的恵まれた境遇にあったが、今では蕩子の婦という不幸な境遇にある」と解している。矢田博士「「昔為倡家女 今為蕩子婦」考」(『中國詩文論叢』一五、一九九六)。「倡家女」は、日本でも平安中期から末期に成立した『玉造小町子壮衰書』などに使われている。そこに「吾是倡家之子、良室之女焉」とあるように、日本においても倡家女は比較的恵まれた境遇にあるものとして理解されていたようである。『右記』が、音曲によって「立身出世」し得る存在として「倡家女」を用いているのは、右のような用法を踏まえたものと思われる。なお、服藤注8前掲論文では当該記事を「倡家女白拍子のことは公庭で議論することである」と解するが、管轄が問題になっているわけではなく、文脈上首肯し難い。

と芸能をめぐる文化状況を概観しつつ、両院の立場やその目指したところを定位するようつとめたい。両院と〈遊女〉との交流はそれのみを取り出して論ずべきものではなく、両院が多様な芸能や芸能者に接した事実の中で考察されるべきと考えるためである。王権と〈遊女〉との関係を院政期の文化状況全体の中で捉え直してみると、むしろ王権と〈遊女〉との関係が、貴族・官人らの動向にリードされ、「下から」規定されていたことが見えてくる。

(二) 後白河と〈都市民〉をめぐって

本章ではまず、後白河と〈遊女〉との関係について考える。

後白河の今様愛好と、それに伴う〈遊女〉との交流についてはよく知られているが、従来これを後白河の個性・趣味・信仰心等のレベルで捉え、その背後に「政治的無関心」を見る態度が一般的であった。[12] しかしその主たる典拠となってきた『梁塵秘抄口伝集』巻一〇はそもそも今様に関することのみを記述しようとする態度によって著されているので、この史料のみに基づいて政治的関心を云々することは適当ではない。また近年では後白河院政期を院政の変質期として肯定的に捉える政治史的見解も提出されている。[13]『右記』の

雖レ非二其累家一、月卿雲客翫二学其音曲一之事、古今流聞者也。所謂神楽者、神世之妙曲、人代之節歌也。近有二〔後脱カ〕白河院御相伝一。頗衆鳥之鳳、群獣之麟云々。然間、以二君之所レ伝道一、与二臣之欲レ絶家一御。則梁塵秘抄有二其事一、彼抄御製作云々

という記述は、『梁塵秘抄』編纂が臣下の〈イエ〉の保護と関わる政治的行為と意識されていたことを示している。加えて、今様を通じた身分超克、譲位後の芸能の拡がりなどを考える時、後白河の今様を単なる個性の発露と見ることにはいささか問題があろう。

このような中で、後白河の今様を「対偶的関係＝直接的人格的紐帯」構築の為の手段と捉え、そこに一定の「政

治性」を看取する棚橋光男の所説は、身分超克を含めた総体的把握を可能にする点で評価される。[14]棚橋の主張を要約すれば、後白河は（a）「零細な手工業者、交通業者、陰陽師・呪術者・絵師・遊女・舞人・白拍子・傀儡子集団」等の〈社会集団〉と、（b）今様という〈回路〉、及び（c）河原・六波羅という〈場〉を通じて結びついていた。（d）その〈目的〉は「荘園・公領制＝経済システムの心臓部を握る交通・情報ネットワーク」の掌握にあった、ということになろう。棚橋の主張は大枠を示すに止まったが、その後各方面で研究の蓄積が進み、より具体的な像を描くことが可能になってきた。

（a）〈社会集団〉に関しては、小川寿子が「渡来系文化」との関わりで唐銅具製造者、傀儡子、宋人・厳島内侍等に言及したほか、[15]植木朝子も銅細工・蒔絵師等に注目する。[16]植木論文は歌謡史の観点から「芸能の場は、身分階級の垣根を取り払い、貴族と庶民との交流を容易にする」と述べている点、本章と深く関わる。

（b）交流の〈回路〉については近年後白河芸能の諸側面を明らかにする方向で研究が進んでおり、後白河執政期は持経・読経・声明・唱導・念仏・蹴鞠等広範な芸能にとって画期となっていたことが判明しつつある。[17]

（12）例えば五味文彦「後白河法皇の実像」（古代学協会編『後白河院』吉川弘文館、一九九三）等。
（13）井原今朝男「中世の天皇・摂関・院」（『日本中世の国政と家政』校倉書房、一九九五（初出一九九一））、美川圭『院政の研究』（臨川書店、一九九六）、下郡剛『後白河院政の研究』（吉川弘文館、一九九九）等。
（14）棚橋光男「後白河論序説」（『後白河法皇』講談社学術文庫、二〇〇六（初出一九九二））。
（15）小川寿子「後白河院と渡来系文化」（『日本歌謡研究』三二、一九九二）。
（16）植木朝子「貴族と庶民の交流」（『国文学　解釈と教材の研究』四五―七、二〇〇〇）。
（17）沼本克明「読経口伝明経集解説并びに影印」（『鎌倉時代語研究』一三、一九九〇）、清水眞澄「能読の世界」（『音声表現思想史の基礎的研究』三弥井書店、二〇〇七（初出一九九七・九八））、柴佳世乃「読経道の形成と展開」（『読経道の研究』風間書房、二〇〇四（初出一九九八・二〇〇一））、菊地大樹「後白河院政期の王権と持経者」（『中世仏教の原形と展開』吉川弘文館、二〇〇七（初出一九九九））、五味文

（c）交流の〈場〉に関し、藤田勝也・秋山喜代子らによって「空間的性格」という新たな視点がもたらされた。[18]両氏によれば、後白河と下層身分者との接触は身分秩序の弱い〈ケ〉〈オク〉の空間で行われているという。また、菅野扶美は彼らとの接触に儀礼が果たす役割に注目し、後白河院の儀礼は多く「僧俗貴賤」に開かれていたとした。[19]

（d）交流の〈目的〉について踏み込んだ議論は少ない。五味文彦は「音芸」研究の進展の上に立って音声を重視しつつ、「後白河は今様を媒介にして神仏に通じることにより、神仏からの外護を期待していた」としているが、[20]身分超克の問題については言及していない。一方馬場光子は、院政期という変革期において、今様にはさまざまな職掌を持つ「都市民」の「新しい心」が歌い込められており、その収集が彼らの心の掌握に繋がるとした。[21]菅野が院政期の「都市」的な場に都鄙・雅俗の価値の混淆を見出し、開かれた後白河の儀式と関連付けているのもこれと類似する。[22]三田村雅子はこれを「秩序世界の〈外部〉と繋がり、その外部の活力を得て、中心を再活性化しようとする」と表現した上で、後白河が今様を「王権の秘儀」として独占し「権力の示威装置」としたことに論及する。[23]棚橋が重視した御幸の意味付けについてはあまり進展が見られないが、稲城正己は霊験譚の隆盛により院政期の宗教秩序が多元化したとした上で、後白河の「巡礼」は「仏神の要請に答えて今様を奉納し、社会を浄化する責任を果たしているのは自分なのだ」という宣言であったと述べた。[24]稲城も後白河と「都市民」との関係に注目し、後白河が彼らの感性のレベルに降りてきて祈ることが権力の支持に繋がったとしている点、興味深い。

さてこのように見てくると、（b）（c）の充実ぶりに比べて（a）はさほど実証的に深められたとは言い難い。そのことが結果的に（d）の抽象性に繋がっているのではなかろうか。そこで本章ではまず（a）に関する史料をできる限り網羅的に収集し、そこに見られる具体的な交流の態様（b・c）を分析することで、〈遊女〉などの下層身分者と接触した後白河の意図（d）にまで考察を及ぼしたい。主に扱うのは後白河と下層身分者――下部・従者・芸能者等非官人層を中心とする――との直接的な邂逅事例である。彼らは史料上しばしば「下人」「雑人」と総称され[25]、京およびその周辺に居住・逗留する〈都市民〉の大部分を占めている。

彦「中世芸能の諸段階」（『中世社会史料論』校倉書房、二〇〇六（初出二〇〇〇））、村戸弥生「鞠道家創設前後の蹴鞠史」上（『金沢大学国語国文』一五、一九九〇）、同「遊戯から芸道へ―王法仏法思想を体現した後白河院の蹴鞠道」（扶桑社・霞会館編『蹴鞠』霞会館、非売品、二〇一五）等。

(18) 藤田勝也「弘御所の空間的性格」（『日本古代中世住宅史論』中央公論美術出版、二〇〇二（初出一九九九））、同「転換期の鳥羽殿」（院政期文化研究会編『院政期文化論集三　時間と空間』森話社、二〇〇三）、秋山喜代子『中世公家社会の空間と芸能』（山川出版社、二〇〇三）。

(19) 菅野扶美「後白河院の供花の会と仁和寺蔵紺表紙小双紙」（『東横国文学』二七、一九九五）。

(20) 五味文彦「今様と音芸の王権」二四三頁（五味注5前掲書、初出一九九九・二〇〇二）。沖本幸子「歌への希求」（『表象文化論研究』一、二〇〇三）、同「後白河院と今様の声」（『今様の時代』東京大学出版会、二〇〇六（初出二〇〇三））等もほぼ同様の見解をとっている。

(21) 馬場光子「歌謡圏の拡大」（『岩波講座日本文学史四　変革期の文学I』岩波書店、一九九六）。

(22) 菅野扶美「今様と京の内外」（『日本文学』四二―七、一九九三）。

(23) 三田村雅子「声のジェンダー」（『国文学　解釈と教材の研究』四四―一三、一九九九）。

(24) 稲城正己「新たなるユートピアへの旅」（池見澄隆・斎藤英喜編『日本仏教の射程　思想史的アプローチ』人文書院、二〇〇三）。

(25) 繁田信一「下人・雑人ノート」（『風俗史学』二八、二〇〇四）は『小右記』を素材として、「下人」「雑人」と称される庶民層の多くが下部や従者であったとした。

第二節　後白河と〈都市民〉との交流事例

（一）遊女・傀儡子

『梁塵秘抄口伝集』巻一〇に「かくのごとき上達部・殿上人はいはず、京の男女、所々のはしたもの・雑仕、江口・神崎の遊女、国々の傀儡子、上手はいはず、今様を歌ふ者の聞き及び、我が付けて歌はぬ者は少なくやあらむ」とあるように、後白河にとって今様は〈都市民〉との重要な接点であった。そこで今様の伝承者である遊女・傀儡子についてまず見ていくことにする。

『梁塵秘抄口伝集』巻一〇には多数の遊女・傀儡子が登場する。後白河は若年の頃から彼らに今様を習っており、乙前を師と仰いだ[26]。前章で見たように、彼女たちは貴族社会に接触する機会が比較的多く、後白河の接した者たちも多く貴族に召し使われている[27]。同史料によって述べれば、まず「鏡の山のあこ丸」は主殿寮の女官であり[28]、「神崎のかね」は後白河の母待賢門院に仕え、局を賜っていた。青墓から来た「さはのあこまろ」は上洛後朝方のもとにおり、監物清経に育てられた乙前は待賢門院女房権中納言局に仕える半物《はしたもの》であった可能性が指摘されている[29]。また、遊女・傀儡子と断定はできないもののその可能性が高い者として、「家成卿のさゝ浪」という記述がある他、「坊門殿[30]」の連れてきた「初声」もまた「家成の中御門」にあったとされ、「歌謡ひの姫牛」は「伊通・伊実父子の愛物なり」という[31]。他に『津守氏古系図』でも、江口遊女玉江前は「上西門院御半物」とされている[32]。このように、遊女・傀儡子は「江口・神崎の遊女、国々の傀儡子」のみならず「所々のはしたもの・雑仕」にまでまたがる存在であったことが知られよう[33]。彼らを召し使ったのは後白河の母親である待賢門院周辺の人々に多く、こうした環境が後白河の今様好みに大きく影響したことは既に指摘がある[34]。前章で貴族・官人が貴顕へのパイプ役として機能していたことを示したが、特に初期の段階において、後白河と遊女・傀儡子との交流は公卿・近臣の紹介によって実現することが多かったといえるだろう。

後白河は宮仕えをしていない遊女・傀儡子とも交流を持った。後白河は例年五月と九月に法住寺殿で供花会という法会を行っているが、『梁塵秘抄口伝集』巻一〇には法住寺供花会に「江口・神崎の君、青墓・墨俣の者」が

---

(26) 『転法輪鈔』にも「穎曲御師五条尼」とされている。

(27) 植木朝子「歌い女の主たち」（お茶の水女子大学国語国文学会『国文』九五、二〇〇一）によれば、「主従関係とは言いにくいが、住居の提供など歌い女の生活を全面的に支援していたと思われる」。

(28) 『続古事談』巻一―二一も同様。

(29) 山木幸一「西行歌風の形成」（北海道大学国語国文学会『国語国文研究』二七、一九六四）。

(30) 小川寿子「雅仁親王と崇徳上皇の『一つ所』時代」（『梁塵』七、一九八九）は『東宮冠礼部類記』を引いて内大臣実能の姉、すなわち待賢門院の姉妹とするが、割注の誤読があり、同史料の「坊門殿」は源光保女保子と考えるべきである（『兵範記』久寿二年一二月九日条）。ただし、女性と考えると『異本梁塵秘抄口伝集』巻一四「崇徳院の新院と申せしおりに給ける催馬楽・今様の譜ども、二条院の御めのと坊門殿うちよりてひらきみるに拍子等くわしくつけたり」という文が理解しがたい。同書には「大納言平時忠卿」との注記がある。後筆と思われるが、平時子が二条の乳母であり（『山槐記』永暦元年一二月二四日条）、時忠が乳父と見なされた可能性はある。時忠の妹が「坊門殿」と呼ばれていることもあるので（『兵範記』承安元年一二月一四日条）、有り得ない注記ではない。ただ二条の乳父としては通常藤原惟方を宛てるので（『古今著聞集』巻五―一九二、『今鏡』巻三「すべらぎの下」鄙の別れ）、なお考えたい。当該期、皇嗣の乳父は通常一人であったとされる。秋山喜代子「乳父について」（『史学雑誌』九九―七、一九九〇）。

(31) 「歌うたひ」については第四章で後述する。「遊女」を含む可能性が高い。

(32) 加地宏江「津守氏古系図について」（『人文論究』三七―一、一九八七）参照。上西門院は藤原実家に今様の大曲足柄を所望するなど、歌謡への関心が高かったようである。『実家卿集』三二九。

(33) 両者の関係性については、第七章で後述する。

(34) 小川寿子「後白河院の『今様熱』と待賢門院璋子―院の生いたちと『梁塵秘抄』への投影から」（『中世文学論叢』三、一九八〇）、同「後白河院の『今様熱』と待賢門院璋子―女院院司と今様」（『日本歌謡研究』一九、一九八〇）、同「後白河院の『今様熱』と待賢門院璋子―俊頼、清経、有仁等をめぐって」（お茶の水女子大学国語国文学会『国文』五六、一九八二）。

集って今様談義を行ったとされており、『仲資王記』文治五（一一八九）年九月一五日条の「院御供花、遊女給㆓物料㆒」という記事がこれを裏付ける。治承年間（一一七七～八一）頃に成立したとされる『前参議教長卿集』（『貧道集』）四五七・四五八にも、九月一四日のこととして「すく《（宿）》の君たちはこや《（藐姑射）》にめして歌うたはせさせ給しとき」という記述があり、供花会の今様談義と思われる。『兵範記』保元三（一一五八）年一〇月一九日条には、院が宇治で「乗船浮遊御会」を行った際、「遊女三艘、自㆓井堰辺㆒参会〈略〉」とあり、遊女が推参したことが見える。遊女との同座については明示されないが、直後に「於㆓船中㆒有㆓宴飲事㆒」とあることから、近くに召してその芸を鑑賞した可能性はある。後白河は福原でも御遊や船遊を行い遊女を召している。(35)

さて、後白河と遊女・傀儡子との関係は総じてそれまでの為政者より近しいものであった。丹波局に承仁法親王を生ませていることはその表れといってもいいだろう。丹波局は諸書に江口の遊女であったことが見えており、(36)夢想によって後鳥羽天皇の即位を決定付けた人物である（『玉葉』寿永二（一一八三）年八月一八日条）。『梁塵秘抄口伝集』巻一〇に「里に在る女房丹波」が乙前の夢を見て院に告げたとあるのも、やはりこの女性を指している。天皇が遊女に子を産ませた例は過去になく、王家の人間が「遊女」と婚姻関係を結んだのも、僅かに陽成皇子元良親王と「たきぎ」の例があるのみである（『元良親王集』七～九）。

（二）白拍子

また後白河は白拍子女をも召したらしい。『たまきはる』には承安三（一一七三）年五月二日鵯合の時のこととして「例目馴れたる若を呼びにやりて、白拍子の鼓打ち出だしたりし」という記述がある。この「若」は嘉応元（一一六九）年頃、松殿基房が宇治で催した「白拍子の会」に「若・千歳」として見えており（『続古事談』巻二―四九）、白拍子女であることが判明する。他にも治承二（一一七八）年五月一日法住寺殿方違行幸の際、院中で「乱遊」があり、白拍子・女童部等が参入して院の御前で舞っている（『玉葉』）。そのほか、やや問題のある史料だが、院の手写になるとされる『長講堂過去帳』には白拍子女と思われる人名が記されており、[37]白拍子女も供花会に参入していた可能性がある。[38]院が百人の白拍子を集めて祈雨を行ったという話（『義経記』巻六）は、右のような実態を踏まえて生じたものであろう。

白拍子の初見は仁安元（一一六六）年一一月頃と見られる（『異本梁塵秘抄口伝集』巻一四）。『顕広王記』仁安二年六月二八日条裏書はそれに次ぐ事例であるが、そこでは初斎宮の行事における平義範・平親宗らの失礼を批判して「是則白拍子之外、無㆓他沙汰㆒之故歟」とされている。[39]平親宗がこの年正月頃から後白河院判官代として活動していることなどを踏まえると、[40]親宗の白拍子愛好は後白河院と関係している可能性がある。仮にこの推測が認められるならば、後白河は白拍子流行のごく初期から関心を示していることになり、右に挙げた白拍子女の招請事例もその延長として位置付けられよう。

---

(35)『禅中記抄』嘉応三年一一月一日条、『百錬抄』承安元年一〇月二三日条。

(36)『山槐記』安元元年八月一六日条、『玉葉』同二年一〇月二九日条、『天台座主記』等。上横手雅敬「丹後局と丹波局」（『鎌倉時代』吉川弘文館、二〇〇六（初出一九七一））、下崎結「後白河院の周辺」（『梁塵』一三、一九九五）参照。

(37)東京大学史料編纂所架蔵影写本による。請求記号三〇四三―一。『平家物語』との一致や字の稚拙さから偽書の可能性が高いが、源義経が「義行」と称されている点や無名の人物が載せられている点など興味を引く箇所もあり、敢えて掲出する。

(38)北條文彦「長講堂の供花について」（『書陵部紀要』三七、一九八五）、菅野注19前掲論文。

(39)髙橋昌明・樋口健太郎「国立歴史民俗博物館所蔵『顕広王記』応保三年・長寛三年・仁安二年巻」（『国立歴史民俗博物館研究報告』一三九、二〇〇八）。

(40)中村文「平親宗」（『後白河院時代歌人伝の研究』笠間書院、二〇〇五（初出一九八五））。なお、親宗は後白河との関係を強め、後には「天下之乱・君之御政不当等、偏汝（＝親宗）所為也」といわれるまでになるほか、「遊女腹」の承仁法親王の養育も任された。『玉葉』安元二年一〇月二九日条、養和二年三月一二日条。また偶然かもしれないが、親宗男親国も斎宮群行行事としての仕事をせず、常に酒会で「舞妓」を舞わせていたとして批判されており、注目される。『三長記』建仁元年七月一八日条。

（三）　猿楽者

後白河が猿楽を好んだことはよく知られており、その実態については秋山喜代子の論文に詳しい。要約すれば、①後白河は諸寺修正会・修二会の猿楽を見物することが恒例化しており、②そこで出会った地下の芸能者を内裏や御所に招き、しばしば猿楽（＝昼呪師）を催していた。③昼呪師は北壷で行われ原則として近臣が招かれる内輪の遊びであったが、それはハレの場で地下の芸能者に接することができなかったためである、ということになろう。(41)後世の史料から、後白河が内裏昼呪師に招いていたのは侍猿楽と考えられる。(42)なお、後白河は既に在位時から修正行幸を行っているが、その際御斎会を早く終わらせるよう指示するなど、かなり無理をして修正会に出かけているようである。(43)

（四）　巫女

後白河が今熊野社・新日吉社を勧請し頻繁に参詣したことはよく知られている。院はこれらの神社に仕える巫女たちとも交流を持っていた。

今熊野巫女并日吉二宮巫女等、称二神託一、今月可レ有二御慎一之由云々（『玉葉』建久二年七月三日条）

伝レ勅云、今度御悩御祈、日吉社可レ被レ献二十列・東遊等一、寛和円融院北野社被レ献二東遊一例也。…此次、定長語云、近日偏以二巫女之説一被二指南一之間、不便事等風聞（『同』建久三年正月三〇日条）

此日法皇為レ除二愈御悩一、被レ奉二遣十列・東遊於日吉社一之日也…是者巫女狂言也（『同』建久三年二月一三日条）

是則法皇御不予、被レ行二彼祭一者、可レ為二御除病延命一之由、日吉詫宣依下木〔示カ〕二〈童巫女〉一給上故也（『石清水八幡宮記録』「宮寺縁事抄仏神事次第」御神楽次第末陪従不参事、建久三年二月一二日条）

後白川院最後依二巫言一被レ行二日吉臨時祭一、敢無二其助一崩御了（『三長記』建永元年五月一〇日条）

右の一連の記事からは、晩年の院が巫女の言に従って日吉臨時祭を行ったこと、そしてそのことが周囲に快く思われていなかったことがわかる。勿論これは託宣があったためで、巫女本人の言を容れた訳ではないだろう。しかし院はまた芸能者としての巫女とも交流を持っていた。やや下る史料ではあるが、鎌倉後期の『八幡愚童訓』上「氏人事」所引「巡拝記」によれば、後白河は石清水御幸に際して巫女に今様を謡わせている。(44) 厳島内侍との交流もここに加えることができるであろう。承安四（一一七四）年に後白河は厳島社に参詣しているが、『梁塵秘抄口伝集』巻一〇にはその時のこととして「その国の内侍二人、黒・釈迦なり」と内侍の舞のめでたさを特筆しており、また院はこの時「正しき巫女」の託宣によって今様を謡っている。厳島内侍との交流では、他に『山槐記』治承三（一一七九）年三月一八日・一九日条の次のような記事が注目される。

十八日丙子　天陰、安芸伊都伎嶋内侍〈以二巫女一号二内侍一〉、於二八条禅門亭一有二舞女等事一。着二唐装束一云々。院密々有二御幸一云々。

十九日丁丑　天晴、時々雨、於レ院〈七条殿〉、伊都伎嶋内侍有二舞事一。

一八日に清盛の八条亭で見た厳島内侍を、一九日には御所に招いて舞を奏させているのであり、猿楽者の場合と似た順序を踏んでいる。

---

(41) 秋山喜代子「後白河院と猿楽」（秋山注18前掲書、初出一九九六）。
(42) 『玥月記』寛喜二年閏正月一二日条。
(43) 『兵範記』保元三年正月一四日条。
(44) 続群書類従本による。小野尚志「八幡愚童訓の諸本」（『八幡愚童訓諸本研究』三弥井書店、二〇〇一〈新稿〉）によれば、「巡拝記云」という形の引用箇所を有する写本（乙類系Ａ類）は他に五本あるとされるが、系統間の関係は不明。新間進一「説話と歌謡」（『歌謡史の研究　その一　今様考』至文堂、一九四七）参照。

（五）手工業者

『玉葉』寿永三（一一八四）年六月一七日条に、後白河が手輿に乗って貧しい蒔絵師の家を訪れ「菱縄調備之様」を見物したという興味深い伝聞が載せられている。この時院は引出物が欲しいと戯言を言い、それを真にうけた蒔絵師が後日美麗な蒔絵の手箱を献上するため御所に参入したところ、北面の周防入道能盛によって密かに追い返されたという。藤原兼実が「昔雖二陽成・花山之狂一、未レ聞二如レ此之事一。法皇又軽々狂乱、雖レ不レ可二勝計一、未レ有二此程之事一」と嘆く通り、正に前代未聞の椿事であろう。

ここで、（二）～（四）とも関わる興味深いエピソードを掲げておきたい。笛の名手として知られる後白河院の近習源仲国の妻に、廟を造って故院を祀れとの霊託があった。彼女にはここ七、八年同様のことがあったが、今度は丹後局高階栄子がこれを後鳥羽院に訴えたため公卿僉議が催され、廟を立てる直前までいった。しかし結局却下されて仲国は追放になったという（『大日本史料』建永元（一二〇六）年五月二〇日条参照）。この事件は政治史の文脈で語られることが多い[45]。しかしここで注目したいのはその託宣の内容であって、『三長記』によれば「廟尊崇不レ可レ劣二石清水一云々。依レ御レ裏（ママ）レ好、如二田楽猿楽一、常以可レ供二雑芸於廟庭一云々」と、廟に雑芸を奉納することが要求されたというのである。西口順子はこの不思議な託宣の背後に、都の人々を巻き込んで「巫女や芸能者のセンター」を作ろうとする動きがあったことを推測している[46]。この事件は当時から同様に捉えられた様子で、慈円は「故院ハ下﨟近ク候テ、世ノ中ノ狂ヒ者ト申テ、ミコ・カウナギ・舞・猿楽ノトモガラ、又アカ金ザイク何カト申候トモガラノ、コレヲトリナシマイラセ候ハンズルヤウ、見ルコ、チコソシ候ヘ」（『愚管抄』巻六）との洞察を示している。後白河とこれらの人々との結びつきが密接で特徴的であったからこそこのような事件や洞察が生じ得るのであり、託宣を支持した丹後局にとっても、芸能を持ち出すことは故院を想起させる政治的アピールとしての意味を持っていただろう。そして本項の関心からは、そのような「下﨟」の中に「アカ金ザイク」という手工業者が含まれていたことに注意を喚起しておきたい。後白河の接した手工業者は蒔絵師だけではなく、周辺にも（恐らく複数の）手工業者が召されていたことがうかがえる。なおこの事件の中心人物である仲国は「下﨟」とは呼べないが、『尊卑分脈』（宇多源氏時方流）によれば後鳥羽院細工所の一員で木工頭となっており、彼自身手工業者と近しかった。父光遠も後白河院細工所に仕えている。単に職掌上近かったというだけではなく、この時期細工所が京中の細工関係商人に対して支配・統制権を持ち始めたことが指摘されている。(47) 恐らく後白河はこのような近習を通じて下層の手工業者と接触を持ったのであろう。

また、『吾妻鏡』文治二（一一八六）年八月二六日条、同年九月二五日条には蓮華王院領紀伊国由良庄において「銅細工字七条宗紀太」濫妨のことが見えている。小川寿子はこの記事から銅細工師の仏具製造者としての側面に注目し、後白河の信仰の深さとの関連を指摘した。(48) 後白河と「宗紀太」との間に必ずしも直接の関係は認められないが、ここでは後白河院と手工業者との関係が仏事沙汰を通して維持された可能性を示唆する史料として挙げておきたい。

(六) 下級僧侶

後白河は「帰二依仏教一之徳、殆甚二於梁武帝一」（『玉葉』建久三（一一九二）年三月一三日条）と評される程信仰に篤かった。その生涯に無数の法会を営んだ院においては、接した僧侶の数もまた数え切れぬ程であろう。しかし、院

(45) 西井芳子「若狭局と丹波局」（古代学協会編注12前掲書）、白井克憲「建永元年の後白河法皇託宣事件について」（関西学院大学人文学会『人文論究』四三―三、一九九三）等。
(46) 西口順子「性と血筋」（『中世の女性と仏教』法藏館、二〇〇六（初出一九八九））。
(47) 五味文彦「京に中世を探る」（五味文彦編『都市の中世』吉川弘文館、一九九二）。
(48) 小川注15前掲論文。

の接する僧侶は必ずしも身分の高い徳僧ばかりではなかったようである。例えば『顕広王記』仁安二（一一六七）年三月二三日条、『山槐記』同月二四日条には、乞食法師が法住寺殿に「参宿」して餓死したため、院御所が穢れとなった事件を載せる。詳細は不明だが『兵範記』同日条によればこの法師は「北面鳥屋辺」に参宿したとのことなので、あるいは院に私的に招かれたのではないかと推測される。北面は後述するように院の私的空間で、下層身分者を召すことができた。なお『玉葉』によれば養和二（一一八二）年二月三日にも院御所の門内で乞食法師が餓死している。(49)

院は雑芸を通して僧徒と交流することもあった。

今夜令レ宿レ寺給。明日可レ有二還御一云々。寺僧施レ芸犯レ乱云々（『山槐記』応保元年四月七日条）

後白河法皇御二幸新羅社一。三井大衆於二百舌鳥之辻一延年一曲散楽句有レ之（『園城寺伝記』四、同年同月八日条）

等の例は、戒壇設立を求める三井寺側が雑芸好きの院を歓待するために催したとも取れるが、

延暦園城僧徒群二参上皇御所一、施二雑芸一（『百練抄』平治元年九月一六日条）

の記事からは、むしろ後白河側の主導性を読み込むべきであろう。他にも、比叡山で院の御所となった食堂に「東北間衆徒参集、巻レ簾撤レ幔施二様々芸一」した事例があり、(50)『法然上人絵伝』巻九ではこの部分「衆徒庭上に群参して、延年種々の芸を施す」とされている。(51)

このように後白河院と〈都市民〉との交流は多岐に亘っており、その親密さと頻繁さ、そして接触の直接性に後白河執政期の特徴が見出せる。そしてこの特徴は、〈都市民〉一般＝「雑人」についてもあてはまる。次節以降では「雑人」との交流の性格を分析することで、下層身分者と接触した後白河の意図について考察したい。

第三節　交流の様態

（一）〈見る王〉としての後白河

前節で見た猿楽者、厳島内侍等の事例には、初めは院が彼らの芸を見に出かけていくが、次回からは彼らが院御所にやってきて芸を披露するというパターンが見て取れる。あるいは蒔絵師の事例をこれに含めることもできるだろう。後白河の「見物」には、そこで出会った雑人との関係を切り拓く端緒としての役割があった。後白河は極めて頻繁な行幸・御幸を行ったことで知られるが、これも同様の観点で捉え得るのではなかろうか。このようなパターンを持つ行動様式を、ここでは〈見る〉と仮称する。

〈見る王〉としてのあり方は、後白河以前にもしばしば見られる。小峯和明が「見る」ことを支配―従属関係を作り上げる行為として論じているほか(52)、仁藤智子は八世紀の畿外行幸を「天皇が在地の人々と直接に支配関係を確

(49)　京樂真帆子は、出家姿になれば門番の検問を通過する事ができるとした上で、出家者、特に乞食尼が貴族の邸宅に入り込み、あるいは家主との個人的な結縁によって居住権を得ることを指摘している。「平安時代の女性と出家姿」（『平安京都市社会史の研究』塙書房、二〇〇八（初出一九九四））。ここに挙げた事例がどのようなケースに該当するのかは不明だが、ひとまず後白河の関与を想定しておきたい。

(50)　『文治四年後白河院如法経供養記』（菊地大樹「『文治四年後白河院如法経供養記』について」（菊地注17前掲書、初出二〇〇二）に翻刻、以下『文治供養記』と略す）九月一三日条。ただし、『台記』康治元年五月一四日条、久安三年六月二一～二三日条等にも同様の例があり、後白河に特異な事象という訳ではない。

(51)　両史料の比較については菊地注17前掲論文参照。

(52)　小峯和明「院政期文化―〈見る〉ことの政治文化学」（『院政期文学論』笠間書院、二〇〇六（初出二〇〇一））。本章では後述するように観者―被観者間相互の影響関係に着目するため、小峯の言及する〈もどき〉や絵巻物等の事例については考察から除外した。

【図2】『年中行事絵巻』巻1　朝覲行幸を見物する雑人たち
住吉如慶による模本。小松茂美編『日本絵巻大成8　年中行事絵巻』中央公論社、1977より。

認する場」として捉えている。[53]〈見る王〉としてのあり方は、いわば王権の伝統的なあり方であったといえる。

(二)〈見られる王〉としての後白河

後白河の御幸にはしばしば多数の見物人が押しかけた。高野山参詣の際の、

> 午剋御幸、見物人々連レ車置二並道路一為レ市（『兵範記』嘉応元年三月一三日条）
>
> 院臨二幸清水寺一如レ例…或人云、六月十八日上下如二群参一云々（『吉記』寿永二年六月一八日条）
>
> 敬二礼御経一之輩、道俗男女如二堵〔墻カ〕場一（『文治供養記』文治四年九月一三日条）

等の記事は、〈見る〉行為がそれ自体〈見られる〉行為に転換し得ることを示している。

雑人たちは院主催の儀式にも詰め掛けた。『百錬抄』平治元（一一五九）年五月二九日条に「太上天皇於二高松殿一始二行五十講一（六月一八日結願、貴賤成レ群）」とある。また【図2】に示すように、後白河院政期の法住寺殿南殿を描いたとされる『年中行事絵巻』巻一にも、朝

覲行幸を見物する人々の姿を認めることができる。朝覲行幸の際、馬道の外で直衣・束帯姿の貴族に交じって水干姿の雑人たちが中を覗いているのである。院五十御賀後宴の際には「右大将在レ座制二止庭上雑人一…後聞、今日闘諍濫觴…殴二検非違使遠成郎従一〈件遠成為レ禁二止雑人一、祗二候楽屋辺一〉」とあって、雑人が中島の楽屋の辺りにまで入り込んでいた（『玉葉』安元二年三月六日条）。ただし天皇出御の際には雑人排除が徹底されたようである。[54]

このような〈見られる王〉としてのあり方も、やはり伝統的に行われてきたものと考えられる。仁藤智子は、九世紀以降の「新しい行幸」が「観客」を意識して行われており、王権構造を都市民に知らしめる効果をもたらしたと論じており[55]、大村拓生・京樂真帆子らによれば同様のあり方は摂関家にも認められる。[56]このような性格は儀式にも想定されるだろう。行幸・御幸は一面では儀式空間の移動であり、観客の全体数を増すための手段として捉え得るからである。右に挙げたような諸事例を見る時、

> 「雑人」にとりかこまれた公卿は、「末代の事、まことに悲しむべし」と記した。しかしわたくしは、この感情が公家政権を構成する人々、なかんずく天皇や上皇によって共有せられていた、とは考えない。すくなくとも意識下の次元に於いて、かれらは日常的に都市民を側近く引きつけることを志向したのではあるまいか

という筧雅博の指摘は首肯される。[57]勿論それは「意識下の次元に於いて」であって、実際には雑人を制止し排除す

---

(53) 仁藤智子「「都市王権」の成立と展開」（『歴史学研究』七六八、二〇〇二）。
(54) 例えば『玉葉』安元二年正月三日条、三月四日条等。
(55) 仁藤注53前掲論文。
(56) 大村拓生「行幸・御幸の展開」（『中世京都首都論』吉川弘文館、二〇〇六〈初出一九九四〉）、京樂真帆子「平安京の『かたち』」（京樂注49前掲書、初出二〇〇二）。
(57) 筧雅博「史料と歴史」四七頁（『思想』八四七、一九九五）。本章は他に同「公家政権と京都」（朝尾直弘ほか編『岩波講座日本通史』八、一九九四）、同「中世王権の周辺をめぐって」（『思想』八九三、一九九八）に大きな影響を受けている。

ることが多かった点は注意しておかねばならないだろう。そして次項で見るように、そうした志向が儀式の場で表出される機会が、後白河院政期には何度か見られる。

(三)〈見せる王〉としての後白河

後白河主催の儀式では、雑人を排除しない場合があった。例えば先に見た法住寺殿供花会の今様談義で、遊女・傀儡子たちは院近臣に交じって談義に加わっているようである。さらに以下の諸例は、不特定多数の雑人に対して、彼らを排除しないように命令が出されている点で注目される。

A　聴聞之輩、僧尼・男女或在二庭前一、或昇二堂上一。殊有レ仰、全無レ制。自二一昨一如レ此。誠如二稲麻竹葦一也〈此事兼取二御気色一了〉（『後白河院御落飾記』[58] 嘉応元年六月一九日条）

B　堂上堂下上下群集、依レ仰不レ可レ被レ払二雑人一[59]（『吉記』承安四年九月一三日条）

C　説法之趣何意レ拭レ涙。伝供之間、聴聞道供〔俗〕雖レ不レ過二滂湲一、此説法之時、依二別仰一各参進（『文治供養記』文治四年九月一二日条）

Aは『成頼卿記』の一部で、後白河の出家に際して行われた法会の三日目、Bは九月一日から一五日まで連日行われた今様合、Cは『定長卿記』の一部で、押小路殿で行われた十種供養に際しての記事である。Cと密接に関係する『法然上人絵伝』巻九でも「伝供のときは制禁かたくして、参詣の道俗、やり水の北にのぞまずといへども、説法の時ハ勅許ありて、聴聞の緇素群をなす。弁説玉をはく。貴賤みな涙をながす」とされている。Bについては『梁塵秘抄口伝集』巻一〇にも「この兼雅卿、今様合の時に足柄の中に駿河の国歌はれしを、乙前の女聞きて」とある。兼雅が謡ったのは九月二日のことであるから、雑人は一三日のみならず毎日参入していた可能性が高い。

A・B・Cに共通する特徴は、雑人の見物あるいは昇殿の許可が、後白河自身の仰せによってなされている点である。単に〈見られる〉ためだけなら彼らの昇殿を許す必要はないはずで、これらの記事は前項で見たような見物記事とは区別して考えなければならない。そこで、これら三例のように見物を許可している場合にこれを〈見せる〉行動様式と仮称し、〈見られる〉行為との違いについて述べたい。

仁藤智子は先に引いた論文の中で「見る」「見られる」「見せる」といった分類の枠組みを示しているものの、後二者については区別が曖昧である。これは恐らく王権側における能動性（意図）の有無に基準を置いた分類と思われるが、このように分類してしまうと観客側の視点が脱落してしまう。[60]仁藤は都市民に儀礼の「縦観」を許した光孝・清和天皇の動きを「画期的」としながらも、結局は見物を許可した両天皇とその他の天皇を単一に扱っている。だが果たして「許可する」ことと「黙認する」こととは同様に捉え得るのであろうか。観客の側の意識に注目すれば、見せようとする「意識」（非明示的）と、見てもよいという「許可」（明示的）とはやはり区別されるべきではないか。如上の理由から、本章では〈見られる〉〈見せる〉を以下のように区別する。即ち〈見られる〉とは被観者から観覧許可が明示されない状態で不特定多数の観者が観覧している状態。この場合、被観者＝〈王〉が自らを観衆＝〈雑人〉の視線にさらそうとする積極的な意図は存在し得るが、観衆の側からは〈王〉が自分たちの存在を認識しているかどうかは不明であり、したがって〈王〉がそのような意図を持っていることは知り得ない。〈見せる〉とは被観者の許可が観者に明示されている状態。許可によって、観衆は〈王〉が自分たちの存在を認識して

(58) 米田雄介・詫間直樹「伏見宮本『後白河院御落飾記』について」（注12前掲書）に翻刻。

(59) 『吉記』では身分を指す場合「地下」の表現を使っており（元暦二年正月一日条）、また「堂上」は場所を指す用法でのみ用いられる（養和元年五月二九日条、寿永二年二月二一日条、元暦元年一一月二一日条、同二年正月一日条）。ここでは「堂上堂下に上下が群参した」と解するのが適当と思われる。

(60) 野田有紀子「行列空間における見物」（『日本歴史』六六〇、二〇〇三）は見物者を中心に据えて行列を考察しており示唆に富むが、貴族の見物に絞って論じられているため、本章と直接関わるものではない。

いることを知り得る。

筆者が敢えて観客側の意識にこだわるのは、ゲーム理論を基にしたマイケル・S・Y・チウェの次のような議論が念頭にあるためである。チウェは権威の存立は「所与の体制を各人が了承するかどうかの決断」にかかっていると規定した。この場合各人による了承は、他人がその体制を支持している事実を認識することによって、より得やすくなると考えられる。チウェはこのような性質の問題を「協調問題」と呼び、他人が支持しているか否かについて相互に認識が成立する場合、この認識の総体を「共通知識」と呼ぶ。「協調問題」が成立するためには、自分が相手の支持を知っているだけでなく、自分が相手の支持を知っているということを相手も知らなくてはならない。即ち「共通知識」とは「相互の認識に対する認識」のような無限のメタ知識である。チウェによれば「社会的あるいは政治的権力に服従することは協調問題」であり、「他の人々が支持すればするほど、私もそれらを支持しがちである」ような性質の事象である。したがって自らへの支持を広げるために「権威は共通知識を生成する式典と儀式を作り出す」。儀式や祝祭は単に静的な「テクスト」（伝達されるメッセージ）なのではなく、そのメッセージが公共化する動的な過程（聴衆に他の聴衆が何を知っているかを知らせる、共通知識形成の過程）でもある。[61] さて、このようなチウェの理論モデルを〈見る〉〈見られる〉〈見せる〉の問題に当てはめて考えるとどうなるであろうか。

まず〈見る〉行為は基本的に二者間の関係として捉えられ、一般的な対面と同義であろう。この場合〈王〉と〈民A〉は互いを見ており、互いに相手が自分を見ていることを知っており、自分が相手を見ていることを相手が知っていることを知っている。このように〈王〉と〈民A〉との間には共通知識が成立しており、両者の間のコミュニケーションは完全である。したがって〈王〉から〈民A〉に与える情報のインパクトは強い。この場合〈民A〉と第三者である〈民B〉との間には共通知識が成立せず、〈王〉への支持は協調問題となり得ない。〈見る〉行為はpersonal communicationと表現できよう。

〈見られる〉行為はモデルとしては三者間の問題と捉え得る。〈王〉と〈民A〉、〈王〉と〈民B〉はそれぞれ、互いを見ている。〈王〉は〈民A・B〉が自分を見ていることを知り得るが、〈民A・B〉の側では〈王〉が自分たちを見ているのかどうか分からないので、〈王〉と〈民A〉、〈王〉と〈民B〉との間には共通知識が成立しない。したがって〈王〉と〈民A・B〉との間に生じるコミュニケーションは一方的で不完全なものであり、〈王〉がそれぞれに与える情報のインパクトは弱い。一方〈民A〉と〈民B〉はお互い、相手が儀式を見ていることを知っており、自分が儀式を見ていることを相手も知っていることも知っている。したがって〈民A〉と〈民B〉との間には共通知識が成立し、儀式への反応は協調問題たり得る。〈見られる〉行為はmass communicationと表現できよう。

〈見せる〉行為は同じく三者間の問題と捉え得る。〈見られる〉場合とは異なり、見物許可によって、〈民A・B〉は〈王〉が自分たちを見ていることを認識し得る。したがって〈王〉と〈民A〉、〈王〉と〈民B〉との間にはそれぞれ共通知識が成立する。この時〈王〉と〈民A・B〉との間に生じるコミュニケーションは完全なものであり、〈王〉がそれぞれに与える情報のインパクトは強い。一方、〈民A〉と〈民B〉の間の共通知識も成立するので、儀式への反応は協調問題たり得る。〈見せる〉行為はmulti communicationと表現できよう。

このように〈見せる〉行為は、観衆相互間に権威支持への共通知識を形成させるという〈見られる〉行為＝儀式一般の利点に加えて、強い印象を観衆個々人に与え得るという〈見る〉行為＝対面の利点をも併せ持つ点で有利であると考えられる。したがって〈見せる王〉としての後白河は雑人に対して強くアピールしたい事柄を持っていたといえよう。ただし、このような優位性にも関わらず後白河の場合に事例が三つしか検出されないのは、雑人を昇殿させるという行為が、身分秩序を混乱させる危険性を有していたためであろう。

(61)　マイケル・S・Y・チウェ『儀式は何の役に立つか』新曜社、二〇〇三（原書二〇〇一）。

第四節　〈都市民〉の昇殿事例とその特徴

（一）〈共楽型儀礼〉

後白河はなぜA・B・Cの場合のみ見物を許可したのであろうか。ここでは儀式の内容に注目したい。Aで庭前・堂上に群がった「僧尼・男女」は「聴聞之輩」とされている。引用部分の少し前に「聴聞之輩莫レ不二歎伏一、如レ懸之者、猶揮二随喜之涙一者也」とあるので、彼らは導師である権少僧都澄憲の説法を聴きに来ていることが分かる。他の日の記事に目を転ずると、出家当日の一七日には御逆修に際してやはり説法が行なわれており、以下一八日公顕、一九日澄憲、二〇日観智、二一日良明、二二日禅智、二三日公顕、二四日観智、二五日澄憲、二六日良明、二七日禅智、二八日公顕、二九日澄憲と連日講師の名と説教の特徴・評価が記される。講師の評価と参入貴族の名しか書かれない記事も多い。『兵範記』によればこの時読経等も行われているが、『後白河院御落飾記』の書き振りからして説法が毎日の仏事の中心をなしていたことは明白である。説法あるいは説教は「音芸」の一つで「唱導」とも呼ばれ、澄憲の安居院流で知られるように、この時期貴族から庶民まで中世社会に広く受け入れられていった。とすれば、このような説教主体の一大仏事に際して後白河が雑人の出入りを許可したのは、それが彼らに受け入れられる性質の芸能であることをよく承知した上で、貴族と雑人との共楽を企図したためであるとは考えられないだろうか。二二日条に「今日禅智為二講匠一。演説之詞雖レ近レ俗、法文之義得二其実一。但頻吐二狂言一、満座含レ咲。且是勅定云々。可レ為レ有レ興歟」とある点などに、筆者は雑人に近寄ろうとする後白河の意図を見る。講師への評価や親近感は、そのまま主催者である後白河にも向けられたことであろう。同様にCにおいても、雑人たちが「潺湲」（遺水）を越えて「参進」するのは「説法之時」であった。Bに目を転ずれば、これまた貴賤に愛好される今様が儀式の核になっている。今様は民間に生まれた芸能ではあるが貴族社会にも愛好され、後白河の時代には「そのころの上下、ちとうめきてかしらふらぬ人はなかりけり」（『文机談』巻三）といわれるほど流行していた。貴賤に共通の文化であったと言える。Bにおいて雑人が毎日参入していた可能性が高いことは既に述べた。彼らをそんなにも院御所に引き付けたものは、まさに今様の持つ「庶民性」であったと考える。しかも一三日には院自らが謡っている。今様を謡う院の姿は雑人たちによって目撃され、彼らに何がしかの感慨を与えたに違いない。

以上のことから、院の儀式は単に開かれているだけでなく、雑人との共楽を図る意図のあったことが分かる。後白河は貴賤に共通の文化基盤を利用して雑人を自らの主催する儀式に引き付けようとした。僅かな例ではあるが、このような儀式のあり方をここでは〈共楽型儀礼〉と仮称する。これはその基本的性質においてそれまでの朝廷儀式と大きく異なるものであった。

八世紀、朝廷には幅広い階層の人々から芸能が捧げられた。芸能は天皇が〈見る〉ものであり、天皇自身は芸能を行わなかった。したがって朝廷の主催する儀式は服属儀礼的な側面を強く持っていた。しかし九世紀になって政務の場が内裏に移ると、それに伴って儀礼の性質も変化し、君臣結合を強化する「宴会」としての性格が重視されるようになった。こうした動きの中で、天皇自らが中国の芸能思想に基づいて芸能を実践するようになり、天皇の指揮・主導のもとで天皇と臣下が共演する「宮廷芸能」が成立し、儀式は朝廷内で完結するようになっていった。[62]儀式の場から下級官人が排除されたことが、「見物」を発生させる要因となったという仁藤智子の指摘は示唆に富む。[63]さて、このような流れを踏まえて後白河の儀礼を見る時、雑人を儀式空間に取り込んだこと、少なくとも儀礼に際して雑人を意識にのぼせたことはきわめて画期的なことであったといえる。彼は三五〇年もの間宮廷内に閉じ

（62）古瀬奈津子「格式・儀式書の編纂」（『日本古代王権と儀式』吉川弘文館、一九九八（初出一九九四））、中川尚子「古代の芸能と天皇」（『日本史研究』四四七、一九九九）。
（63）仁藤注53前掲論文。

られていた儀式を、再び外に向かって開いたのである。しかも今度の被観者は院や貴族の側である。このような点で、院・貴族・庶民が共に参加する〈共楽型儀礼〉が後白河によって新たに生み出されたことは大きな意味を持っていた。次項以下では、行われた芸能と〈場〉の空間的性格といった観点から〈共楽型儀礼〉の具体相について詳述したい。

（二）〈回路〉としての「音芸」

前項で見たように〈共楽型儀礼〉において催される芸能としては唱導と今様とがあり、両者は共に雑人に親しみ易い点で共通していた。これは後白河の側が雑人に歩み寄った結果と考えられるのであるが、その前提として後白河自身にそういう下地のあったことは看過し得ない。今様における待賢門院の影響は既に述べたが、後白河は親王時代から蹴鞠・読経をも行っており、「庶民的な」「下からの」芸能に親しみながら育った。そしてこの志向性は伝統的な詩歌管絃[64]への消極性と表裏の関係にある。周囲の批判を浴びてまでも、彼を「庶民的な」芸能に引き付けるものとは一体何だったのだろうか。ここでは後白河の芸能観について検討することで彼の芸能における志向性を分析し、それを通して〈共楽型儀礼〉で催される芸能の一般的性質についても理解を深めたいと思う。

まず、後白河は雑芸の何処に惹かれたのだろうか。即位前のことについては、既述の環境的要因以外に見るべき材料がない。皇位継承問題へのトラウマと反抗心を想定する向きもあるが[65]、実態の解明は今後の課題といえる。だが少なくとも『梁塵秘抄口伝集』巻一〇執筆の頃には院の心中に今様をめぐる一つの確信が生まれていたようだ。それは今様による示現の確信であり、それが発展して今様往生思想ともいうべき特異な信仰を生み出した。『梁塵秘抄口伝集』巻一〇の末尾付近には、

今はよろづを抛げ棄てて、往生極楽を望まむと思ふ。たとひまた、今様を歌ふとも、などか蓮台の迎へに与《あづ》からざら

む。その故は、遊女のたぐひ、舟に乗りて波の上に浮び、流れに棹をさし、着物を飾り、色を好みて、人の愛念を好み、歌を歌ひても、よく聞かれんと思ふにより、外に他念なくて、罪に沈みて菩提の岸にいたらむことを知らず。それだにに、一念の心おこしつれば往生しにけり。まして我らは、とこそおぼゆれ。法文の歌、聖教の文に離れたることなし。法華経八巻が軸々、光を放ち放ち、二十八品の一々の文字、金色の仏にまします。世俗文字の業、翻して讃仏乗の因、などか転法輪とならざらむ。

と、この信仰を高らかに宣言している。さて、ここで今様往生の条件とされているものは「一念の心」と「法文の歌、聖教の文」とであるが、特に後者に注目したい。今様往生に関して、後白河は「我ら」を「遊女のたぐひ」の上位に置くが、「法文の歌、聖教の文に離れたる事」のないことをその条件とする。このような法文歌の重視に見られる通り、後白河にとって今様とは単なる声楽ではなく歌詞の内容と不可分のものであった。乙前の見舞いにしても、神仏への今様奉納にしても、今様示現譚にしても、これらは全て当意即妙な言葉の力によって支えられている。しかし同時に、その言葉は文字としてではなくあくまで今様として表現されねばならなかった。聖教は声によって美々しく荘厳される必要があった。今様に限らず後白河が読経・声明・唱導等の所謂「音芸」に関係の深かったことは既に知られている。(66) 引用部分で法華経の一字一字に仏を観る感性も、優れた読経者である後白河ならではのものである。(67) このように、後白河にとっては、詞と声の結びついた「音曲」こそ意味のある音楽だった。

(64) 渡辺あゆみは、白川院政期には、管絃を中心とする「御遊」が儀礼的な行事として意識されるようになり、風俗・雑芸などの「小御遊」「雑御遊」とは区別されるようになったと述べている。少なくともこの頃までには、詩歌管絃の伝統化・権威化が起こっていると思われる。渡辺あゆみ「平安期の史料にみられる『御遊』の概念」(『創価大学大学院紀要』三〇、二〇〇八)。

(65) 安田元久『後白河上皇』吉川弘文館、一九八六等。

(66) 注17前掲諸論文を参照。

(67) 清水眞澄「読む歌謡」(清水注17前掲書、初出一九九八)、柴佳世乃「和歌の声と読経の声」(『文学』三―二、二〇〇二)。

『梁塵秘抄口伝集』巻一と巻一〇の冒頭に神楽・催馬楽・風俗・今様が並べられているのも、『右記』に（恐らく後白河の時代を念頭に）「次音曲事。上自㆓一人㆒、下至㆓萬庶㆒謳歌之事、是併治世安国之故也。禁裏節会、或風俗・催馬楽・今様等、政令其一也」とされるのも、院の「音曲」重視を示すものだろう。これらの史料にはまた、歌を人心の反映と見て政治の得失と関連付け、そのコントロールを図ろうとする、礼楽思想の影響も認められる。『右記』に、続けて「或倡家女・白拍子、皆是公庭之所属也」とあるのは、後白河が音曲を愛する故に遊女・傀儡子・白拍子に庇護を与えたことの謂いではなかったか。

翻って後白河の伝統音楽に対する態度をみれば、その消極性のよってくる所はもはや明らかである。管絃には後白河を惹きつける歌詞がなかった。それが証拠に、後白河は伝統的な楽の中でも歌詞のある催馬楽については、資賢を師と仰ぎ研鑽を積んでおり[68]、夙に保元三（一一五八）年正月内宴の御遊には自ら付歌を行っている[69]。『右記』には「管絃」と「音曲」が対置されているが、この二分法は後白河にも共有される感覚であったと思う。

ただし後白河は必ずしも管絃歌舞を完全に否定した訳ではないのであって、むしろその変質に注目したい。土谷恵によれば後白河の時代、守覚と勝賢とによって童舞が隆盛を迎えるが、その際の特徴として童舞の位置付けの変化が挙げられるという。すなわち童舞が法会の一部＝供養舞としてではなく、参拝者のための鑑賞用の舞＝入調舞として演じられるようになるのである。そしてその変化の背後には後白河院がいたとされる[70]。後白河にとっての舞楽は参拝者のためにこそ催されるべきものであった。

「音曲」への強い志向と参拝者のための童舞。ここからは後白河の芸能が常に仏教と関わっていたことが分かる[71]。難解な教義を直接ぶつけるのではなく、それらを妙なる音楽や洒脱な詞にのせて分かりやすく感得させるという方法は、果たして教養人後白河のために必要とされたのだろうか。筆者はそこに雑人への意識、雑人を引き付けようとする後白河の意志を感じずにはいられない。譲位後の後白河が今様を始めとする雑多な芸能への傾倒を深めていったのは、それらを担う雑人の存在が次第に彼の目に大きく映じるようになっていったからではなかろうか。院が自らを救済されるべき存在と規定しつつ、仏事の主催者たることによって権威を高めようとする動きは後白河以前にもあった。しかしその儀式には雑人が含まれていなかった。繰り返すが後白河はこの点で強い独自性を示している。

なお、通常後白河が好まなかったとされる和歌(72)についても簡単に触れておきたい。後白河は今様を和歌に並べようとする意識を持っており（『梁塵秘抄口伝集』巻一〇冒頭）、和歌への評価自体は低くなかったと思われる。それにも関わらず後白河に詠歌の事績が少ないのは、即位以前の彼の境遇が大きな要因と思われる。加えて、彼の主催する歌会が供花会や寺社御幸等限られた場でのみ行なわれたという事情も詠歌事績の少なさと関係しているだろう(73)。後白河にとっての和歌はあくまでも信仰に付随するものであった。では一体、信仰の場で詠まれる和歌はどのような意味を持つのであろうか。和歌と信仰との関わりについて全面的に論ずるだけの準備は筆者にはないが、管見では和歌を「音楽芸能」の一つと捉える錦仁の説が興味深い。錦によれば、中世以降、和歌は声に出して詠むことで神仏に納受されると考えられた。そのようなあり方は管絃や歌謡と同一の思想的基礎を有し、念仏とも共通していた。そしてこのような和歌観の萌芽は俊成において見られるという(74)。後白河は俊成との邂逅によって和歌への関心を強め、千載集を下命するに至った。とすれば後白河にも同様の和歌観が影響していると考えてよいのではなかろ

---

(68)『禁秘抄』、『文机談』巻三、『郢曲相承次第』、『伏見院御伝受催馬楽事』。
(69)『古今著聞集』巻三―九八、『御遊抄』（内宴）。
(70)土谷恵「法会と童舞」（五味文彦編『芸能の中世』吉川弘文館、二〇〇〇）。
(71)新間注44前掲書七三～七四頁に挙げられる後白河の管絃事績も、日吉御幸や如法経十種供養と関わっている。
(72)村井俊司「後白河院の和歌と式子内親王」（『中京大学文学部紀要』三八―二、二〇〇三）。
(73)松野陽一『藤原俊成の研究』七一〇～七一七頁、笠間書院、一九七三。
(74)錦仁「和歌の思想」（院政期文化研究会編『院政期文化論集一　権力と文化』森話社、二〇〇一）。

うか。院の和歌を信仰に根ざした「音楽芸能」の一つであると捉えるならば[75]、供花会で催された歌会はその前後に行われた読経や今様とほぼ同様の意味を持っていたと考えられる[76]。実際、供花会歌会での歌会は今様談義と共に行われており、そこでの詠作は綺語・口語を多用する、芸能に近い性質のものであった[77]。ここにも舞楽と同じく伝統芸能の変質がうかがえる。

以上のように、後白河の好んだ芸能の多くは貴賤に共通する遊興性と、宗教性とを同時に帯びていた。そしてそれ故に、雑人との〈共楽〉を可能にするものであったと考えられる。〈共楽型儀礼〉において催された芸能はこのような性質を持つ「音芸」である。

(二) 邂逅の〈場〉の空間的性格

貴族社会では空間的性格の違いによって、つまりその空間が〈ハレ〉であるか〈ケ〉であるかによって人々の行動が異なっていたとされている。北面等〈ケ〉の空間では〈ハレ〉の場に比べて身分の制約が弱く、芸能民などの下層身分者を召すことが可能であった[78]。後白河院の場合にも昼呪師や相撲は北壷で行われている。乙前を初めて呼び寄せたのは「高松殿の東向の常に在る所」(『梁塵秘抄口伝集』巻一〇)、即ち常御所であり、〈ケ〉の場所であった[79]。夢想ではあるが、乙前が院の今様を聴く場として「広所」すなわち弘御所が設定されているのも(『同』)、弘御所に一面〈ケ〉の性格があったためとされている[80]。身分秩序の緩和について見れば、「小大進が歌を、乙前、女と二人、御所の中にて聞きて」、「今熊野にて、広言・康頼、我が足柄歌ひしに付けしを、歌うたひの姫牛、資賢が傍にて聞きて」等の記述が注目される(『同』)。公卿・殿上人などがその場にいるにも関わらず傀儡子が昇殿して院の御座所に近侍し、あるいは「歌うたひ」が公卿の傍に座っているのは、〈ハレ〉の身分秩序からは考えられないことで、これらの場がやはり〈ケ〉の空間であったことを示すだろう。なお例外として、「南殿の寝殿の南面」(『たまきはる』)で白拍子を覧じた鴨合が挙げられるが(第二節(二)参照)、「その日は用意なきやうにおぼしめされたりき。何事も所により折によるべきにや」とされているので、白拍子の参入は寝殿南面という場にそぐわないと感ぜられたようである。

では問題の〈共楽型儀礼〉についてはどうであろうか。前節でAとして挙げた出家の仏事は、東小御堂で行われている。東小御堂は東小寝殿とも呼ばれ、御座所として使われたほか、仏事・遊興の場としても用いられる内向きの空間であった。(81) Bの今様合が行われた場については、同時代史料である『吉記』『玉葉』のいずれも「院」とのみ記し、『たまきはる』にも場所が明示されないが、『吉野吉水院楽書』には「七条殿ノ御所ニシテ」とされている。同書の成立は延応元（一二三九）年以降であるが、記事の内容については治承以前のものが多いとされ、(82) また他に反証が見出し難いので、ここではとりあえず同書に従うこととし、今様合は居住を主機能とする七条殿、即ち〈ケ〉の場で行われたと考えたい。

このように、〈共楽型儀礼〉は院の私的な儀式として基本的には〈ケ〉の空間で催されたということができる。

---

(75) 柴注67前掲論文。『異本梁塵秘抄口伝集』巻一二からは伽陀と今様、和歌披講の音楽的近接性が窺われ、後白河院周辺では和歌の声点が問題とされた（『袖中抄』三）。
(76) 菅野注19前掲論文。
(77) 中村文「後白河院周辺の地下官人」（『後白河院時代歌人伝の研究』笠間書院、二〇〇五（初出一九九六））は、これと関連して、後白河院近習の和歌が当意即妙を宗としており、また彼らの私的な歌会が多く神社で催されたこと、こうした歌会においては身分規制が緩やかで殿上・地下を問わず参入できたことなどを指摘している。
(78) 注18前掲諸論文参照。
(79) 島田武彦「五条亭の清涼殿代の褻御所について」（『日本建築学会研究報告』一七、一九五二）、川上貢「ハレとケ」（『新訂　日本中世住宅の研究』中央公論美術出版、二〇〇二（初出一九五七））、秋山喜代子「『北面』と近臣」（秋山注18前掲書、初出一九九四）等。
(80) 藤田注18前掲「弘御所の空間的性格」。
(81) 藤田勝也「小寝殿の登場と展開」（藤田注18前掲書、初出一九八八）。
(82) 『群書解題』一五参照。

〈共楽型儀礼〉は〈ケ〉の空間で行われたからこそ、雑人の昇殿が可能であった。逆にいえば、その背景には秋山の指摘する通り当該期の天皇・上皇が〈ハレ〉の場で庶民に接することができないという事情があったのではなかろうか(83)。Cにおいてのみ昇殿が許可されていないのは、この時の儀礼が〈ハレ〉の場である寝殿南面で行われていたためと推測され、例外的な事態と考えられる。

第五節　交流の背景

後白河と〈都市民〉との交流はきわめて近しく、その特色は〈共楽型儀礼〉に最もよく表れる。そこで催される芸能も、〈場〉の空間的性格も、雑人を意識して設定されていた。では、後白河をしてそのような行動を取らしめた背景とはどのようなものであったのか。ここでは特に都市に注目しつつ述べたい。

どのような体制であるにせよ、その存立には被支配層を含めた構成員全体の承認ないし協賛が欠かせない。そして当該期の王権にとって、彼らが直接影響を及ぼし得る京周辺の住民＝〈都市民〉は、被支配層を象徴する意味を持ったと考えられる。しかしながら、院政期における社会的変革は王権と〈都市民〉との関係に揺らぎを生じさせつつあった。例えば一二世紀前半には、都市住民の流動化が進む一方で在家役体制が崩壊し、日常的に住民を掌握することが困難になっていったとされている(84)。〈都市民〉の側からは、このような状況下で王権を意識する機会は減少したものと推察される。また桜井好朗によれば、この時期「あらたな芸能」が出現する一方で、王権はその「制御」(「王権―国家の体制」への組み入れ)を完全には行い得ず、自らを「社会全体の観念的中枢」に位置付けることに危うさを抱えていた(85)。加えて後白河執政期には度重なる内乱、特に京洛での戦闘により〈都市民〉の不安が高まる。後白河は〈都市民〉の視線に敏感にならざるを得なかったであろう。

後白河は中継ぎとして即位したため、所謂帝王学を学ぶことなく育った。既に述べた通り、むしろ今様をはじめとする「庶民的な」「下からの」芸能に親しんでいた。血統に代わる新たな権威を必要とした後白河がこのような新興芸能の素養を活かして〈都市民〉への接近を図ることは十分考えられる。「庶民的な」芸能を極め、かつ〈都市民〉に近しい後白河の存在は、彼ら〈都市民〉の目を王権に向けさせるのに有効であったろう。そうした姿勢は、自ら謡ったBの事例（今様合）に象徴的に示されている。また、このような芸能は貴族・官人層がリードして宮廷社会に広めたものであり、当然彼らにも受け入れられる性質のものである（本書第一章）。後白河は新興芸能の理解者・領導者たる自らの存在をアピールする方策の到達点として〈共楽型儀礼〉を創出したのではなかろうか。

第六節　まとめ

第三節末尾で、〈見せる〉事例の少ない理由を身分秩序の問題ではないかとしておいた。この点を補足しつつ、若干の展望を述べて結びに代えたい。

〈場〉の空間的性格として〈ハレ〉〈ケ〉があることは既に見た。藤田勝也はこれに加えて〈オク〉という概念を提唱している。すなわち〈オク〉空間は「公私両面で活用可能な空間」、「旧来の秩序をある程度保持しつつ、しかし公的制約に囚われることのない私的性格をも内包する空間」であり、後白河の時代に初見する「弘御所」等がこ

（83）秋山注41前掲論文。
（84）大村拓生「居住形態と住民結合」（大村注56前掲書、初出二〇〇二）。
（85）桜井好朗「芸能史への視座」（『中世日本の王権・宗教・芸能』人文書院、一九八八（初出一九八五））。

れに該当する。藤田はそのような空間が現れる背景を、上皇が上下貴賤の連中と共に作業し、雑芸能に興じ得る新しい空間を必要としたためと説明している[86]。文化戦略として新興芸能を利用したい後白河にとって、それを担う下層身分者との接触は不可欠であるが、一方で後白河には雑芸能の地位自体を高めようという意図もあり（第三章後述）、〈ケ〉の場で内々に接触を図るのみでは満足しなかった。できる限り公的な形で、多数の貴族を巻き込みつつ大規模に雑芸能を催そうとしていたようである。私見では、恐らくそのことが〈オク〉空間の創出に繋がっている。〈オク〉空間は後白河芸能の性格を継承する後鳥羽にも受け継がれ、より積極的に活用されるに至った（第三章後述）。こうした空間的装置の展開と、芸能自体の持つ身分秩序超克性[87]とがどのように関わるのかは今後の課題である。

さて、〈場〉の空間的性格が身分秩序を緩和し、〈雑人〉の出入を可能にするとはいっても、当然それは無限定ではあり得ない。大規模な形での〈雑人〉との接触は、それだけ身分秩序を揺るがす危険性を持ったであろう。そのためか、〈オク〉空間に参入し昇殿する雑人は、少なくとも指定され、限定されている。『梁塵秘抄口伝集』巻一〇では「法住寺の広御所」が「今様の会」の場となり、近臣たちと遊女・傀儡子が参入しているが、この場合、相承の正統性やあるべき謡いようを談議するという会の趣旨からしても、参会者は特定の者に限られたであろう。後鳥羽の場合も同様で、高陽院弘御所周辺で行われた緇素雑芸会[88]は「稲麻竹葦」と称されるほど身分秩序の乱れた混沌状況を呈していたが、熊野詣に召具す芸能者を選抜するという目的からいって、参入した「緇素雑芸輩」はあらかじめ指定されていたであろう。水無瀬殿弘御所での芸能事例も遊女・猿楽等特定の芸能者が召されていた（第二章後述）。これに対して、本章で挙げたA～Cの事例で昇殿しているのは、たまたま見物していた不特定多数の雑人たちであり、身分秩序維持の観点からはよりラディカルな危険性を有していたと考えられる。このことが関係するのかどうか、後鳥羽執政期に〈共楽型儀礼〉が行われた形跡は見られない。先述の緇素雑芸会においては、その遊興性の強さにも関わらず雑人の見物自体が禁止されていた。このことは、身分秩序の点で脅威を感じつつも不特定の〈都市民〉にアピールせざるを得なかった後白河と、より安定した基盤を持つ後鳥羽との相違をうかがわせ、後白河の「特異性」を考える上で一つの鍵となるように筆者には思われる。

さて、身分秩序を危ぶめる危険性を冒してまで後白河がアピールしたかったものは、新興芸能における彼個人の素養であった。したがって、後白河と〈遊女〉との頻繁かつ直接的な交流も彼個人の芸を高めるために行われたはずであり、事実、遊女・傀儡子との交流は今様における後白河院の流派形成、および流派の口伝書たるべき『梁塵秘抄』の編纂へと結実した。こうした目的のためには、第二節で見たように貴族たちのネットワークを利用して〈遊女〉を召すことができれば十分であり、後白河が朝廷を通して〈遊女〉を組織的に組織する必要性は低かったと考える。

---

(86) 藤田注18前掲諸論文。

(87) 植木注16前掲論文、西山松之助「江戸文化における虚像の実像」(『西山松之助著作集四　近世文化の研究』吉川弘文館、一九八三(初出一九七八))等。『異本梁塵秘抄口伝集』巻一四には「そのおり蓮華王院まいりて侯ところに、一座御前に列して四方の御はなし共ありしに、院の仰人々有ける時に、高官又は北面の下臈といへども、調子音共の御沙汰のときは、高官は口をつかね、下臈のものといへ共、院の仰いろ〳〵御尋ども、高官にまさり口きゝぬ。芸能のみち稽古すべきことなり。高官なくして高位にます、音調之徳とおもひしぞかし。諸芸どもそれにおなじと人々申あへり」とある。

(88) 『明月記』『皇帝紀抄』建暦二年八月一七日条、『玉薬』同月一九日条。

第三章

後鳥羽と〈遊女〉

第一節　後鳥羽と〈遊女〉との交流事例

後白河が中継ぎの天皇として権威を欠いていたのに対して、後鳥羽は王家の正統な後継者として権威を保証された存在であった。にもかかわらず、後鳥羽は後白河と同様に新興芸能に深く関わり、〈遊女〉や白拍子女と交流している。その理由を明らかにすることで、〈遊女〉に対する後鳥羽のスタンスを定位することが可能になろう。まず、後鳥羽と〈遊女〉との交流事例を確認しておく。

（一）遊女・傀儡子

後鳥羽が水無瀬殿に遊女・白拍子を頻繁に召したことは有名である。特に建仁期（一二〇一～〇四）に集中しており、江口・神崎の遊女が多かった[1]。傀儡子が召された例はない。遊女たちはほぼ毎回、院の御前で今様を謡っているが、定家はそれについて詳しく記すことを好まなかったようで、こうした場における院の行動はよくわからない。建仁元年三月二一日水無瀬殿で行われた江口・神崎各五人による今様合（『明月記』）は、後白河の承安今様合との関連で注目される。但し後白河のときは遊女ではなく公卿・殿上人に謡わせている。

建永から承元にかけて（一二〇六～一一）は近臣達と今様を楽しむことが多く[2]、承元二（一二〇八）年二月五日頃には「近日毎日有二郢曲御遊一」とされるなど、院の関心がピークに達していた（『明月記』）。『文机談』巻五に「後鳥

（1）『明月記』正治二年一二月二三日条・二四日条、建仁元年三月一九日条～二三日条、二年二月一五日条・二一日条、四月七日条～九日条、六月二日条～六日条、七月一七日条・二四日条、三年五月一〇日条・一二日条・一三日条・二四日条、八月二三日条・二六日条、一〇月六日条・一四日条・一六日条、元久元年正月二二日条。

（2）『明月記』建永元年九月六日条・二〇日条・二二日条。

羽院の御代には……そらうめきする人をばめしてうたはせ」というのもこの頃のことであろう。前章第一節で述べたように、後鳥羽院政期には五節下仕に「遊女」を召した例が複数認められるが、いずれも貴族の人脈を活用して召されている。ただし、『源家長日記』の事例では、院が積極的に行事を沙汰したとされているから、あるいは院自身の人脈が活用された可能性もある。右に述べたような遊興を通して院と「遊女」との間に人脈が築かれたということは考えられよう。

（二）白拍子女

後鳥羽は早くから白拍子女を召している。確実な初見は『三長記』建久九（一一九八）年二月二一日条の記事で、院御所御遊に舞女、すなわち白拍子女が参入している。また同年に覚仁法親王が生まれており（『本朝皇胤紹運録』）、母の舞女滝とは在位中から関係を持っていた可能性がある。後鳥羽は他に石、姫法師との間にも子を儲けている。(3)亀菊への寵愛は有名であろう。白拍子を召す場所は鳥羽殿等のこともあるが、(4)建仁期（一二〇一～〇四）は水無瀬殿に、建暦（一二一一～一三）以降は高陽院に召すことが多かった。(5)建暦二年八月一七日、院は高陽院で緇素雑芸会を催すが（『明月記』同日条、『玉蘂』一九日条）、これは僧侶・北面狂男・舞女等の中から熊野詣に召具す芸能者を選ぶための催しであった（『皇帝紀抄』一七日条）。院の持つ白拍子女とのパイプは貴族社会に知れ渡っており、建保元（一二一三）年一〇月二六日、順徳天皇仙洞行幸の際には「白拍子於院御方舞。内礼部局《源顕子》所望云々。男女房悉見《窺イ》」（『明月記』）とされている。この事例は、わざわざ院御所に来て所望していることから侍臣による白拍子舞ではなく、内裏に召すことが憚られる者、即ち白拍子女による白拍子舞と推察される。翌年七月の仙洞行幸でも同様に舞女が召された（『皇帝紀抄』『百錬抄』七月一二日条）。院と白拍子女との関係は承久の乱後に院を批判する材料の一つになるが、以上のような事実を踏まえると「御遊ノ余ニハ四方ノ白拍子ヲ召集、結番、寵愛ノ族《やから》ヲバ十二殿ノ上、錦ノ茵《しとね》ニ召上セテ踏汚サセラレケルコソ王法・王威モ傾キマシマス覧ト覚テ浅猿《あさまし》ケレ」という慈光寺本『承久記』の記述もある程度真実を伝えていると考えられる。

後鳥羽は芸能としての白拍子にも関心を寄せていたようで、白拍子女の質にこだわる。建仁元（一二〇一）年三月二〇日には精選した一二人で白拍子合を行っており、同二年六月一〇日には馬允知重をして六〇余人中から五人を採択せしめた（以上『明月記』）。大江知重は後に「白拍子奉行人」と呼ばれる人物である。[6] 建仁二年七月の水無瀬御幸で白拍子の世話をした「知貞」は「知重」の誤記と見られ、[7] 知重は建暦二年の緇素雑芸会でも白拍子舞の準備に関わった。[8]「白拍子奉行人」についての詳細は不明であるが、後述するようにこの時期には「相撲奉行」の存在が指摘されており、これと関係する可能性もある。

さて、『徒然草』二二五段は白拍子の起源を語る中で「源光行多くのことを作れり。後鳥羽院の御作もあり。亀菊に教へさせ給けるとぞ」と記し、院自ら白拍子の詞章を作ったとする。源光行はこの時期該当者が数人いるが、後鳥羽院の直前に置かれていることからすれば、①学者として有名な後鳥羽院北面源光行＝光遠（光季）男（『尊卑分脈』清和源氏満政流）、或いは②後鳥羽院西面・判官代土岐光行＝光衡男（『同』清和源氏国房流）のどちらかである可能性が高い。いずれにしても院周辺での白拍子隆盛を物語る史料とみなし得る。またあまり知られていないが『和

（3）舞女石が灑子内親王を、舞女姫法師が覚誉・道伊・道縁を産んでいる。『明月記』元久二年二月一一日条・一六日条、『本朝皇胤紹運録』、『皇胤系図』、『一代要記』。

（4）『明月記』建仁元年四月二二日条（明月記研究会編『明月記研究提要』所載「『明月記』原本断簡集成」（八木書店、二〇〇六）による）。

（5）『大日本史料』建仁元年三月二〇日条、二年六月二日条・一〇日条、七月一七日条・一九日条・二四日条、三年五月一二日条、八月二七日条（以上水無瀬殿）、承元元年正月一九日条、建暦二年八月一七日条、建保元年一〇月二六日条、二年七月一二日条（以上高陽院）。

（6）『明月記』嘉禄二年正月二四日条、文暦元年九月二六日条。

（7）『明月記』建仁二年七月一九日条。豊永聡美「中世における遊女の長者について」（安田元久先生退任記念論集刊行委員会編『中世日本の諸相』下、吉川弘文館、一九八九）。なお豊永は知重を八田知重とする。

（8）『明月記』同年八月一二日条。

歌色葉』の乙本系奥書によれば、後鳥羽院は院宣を下して僧上覚に白拍子詞章の製作を命じている。(9) その年記については諸本によって表記の異同があるものの、院宣の奉者である藤原長房が右中弁とされていることから、建久九（一一九八）年一二月一一日と考えられる。後鳥羽が早くから白拍子の詞章に興味を抱いていたことを示すもので、『徒然草』の傍証となろう。なお後鳥羽が白拍子舞を観たことの記録としては、『革匊要略集』裏書三〇―19に建久八年三月二五日のこととして「諍御鞠ノ負ノ衆、進二御鞠於内裏〈後鳥羽院〉一之時…同御時有二勝負御事一、白拍子ノ纏頭ニ相（飛鳥井雅経）公ノ役トシテ銀ノ打枝ニ、銀ノ鞠一、白キ唐綾鞠一、紺鞠一、一枝ニ三付レ之、殊預ル二御感一」とあるのが早い。

このように、後鳥羽はかなり早い段階から〈遊女〉に関心を寄せていた。同時に、こうした関心が芸能としての今様・白拍子に対する関心と不可分であった様子もうかがわれる。特に後鳥羽が自ら白拍子の詞章を作っている点は、後白河が自ら今様を謡った点と関連して重要である。そこで本章では、後鳥羽にとって芸能としての今様・白拍子がどのような意味を持っていたのかについて考えることを通じて、後鳥羽にとって〈遊女〉との交流が担った意味を明らかにしたい。そのためにまず後鳥羽芸能の全体像を把握した上で、後白河との比較を行い、後鳥羽芸能の位置付けを図りたい。

第二節　後鳥羽芸能の全体像

後鳥羽は多能の人である。

　よろづのみち〳〵につけてのこる事なき御あそびどもぞ侍。いづかたにも人にをとらず、いつの程に何事もせさせ給

へるぞと見えさせ給

『源家長日記』には、後鳥羽の多能ぶりを伝える右のような記事が多く見受けられる。同書は後鳥羽を諸道に優れた「聖主」として描き出すことを意図していると考えられるが、(10)記録に照らしても院がさまざまな芸能に関心を持ち、またその多くについて優れた知識・技能を有していたことは疑いがない。その範囲は学問や詩歌管絃から今様・白拍子、蹴鞠、読経、猿楽等の遊芸、弓射、馬術、相撲、水練等の武芸、はては刀剣鑑定や刀鍛冶(11)にまで及んでいた。歴代の天皇・院の中にもこれほど広く技芸を修めた者はいない。後鳥羽を知る鍵はまさにその多様性の中にあろう。しかるに、既往の研究では院の個々の芸能についてのみ追究し、それらを総体として考える視点に欠けていたといわざるを得ない。

後鳥羽芸能をめぐる論考は従来和歌の問題に集中してきた。(12)目崎徳衛の評伝(13)以降は後鳥羽芸能の諸側面に目が向けられるようになり、狩猟(14)、管絃(15)、蹴鞠(16)、武芸(17)について専論が発表されているが、個々についての探求が却ってそ

---

(9) 黒田彰子「正治二年第二度百首と後鳥羽院」(『中世和歌論攷』和泉書院、一九九七(初出一九九六))。

(10) 田村柳壹「『源家長日記』の描く後鳥羽院像をめぐって」(『後鳥羽院とその周辺』笠間書院、一九九八(初出一九九三))。

(11) 近江紀夫「後鳥羽上皇の御番鍛冶」上・下(『刀剣と歴史』六四一・六四二、二〇〇一)。『明月記』建永元年八月一〇日条も該当するか。

(12) 代表的なものとして樋口芳麻呂『王朝の歌人一〇　後鳥羽院』(集英社、一九八五)、久保田淳『藤原定家とその時代』第二章(岩波書店、一九九四)等。以下のサーベイ論文を参照。唐沢正実・藤平泉「研究　現状と展望」(和歌文学論集編集委員会編『和歌文学論集八　新古今集とその時代』風間書房、一九九一)、藤平泉「新古今集研究の現在とこれから」(有吉保ほか編『和歌文学講座六　新古今集』勉誠社、一九九四)。以降管見に入ったものとしては、上横手雅敬「後鳥羽上皇の政治と文学」(『権力と仏教の中世史』法蔵館、二〇〇九(初出一九九四))、有吉保「後鳥羽院論」(『新古今和歌集の研究　続編』笠間書院、一九九六(初出一九七〇・七一・八〇・八一))、黒田注9前掲論文、田渕句美子『新古今集』(角川選書、二〇一〇)、五味文彦『後鳥羽上皇』(角川選書、二〇一二)、寺島恒世『後鳥羽院和歌論』(笠間書院、二〇一五)、吉野朋美『後鳥羽院とその時代』(笠間書院、二〇一六)など多数。

(13) 目崎徳衛『史伝後鳥羽院』吉川弘文館、二〇〇一。

(14) 中澤克昭「王権と狩猟」(『中世の武力と城郭』吉川弘文館、一九九九(初出一九九七))。

の多様性を説明不能にしている面がある。一方、後鳥羽芸能を大きな視点から論じた研究としては、後鳥羽芸能のあり方を朝廷が「王朝文化のアイデンティティーを求める」運動の一環と捉え、後鳥羽が「新たな社会の動きに対応して文化の刷新を求める」後白河近臣を継承する一方で、「王朝文化の独自性を追求する」定家や九条家の流れをも統合し、さらに幕府をも文化的に統合しようとした、とする五味文彦の指摘がある。[18] 後鳥羽芸能を後白河や幕府との関係で捉える五味の主張は魅力的ではあるが、歌鞠以外の芸能における影響が論じられていない上、歌鞠における後鳥羽院からの積極的な働きかけも実際にはほとんどなく、実朝に影響を与えているのはむしろ定家や雅経などの私的なルートを通じてもたらされる情報と考えられる。近臣と内々に催されることの多い後鳥羽芸能のあり方からは、幕府よりも貴族社会内部に向けた視線が強く感じられるように思う。

こうした中で田村柳壹の論は注目される。田村は後鳥羽の「和歌所長者」への就任を「諸道奨励」の一つと位置づけ、琵琶秘曲伝授や蹴鞠長者就任と結びつけて論じた。田村は後鳥羽芸能の特徴を「院自らがあらゆる道の頂点に君臨することによって、それぞれの分野に関する文化的情報を蒐集・独占し、その選別・再編を企図しようとしている点」に求め、そこに「高度の政治性」を看取する。背景には「王権は文化的創造の最大にして最強の主宰者であり、かつ、文化的基準の認定権者であり、それを各方面において果たしてゆくことが、至上高権としての王権の存在を明示する方法に他ならなかった」という理解があろう。[19]「諸道」という考え方は、後鳥羽芸能を総体として捉える上で有用である。そこで本章では田村論文の視点を継承し、より包括的かつ実証的な検討を加える。同時に、後鳥羽芸能の多様性を、院政期における天皇・院の芸能の中に歴史的に位置づけることを目指す。

なお、周知の通り「芸能」の範囲は時期によって大きく異なるが、本章では天皇・院の事跡を考察する都合上これを広義に使用し、「礼・楽・射・御・書・数の六芸を中心に、詩歌・書画などの文学芸術、雅楽・猿楽・神楽・催馬楽などの歌舞音曲、蹴鞠・流鏑馬・囲碁などの遊戯を含む」とする『日本国語大辞典』の定義に従う。

以下、行論の前提として、私見を交えつつ後鳥羽芸能に関する知見をまとめておく。

（二）学問・詩文

後鳥羽天皇は文治二（一一八六）年一二月一日、日野兼光を学士として読書始を行っている（『玉葉』『百錬抄』『増鏡』）。文治三年以降度々作文会を催しているが、(20)これらは源通親や平親宗らの主導によるもので、高倉院詩壇の影響が強いとされる。(21)また、在位期には『史記』五帝本紀や「楽府」を読んでおり、(22)現存する写本の奥書からは藤原親経から『白氏文集』「新楽府」の、(23)建久三年には藤原光範から『帝範』の(24)進講を受けていたことが判明する。一通りの帝王学を修めたようだが、一方、建久六年八月八日主上御弓に際しては「以レ文可レ被レ為レ先歟」（『三長記』）とも批判されており、『六代勝事記』にも「文章に疎にして弓馬に長じ給へり」とされている。

---

(15) 豊永聡美「後鳥羽天皇と音楽」（『中世の天皇と音楽』吉川弘文館、二〇〇六（初出二〇〇〇））。
(16) 秋山喜代子「後鳥羽院と蹴鞠」（『中世公家社会の空間と芸能』山川出版社、二〇〇三（初出二〇〇〇））。
(17) 秋山喜代子「西面と武芸」（秋山注16前掲書、新稿）。
(18) 五味文彦「京と鎌倉」（久保田淳ほか編『岩波講座日本文学史四　変革期の文学Ⅰ』一九九六）。
(19) 田村柳壹「後鳥羽院」（注12前掲『和歌文学講座六　新古今集』）。
(20) 『大日本史料』文治三年二月二七日条、建久元年三月二七日条、四月八日条、建久五年八月一五日条参照。
(21) 仁木夏実「高倉院詩壇とその意義」（『中世文学』五〇、二〇〇五）。
(22) 『玉葉』建久元年一〇月一日条、二一日条。
(23) 書陵部蔵『白氏文集』「新楽府」元亨写本奥書に「以二此本一侍二御読一。李部大卿、翰林学士等朝臣同奉レ授レ之。左中弁親経」とある。『尊卑分脈』によれば親経は後鳥羽・土御門二代の侍読であるが、左中弁だったのは建久元～六年の間なので、これは後鳥羽天皇御読を指すものと解しうる。太田次男「宮内庁書陵部蔵本白氏文集新楽府元亨写本について」（『斯道文庫論集』二〇、一九八四）に翻刻。
(24) 阿部隆一「帝範臣軌源流考附校勘記」（『斯道文庫論集』七、一九六八）、坂本太郎「帝範と日本」（『坂本太郎著作集』四、吉川弘文館、一九八八（初出一九五六））。

譲位後も楽府論義、楽府問答を行ったほか[25]、菅原為長から『貞観政要』の進講を受けるなど[26]、学問を継続している。元久二（一二〇五）年に詩歌合を行ったほか（『大日本史料』六月一五日条参照）、承元頃（一二〇七〜一一）には作文会や詩歌会を頻繁に行い[27]、「近日仙洞偏詩御沙汰云々。事若非二後干《（しりび）》一者、好文之世已在レ近歟」（『明月記』承元元年一二月二九日条）といわれる程であった。しかし建暦（一二一一〜一三）以降になると、初期順徳天皇内裏詩壇をリードする一方で[28]、院自身は殆ど詩作に関与しなくなる。代わって故実の研究や習礼（儀式作法の予行演習）を熱心に行うようになり[29]、自ら臣下の役を行うなど積極的に参加する。[30]特に建暦元年には公事問答・公事竪義という形式で近臣達と公事の研鑽に励んでおり、大嘗会論義や翌年の系図沙汰等もこの延長と考えられる。[31]大嘗会に関しては、院自ら陪膳采女を召して作法を教訓している（『後鳥羽院宸記』同年一〇月二一日条）。この頃には院自ら指図を書いたこともある（『玉蘂』同年一一月二四日条）。これら建暦期の習礼研究は、院の著作とされる故実書『世俗浅深秘抄』に結実した[32]。

（二）和歌・連歌

「わかの道はいひしらずとかや」（『源家長日記』）、「歌苑の御あそびはすぐれたりしわざなり」（『六代勝事記』）といわれるように、和歌は後鳥羽芸能の枢要をなしている。在位期の詠作は知られない。正治二（一二〇〇）年説など異説もあるが[33]、初詠は正治元年三月一七日の大内花見とされ[34]、これに先立つ建久九（一一九八）年末から正治元年初頭には僧上覚に歌書を召している。[35]初期には近臣達と内々の歌会で研鑽を積んだとされ[36]、正治二年初度百首を契機として、諸勢力を取り込んだ大歌壇を形成していく。[37]『後撰集』の例に倣い建仁元（一二〇一）年七月二七日に和歌所を設置し、『新古今集』の編纂につとめた。先例と大きく異なるのは院自身が先頭に立って撰歌作業を行っていることであり、二〇〇〇首に及ぶ候補歌を全て諳んじる程の入れ込みようであった（『源家長日記』）。近年紹介された宸記逸文[38]によれば、院自身が後に和歌所の「長者」となっている。『新古今集』は元久二（一二〇五）年三月二六日に一応の完成を見るが、[39] 承元四（一二一〇）年頃まで切継作業の継続が確認される。歌会や歌合も承久元（一二一九）年まで多数催されているが、この時期は全体としては低調な傾向にあるとされ、特に承元四年以降は御製総数が激減するという。[40] 樋口芳麻呂はこの現象を順徳天皇内裏歌壇の盛行と関連付けており、また初期内裏歌壇が院

---

(25)『玉葉』承元四年二月二二日条、『二代要記』同三月一五日条、『徒然草』二二六段。
(26)『明月記』建保元年七月三日条。原田種成「貞観政要伝承年表」（『大東文化大学漢学会誌』三、一九六〇）等参照。
(27)『大日本史料』承元元年一二月二九日条、二年正月二〇日条、四月二八日条、一〇月二八日条参照。
(28)唐沢正実「順徳天皇内裏における詩歌合の盛行について」（『語文』六五、一九八六）。
(29)籠谷真智子『中世の教訓』（角川書店、一九七九）は、順徳践祚に契機を求める。
(30)『大日本史料』建暦元年五月一日条、九月二日条、同二年三月一二日条・二四日条、建保三年三月一〇日条、承久三年正月七日条参照、『古今著聞集』巻三―一〇三等。
(31)『玉葉』建暦元年五月二三日・七月一六日・九月二五日条・建暦二年三月五日条、『明月記』建暦元年七月一日条～二四日・九月二五日条。小川剛生「後鳥羽院と〈論義〉」（『明月記研究』九、解説、二〇〇四）参照。
(32)『群書解題』二六、五味文彦「建暦期の後鳥羽院政」（『明月記研究』一〇、二〇〇五）。
(33)久保田淳「新古今集の美意識」（日本文学協会編『日本文学講座』九、大修館書店、一九八八）。
(34)石田吉貞・佐津川修二『源家長日記全註解』三二頁（有精堂出版、一九六八）、樋口注12前掲書。
(35)上覚『和歌色葉』乙本系奥書。黒田彰子「和歌色葉奥書再読」（黒田注9前掲書、初出一九九六）参照。
(36)田村柳壹「後鳥羽院歌壇前史」（田村注10前掲書、初出一九九一・九四）。
(37)上横手注12前掲論文。
(38)平林盛得「後鳥羽天皇宸記切と宸記逸文」（古典研究会編『国書漢籍論集』汲古書院、一九九一）。
(39)田中喜美春「新古今集の命名」上・下（『国語と国文学』四八―一・二、一九七一）によれば、元久二年段階での奏覧は古今集成立三〇〇年を慶祝する意図のもとに当初から計画されていたという。
(40)樋口注12前掲書。御製のあるものに限るが、同書には編年で多数の歌会が挙げられている。加えて『大日本史料』元久二年七月一八日条、建永元年七月七日条、承元二年正月二〇日条、建暦元年閏正月二〇日条、同二年一二月是月条、建保元年是歳条、同二年四月一八日条、六月是月条、八月一五日条・一八日条、三年六月一六日条、六年八月二七日条、承久元年一〇月一〇日条等に所掲の諸史料も竟宴以後の歌会として挙げ得る。

の影響下にあったことも夙に指摘されている[41]。先に述べた詩文をめぐる状況と類似しており注目される。さて、後鳥羽院の和歌活動の特色は、その文芸性に求められるであろう。隠名を採用し、乱合や衆議判等を多用したのも、身分や人間関係に縛られず表現の優劣のみを評価の基準にしようとする意識の表れとされている[42]。

これとは逆に、後鳥羽の連歌には遊興性が濃く現れている。建永元（一二〇六）年八月九日以前、非歌人である長房達が歌人達を「狂連歌」で籠め伏せようとした。これを聞いた院は御前で行うよう命じ、自らも参加した（『明月記』一〇日条）。『明月記』自筆本首書にいうところの「有心無心連歌」であり、八月中に少なくとも三度催されている（九日条・一一日条・一八日条）。他に五日・七日・八日にも連歌が行われているが（『明月記』）、状況から見て院の御前で行われた可能性が高く、これらも有心無心連歌の例に含めることができるであろう。有心無心連歌は建保三（一二一五）年頃まで行われていたことが確認でき[43]、極めて遊戯性の強い催しと考えられている[44]。ところで正治二年九月二九日に定家等が六条殿で連歌を「百句」詠んでおり[45]、これは百韻形式の初見とされるが、首書に「御㆓幸六条殿㆒、臨時供花云々」とあることから[46]、この時定家等は院に随って六条殿に参じたことがわかる。したがってこの場には当然院の臨席が想定され、連歌会自体も恐らく後鳥羽院の主催によるものと考えられる。百韻連歌の発生は天治・大治（一一二四〜三一）頃連句に生じた百韻形式に影響されたものという。当時近衛家実や九条道家等連句を好んだ廷臣が多く、院自身連句を催すこともあった（『明月記』建保五年四月一四日条）。そうした影響があったのかもしれない。後鳥羽のもとでは以降も度々百韻連歌が開催された。またこれとは別に近臣らに独吟の百韻を命じ、自らも詠んでいる（『菟玖波集』）。こちらは有心無心連歌に比べてやや文芸性が高いとされる。木藤才蔵によれば、当時既に短連歌は全盛期を過ぎており、長連歌も安元・治承（一一七五〜八一）の九条兼実第連歌の他は頻繁に行われたとはいいがたい[47]。そのような中で後鳥羽院が長連歌に関心を持ったことには注目してよい。

（三）管絃・音曲

在位期は主に笛を学んだ。「円融・一条ノ吉例ニテ今ニ笛ハ代々ノ御能也」（『禁秘抄』）という慣習に従ったものであろう。御笛始は建久元（一一九〇）年一〇月二二日。後白河院の沙汰により、御師は藤原実教であった(48)。才能があったようで「凡御骨法之得ニ天然一、実可レ然事也」（『玉葉』建久二年一二月一八日条）、「君は御笛をさへいみじくあそばさせ給」（菊亭本『文机談』巻五）等とされている。演奏は内向きの場が多く(49)、初めて公の場で吹いたのは建久八年

---

(41) 樋口注12前掲書、藤平春男「建保期歌壇の性格」（『藤平春男著作集』一、笠間書院、一九九七（初出一九五九））。

(42) 佐々木孝浩「後鳥羽院歌壇『影供歌合』考」（『国語と国文学』八一―五、二〇〇四）。後鳥羽院は、王家では初めて「女房」名を用いた。兼築信行「『女房』という出詠名（覚え書き）」（礫の会『礫』一二〇、一九九六）。その意図は「御製者不レ負」という束縛を脱する所にあった。田渕句美子「御製と『女房』」（『日本文学』五一―六、二〇〇二）。院は他に「左馬頭親定」名をも用いた。田村柳壹「二人の左馬頭親定」（有吉保編『和歌文学の伝統』角川書店、一九九七）、佐々木孝浩「中世歌合諸本の研究（五）」（『斯道文庫論集』三六、二〇〇二）。

(43) 『大日本史料』建暦二年一〇月一〇日条（ただし実は一二月一〇日条）、一二月一〇日条・一八日条・二五日条、建保元年閏九月五日条、三年五月一五日条等参照。

(44) 金子金治郎『菟玖波集の研究』（風間書房、一九六五）、木藤才蔵『連歌史論考　増補改訂版』上（明治書院、一九九三）。本項の多くを両書に負う。

(45) 『明月記』。国書刊行会本では二〇日条とされているが錯簡。

(46) 徳大寺家本による。『明月記』原本の首書は基本的に定家自身の手になるもので、徳大寺家本はこれをよく伝えている。『明月記　徳大寺家本』八（ゆまに書房、二〇〇六）解題（尾上陽介）参照。なお該当部分の自筆本は「正治二年秋記」として大阪青山短期大学に所蔵されており、未見だが『所蔵展観目録』（思文閣出版、一九八七）所載の部分写真を見る限り、その首書は徳大寺家本のそれとよく一致する。

(47) 木藤注44前掲書。

(48) 『玉葉』同年九月四日条、一〇月二二日条、『主上御笛始記』。

(49) 『玉葉』建久二年一二月一八日条、三年二月一八日条、『御遊抄』「臨時御会」（同八年四月一九日条）。

四月二二日である（『大日本史料』参照）。しかし「御ふゑは其後うちすてられてつねにも侍らず」（『源家長日記』）とあるように、以後笛の事跡はほとんど見られなくなり、僅かに建永元（一二〇六）年九月六日の御遊で奏するのみである（『明月記』）。代わって譲位後の院が取り組んだのは琵琶であった。「糸竹のしらべいづれものこらぬ中に、御びわゝ《〔は〕》すぐれさせ給へるとかや」（『源家長日記』）、「当道をきこしめさるゝ好士」（『文机談』巻二）と評されている。御師は二条定輔。『文机談』巻四によれば早くから興味を持っていたと思われるが、御琵琶始のことは同書に見えているのみで、正確な日時がわからない。元久二（一二〇五）年、後鳥羽院は琵琶秘曲四曲全てをわずか五ヶ月の短期間に伝受した。(50) 豊永聡美によれば、この伝受は朝覲行幸で玄象を弾くためであり、院は本来天皇が演奏を披露して帝徳を示すべき朝覲行幸の場で自ら琵琶を弾くことで、自らの権威を高めようとしたのだという。天皇・院の修養すべき楽器は、後鳥羽以降、笛から琵琶へと変化する。(51) なお後鳥羽は箏の相承も受けており、安芸局から相承を受けているが（『箏相承系図』『秦箏相承血脈』）、実際の奏楽事例は見当たらない。

　このように管絃に関してはかなり積極的な活動を見せる後鳥羽であるが、神楽・催馬楽・風俗など伝統的な音曲（声楽）に対しては関心が薄かったようだ。御遊の場で管絃とともに奏される催馬楽を見ている程度で、自ら謡ったのは、朗詠の事例がわずかに一例知られる程度である。(52)「神楽の事は子細を知し食さず」という発言も伝えられている（『古事談』巻六―二八）。巫女の里神楽をしばしば見物しているが、(53) 音曲というより舞としての興味からではなかったろうか。後鳥羽が伝統的音曲に消極的なのは、それらが「何レモ只タ可レ在ニ御心ニ」（『禁秘抄』「諸芸能事」）といわれるように、天皇・院としての必修科目ではなかったためであろう。

(四) 舞・童舞(54)

　慈円は建久六（一一九五）年以降、毎年の舎利報恩会に童舞を催した。同年の童舞は報恩会の翌日、内裏で後鳥羽天皇の叡覧に与った（『三長記』一二月一五日条）。この舎利報恩会は建暦二（一二一二）年以降、後鳥羽院の沙汰する勅会とされる。[55] また、承元二（一二〇八）年一〇月二四日の吉水大懺法院供養には、願主後鳥羽院も臨御して童舞を見物した（『明月記』）。

（五）武芸

後鳥羽の武芸愛好は承久の乱との関係でしばしば言及され、「伏物・越内・水練・早態・相撲・笠懸ノミナラズ朝夕武芸ヲ事トシテ昼夜ニ兵具ヲ整ヘテ兵乱ヲ巧マシ〳〵ケリ」（慈光寺本『承久記』）という記事もよく引用される。これまでに中澤克昭が国土領有権を示すパフォーマンスとしての狩猟を、秋山喜代子が西面との関わりで武芸全般を扱った専論を発表している。[56] 秋山は「武芸は帝王にふさわしい芸能ではない」としているが、六芸には射（弓術）と御（馬術）が含まれ、前代までの天皇・院にも小弓等の事跡が認められる。[57] 後鳥羽天皇が御弓を行った際にも、藤原長兼は「書・射者六芸其一也、但以レ文可レ被レ為レ先歟」（『三長記』建久六年八月八日条）と述べており、天皇・院の武芸は必ずしも否定されていなかった。ただ、後鳥羽が好み実修した武芸の範囲が極めて広く、その熱心さとともに当時の天皇・院としては異例に属していたことは疑いがない。

---

(50) 『大日本史料』元久二年正月一六日条（同日石上流泉、二月一九日上原石上流泉、三月二〇日楊真操）、六月一八日条（啄木）参照。
(51) 豊永注15前掲論文。
(52) 『明月記』建永元年九月二二日条。
(53) 『明月記』建仁元年一〇月五日条～七日条、建永元年八月一六日条、承元元年一〇月二四日条等。
(54) 土谷恵「慈円の童舞」（『中世寺院の社会と芸能』吉川弘文館、二〇〇一（初出一九九五））。本項は同論文による。
(55) 『明月記』建暦二年一二月二八日条、『門葉記』九五。
(56) 中澤注14前掲論文、秋山注17前掲論文。
(57) 『今鏡』巻二「すべらぎの中」（白河院）、『中右記』永長元年二月一四日条、『富家語』九四（以上堀河天皇）、『殿暦』永久四年一一月七日条、一二月二五日条（以上鳥羽天皇）、『長秋記』保延元年六月七日条等（崇徳天皇）。秋山は小弓の遊戯性を重視している。

まず弓射だが、前掲『三長記』から、在位期既に小弓を好んでいたことがわかる。後鳥羽自身の参加が明確に判明する記事は他に見えないが、執政期を通して御小弓は続いた(58)。後鳥羽に特徴的なのは騎射であり、承元元（一二〇七）年正月三〇日には自ら勝負笠懸に参加した（『明月記』）。建保二（一二一四）年四月四日には笠懸について小童鶴熊丸に自ら教訓している（『後鳥羽院宸記』）。『尊卑分脈』では平賀朝雅に「後鳥羽院御笠懸等師」との注記が見える。このように院は自ら笠懸を行っているが、これは前代までの院・天皇に見られない特色である。また、院は頻繁に御狩御幸を行っている。平安前期には野行幸が盛んだったが、白河を除けば、院政期の天皇・院は狩猟を行わない。このような騎射愛好には秋山のいうように、騎馬との関わりが想定される。

後鳥羽は競馬を好み、鳥羽馬場殿等でしばしば行っている(59)。新日吉社小五月会や寺社御幸での奉納競馬を含めれば、その数はかなり多くなる。院は自らも乗馬した。建仁元（一二〇一）年三月一一日・一二日に水無瀬殿で馬に乗っているほか（『明月記』）、同年七月二日には自ら競馬に参加し、落馬している（『猪隈関白記』）。同様の記事がその後も散見するが(60)、院御所の外においても、車輿ではなく馬を使う場合があった(61)。建保元年四月二八日には「時々可レ有二御騎一之料」として院から順徳天皇に馬と鞍が献じられた（『明月記』）。その際「上皇御宇之時例」とあるので、後鳥羽は在位期にも馬に乗っていたことがわかる。騎馬もまた当時の天皇・院として異例であったことは、「若叶二末代之儀一、可レ為二長久之計一歟、両不レ知」という定家の戸惑いに表れている。

「近日於二二条泉一、連々相撲」（『明月記』建暦二年七月一五日条）とあるように、後鳥羽は相撲を好んだ(62)。自ら相撲をとったこともある(63)。強い相撲人を召すことにも熱心で、賀茂能久を用いたほか（『古今著聞集』巻一二—四二四）、定家には小森保の相撲人小藤太を、関東には相撲の強い侍を、それぞれ召し進めるよう命じている(64)。なお熊本の司家である吉田流には、後鳥羽院が吉田家次を召し出し相撲節復興を図った旨の伝承があるという(65)。後鳥羽の相撲愛好が生み出した伝承と考えられ、興味深い。『明月記』建暦二年一一月一三日条によれば、翌一四日に後鳥羽が西坊城で開催する相撲の奉行として、藤原親定が任ぜられている。豊永聡美は、『明月記』安貞元（一二二七）年七月九日条に「自㆓上皇御在世時㆒、横管㆓領相撲事㆒、今以㆓遁世身㆒偏張行」とあることから、藤原定輔が後鳥羽の在位期から相撲節復興などの中心人物として活躍し、その地位が子息の親定・兼輔にも受け継がれたとしている。(66) これを承けて新田一郎は、「彼の後継者たちの相撲に対する関与は、近衛府との関係によったものでは」なく、「十三世紀初頭以降、朝廷における相撲は、近衛府による管領から、『相撲奉行』による管轄へと移行していった」と述べた。(67) さらに、最近大日方克己は院政期における相撲儀礼の意義について論じ、白河院・後白河院が、相撲節を院中心の秩序によって再編成しようとしていたこと、後鳥羽の相撲見物は相撲節に代わる形で、院による相撲儀礼を再編成しようとした試みであったことを指摘している。(68) 豊永は定輔を通常の近臣類型とは異なる「芸能院司」と規定してい

(58) 『大日本史料』建久元年四月四日条、同三年八月二四日条、建仁元年一一月二七日条、建永元年八月三日条・二一日条・二八日条、承元元年正月二三日条、四月六日条、建保二年四月二一日条、承久元年八月二二日条等参照。
(59) 『大日本史料』建久九年二月一四日条、建仁二年三月二六日条、三年一一月二五日条、元久元年正月一二日条・一八日条、承元元年四月六日条等参照。
(60) 『明月記』元久二年五月二八日条、建永元年八月二日条、承元元年四月六日条、八月二六日条等。
(61) 『明月記』建仁三年一二月二日条、元久二年四月二三日条、建永元年八月一三日条、承元元年八月二六日条、二年五月一五日条。
(62) 『明月記』建仁元年一〇月六日条・七日条・九日条・一六日条・一八日条、建暦二年七月三日条（明月記研究会編注4前掲書）・一九日条、一〇月三日条・八日条、一一月二三日条、建保元年九月二二日条、『後鳥羽院宸記』同二年四月二八日条。
(63) 『明月記』元久二年七月二七日条・二八日条。
(64) 『明月記』建保元年六月一一日条、古活字本『承久記』上。
(65) 宮本徳蔵『力士漂泊』ちくま学芸文庫、一九九四（初出一九八五）。
(66) 豊永聡美「藤原定輔」（注15前掲書、初出一九九一）。ただし豊永は、後鳥羽が藤原定輔に相撲を管領させた背景として、①定輔の母「半物阿古丸」が「遊女の長者的存在」であったこと、②「白拍子奉行人」八田知重との繋がり、等によって相撲行事に関わる「芸能民を招集する能力を兼ね備えていた」ためとしていたが、①については豊永自身が修正の余地を認めており、②については官途から八田知重ではなく院近臣の家系である大江知重ととるべきである（長村祥知氏のご教示による）。
(67) 新田一郎『相撲の歴史』一〇九頁、講談社学術文庫、二〇一〇（初出一九九四）。

るが、後鳥羽が新たなシステムのもとで相撲儀礼の再編を行ったものだとすれば、後述するように後鳥羽が芸能の家を保護し、芸能によって臣下の登用を図ったこととの関連で興味深い。

建保五年六月一日、院は宇治川の「河上」に御幸した。「御水練之中間ニ有二御鞠一。御犢鼻褌也。但召二御沓・韈一」（『道家公鞠日記』[69]）とあるから、院自身水練に参加している。宇治川の「川上」では元久元年七月一〇日・一四日にも水練が行われており、「諸人裸形渡二平等院前庭一」ったという（『明月記』一四日条）。翌二年七月二六日に宇治で行われた「御水練始」も同じ場所でのことであろう（『明月記』）。また、これとは別に賀茂川の「川上」[70]において「昨日川上船尾〔屋〕之中、被レ籠二未練者廿余人一、一度被レ落、以レ之為レ興〔云々〕」という記事がある（『明月記』建永元年七月三日条）。後鳥羽は周囲に苛烈な訓練を課していたようだ。「川上」では蹴鞠も行われたが[71]、「川上御幸」の事例が夏季に集中することから、単に「川上御幸」とされている場合にも水練が行われた可能性は高いといえよう[72]。

（六）読経・誦経

近年、読経道の研究が盛んになりつつある。師資相承を伴う芸道としての読経は一二世紀後半に確立するとされているが、後鳥羽はこの芸能の発展に貢献したようだ[73]。『源家長日記』には御鳥羽若年の頃のこととして「十二人のそうをさだめて不断の御読経たゆる事なし」とする。一二口御読経衆の存在は記録によっても知られ[74]、文安本『読経口伝明鏡集』[75]には僧名も見えている。『明月記』正治元（一一九九）年二月一三日条には「自二一昨日一、〔院〕有二不断御読経一〈十二口〉。静快入二其内一〔云々〕」とあることから、初めて御読経衆を置いたのは、譲位後間もなくと考えられている。彼らは恒常的に仙洞御読経に奉仕したほか、舞女や北面狂男と並ぶ芸能者としても扱われ、前節（二）で触れた緇素雑芸会にも召された。

後鳥羽は自らもまた読経者であったらしい。但馬温泉寺蔵『法華経音曲』「相承血脈」[76]に後白河の弟子として名を連ねている。また『閑語抄』[77]には以下のような記事がある。「或記云、隠岐院御宇、法華経ノ声ヲ被二清全一時、声読ノ法師トテ遅〔庭〕上ニ参ルヲ叡覧アリテ、是□□〔出内〕読法師ナリト御咲アリ、其時人スイヌイハ悪読也ト得レ意。隠岐院ノ御流ノ経ニハ、二巻ノ出内等□□□□□〔シュツヌイト〕読也」。後鳥羽院は法華経の字声に独自の説を持ち、それが後世「隠岐院ノ御流」として伝えられたことがうかがえる。なお、院は法華経以外にも毎日千手経を読んでいた（『古今著聞集』巻七―三〇〇）。

（七）蹴鞠

後鳥羽天皇は建久八（一一九七）年、鎌倉にいた飛鳥井雅経を京に召して鞠会を催した。その際自らも鞠場に立っている（『革匊別記』）。『内外三時抄』(78)装束篇「主上御装束」に「又御指貫、建久八年に諸卿に御たづね有てはじめてめす。帳臺試夜着用ありとて被レ准。其即〔時カ〕御沓もめさる」とあるのはこの時のことであろう。天皇御鞠の前例は後白河天皇の例(79)しかなく、当時としてはまだ異例のことであったと思われる。そのため着すべき装束すら定まっ

(68) 大日方克己「院政期の王権と相撲儀礼」（『古代文化』六一―三、二〇〇九）。
(69) 『大日本史料』同日条所引。東京大学史料編纂所架蔵影写本（請求記号三〇八八―四）、尊経閣文庫本（『家総鞠記』）を参照した。記主は藤原家綱。奥書「承久二年九月廿二日　家綱記」。
(70) 『大日本史料』建仁二年六月一八日条参考記事、尾上陽介「後鳥羽院の避暑」（『季刊文学』六―四、解説、一九九五）によれば西賀茂川上町。一条大宮辺から騎馬で出かけている（『明月記』建仁二年七月四日条）。
(71) 『革匊要略集』裏書一一―15、一七―11、三〇―7・11・15。渡辺融・桑山浩然『蹴鞠の研究』（東京大学出版会、一九九四）に翻刻。同書一四五～七頁によれば、『革匊要略集』裏書には飛鳥井雅経の日記の引用が多く、史料的価値は高い。
(72) 「水無瀬河上」への御幸も同様に考えられる。『明月記』建仁二年七月一八日条。
(73) 本項は多く柴佳世乃『読経道の研究』（風間書房、二〇〇四）に基づく。
(74) 『明月記』建仁二年三月一日条、建永元年一二月六日条、建保元年九月五日条等。
(75) 沼本克明「読経口伝明鏡集解説並びに影印」（『鎌倉時代語研究』一三、一九九〇）。
(76) 柴注73前掲書に翻刻。
(77) 柴注73前掲書に翻刻。一四世紀の史料だが、識語に「勘ニ祖師之記録ニ」じて記したとあり、ある程度信用できるだろう。
(78) 渡辺・桑山注71前掲『蹴鞠の研究』に翻刻。

ていなかった。『大槐秘抄』によれば後白河天皇のときは小口袴を着用したがこれは定着せず、後世では後鳥羽天皇の指貫装束が先例として用いられた[80]。後鳥羽自身も「主上差貫ヲ着セラル。先例五節参内ノ夜、侍臣ニ相マジハリテ帳臺ニ渡御ノ時、是ヲ着御ス。其外用ノ儀ナシ。然ニ、予位ニアル時、侍臣ニマジハリテ蹴鞠セシメンタメニ是ヲ著ル。仍テ予ガ例ヲ以テ、今日ヨリ蹴鞠ノ時是ヲ著セラルル也」と書いている[81]。実用的な目的以上に、臣下と同じ場に降りて競技するため、同じ装束を着するという点が重要だったのだろう。後鳥羽は、在位期から「公事どものひまひまには御まりぞ侍」（『源家長日記』）といわれる程蹴鞠を愛好していた。

譲位後は旬の初日毎に「旬鞠」と称する鞠会を行い、その他の鞠会事例も枚挙に遑がない。「蹴鞠は古今たぐひすくなかりし事也」（『六代勝事記』）とされる所以である。後鳥羽はかなり高度な技にも挑戦しており、ある時には「躍足」（ジャンピング・キック）を試みて顚倒している（『革匊要略集』巻四「身体事」）。史料上度々「河崎御幸」「河崎泉御幸」とあるのも、御鞠御幸である可能性が高い[82]。承元二（一二〇八）年には特に事例が集中するが、これは同年四月七日に院が「蹴鞠長者」となったためであろう。『承元御鞠記』（『群書類従』一九）によれば、長者号を奉呈する上表の内容は「我君忝催二此遊一、已長二其芸一。…若不レ上二稚〔雅〕称於当時一、恐三猶忘二勝事於後代一。宜下奉レ号二此道之長者一、以令ㇾ著二其芸之独勝一」というものであった。『古今著聞集』巻一一―四一四にも同様に見え、院自身「誤得二長者之号上」としている[83]。これによって蹴鞠道の頂点に立った院は、以後様々な式法を定め、鞠道家の擁立に注力する[84]。僧装束の裳を取るという細かなことまで指示を行い[85]、「後鳥羽院の御書」という蹴鞠書をも著したらしい（『内外三時抄』練習篇、『晩学抄』）。以下主要な事跡を列挙すれば、

承元二・四・七　上表

同・一三〜一五　長者鞠会

同・二一　精明神遷宮御幸（後述）

五・三　賀茂幸平が鞠弟子を取ることを禁止（『後鳥羽院御気色書』[86]）

建暦元・閏正月　鞠の品位に対応して韈の色を定める[87]（『鞠韈可有程品事』）
建保元・一二・二以前　宗長・雅経・忠信・有雅・輔平に紫革韈を聴す（『明月記』）
同二・二・八　藤原為家に紫革白地韈を聴す（『明月記』）

等々である。こうした措置の多くは長者としての権威によって可能となったと考えられる。新進の御子左流が鞠家に加わることができたのも、やはり長者としての院の力に負う所が大きかったようだ。「当流は中院入道大納言為

---

(79)『蹴鞠口伝集』下上三によれば保元三年正月弘徽殿東庭鞠会。他に『革匊要略集』巻二「装束事」、『内外三時抄』鞠場篇。

(80)『衣かつきの日記』、三巻本系『遊庭秘抄』、『永和大嘗会記』等。

(81)『後鳥羽院宸記』建保三年二月二六日条。指貫に関しては『貞治二年御鞠記』（『群書類従』一九）にも同様の記述がある。

(82)『明月記』建保元年七月一日条・二一日条、一一月三〇日条、一二月七日条、『後鳥羽院宸記』建保二年四月一八日条、『道家公鞠日記』建暦三年閏九月二〇日条・二八日条等で蹴鞠が行われている。ただし「河崎」で歌会が行われた例もある（『大日本史料』承元四年八月一一日条参照）。「河崎」は『明日香井集』一三六二、『大日本史料』建仁二年七月六日条参考記事、秋山注16前掲論文、『京都市の地名』（平凡社、一九七九）等によれば鴨祐綱泉亭で、現在の上京区梶井町にあたるという。『後鳥羽院宸記』の記事では車で同所に向っている。

(83)『鞠韈可有程品事』。渡邉正男「鞠韈可有程品事」（『年報中世史研究』二九、二〇〇四）に翻刻。『後鳥羽院御記』（『群書類従』一九）の出典と考えられる。

(84) 村戸弥生「鞠道家創設前後の蹴鞠史」下（『金沢大学国語国文』一七、一九九二）、秋山注16前掲論文。

(85)『革匊要略集』巻二「僧装束事」、『内外三時抄』装束篇「僧」。

(86) 久世通章『蹴鞠』（大日本蹴鞠会、一九三八、非売品）に写真、村戸弥生「『成通卿口伝日記』成立の背景」（『金沢大学国語国文』一四、一九八九）等に翻刻。

(87) ただし、既にこれ以前から韈の規制が見られる。秋山注16前掲論文。稲垣弘明「平安～南北朝期の蹴鞠」（『中世蹴鞠史の研究』思文閣出版、二〇〇八（新稿））によれば、この程品は二年後の建暦三年四月一一日高陽院行幸鞠会で実際に披露され、後世に影響を与えたという。天理図書館所蔵『安元二年応永二年蹴鞠記』所載「女房記」（請求記号七八三―イ二七―一一三）や、『藤原孝範蹴鞠記』（東京大学史料編纂所架蔵『鳥居大路良平氏所蔵文書』二所収、請求番号三〇七一／三六／一七／二（二））などによれば、この時後鳥羽院は無文燻革を着用しており、稲垣が「最上格の階梯に位置付けられていた「無文紫革」や「無文燻革」が、この時点ではまだ、天皇を含めどの鞠足にも許されていない」としたのは誤り。したがって、当該蹴鞠会では長者としての後鳥羽院の優位が明確に示されている。

家卿従レ奉レ受二後鳥羽上皇勅説一」（三巻本系『遊庭秘抄』）、「御子左の流足も後鳥羽院の御説をあづかり給ふ」（『蹴鞠之目録九拾九ヶ條』）といわれるように、後鳥羽は後世御子左流の始原として認識された。

後鳥羽は式法を定めたほか、滋野井第に社を建立して紀行景を神主とし、「精大明神」を祀ったらしい[88]。鞠精を夢に見た後鳥羽はその図像を滋野井に祀り（『革匊要略集』裏書二七―1）、承元二年四月二一日の遷宮にも立ち会った[89]（『同』裏書一一―1、二〇―5）。また、古鞠を解体したところ「霊物」が出てきたので建暦二（一二一二）年に院に進上し、「松下明神」の御神体として祀ったという[90]。それ以前、『道家公鞠日記』建暦元年閏正月二一日条に院が松下明神に銀刀を奉ったことが見えるから、既存の神社に新たに祀ったものか。後鳥羽は式法整備と祭祀の創出を行うことで、蹴鞠道の権威を高めようとしたのであろう。

（八）猿楽・呪師・昼呪師

後鳥羽と猿楽については、秋山喜代子が後白河と猿楽について論ずる中で触れており、本項は多くこれによる[91]。『明月記』正治二（一二〇〇）年一二月二三日条に「奈良猿楽法師原参二御前一雑遊」とあるように、院は水無瀬殿、高陽院などでの御遊に猿楽を召すことがあった[92]。建暦元（一二一一）年には法勝寺の呪師小禅師丸を召仕っており（『業資王記』正月一一日条）、『明月記』正治二年一月九日条には或人の談話として「近日院中雑御遊、被レ模二修正一、人々皆勤二仕鬼役一」とあるように、院中でも修正会の呪師の真似事を行っていた。このように後鳥羽は猿楽・呪師を好んでいた。毎年の修正会にも関心を寄せていただろう。その分、「夜前不レ入レ興」（『明月記』建仁二年正月一三日条）などと不満を漏らすこともあったようである。承元元（一二〇七）年正月一五日には近臣達を修正会の追儺に参加させている（『明月記』）。寛喜二（一二三〇）年閏正月一二日、公卿達が内裏昼呪師の先例について議論した際、「保元・高倉院御時全非二不吉一。建久又依二承久一偏不レ可レ被レ處二不吉一」という意見が出ている（『明月記』）。これにより、後鳥羽は後白河に引き続いて内裏昼呪師を行っていたことがわかる。ここで注目したいのはその少し後に続く「至二于建久一下衆猿楽被レ召〈先々無二此事一〉。仍只可レ召二侍猿楽一由所レ申也」という記述で、これによれば後鳥羽の時初めて内裏昼呪師に下衆猿楽が召されたらしい。建久年間（一一九〇～九九）で現在確認できる事例は同二年二月二日と七日（『玉葉』）、同八年二月一〇日（『猪隈関白記』）の三つであるが、このうち同二年二月七日に召されたのは侍猿楽とされている。従って下衆猿楽が召されたとすれば残り二事例のいずれかである可能性が高い。

以上、後鳥羽芸能について縷述してきた。ここから言えるのは、①まず院自身が所作する芸能の範囲が極めて広いということであろう。②また、騎馬や蹴鞠など在位期から引き継いでいる芸能が意外に多い。③一方、琵琶や和歌など明らかに譲位後に始めた芸能もある。譲位時、後鳥羽は一九歳。譲位自体が後鳥羽の意志を反映したものとされており（『愚管抄』巻六）、この間の変化（③）には何らかの主体的意図が働いていると見てよいだろう。とすれば、逆に変化しなかったもの（②）も含め、後鳥羽芸能全体に一つの意図を探ることはさほど的外れとは思われない。そこで次節以降、後鳥羽芸能の意図を探るべく、天皇・院が自ら所作する芸能とその変化を院政期の時間軸の中で考察したい。

---

(88) 村戸注86前掲論文。建保二年八月一六日付の神祇伯業資『鞠神之事』（写真・翻刻は注86に同じ）には既に「精大明神」が見えるが、院の関与は不明。他に『名語記』巻三も参照のこと。

(89) 秋山注16前掲論文。

(90) 『道家公鞠日記』建暦二年二月一四日条、建保四年四月二五日条。

(91) 秋山喜代子「後白河院と猿楽」（秋山注16前掲書、初出一九九六）。

(92) 『明月記』建仁二年二月一六日条、『百錬抄』建保二年七月一二日条、『玉蘂』承久三年正月二九日条。

【表2】院政期における天皇・院の芸能実践一覧

	詩文	朗詠	和歌	連歌	管絃	(笛	琵琶	その他)	弓	馬	舞	音曲	今様	白拍子	読経	声明	蹴鞠	相撲	水練	昼呪師
白河天皇			○																	
白河上皇	○	○	○		△	(		○)	○											○
堀河天皇			○	○	◎	(○		○)	○			◎			△		△			
鳥羽天皇					○	(○		)	○			○								
鳥羽上皇		○	○		○	(○		)				◎								○
崇徳天皇	○		○						○						△					
崇徳上皇	○		○	○							◎									○
近衛天皇			○																	
後白河天皇			△									○	○				○			◎
後白河上皇			○	○	△	(△		)				◎	◎		◎	○	○	○		○
二条天皇			○		○	(	◎	○)												
高倉天皇	○				○	(○	○	)												◎
高倉上皇	○		○		○	(○		)												
後鳥羽天皇	○				○	(○		)		○							○			◎
後鳥羽上皇	○	○	◎	○	○	(○	◎	○)	○	○		△		○	○		◎	○	○	○
土御門天皇																				
土御門上皇	○		○																	
順徳天皇	○		◎	○	○	(	◎	○)		○		○					○			
順徳上皇	○											○					○			

＊実践が見られる項目を○で示した。◎は特に頻度の高いもの、△は頻度が極めて低いか、あるいは芸能実践記事として問題のあることを示す。
＊在位期と譲位後に分けて示し、即位以前については割愛した。また、いずれの時期か不明なものは原則として譲位後とした。
＊二条院・六条天皇・六条院・安徳天皇・仲恭天皇については期間の短さ、年齢などを考慮し除外した。
＊猿楽の項についてはその性質上、天皇・院の実践が考え難い。代わりに昼呪師の開催について示した。内裏昼呪師を◎とする。
＊大まかに4つのグループに分けて配列した。左から順に①詩歌管絃のグループ、②摂関期より断続的に所作が見られるなど天皇・院の芸能と呼び得るが、必修ではない芸能のグループ、③「遊芸」のグループ、④その他のグループ。

第三節　院政期における後鳥羽芸能の位置

筆者は院政期に天皇・院の臨席した場で行われた芸能の記事を収集し、天皇・院がそれらの芸能を自ら所作したかどうか調べた。紙幅の都合上データをここに掲示することが出来ないが、内容を模式的に【表2】にまとめ掲示した。【表2】から明らかなように、後白河執政期、天皇・院の所作する芸能の範囲が大きく拡大する。また、後鳥羽はこうした後白河芸能の傾向を受け継いでいる面がある。したがって、本章ではこれ以降、後白河と後鳥羽との文化的継承関係を考察の中心に据える。

（一）後白河による天皇・院芸能の拡大現象

後白河が新たに天皇・院の芸能に組み込んだ今様、読経、声明、蹴鞠等について概述する。詳しくは第一章・第二章を参照していただきたい。

①今様

今様への熱中ぶりは有名である。母待賢門院の影響で(93)親王時代から今様に親しみ、今様を通じて諸階層に接したが、こうしたあり方は即位後も変わらず、保元二（一一五七）年には傀儡子乙前を内裏に召してこれを師とした(94)。嘉応元（一一六九）年三月中旬頃迄に乙前から大曲を悉く習得し、原『梁塵秘抄』を編んだ。承安四（一一七四）年二月一九日に師の乙前を喪い(95)、名実共に今様界の頂点に立った後白河は、同年九月に大規模な今様合を行っている。以後後継者の育成につとめつつ、今様を謡い続けたらしい。崩御の前月、建久三（一一九二）年二月一八日にも後鳥羽天皇臨幸のもとで常と変わらない歌声を披露した（『玉葉』）。遊女・傀儡子との交流も盛んで、毎年五月と九月に開かれる院主催の供花会には遊女・傀儡子が参入して今様会が行われた(96)。後白河は嘉応元年、江口の遊女丹波局に承仁法親王を生ませているが(97)、王家では前代未聞のことである。

---

(93) 小川寿子「後白河院の『今様熱』と待賢門院璋子―院の生いたちと『梁塵秘抄』への投影から」（『中世文学論叢』三、一九八〇）、「後白河院の『今様熱』と待賢門院璋子―女院院司と今様」（『日本歌謡研究』一九、一九八〇）、「後白河院の『今様熱』と待賢門院璋子―俊頼、清経、有仁等をめぐって」（お茶の水女子大学国語国文学会『国文』五六、一九八二）。

(94) 『梁塵秘抄口伝集』巻一〇、澄憲「為穎曲御師五条尼被修追善表白」（『転法輪鈔』。永井義憲他編『安居院唱導集』上（角川書店、一九七二）に翻刻）。

(95) 馬場光子「乙前の没年」（『日本歌謡研究』三五、一九九五）。

(96) 『梁塵秘抄口伝集』巻一〇、『仲資王記』文治五年九月一五日条。

(97) 『山槐記』安元元年八月一六日条。出生年は逆算による。

②読経

読経道の成立が一二世紀後半に求められることは先にも触れたが、後白河はその成立に重要な役割を果たしたとされる。[98] 親王時代から読経に打ち込んできた彼は、園城寺僧行尊から相伝を受け、自説を形成し、御読経衆に読経の心構えを説くほどであった。初めて読経に博士を付けさせたのも後白河だという（『読経口伝明鏡集』）。院の読経記事は記録に散見され、[99]『愚管抄』や延慶本『平家物語』、『今鏡』等にも院の読誦巻数の多さが称揚される。また後白河は御読経衆を組織した。文安本『読経口伝明鏡集』では「能読四天王」を置いたとし、和田本[100]では四人の「御読経衆」と共に師長・通親など「俗衆上八人」を含む「俗衆御読経衆」を置いたとされる。毎年の供花会でも「僧俗能読」が勤仕する習いであった。[101] このように後白河が読経を愛好したので、「一天下俗家僧中此道ヲ嗜テ」「後白河院御時読経天下ニ繁昌」という活況がもたらされた（『読経口伝明鏡集』）。愛好の背景には今様と読経の近接性が想定される。[102]

③声明

後白河は家寛の弟子として『魚山声明相承血脈譜』[103]に名を連ね、家寛に声明譜二巻を進上させている。[104] 自らの読経に博士を付けさせるべく「天下第一ノ声明師」大原の実円を院御所に召したのも、後白河と大原声明との関係を考える上で見逃せない（『読経口伝明鏡集』）。

④蹴鞠

渡辺融によれば後白河は天皇・上皇として鞠場に立った初見という。[105] 実際中世後期には「後白河院よりぞ主上などのたたせ給へることに成ぬる」（『享徳二年晴之御鞠記』）との認識がある。蹴鞠実践の初見は保元三（一一五八）年正月で、弘徽殿東庭鞠会に「主上をりたたせ御き」とされている（『蹴鞠口伝集』[106]下上三）。同書は院近臣藤原頼輔によるもので、信憑性が高い。親王時代から蹴鞠を行っていたので（『内外三時抄』）実力もあり、「まめやかに上手にておハしまさんは左右なきことなり」「別御レ長二此道一」「天下のきみのかうほどに人にすぐれおハしますハ、このみちのさかゆるなり」等とされている（『蹴鞠口伝集』下上五）。譲位後もしばしば鞠会を催しており、高倉天皇の前でも蹴鞠を披露した(107)。

---

(98) 柴注73前掲書、清水眞澄「能読の世界」（『音声表現思想史の基礎的研究』三弥井書店、二〇〇七（初出一九九七・九八））等。

(99) 『兵範記』及び『後白河院御落飾記』（米田雄介・詫間直樹「伏見宮本『後白河院御落飾記』について」（古代学協会編『後白河院』吉川弘文館、一九九三）に翻刻）嘉応元年六月一七日条、『山槐記』治承三年三月二〇日条、『吉記』文治四年九月一六日条、『玉葉』同五年五月四日条、『法華経并阿弥陀経釈』等。

(100) 東京大学史料編纂所架蔵謄写本による（請求記号二〇一四―二一九）。

(101) 北条文彦「長講堂の供花について」（『書陵部紀要』三七、一九八五）。

(102) 柴佳世乃「和歌の声と読経の声」（『文学』三―二、二〇〇二）等。『異本梁塵秘抄口伝集』巻一三に、山門僧の事として「釈尊金口自我偈のもんを伽陀唱に唱て聞せにき。…音廻たしかならず、ただ今様・和歌の披講のやうになんありて、…又節もよろしからず。…雑芸片下の句ニて引当て伽陀音を教へぬ」とある。読経と今様・和歌の披講が音楽的に近接していたことがわかる。

(103) 覚秀図。天台宗典編纂所編『続天台宗全書』法儀一（春秋社、一九九六）に翻刻。

(104) 澄憲草、家寛記『声明集序』、承安三年。翻刻同右。

(105) 注71前掲『蹴鞠の研究』五一頁。永井久美子「後白河院政期における蹴鞠」（義江彰夫編『古代中世の史料と文学』吉川弘文館、二〇〇五）も参照。なお『小右記』寛和元年三月二〇日条には「召二御前一被二蹴鞠一」とあって、円融上皇自身が鞠を蹴ったようにも読めるが、「召御前」との繋がりを考えれば、「蹴鞠の催しをされた」と解するべきであろう。周辺事例も侍臣蹴鞠と考えられる。『同』正月三〇日条、二月二日条・一三日条。

(106) 平成三年度科学研究費補助金研究成果報告書『蹴鞠技術変遷の研究』（研究代表者＝桑山浩然、一九九二）に翻刻。

(107) 『山槐記』治承三年三月六日条、『古今著聞集』巻一一―四一三。

⑤その他

後白河院は猿楽を好み、「舞・猿楽ノトモガラ」を近侍させていた（『愚管抄』巻六）。[108]『参軍要略抄』「昼呪師事」には「後白河院御時、修正以後大略毎年有二此事一」とある。内裏昼呪師の創設も後白河天皇の時とされ、『明月記』寛喜二（一二三〇）年閏正月一二日条によれば、それは保元三（一一五八）年のことであった。この年には正月一〇日・一四日に異例の法勝寺修正行幸を行っている（『兵範記』『百錬抄』）。

後白河は何事も自ら行う。上皇が護摩を焚いて加持祈祷を行い、[109]また相撲をとる（『玉葉』承安四（一一七四）年八月七日条）というのも、後白河が初めてではなかろうか。

本項で取り上げた芸能は、いずれも一二世紀前半から中頃にかけて芸能として完成したものである。【表2】に基づく限り、後白河はこれらの新しい芸能を天皇・院として初めて行ったことになる。しかもそれらの多くは親王時代から継続して所作されている。その意味については次節で詳しく考察したい。

（二）後白河芸能と後鳥羽芸能の比較

①共通点

後白河・後鳥羽はいずれも〈遊女〉に多大な関心を寄せている。後白河が遊女丹波局を、後鳥羽が白拍子女を寵愛した点も見逃せない。芸能そのものに関してはどうだろうか。自ら所作したという点に注目する限り、後白河が今様、後鳥羽は白拍子という点が異なっている。しかし今様は後白河院政期をピークとして衰退に向かい、代わって白拍子が流行していったとされる。[110]両院の所作芸能の違いはこうした時代差によるものと考えられる。芸態的には歌と舞とで相違があるが、両芸能が近接する「雑芸」であることは疑いない。両院の志向は同一線上にあるといえるだろう。

後鳥羽が後白河から読経の相承を受けたとされていることは既に述べた。また後鳥羽院の仙洞御読経衆設置が後白河院のそれに倣ったことは明白である。僧四人・俗人八人＋αから僧一二人へという変化は、御読経衆を常置する上での制度上の整備発展を示すものと考えたい。

蹴鞠については後鳥羽自ら次のように書いている。

抑異域則前赤漢太上皇、殊雖レ握二翫斯物一、而不レ聞二如レ此之制一。我朝亦後白川太上皇、専雖レ興二隆我道一、而未レ有二所レ定之式一。方今賢名不レ及二和漢之二君一、愚意只守二思斉之一言一、染二彼余風一、好而有レ日。然間、業受二于家一、名顕二于国一之輩、推献二高称之表一、誤得二長者之号一。今定二裁韈之色々一、広示二蹴レ鞠之人々一。永守二法式一勿レ令二違犯一矣（『鞠韈可有程品事』(111)）

大意は以下のようになろう。「中国の劉太公や我が国の後白河院は蹴鞠を興隆したが、その儀式作法を定めなかった。私は両者に及ばないにせよ、両者のようになりたいと思い、長年蹴鞠を愛好してきた。そうするうち、蹴鞠を家業とする名人たちが、私に長者の号を献じてきた。そこで今、韈の色について規範を定め、蹴鞠を行う人々に示す。永く守って違犯するなかれ」。内裏鞠会の継承を併せて見れば、後鳥羽が後白河の蹴鞠愛好を継承し、儀式・作法の整備を通じて更なる発展を目指したことは明らかだろう。指貫装束の創始もその一環と思われる。

内裏昼呪師もまた後白河天皇の創始にかかるもので、侍猿楽が召されていたが、後鳥羽の時に下衆猿楽を加えることとなった。相撲についても、院中心に相撲の再編を試みる点で、両院の志向は一致している。

このように、後白河が天皇・院の芸能として取り込んだ芸能の多くが、後鳥羽に受け継がれ整備発展を遂げてい

(108) 秋山注91前掲論文。
(109) 『後白河院御落飾記』嘉応元年六月一七日条、『玉葉』承安二年一〇月一五日条、文治五年五月四日条など。
(110) 沖本幸子「白拍子・乱拍子の登場」（『今様の時代』東京大学出版会、二〇〇六（初出二〇〇三））。
(111) 注83参照。

る。これらはいずれも一二世紀、都市民の中に発展してきた「下からの」新興芸能であり、これを極めるためには必然的に下層貴族や芸能者に接触せざるを得ない。両院に共通して見られる芸能民との親近性は、新興芸能をめぐる人脈を獲得・維持するための手段として捉え得る。藤田勝也によれば、後白河院政期には身分秩序そのものはある程度保持しつつも、一時的にその規制を弱めることのできる〈オク〉の空間が出現し、そうした空間は後鳥羽院政期に拡充したという[112]。後鳥羽院政期には、第二節（七）で見たように「侍臣ニマジハリテ蹴鞠セシメンタメニ是ヲ著ル」（『後鳥羽院宸記』）といった服飾的身分秩序の緩和が多く見られる。上括《しょうくくり》は後鳥羽院の時から近習装束として導入された（『禁秘抄』）。水干も後白河院以来、今様や蹴鞠の装束に用いられている[113]。直垂も同様の意味を持つだろう[114]。このような空間的・服飾的装置の導入は、下層身分者中心の新興芸能を取り込まんとする両院にとって必要不可欠な措置であった。なお、これらの装置は後鳥羽において、和歌活動にも応用された。次に述べる隠名や、藤田論文に見える和歌所座次等がその例である。

②相違点

一方、後鳥羽は後白河があまり行っていない芸能にも取り組んでいる。特に詩歌管絃についてはその傾向が顕著に出ており、伝統的・正統的なこれらの芸能に消極的だった後白河と、あくまで天皇・院としての伝統に根ざした後鳥羽との相違が浮き彫りとなる。

例えば、後白河は僅か一七首しか御製を残さず、その内容も平凡である[115]。一方後鳥羽は膨大な御製を残し、その実力も極めて高かった。歌の性質をめぐる認識にも大きな差異があったと考えられる。数少ない後白河主催の歌会として、毎年五月・九月の供花会では読経・今様会に挟まれる形で歌会が催されていた[116]。そこでの和歌は綺語・口語を多用したものとされ、また院周辺で詠まれた歌は〈場〉を強く意識した当意即妙の歌が多かった[117]。このような性質は今様愛好と無関係ではない。「第一ニ今様ハヲリヲキラウベシ」（『體源鈔』一〇ノ下「音曲事」）、「今様はいつしも時に応じていだす」（『異本梁塵秘抄口伝集』一三）等というように、今様では「折に合ひ」（『梁塵秘抄口伝集』巻一〇）、場に応じた機転が尊ばれ、歌詞の歌い替えが賞賛される。そのことは白拍子[118]や読経[119]においても同様である。院周辺の和歌においてこのような性質が顕現した背景には、和歌と今様の親近性に加え[120]、院御所で人々が和歌の声点を論じたように（『袖中抄』三「さほ姫」）、院周辺で和歌が一種の音声芸能として認識されていたらしいことが関係しているだろう。このように後白河周辺の和歌が当意即妙性と音曲性とを宗とする遊戯性の強いものであったのに対し、後鳥羽の和歌活動は高い文芸性を特徴とする。隠名を採用し、乱合や衆議判を多用して、人間関係が和歌の評価に影響しないようにしたのはその表れである（第二節（二）参照）。後鳥羽における遊戯性は、むしろ連歌や朗詠に顕

(112) 藤田勝也「歌合空間の実態とその変容」「弘御所の空間的性格」（以上『日本古代中世住宅史論』中央公論美術出版、二〇〇二（初出いずれも一九九九））、同「転換期の鳥羽殿」（院政期文化研究会編『院政期文化論集三　時間と空間』森話社、二〇〇三）。

(113) 小川寿子「法住寺広御所よりみる『梁塵秘抄』編纂意識」（『杉野女子大学・杉野女子大学短期大学部紀要』二八、一九九一）、秋山喜代子「空間と公家社会の編成原理」（秋山注16前掲書、初出一九九五）。

(114) 『革匊要略集』巻二、『内外三時抄』装束篇。秋山注16前掲論文参照。なお、中井真木「公家の直垂」（『明月記研究』一一、二〇〇七）によれば、後鳥羽は狩猟・笠懸に際しては公卿に水干・殿上人に直垂着用を命じる一方で、自らはこれを着用していないという。とすれば、服飾による身分秩序の緩和は、それが必要な蹴鞠や今様などに限られるのではなかろうか。

(115) 新間進一『歌謡史の研究　その一　今様考』七八～八〇頁（至文堂、一九四七）、村井俊司「後白河院の和歌と式子内親王」（『中京大学文学部紀要』三八―二、二〇〇三）。

(116) 松野陽一『藤原俊成の研究』（笠間書院、一九七三）、菅野扶美「後白河院の供花の会と仁和寺蔵紺表紙小双紙」（『東横国文学』二七、一九九五）。

(117) 中村文「後白河院周辺の地下官人」（『後白河院時代歌人伝の研究』笠間書院、二〇〇五（初出一九九六））。『今物語』一九、『菟玖波集』一七三二も参照。

(118) 滝田英二「白拍子の新資料『今様之書』」（『国語と国文学』四三―一〇、一九六六）参照。

(119) 京都大学文学部蔵『法華二十八品字読癖』二九オ・ウ。乾元二年。

(120) 注102参照。

現している[121]。

後白河は音曲を愛し、管絃を顧みなかった。後白河院政期には楽人が減少し御遊も僅少で管絃衰退期の印象が強い[122]。なお『文机談』巻一では後白河が笛に優れていたとされるが、他史料には全く確認されない。『禁秘抄』「諸芸能事」にも「笛、堀川、鳥羽、高倉法皇代々不レ絶事也」とあって、後白河の名前は書かれない。このような管絃への消極性は、後鳥羽が琵琶に打ち込む一方で音曲の事績を殆ど見せないのとは対照的である。

詩について、後白河の御製は伝えられておらず、作文の形跡も全く見られない。

都市民に対する態度においても、両院には無視しがたい温度差があるようだ。前章で述べたように、後白河は今様合などの場において、見物の雑人に昇殿を許していた。自らを見せようとする後白河の積極性と開放性が見て取れる。これに対し後鳥羽に同様の例は見出しえない。遊女・猿楽の如き芸能民は頻繁に召すものの、彼らに師事した形跡もない。

第四節　後鳥羽芸能と貴族社会

以上から、次のような仮説を立てることが可能であろう。後鳥羽芸能は詩歌管絃を基本とする天皇・院の文化的伝統に根ざし、それらの振興を図る一方、今様・白拍子、読経、蹴鞠など後白河の取り込んだ新興芸能をも摂取し、制度的・空間的に新興芸能のさらなる整備発展を図った。このような現象は、どのような意図のもとに行われたのだろうか。本節では、院政期の宮廷文化が置かれていた状況を考察することで、後白河によって天皇・院芸能が拡大されたことの意味と、後鳥羽がそれを受け継がざるを得なかった理由を明らかにする。

（一）芸道における「聖主」観〜「諸道」の興隆

①諸道をあがめ給う君

天皇・院と芸能との関係は、礼楽思想の受容を抜きにしては語れない。礼楽思想は楽を王徳の体現とみなし、その整備によって社会の調和と秩序を図ろうとするもので、帝王の文化施策を支える思想的バックボーンをなしている。日本においては和歌や散楽、今様にまでその思想が応用された。[123] では、このような思想的背景のもと、院政期の天皇・院は文化的にどのようにあるべきとされたのだろう。芸道書を中心にして天皇・院への評価・賛辞を追っていくと、そこには一つの理想の帝王像が見えてくる。

「故堀河院はいみじく御せし人なり。有賢・家俊を左・右権大夫になしなどして、道のためにめでたく御せし事なり。また彼の家の事をよく知ろしめす。管絃は左右に及ばずめでたく御せし帝王なり」（『富家語』一九〇）

「ひじりの御門は人をすてさせたまはぬなり。かれがこのむもろもろにつけてつかはせおはしますときは無益人候はず」（『大槐秘抄』）

後鳥羽＝「よろづのみちみちにつけてのこる事なき御あそびどもぞ侍。いづかたにも人にをとらず。…よろづのみちをまなびをきける人々の、それにひかれて身もなりいで、人となるよすがなめる」

後鳥羽＝「なにのかずならぬいたづらわざとみゆる事までも数々にまなばせ給へば、それにつけてだれだれもめしいだされ、心に思ふこと申だすめり」

後鳥羽＝「かくいはけなきより道をつぎ跡たえざらん事を哀とおぼしめす御心ふかし。さればよろづの道々すたれぬ

---

(121) 連歌については木藤注44前掲書参照。『明月記』建永元年九月二二日条によれば、後鳥羽は自ら朗詠の謡い替えを行っている。

(122) 荻美津夫『平安朝音楽制度史』吉川弘文館、一九九四。

(123) 尤海燕「日本の礼楽思想史」（『古今和歌集と礼楽思想』勉誠出版、二〇一三（初出二〇〇五））。

御代なり」（以上『源家長日記』）

「帝道の静謐、人をしり道をうしなはざるをもってもととす」

「一道のすたれなん事は君としてなげくべき道なり」

「道を賞翫して諸道をあがめ給ならば、末代の雅楽ながく断絶あるべからず」

「礼楽は…君としてこれを崇め、臣としてこれを翫、みな古今の静謐也」

白河＝「みちみちをもあがめさせ御ましけれども御のうはいともきこえさせ給はず」

堀河＝「みちのすたれなんことをおぼしめしなげきて諸道をみがかれけり」

「堀川の御門末代の賢君にて、よろづにたへたる跡をつがばやと思食れける」

「後白河院の御代、又いみじき明伶おほくあめのしたにきこえさせ給」

「又太閤の御ながれ、二条院御伝授ありき。…いみじく諸道にすかせおはします御こころ也けり。…なに事もあしからぬ君にてをはしましけり」

二条＝「楽曲の天下に絶ぬることをほい《（本意）》なくおぼしめされければ」

「後鳥羽院の御代にはかやうにもろ〳〵の道をふかく御たづねありければ、上にも下にもしらぬ事などらうぜきにする人もなし。そらうめきする人をばめしてうたはせ、爪ある人をばひかさせ給ふ。さればゑふかぬ笛をこしにもさゝず、うたはぬ哥をうめく人もなき御代にてぞ侍りける」

「順徳院の御代には諸道を賞せらる」（以上『文机談』）

白河＝「いにしへはみち〳〵のすたれぬることをば一天のあるじかやうになげきおぼしめして、とかくもとめつがせ給ける」

「堀川院の御代にさへうまれあひまい《（ママ）》せたりければいみじき名伶にもおほくしられ侍にけり…かかる伎楽歌詠の芸、君のもちゐざるときそのほまれあらんや」（以上伏見宮本『文机談』）

「隠岐の御所は、末代の賢主明王にて、諸道を興し、栄耀目出く御坐す事、申す計りなかりしかば、今生は思し食す

如く、一期御栄え有りき」（『沙石集』巻六―一〇）

「順徳院のなにの道にも達者にわたらせまし〳〵ければ」（『遊庭秘抄』「足踏事」）

後鳥羽＝「よろづの事にいたり深く、御心も花やかに物にくはしうおはしましける」

後鳥羽＝「よろづの道々に明らけくおはしませば国々に才ある人多く、昔に恥ぢぬ御世にぞ有ける」（以上『増鏡』一）

諸道をあがめ給う君（網掛け）。その要件は優れた技量を持つ臣下に知遇を与え（一重線）、多くの名人を擁し（二重線）、道を絶えさせないこと（点線）である。少なくとも後白河院政期以降に書かれた史料には、このような要件を満たし、「諸道」を興隆する天皇・院を理想の帝王とする観念がうかがえる。

②帝王が芸能を好むこと

帝王に求められるのが諸道の興隆であるとすれば、芸能を帝王自ら所作することにはどのような意味があるだろうか。「後鳥羽院当道をきこしめさるる好士にて御座ありしかば、ゆゆしくみち繁昌したりし御世」（『文机談』巻二）という表現は、帝王の所作によって諸道の興隆が実現されるという思想を示しており、先程引いた「道々に明らけくおはしませば国々に才ある人多く」などの表現と共通するものを持つ。他に『蹴鞠口伝集』下上五には「天下のきみのかうほどに人にすぐれおハしますハ、このみちのさかゆるなり」、『源家長日記』には「全て人のまなびとまなぶ事いづれも残させ給はず。申はことばもふでも及ばぬ程也。さればみちみちにつけてほうこう《奉公》する人のわれもわれもとおもへるさまもみなことわりなり」とあり、記録にも小弓について「近日上皇令レ好給。仍所々好二此事一云々」（『三長記』建永元（一二〇六）年八月一八日条）とされている。

これらは当時広く受容されていたらしい次の考えに基づくものではなかろうか。

「上所レ好、下又相応」（『順徳院御記』建保四（一二一六）年一一月五日条）

「かみのこのむ時には、しもみなこれにしたがへるみちなれば」

「かみのこのむ時、しものしたがはざるみちなし。諸道の興廃はただときの君の静謐也とぞ申める」（以上『文机談』）

「上のその道を得給へれば、下もをのづから時を知る習にや、男も女も、この御世にあたりて、よき歌よみ多く聞え侍りし中に」（『増鏡』一）

すなわち天皇・院がある芸能を愛好すれば、臣下がそれに追随して励むから層が厚くなり、その芸道の発展に繋がるということであろう。[124] したがって諸道を興隆すべき天皇・院にとって、自ら芸能を所作することは極めて重要であった。芸道の隆盛をもたらす天皇・院の愛好・所作は、臣下を正しく取り立てる「知人」の徳とあいまってしばしば「恵み」と認識されている（傍点部）。

後鳥羽＝「かやうに思ひ思ひの身ののぞみとげあはれて侍。みちみちにつけてあさはかならぬ御恵みどももなるべし」

後鳥羽＝「なにばかりの事ならぬいたづらわざも、ことひとつにきはめたる人のその事にひかれてこよなき御めぐみどもの侍に」

後鳥羽＝「（景基元服）むかし延喜天暦と申けんみかどもかやうによろづのみちみちに御めぐみふかくおはします事はをそらくも侍らじ」（以上『源家長日記』）

後嵯峨＝「君の当道をみがかせをはします、あまねき雨露の御めぐみのいたりなれば」

「公家…あまねく叡製〔聖カ〕を天下にめぐらして、御めぐみを雨露にたれ給ならば、あめのしたの音律、海内の礼楽、ながくたゆべからず…とをき国、はるけきさかいまでもたづねもとめ給へるは君の御めぐみ也」（以上『文机談』）

このように「諸道」の実践と興隆は天皇・院の施すべき慈悲と観念されており、それは一種の帝徳であったといえる。そこには当然、こうした賛辞を贈る側の期待が込められている。院政期の天皇・院には、芸能実践によって諸芸能を盛んにし、各芸能に長じた貴族・官人を、その芸能によって取り立てることが求められていたといえよう。

③「諸道」と新興芸能

天皇・院が興隆すべき「諸道」には、以下のような芸能も含まれる。

【今様】後白河＝「以二君之所レ伝道一、与二臣之欲レ絶家一御。則梁塵秘抄有二其事一、彼抄御二製作一云々」（『右記』）

【蹴鞠】後白河＝「是則惣被レ賓〔賞イ〕二諸芸一之〔至イ〕、別御レ長二此道一之故也」

白河＝「聖代諸道を賞せらるるの故也」（以上『蹴鞠口伝集』）

【読経】「後白川院下居後、一切諸道絶継弃起シ給之間、一切芸能之輩面々各々於二其所芸一、専莫下不二磨嗜一者上」（『読経口伝明鏡集』）

【牛馬】「後白河院御代こそよろづのみちみちは花やかなる御事にておはしましける」

後鳥羽＝「諸道を御興行ありしかば、牛馬の御沙汰もことにはえある御事にて侍ける」

亀山＝「よろづのみちみちことに興行侍し」（以上『駿牛絵詞』[125]）

「牛馬の道」は本章で扱う芸能から外れるが、それ以外の今様、蹴鞠、読経が天皇・院の興隆すべき「諸道」に含

（124）これらの文言は、『礼記』「緇衣」「子曰、下之事レ上也、不レ従二其所レ令、従二其所レ行。上好二是物一、下必有レ甚者矣。故、上之所二好悪一、不レ可レ不レ慎也」、『孟子』「滕文公上」「上有レ好者、下必有レ甚焉者矣。君子之徳、風也。小人之徳、草也。草上之風、必偃レ是」、『貞観政要』政体第二「臣聞、上之所レ好、下必従レ之」などの漢籍を下敷きにしたものだが、これらは本来、君子が好悪をあらわにすることを戒める言葉として用いられていた。したがって、「隠岐院天皇は……芸能二をまなぶなかに、文章に疎にして、弓馬に長じ給へり…上のこのむに下のしたがふゆへに、国のあやふからん事をかなしむなり」（『六代勝事記』）として、同じ文言が後鳥羽批判に用いられることもあったのである。長村祥知「『六代勝事記』の歴史思想」三〇三～三〇四頁（『中世公武関係と承久の乱』吉川弘文館、二〇一五（初出二〇〇六））参照。それにも拘わらず、日本でこれらの文言が意味を反転させ、帝王の愛好を称賛する文脈で用いられるようになった事情については、今後の課題としたい。

（125）『群書類従』一八。作者は藤原頼実孫。鎌倉末成立。

まれていることは注目される。先述の通り、これらの芸能を天皇・院が行うようになったのは後白河以降のことである。とすれば、後白河の存在が契機となって「諸道」に新興芸能が含まれるようになったと考えるのが自然であろう。その結果、順徳天皇の時代には後白河の今様が天皇・院の行う芸能として許容されるようになったと考える(『禁秘抄』上「諸芸能事」)。次項では、後白河によって「諸道」が拡大された意味を考えたい。

(二) 後白河芸能と貴族社会

①院政期の文化状況

後白河芸能が出現した当時の文化状況はどのようなものだったであろうか。

桜井好朗は院政期の国家と芸能との関係を以下のように論じる。古代の王権─国家のもとで、儀礼は「諸芸能を王権のもとで掌握し、社会の観念的中枢という神話的機能を遂行するために」行われるものだった。しかし一〇世紀以降祭式が年中行事化してゆく中で、それまで「儀礼にとりこまれていた芸能は、王権─国家への一方的な奉仕から解放される端緒をつかんだ」。一方、儀礼を行う主体は天皇から院に移るが「院はその権力を裏打ちする独自の王権神話を持たず」、「民間の芸能がどっと侵入したら、この国家は実権者としての院を残して、質的には解体する危うさに直面する」。なぜなら民間芸能の侵入を「コントロールする儀礼も政治力も、院は持ちあわせていない」からである、と。[126] 桜井の指摘は、一〇世紀から一二世紀にかけて「民間の芸能」──筆者のいうところの新興芸能──が出現することにより、院政期、詩歌管絃を基礎とする国家の儀礼が既に「社会の観念的中枢」たりえなくなっていた状況を示していよう。このような状況下、院政期の王権は新興芸能を再び掌握することを求められていた。私見では後白河芸能の出現こそそれに応える契機となった。

もちろん、後白河より前の天皇・院が新興芸能に無関心であったというわけではない。彼らは新興芸能を御前で行わせ、それを見ることによって自己の掌握下に置こうと試みた。しかし彼らが新興芸能を所作することは遂になく、試みは失敗に終わったといわざるを得ない。白河院が自らを「文王」と称したように（『古事談』一―九九）、彼らの文化基準は依然詩歌管絃のみに置かれており、天皇・院が「遊びごと」に過ぎない新興芸能に関わること、特に自ら所作することには抵抗があったようである。そのため天皇・院に新興芸能の「主宰者」となりうるだけの素養はなく、朝廷に「観念的中枢」としての地位を奪還することは覚束ないことであった。

今様は一一世紀、若者の好む歌であり「太以軽々也」と言われる戯れごとだった。しかし次第に摂関を始めとする貴族に愛好されるようになり、後白河院政期には「そのころの上下、ちとうめきてかしらふらぬ人はなかりけり」（『文机談』巻三）といわれるまでになっていく（第一章参照）。こうした状況で白河院がしばしば今様を行わせていることは既に指摘があり[127]、遊女を何度か見てもいる[128]。しかし白河院自身が今様を謡ったことはない。しかも白河院と今様との関わりはあくまで「密儀」であった。そのことは以後の天皇・院達においても同様である。

蹴鞠は九世紀から宮中に行われ、諸階層に愛好された。白河院以下の天皇・院が鞠会を主催したのは、こうした伝統の上に立っている。特に白河院は多くの鞠足を擁したほか、鞠足源清経の欠勤を赦して後世「聖代諸道を賞せらるるの故也」（『蹴鞠口伝集』下下六四）と賞賛されるなど、蹴鞠に積極的に働きかけている。しかし結局自ら鞠場に立つことはなかった。また、この時期の蹴鞠はやはり遊戯の範囲を出ておらず、下﨟文化に基盤を持つ「あそびごと」であった[129]。鳥羽や近衛も鞠会を見ているが[130]、所作した形跡はない。唯一堀河天皇が自ら鞠を蹴っているが

(126) 桜井好朗「儀礼国家の崩壊」（『中世日本の王権・宗教・芸能』人文書院、一九八八〈初出同年〉）。
(127) 沖本幸子「白河院と今様」（沖本注110前掲書、初出二〇〇〇）。
(128) 『殿暦』永久三年九月二一日条、『今鏡』四、『長秋記』大治四年二月六日条。ちなみに『體源鈔』一〇ノ下「音曲事」では「哥近藤」を召して今様を謡わせている。
(129) 村戸弥生「院政期における蹴鞠概略」（『遊戯から芸道へ』玉川大学出版部、二〇〇二〈初出一九九二〉）。
(130) 『殿暦』天永元年二月二三日条、永久四年二月二〇日条、『中右記』天永二年二月一四日条、『御遊抄』「朝覲行幸」永久二年二月一〇日条、同四年二月一九日条、『台記』久安六年正月二四日条、『兵範記』『山槐記』仁平二年三月一〇日条、『撰集抄』巻八-三二。

（『蹴鞠口伝集』下上一）、これは孫庇でのこととされており、釣り鞠のようなものだろう。練習はしてもプレーに参加したことはなかったものと思われる。

今様や蹴鞠の流行は貴族社会への新興芸能流入の増大を示す。しかし天皇・院はその変化に対応しきれていなかった。そのままでは貴族社会においても「観念的中枢」としての地位を失う危険性があったといえる。後白河芸能はこのような危機的状況下に現れた。

②後白河芸能の方向性とその限界

後白河天皇は中継ぎとして二九歳で即位した。それまで彼の即位は想定されていなかったため、後白河は所謂「帝王学」を学ぶことなく、母待賢門院の影響下で新興芸能に親しみながら育ったと考えられる。天皇としては異端の文化的背景を持っていた。だからこそ、後白河は天皇・院の文化として新興芸能を取り込むことが可能であった。というよりも、そうしなければ彼は帝王として文化的中心となり得ない。ここに後白河芸能の革新性と限界が存在する。後白河芸能には大きくいって二つの特徴があるだろう。一つには、自らの文化的バックボーンである雑芸能によって文化的中心性を獲得すること。『梁塵秘抄口伝集』巻一〇を著したのはまさにその主張のためである。同書には自らを今様道の正統的継承者として位置づける意識が明瞭に見て取れる。自ら謡った承安四（一一七四）年の今様合で、院は雑人の見物を許し昇殿を許可しているが、これは今様道の頂点に立つ自らの存在を都市民にアピールする狙いがあったものと考えられる（第二章参照）。もう一つは、雑芸能の地位自体を高めることである。院は清暑堂御神楽で初めて今様を謡わせている（『御遊抄』）。大規模な今様合にしても、歌合と同じ形式をとることで今様の地位上昇を狙ったものであろう（第一章参照）。後白河院政期には院の庇護の下、近臣藤原頼輔が蹴鞠の芸道化を成し遂げるが[131]、蹴鞠の地位上昇には院の力も預かっていた。例えば院は安元御賀で蹴鞠を催した。これ程大規模なハレの場で蹴鞠が催されるのは初めてのことである[132]。後白河執政期に「諸道」の範囲が拡大し『禁秘抄』にも影響したことは既に述べたが、それはこうした後白河の努力が実を結んだものといえるだろう。

しかし後白河は結局詩歌管絃には消極的であり続けた。それは「諸道」に通ずべき帝王として、やはり片手落ちといわざるを得ない。晩年には『千載集』を下命し、御製を遺すなど文化的正統を目指した形跡がわずかに認められるものの、それとて僅か三首に過ぎず、積極的とはとてもいえない。晩年に至っても詩や管絃の事績が殆ど見えないのに対し、死の前月まで今様を謡っていることは、後白河が最後まで文化的に異端の王であり続けたことを象徴していると見たい。『千載集』が序に詩歌管絃の興隆を謳い、定家還昇のことを「この道の御あはれみ、昔の聖代にもことならずとなむ、時の人申侍りける」（一一五九番）と讃えるのは、院の乏しい歌業に対して俊成が施したせめてもの虚飾といえよう。

（三）　後鳥羽芸能と貴族社会

後鳥羽は天皇・院として文化的正統に属する王である。その上で、後白河によって「諸道」に取り込まれた新興芸能をも摂取した。これによって後鳥羽は「諸道」の興隆を実現し、院政期の文化状況に対応し、社会の「観念的中枢」の座を奪還することを意図したものと思われる。それは正しく文化の面で中世に対応した王権への脱皮といえよう。

後鳥羽の場合、後白河に比べて開放性に乏しいことは既に述べた。このことは、都市民より貴族社会内部に向かう後鳥羽の志向性をうかがわせる。高橋秀樹は「様々な芸能を好んだ後鳥羽院によって芸能の地位が高められる一方、貴族社会の家格の固定化・分業化の中で政務・実務を担わなくなった一部の貴族達が芸能に存在意義を見いだ

（131）　村戸注84前掲論文、同「鞠道家創設前後の蹴鞠史」上（『金沢大学国語国文』一五、一九九〇）。
（132）　村戸注131前掲諸論文。

して、それによって栄達をはかり、芸能を家業とする『家』を創りだしていった[133]」とする。高橋が挙げている例には年代的に疑問もあるが、後鳥羽芸能の出現が芸能を家業とする貴族達にとって福音となったことは疑いない。

そして後鳥羽は自らが芸能の頂点に立った直後に芸道者の昇進人事を行うことにより、こうした「諸道」の興隆者としてのイメージを効果的に演出しようとしたと考えられる。例えば後鳥羽は承元二（一二〇八）年四月七日、蹴鞠長者の地位に就く。この年一二月の除目では無官の宗長が刑部卿に、左少将飛鳥井雅経が左中将に、紀行景が左馬允にそれぞれ任じられた。当時を代表する鞠足達の任官に対する斯界の喜びは大きく、雅経は「是皆被レ賞二蹴鞠一相逢者也[134]」、藤原家綱は「此道繁昌也」と喜んでいる（『道家公鞠日記』一二月一〇日条）。続けて同月一四日、隆重を叙爵したことも、「依レ被レ優二此道一也」と認識された（『同』）。一連の人事が後鳥羽の蹴鞠長者就任と無関係とは考え難く、蹴鞠道の保護者たる自らの姿勢をアピールするためにこのタイミングで行ったものと見たい。さて、雅経の家集である『明日香井集』は、孫の飛鳥井雅有によって編まれたとされるが、その一一六九番には、

おほきみのみことかしこみあふぎても　わがたつみちのすゑをしぞおもふ
この歌は御鞠の長者にておはします事をおもひてよみ侍けるとなん

という歌が収載されている。左注から承元二年の詠と思われるが、ここには、後鳥羽の蹴鞠長者就任とそれに伴う一連の措置・命令が、当事者たちに「道」の将来的な発展を期待させるものであったことが、よく示されている。「諸道」の興隆者としての後鳥羽の振る舞いは、当時の貴族・官人たちによって要求され、それに応えたものと評価される。

こうして「諸道」に通ずる王として磐石の基盤を築いた院は、若い天皇を文化的にリードしていく。順徳内裏での和歌、詩文、琵琶、蹴鞠、いずれも後鳥羽院主導のもとで行われていた[135]。騎馬についても順徳は院から馬を進められている（第二節（五）参照）。このように順徳天皇を「諸道」に導くことで、院は天皇に自らを補完する役割を

担わせようとしたようだ。承元年間（一二〇七〜一一）に詩文を好んだ院が、建暦（一二一一〜一三）以降故実研究に転向していく過程は既に見た。代わって建暦以降は順徳天皇が詩文の保護者となっていく。このちょうど転換点、承元四年一二月二〇日に菅原在高が、建暦元年一〇月一二日に菅原為長が従三位に叙されているが、菅原氏が公卿に列するのは道真以来のことで、(136)「新院・当今二代御侍読、正四位下尤理運也。但公卿絶十余代、尤高運之人也。然而天神定有二御計一歟。随又在高叙二三位一了」（『玉蘂』建暦元年一〇月一三日条）といわれるように、文人にとっては恐らく極めて大きな事件であった。在高・為長の昇任は、既に詩文を極めた院が今後文道の守護を天皇に託すことの宣言であると同時に、それまでの院の働きにより今まさに「好文之世」が到来していることを貴族社会に示す一つの象徴だったのではなかろうか。順徳天皇への文人の礼賛は、そのまま院にも向かったことであろう。建暦二年四月、院が蔵人に対して厳しい「試詩」を行っていることは、(137)自らが内裏詩壇の後見的地位にあることを示す狙いがあったものと解される。このように、後鳥羽院は天皇に自らを翼賛させる体制をとることで、院と天皇が一体となった「聖代」＝「諸道」の繁栄を巧みに演出した。そしてまたそのような体制が、「諸道」を極める天皇・院のあり方を定式化することに繋がっていく。

（133）高橋秀樹「明月記」（『歴史物語講座七　時代と文化』風間書房、一九九八）。
（134）『革匊要略集』巻二裏書所引「承元二年十二月十日記」。「予」は雅経であろう。
（135）藤平春男「建保期歌壇の性格」（『藤平春男著作集二』笠間書院、一九九七（初出一九五九））、唐沢注28前掲論文、今村みゑ子「順徳天皇と音楽」、秋山喜代子「順徳天皇と蹴鞠」（以上『明月記研究』七、二〇〇二）。
（136）『鎌倉・室町人名事典』「菅原為長」（棚橋光男執筆）及び五味文彦「天皇と学問・芸能」（網野善彦ほか編『岩波講座天皇と王権を考える六　表徴と芸能』岩波書店、二〇〇二）に言及がある。
（137）『明月記』建暦二年二月二日条、四月二三日条、『玉蘂』同年二月三日条。

第五節　まとめ

以上、院政期の天皇・院が自ら所作した芸能に注目することで後白河芸能の特異性を浮き彫りにし、それとの比較から後鳥羽芸能の性格を論じてきた。総合性を意識する余り事例の列挙に終始した感は否めないが、少なくともこれまで漠然とイメージされていたに過ぎない後白河・後鳥羽の文化的性格を明確にすることができたと思う。両者の継承性についても初めて具体的に明らかにした。本章の論点を要約しておく。

中世においては「諸道の興隆」が帝王の理想像とされていた。この考え方からすると、新興芸能が流行を極める院政期社会にあって、天皇・院が従来のように詩歌管絃のみを行うことは社会の現実にそぐわない。そのため院政期初期の天皇・院は新興芸能を自らの文化活動に取り込むことが要求されていたが、なかなか成功しなかった。このような状況下に現れたのが、新興芸能を自らの文化的背景として育った後白河である。彼の出現が契機となって、天皇・院が自ら行う芸能に新興芸能が取り込まれたが、後白河は詩歌管絃に消極的だったため「諸道」の興隆者としては欠陥を持っていた。この欠陥を埋めたのが後鳥羽であり、彼は詩歌管絃を積極的に行うなど文化的正統に属しながら、新興芸能をも摂取した。こうして後鳥羽は初めて「諸道」の興隆者となり得た。貴族の幅広い文化的要求に応えることが可能となったのである。後鳥羽芸能の多様性が持つ意味はまさにこの点にこそあったといえる[138]。

右のように理解するとき、本章にとって重要なことは、後鳥羽にとっての芸能が彼個人の帝徳を高めるための手段だったという点である。後鳥羽と〈遊女〉との接触も、新興芸能に通じた院のあり方を示す一つの手段に過ぎなかった。

ただ、第一節（二）で述べた「白拍子奉行人」が、仮に「相撲奉行」と同様の存在であったとすれば、院近臣に

「家業」を確保しつつ、制度化への志向を示したものともとれる。嘉禄二（一二二六）年段階で大江知重がなお「白拍子奉行人」とされている点も（『明月記』正月二四日条）、制度的に承久の乱後まで継続していたことを示すのかもしれない。ただし、制度化とはいっても、史料からうかがわれる「白拍子奉行人」設置の意味は、白拍子と連絡する窓口の固定化ないし一元化であり、得分や給付関係を伴った白拍子の組織化であるとは考えられない点が重要である。「相撲奉行」任命の背景が藤原定輔の出自や交流関係に求められていたように、白拍子奉行人も組織ではなく知重個人のネットワークによって立つ制度であったと考えられる。そのことは「白拍子奉行人」が一時的な存在でしかなかった点にも表れているだろう。すなわち、『明月記』文暦元（一二三四）年九月二六日条では「往年廻雪奉行知重」とあり、『とはずがたり』において後深草が白拍子を召す際にも奉行人の存在はうかがわれないのである。右のように考えると、「白拍子奉行人」を通して白拍子を召すあり方は、後白河が近臣を通じて遊女・傀儡子を召したあり方（第二章）の延長線上に位置付けられる。したがって、「白拍子奉行人」の任命を以て、『右記』「或

---

(138)　このような「諸道」を統括する後鳥羽芸能のあり方は、長村注124前掲論文が論ずるように、承久の乱の敗北により一部否定されはしたものの、多くその後の中世王権に受け継がれたと考えられる。背景には後嵯峨院の皇統意識も関係しようが（徳永誓子「後鳥羽院怨霊と後嵯峨皇統」（『日本史研究』五一二、二〇〇五）、布谷陽子「承久の乱後の王家と後鳥羽追善仏事」（羽下徳彦編『中世の地域と宗教』吉川弘文館、二〇〇五））、何より時代の要請がそうした王権のあり方を必然化したものと考えたい。今のところ断片的な材料しか持ち合わせていないが、後嵯峨院歌壇には後鳥羽院の影響が強いとされる（佐々木孝浩「後嵯峨院歌壇における後鳥羽院の遺響」（和歌文学論集一〇『和歌の伝統と享受』風間書房、一九九六））。後嵯峨院政期は連歌（木藤注44前掲書、日本古典文学大系三九『連歌集』解説（伊地知鐵男）など）や「牛の道」（『駿牛絵詞』）が隆盛を極めているし、後鳥羽院に倣って仙洞御読経衆を置いたのも後嵯峨であった（『読経口伝明鏡集』四一オ）。『とはずがたり』では後深草院が今様伝授を行い、白拍子女と遊び明かし、亀山院と二人で今様を謡う。また、既にこの時期には琵琶が「帝王学」の地位を占め（相馬万里子「『代々琵琶秘曲御伝受事』とその前後」（『書陵部紀要』三六、一九八四）、同「琵琶の時代から笙の時代へ」（『同』四九、一九九七））、主上・院の蹴鞠参加が珍しくない。〈オク〉空間は「寄合」の場としての会所に受け継がれ一般化する。このように、芸能における王権の中世は後鳥羽芸能の遺響の中に展開していく。

倡家女・白拍子、皆是公庭之所属也」に直結させることには慎重であるべきだろう。特に後鳥羽の場合、前節で述べたように貴族の家業に対する意識が強いため、知重に対する「知人」に主眼が置かれていたはずで、白拍子を組織すること自体にさほど志向性があったとは思われない。

第二・三章を通して、後白河・後鳥羽にとって、〈遊女〉との交流は「諸道」に亘る芸能興隆の一環であり、新興芸能の摂取を意図したものであったことが明らかとなった。そうした芸能興隆は、院個人の帝徳を高めるべく行われたと考えられ、したがって両院における〈遊女〉組織のモチベーションは基本的に低調であったと考える。後藤・網野が想定したような、朝廷による〈遊女〉支配は行われていなかったのであり、王権と〈遊女〉との関係を強調しすぎることは〈遊女〉の実態を見誤らせる。〈遊女〉は、より広い視野の中で捉えられる必要がある。

ここで、後白河・後鳥羽の「諸道」志向が、貴族たちの文化的要求に応え、貴族たちの〈イエ〉を保護・統轄するために行われていたことをもう一度想起したい。王権の芸能は、貴族たちの間での芸能流行によって、いわば下から規定される形で方向づけられていた。新興芸能によって上昇の糸口を掴もうとする貴族・官人たちと、新興芸能を摂取し彼らの要求に応えることで求心力を高めようとする王権との相互作用が、この時期の文化状況を作り出している。このように新興芸能は、その階層ごとに異なる意味・機能を担っていた。そうした意味・機能の内容やその変容、相互関係を考察することは、芸能の担い手たる〈遊女〉への社会的需要を考える上で極めて重要であることを確認して、本章を終えたい。

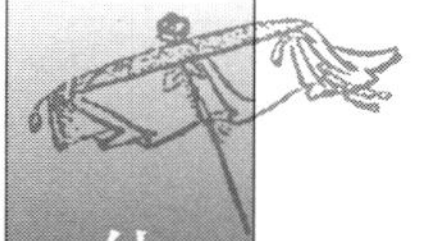

付論一　院と芸能者たち

神楽は近衛舎人のしわざなり。その中に多の氏の者、昔より殊に伝へ謡ふ。…時助が子助忠、これを伝へて殊に堪能なりければ、堀川天皇、階下に召して受け習ひ給て、常にこの神遊ありけり。…かかる程に、時助・助忠父子、敵《かたき》のために殺されにけり。君より始めて、此道の絶えぬる事を嘆き給て、助忠が末の子忠方・近方、いまだいとけなき童にてありけるを、召出でて男になして、忠方は哥の骨あるによりて神楽の風俗を謡はしむ。「弓立」「宮人」と云ふ歌は、助忠がほか知る人なし。助忠かたじけなく君に授け奉れり。内侍所の御神楽の時、本拍子家俊朝臣、末拍子近方つかうまつれりけるに、主上、御簾の内におはしまして拍子をとりて、この歌を近方に教へ給けり。誠に希代の勝事、未だ昔にもあらぬ事也。（『続古事談』巻五―三三）

康和二（一一〇〇）年、多節資（時助）・資忠（助忠）親子――正確には資忠・時方親子――が楽人仲間の山村正連によって殺害され、多氏の神楽伝承が途絶えそうになった時、かつて資忠に神楽を習ったことのある堀河天皇が、資忠の庶子近方に再び伝授を行うことで断絶を免れたという右の説話は、中世の説話集や楽書に数多く見えており、史実としての蓋然性も高い[1]。話の眼目は二つある。

一つは〈イエ〉の存続である。多氏はこの頃既に世襲的な楽家としてのあり方を強めており、周囲からも舞

（1）中本真人「堀河天皇の御神楽親授譚」（『宮廷御神楽芸能史』新典社、二〇一三（初出二〇一〇））。

（2）青木洋志「多氏における、舞の家としての形成と秘曲の成立」（『鼎論　文学と歴史と音楽と』上野学園日本音楽資料室、二〇〇四（初出二〇〇一））。

の〈イエ〉として認識されるようになっていた。(2)〈イエ〉の確立はこの頃の官人社会に広く見られる動きであり、特に芸能の〈イエ〉においては秘伝・秘曲を形成して他家との差別化を図ることが行われた。(3)しかし秘伝化には危険が伴う。右の事例では、秘伝を保持していた資忠と、嫡子時方が同時に殺害されたことにより、〈イエ〉の存続だけではなく秘伝の相承にも断絶の危機が訪れた。こうした家の危機が、堀河の音楽愛好によって回避されたという点が称揚される。

この点と関わるもう一つの眼目が、堀河天皇と多氏との身分差である。資忠は地下官人であるため昇殿できず、右の説話では「階下に召して」伝授を行ったとされている。類話にも「天皇は御椅子に御《おは》し、助忠は小庭に候し、師時朝臣は小板敷に候す」（『古事談』巻六―二七）とあり、蔵人源師時を介したやり取りが描かれる。関連する同時代史料でも「今日右近将監多佐忠（資忠）を弓場殿に召し、神楽拍子を尋ね問はる。予、仰せに依りこれを問う」（『中右記』承徳元（一〇九七）年一二月二七日条）とされている。堀河から近方への返り相伝についても、右の説話では単に「主上、御簾のうちにおはしまして」とあるのみでわかりにくいが、類話では「黒戸ニ召居《すえ》テ」（『教訓抄』四）、「萩ノ戸ノ辺ニ近ク召シテ、御ミヅカラゾ教へ給ケル。但、御口ウツシニモノヲバ仰ラレズシテ、師時卿シテ伝へ仰ラレケレバ」（『體源鈔』一〇ノ上）とあるように、やはり身分差が表現されている。これにより、身分の隔たりを超えて芸能の保護にあたる堀河の積極性が強調されるのである。

院政期には、このように自ら主体性を発揮しつつ、個別細分化する臣下の〈イエ〉を統合し保護する天皇・院の姿勢が聖主として賞賛されるようになっていく。院政期以降の史料には「堀川院の御時、道の廃れなん事を思し召し嘆きて諸道を磨かれけり」「諸道の興廃はただ時の君の静謐也」（以上『文机談』）といった記述が散見され、天皇・院の愛好こそが「諸道」を興隆し、聖代を現出すると考えられていた（第三章）。官人たちが保持する楽や学問・詩文の保護によって、朝儀の振興が期待されていたのであろう。

しかし、「諸道」の範囲は次第に拡大する。一つの契機となったのは後白河の存在であろう。後白河は親王時代から今様を愛好し、様々な階層の人々に今様を習っている。

上達部・殿上人はいはず、京の男女、所々の半物・雑仕、江口・神崎の遊女・国々の傀儡子、上手はいはず、今様を謡ふ者の聞き及び、我が付けて謡はぬ者は少なくやあらむ（『梁塵秘抄口伝集』巻一〇）

この頃既に今様は貴賤に愛好されていたが、元々は「あやしの今様」とされていた。習得にあたって下層身分者に接触せざるを得ないのはそうした背景によるものだろう。実際、今様の秘曲は、遊女や傀儡子の家に相伝されていた。後白河は即位後の保元二（一一五七）年、傀儡子の乙前を内裏高松殿に召して師弟の契りを結ぶ。

（乙前は）遣戸の内に居て、さし出づる事なし。人を退けて、高松殿の東向きの常にある所にて、歌の談義ありて、我も謡ひて聞かせ、あれがをも聞きて、暁あくるまでありて、その夜契りて、そののち呼び寄せて局して置きて…いまだ知らぬをば習ひ、もと謡ひたる歌、節違ふを一筋に改め習ひしほどに…（『同』）

地下に留め置かれた多資忠の場合とは異なり、乙前は明らかに内裏の殿上に昇っている。これは恐らく傀儡子の特性によるものと思われるが、ひとまず、後白河天皇が積極的に昇殿を認めていることは明白だろう。身分規制を重視し多近方と口をきかなかった堀河天皇に対して、後白河天皇の場合には「人を退けて」乙前と直接対話しているものと判断される。身分を超えて芸能を求める天皇の主体性が、ここではいささか極端な形で表出されている。

所謂神楽は、神世の妙曲、人代の節歌也。近くは〔後脱カ〕白河院御相伝あり。頗る衆鳥の鳳、群獣の麟と云々。然る間、君の伝ふる所の道を以て、臣の絶えんと欲する家に与えたまふ。則ち梁塵秘抄その事ありて、

（3）告井幸男「摂関・院政期における官人社会」（『日本史研究』五三五、二〇〇七）。

彼抄御製作と云々（『右記』）

右の史料には、後白河が今様を伝統的な神楽と同様の「道」として意識していたことが示されている。後白河は芸能者との接触によって習得した新興の今様を、天皇の行うべき「諸道」の中に取り入れたといえるだろう。事実、順徳天皇の時代には「音曲は上古に例あり。堀河院内侍所御神楽の時、別してこの音曲あり。鳥羽・後白河の催馬楽、その曲を窮めずと雖もすでに晴の御所作と云々。また後白河院今様、比類なき御事なり。いずれも只御心に在るべし」（『禁秘抄』）とされており、今様が天皇の行う芸能の一つに数えられるようになっていく。後白河院政期に芸道化を遂げる蹴鞠や読経もまた、後白河が行った「諸芸」「諸道」の中に数えられている（『蹴鞠口伝集』『読経口伝明鏡集』）。後白河と芸能者との交流はこうした「諸道」拡大の動きとして捉えることが可能であろう。

後鳥羽院の時代には白拍子舞が流行する。院が亀菊を始め滝・石・姫法師など多くの白拍子女と関係を持ったことはよく知られている。院が僧上覚に白拍子の作詞を命じ（『和歌色葉』乙本奥書）、自身でも作詞を行った（『徒然草』二二五）点から考えて、後鳥羽と白拍子女との関係もまた、「諸道」興隆と関わっていた可能性が高い（第三章参照）。

中世における「道」の拡大、「道々の輩」とよばれる多様な職能民の出現に伴って、「諸道」の観念はさらに肥大化を遂げていく。「明王ハ草刈ノコトヲモ捨テ給ハズ。様ヲ分カヌ御メグミニハ鍛冶・番匠ニテモ分々ノ道ヲ捨テ給フマジキニヤ」（『塵袋』第一一「有道」）とされるに至って、「道」の総覧者としての天皇・院は、もはや超越者の次元にまで押上げられる。本来娯楽に過ぎない筈の芸能者との交流にさえ、否応なく意味を期待され付与されてしまう点に、天皇・院の権威――彼らに投影される幻想の在りようを解く鍵が潜んでいるのかもしれない。

第四章

寺社と〈遊女〉

前章まで、〈遊女〉と貴族社会・王権との関係を探ってきた。貴族・官人層における今様の流行が〈遊女〉の存在形態に大きな影響を与えていることを示し、王権は貴族・官人に追随する形で〈遊女〉との接触を図っていること、王権が〈遊女〉を組織したという通説は成り立ちがたいことなどを明らかにした。では、貴族社会の外部では、〈遊女〉はどのように扱われていたのだろうか。

本章では、中世において寺社が貴族社会と並ぶ大きな勢力を有していたことに鑑み、〈遊女〉と寺社との関係を探ってみたい。中世の寺院社会には世俗の身分秩序がそのまま持ち込まれ、王家や貴族・官人層出身の僧たちが寺社の中核を占めていたから、貴族社会における新興芸能の流行や〈遊女〉への需要は、寺社にも大きな影響を与えていたと予想される。本章ではこうした予想に基づき、寺社が〈遊女〉の芸能を必要としていたことを明らかにしたい。具体的には寺社のもとに組織されていた〈遊女〉について考察する。こうした作業は、〈遊女〉と朝廷・王権との関わりを重視する通説を相対化することにもつながるだろう。

第一節　春日若宮の拝殿「遊女」

九〇年代初頭、奈良市高畑町の新薬師寺地蔵堂で解体修理が行われ、以前から部分的に知られていた旧棟木墨書銘の全文が明らかとなった。文永三（一二六六）年の年記を持つこの墨書銘は、慶長一五（一六一〇）年の修理の際に、それ以前の旧棟木から書き写されたものとされている。

白毫寺宿蓮房為二若宮巫女・遊女等出離得脱一、造二立地蔵菩薩形像一躯一、被レ立二拝殿中一畢。
務茲《ママ》惣一〈薬師〉・宮一〈金剛〉□□始巫女・遊女・神楽男等、悉同心合力而建二立一宇一舎一、所レ安二置件地蔵聖容一也。

于レ時文永三年〈丙寅〉五月廿二日〈午刻棟上〉大工藤井吉成

于レ時慶長十五年〈庚戌〉十月廿七日　大工与七郎

墨書を紹介した大河直躬・植田哲司らは、史料文中の配置から「彼女たちはたんに一般の遊女ではなくて、春日巫女や神楽男と深いつながりを持つ存在」とした上で、『春日若宮祭礼記』(1)承久三（一二二一）年九月一七日条の「恒例若宮御祭如レ例。……渡物以前者於二御前一巫・遊女等舞」という史料を掲げた(2)。これと前後して、春日若宮の巫女をめぐる研究史の中でも同社における「遊女」（以下、拝殿「遊女」と称する）の存在が指摘され、『中臣祐賢記』文永一二年二月七日条「夜前、遊女月輪《クワチリム》於二拝殿一舞。御戸開之後ハ一向止畢。先例歟」の記事も知られるようになったが、拝殿「遊女」の位置付けをめぐっては、「拝殿巫女と、遊女・白拍子が芸能の内容や奏演の社会的環境において非常に近い存在であった」（松尾恒一）、「若宮拝殿じたいが、中世南都では道々の芸能者の本所ともいいうる場であった」（阿部泰郎）といった指摘にとどまっている(3)。

第二節　拝殿白拍子と拝殿「遊女」

拝殿「遊女」の存在は、寺社と「遊女」との関係を考える上で非常に重要ではあるが、所見史料が前節所掲の三例と少なく、かつ断片的でその実態を知り難い。一方、同時期の若宮拝殿には他に拝殿白拍子と呼ばれる芸能者が存在し、こちらは史料的にも比較的豊富である(4)。そこで本章では、拝殿白拍子の存在形態によって拝殿「遊女」のあり方を類推するという方法をとりたい。

まず、中世後期の史料ではあるが、『西金堂縁起』「追記録」の記事に注目したい。(5) 同史料は、能楽研究において著名な永島福太郎所引「西金堂縁起追書」と同一と思われるが、永島の引用においてはその所在が明らかでなく、また白拍子に関する部分は省略されていた。(6) 本文末尾（「追記録」の直前）に「長享三年（一四八九）己酉仲春書二改之一」という識語を有しており、表章によれば、猿楽についての見解は室町中期のものに近いとされる。(7)

一、修二月諸役者事、始レ自二良家一番頭一、迄レ至二住侶・衆徒・社家・拝殿白拍子・郷御子・住京神人・有徳百姓・四

（1）福原敏男『祭礼文化史の研究』史料編（法政大学出版局、一九九五）に翻刻。ただし東京大学史料編纂架蔵影写本（千鳥家本、請求記号三〇一二―九）によって字や読みを改めた。

（2）大河直躬・植田哲司「新薬師寺地蔵堂の復元修理と棟木墨書」（『日本歴史』五三〇、一九九二）。

（3）岩田勝「春日社における神楽祭祀とその組織」（『民俗芸能研究』一三、一九九一）、松尾恒一「中世、春日社神人の芸能」（橋本政宣・山本信吉編『神主と神人の社会史』思文閣出版、一九九八）、阿部泰郎「中世寺社の宗教と芸能　南都篇」（『聖者の推参』名古屋大学出版会、二〇〇一（初出一九八七））、松村和歌子「神楽に神の声を聞く」（『歴博』一四六、二〇〇八）。

（4）注3前掲諸論文のほか、松村和歌子「春日社社伝神楽の実像」（『奈良学研究』三、二〇〇〇）。また『中臣祐賢記』文永九年二月二九日条、『春日若宮神主祐春記』応長二年六月一〇日条、『貞治三年春日御動座記』貞治三年一二月条など。なお、拝殿「遊女」を拝殿白拍子の異称と見ることもできるが、『春日若宮祭礼記』の事例が見える承久年間前後は遊女・傀儡子・白拍子の区別が最もはっきりなされていた時期と考えられること、および後述する「哥ウタヒ」の存在などから、両者は別個の存在とみなすべきと考える。

（5）京都大学総合博物館所蔵。京都大学文学部古文書室架蔵写真帳『一乗院文書』一四（国史／一三〇／一一七〇）による。端裏外題には「本書之筆ハ三条西殿也」との小字注記がある。なお近年、永正一三（一五一六）年頃の書写として紹介された大谷大学図書館蔵『興福寺縁起』は、当該『西金堂縁起』と密接に関わるが、誤脱が多く、『西金堂縁起』の方が善本と認め得る。大橋直義「大谷大学図書館蔵『興福寺縁起』翻刻・略解題」、高橋悠介「大谷大学図書館蔵『興福寺縁起』追記録の薪猿楽関係記事について」（以上『巡礼記研究』四、二〇〇七）参照。

（6）永島福太郎『奈良文化の傳流』一三四頁、目黒書店、一九五一。

（7）表章「薪猿楽の変遷」（『大和猿楽史参究』一一九頁、岩波書店、二〇〇五（初出一九七七））。

座猿楽一、或為二役者一、或為二寄人一、各記録在レ之。
一、…付二修二月之由来一、毎年正月十六日官符衆徒蜂起之次、牒二送西金堂一書状在レ之。則為二当堂方一任二先例一加二下知一、古年頭大允四座猿楽中〈仁〉令二相触一之条、不易之規式也。并若宮拝殿之白拍子・同郷御子、修二之寄人也。然間、祭礼神事之時、西金堂古年頭・白拍子配分一口取レ之。白拍子補任状事、西金堂行事僧従二多門院〈公文目代〉之沙汰一也。

この記事から、拝殿白拍子は興福寺修二会の寄人として祭礼神事の際に配分銭を受け取る権利を有しており、[8] 興福寺から補任される存在であったことが知られる。補任状の発給に際して西金堂大行事は公文目代の沙汰に従うとされているが、西金堂は通目代の管轄であるからこれは直接の統属関係によるものではない。公文目代は鎌倉中期以降、本来の政所（別当）以外に衆徒の命令をも受けていたとされているが、[9] 拝殿巫女・神楽男の補任が西金堂大行事と若宮神主の両方からなされたこと、「拝殿に関する問題は、中世では、大行事に訴えられる場合もあったが基本的には、若宮神主を通じて、興福寺衆中に計られる」という松村和歌子の指摘[10]等を考え合わせると、拝殿白拍子は拝殿巫女・神楽男と同様に西金堂と衆徒の二系列で支配を受けており、補任に関しては衆徒の側が決定をリードしていたということではなかろうか。

これを踏まえて中世前期の史料である内閣文庫所蔵『文保三年記』（一三一九）[11]三月一〇日条を見ると、

於二社頭定所一、里人等招二引白拍子一酒宴。過法之上、連歌遊宴無レ所レ憚之間、為二向後一可レ處二罪科一之由有二沙汰一。仰二三方神人一、落書在レ之。仍三月十日於二大湯屋一披二見之一。

白拍子六人

権一〈弥益〉　メセ　春徳　藤□〔松カ〕　□　弥益

里人四人

跡三郎　千手王　寿命　馬二郎

神人

延命《季延》祢宜　弁　才《神、〔殿〕守》

已上三人〔ママ〕

寺僧浄春房

行㆓罪科㆒了〈寺僧衆勘也。祢宜・白拍子止㆓出仕㆒了。但権一許止㆓出仕㆒了。自余無沙汰也。大行事沙汰、依㆓衆□〔議〕㆒也〉

とされており、衆議によって祢宜・白拍子の処罰が大行事に一任されたようである。[12] 中世後期と同様、西金堂と衆徒との二元支配を受けていたと見て大過なかろう。既に述べた通り、こうしたあり方は拝殿巫女・神楽男等のそれとよく似ているが、この点で注目されるのが、一三世紀後半（年未詳、弘安三（一二八〇）年か）の「大中臣祐賢書状案」（『大和春日神社文書』、『鎌倉遺文』一四二〇四）である。

（8）並列の古年頭については、「修正修二祭礼以下ニ徳〔得〕分巨多職也」（『大乗院寺社雑事記』文明九年一一月二四日条）とされている。丹生谷哲一「中世における寺院の童について」（『身分・差別と中世社会』塙書房、二〇〇五（初出一九九七））参照。

（9）以上、稲葉伸道『中世寺院の権力構造』岩波書店、一九九七。

（10）松村注4前掲論文。

（11）請求番号、古二六―五〇九。

（12）『中臣祐賢記』弘安二（一二七九）年四月一二日条によれば、大行事は拝殿出仕に関する権限を有していたと見られる。なお、岩田勝は権一以下六人の「白拍子」が実は拝殿巫女であったとしている（岩田注3前掲論文。出典を「大乗院日記目録」とするのは誤りだろう）。確かに権一は巫女の職名だが、その他の人名を巫女と見る根拠は示されておらず、処分の違いから見ても、後述するように「メセ」が傾城とされている点から見ても、権一とそれ以外を切り離して考えるのが妥当だろう。

先般度々披露申候拝殿沙汰人五郎左衛門事、毎日神楽銭、云二祭礼之料足一、云二奈良中并国中散在之地子物等一、彼是巨多之用脚候之處、大少一向不レ及二散用引付一、違二先規一、恣召仕候間、当時拝殿窮困、各迷惑此事候。結句尚不慮借銭出来之為レ体、如レ今者、忽拝殿滅亡之基、終者、白拍子等堪忍、不レ可二事行一候哉。（中略）

卯月三日　　若宮神主祐賢

供目代御房

右は拝殿沙汰人の五郎左衛門が春日若宮拝殿の資金を横領し、拝殿の財政が困窮していることを訴えたものだが、その中に拝殿白拍子への堪忍分（報酬）が支出できないという記載があり、拝殿白拍子への報酬が拝殿の予算から支出されていることが判明する。白拍子が正に拝殿組織の中に位置付けられていたことを示すものだろう。

以上のような拝殿白拍子のあり方は、同時期の拝殿「遊女」についても同様であったと推測される。ただし、中世後期の拝殿日記・拝殿交名類に拝殿「遊女」・拝殿白拍子が見えない理由については不明とせざるを得ない。

さて、拝殿白拍子の具体像として、先引の『文保三年記』にも見える「メセ」[13]を取り上げたい。文保三年段階で「白拍子」の一人として挙っているメセは、内閣文庫所蔵『春日若宮神主祐春記』[14]徳治二（一三〇七）年六月一二日条・一五日条に、

十二日…（略）…今夕野原少納言公来臨、武蔵公同道、一会催レ之了。傾城〈メセ〉来。

十五日、又会。メセ以外恐二怖少納言公一云々。比興題目也。

とある人物と同一と思われるが、更に内閣文庫所蔵『春日若宮神主祐松記』[15]嘉元三（一三〇五）年九月九日条では、

自二寺家一…被二仰出一云、去比拝殿メセ新薬師住宅ニテ殺害事在レ之。

とあるため、メセは拝殿に所属する拝殿白拍子であったことがわかる。(16) 内閣文庫所蔵『春日若宮神主祐春記』応長二（一三一二）年二月二三日条には、

> 廿三日、為二東輪寺長屋〈尼衆〉参籠申上一、代官福寿大夫参社之処、…彼禅尼公若宮申上、檀紙五帖・扇五本・用途一結・白布一端也。大社申上、越後守泰方申レ之〈メセ引付〉、檀紙・扇・白布同前、綿一屯云々。

とあり、メセが尼衆と泰方との取次を行っている。(17) これはメセが若宮拝殿の構成員として行った職務と考えられる。

さて、先ほど見た嘉元三年の事例で注目すべきは、メセが新薬師寺郷に「住宅」を持っている点である。『春日若宮神主祐松記』嘉元三年八月二六日条には、

> 子剋、西ノメセ殿ノ家ニテ、山上ノ播磨公ヲ不突院ノ延禅坊〈山臥也〉殺害之間、彼ノ播磨公之腰付子参乃公并願教坊等、延禅ヲ殺害了。仍西ノメセ屋同廿七日為二寺家御沙汰一被二破却一了。依二会所一也。妻也。其上播磨公ニ（衍カ）山上ノ播磨公之屋ハ、参乃公寄宿之故罪科也。但東大寺領之間、検封云々。

とあって、メセの「家」「屋」には深夜に複数の僧が出入りしていた。(18) このことは、メセが拝殿への奉仕以外に私

(13) 人名「メセ」は珍しいが、元興寺極楽坊「延寿等結縁交名状断簡」などに例がある。
(14) 請求番号、一四二―一一八四。
(15) 請求番号、一四二―一一八七。
(16) 他に、前掲『春日若宮神主祐春記』永仁四（一二九六）年八月記には、二七日条「今夜〈戌刻〉春賀女失了。不レ知二其故一」という事件に関連して、二九日条「メセ来臨、春賀女在所申レ之」という記事が見える。
(17) 五月一五日条によれば泰方は、神主泰長の子息である。
(18) 「妻也」が「メセ殿」についての注記であると解すれば、播磨公・参乃公等の参集が家族関係に基づくものとの解釈も成り立つが、それ

的な営業を行っていた可能性を示唆する。『沙石集』巻五末―一に見える「名人の白拍子」「春日の金王」が花山院家に、慈光寺本『承久記』上に見える「白拍子春日金王」が伊賀光季の宿所に参候している例からも、このような私的な営業が恐らく拝殿白拍子の一般的なあり方であったと考えられる。『中臣祐賢記』文永九（一二七二）年三月三日条には「今日木津住白拍子参ジテ可レ舞之由雖レ申、不レ可レ用之由、祐賢申也」とあって、拝殿白拍子が木津に居住していたことがわかるが、書き振りからは白拍子が常に拝殿に詰めていたわけではなく、恐らく番を組んで参仕していたのではないかと推測される。参仕しない日には自宅を拠点として私的営業を行っていたのであろう。

拝殿「遊女」についても同様に、私的な営業を行いながら拝殿に奉仕した可能性が想定出来る。正中三（一三二六）年二月二一日付「尭円起請文」（『東大寺文書』四―六九、『鎌倉遺文』二九三六二）に見えるように、当時奈良には「傾城」が存在していた。拝殿「遊女」はこれら「傾城」の、少なくとも一部が興福寺・春日社によって組織された形態とみなし得る。

さて、松村和歌子は先述した新薬師寺地蔵堂の旧棟木墨書銘から中世前期における拝殿白拍子の存在を認めつつも、室町期の史料では「御旅所の終夜の神楽に拝殿巫女が御子舞と白拍子を舞うという記述が普通で、この時期に巫女以外に白拍子がいたとは思われない」として、『嘉吉二（一四四二）年祐時記』四月一五日条「供目代状到来、若宮祭礼之時、於二御旅所一拝殿白拍子達終日被レ懸二芸能一之状、古今規式候之處、去年祭礼時、拝殿衆数輩乍レ被二出仕一、一向無二芸能之沙汰一之間…」という記事を「巫女を白拍子と呼ぶ例があった」と解釈している。[19] 確かに室町期の史料を見ると、明らかに巫女が白拍子舞を舞っている記事が散見する。[20] ただ、先引の『春日若宮祭礼記』承久三年九月一七日条「於二御前一巫・遊女等舞」もやはり同時期の若宮祭記録には類例が見えないものであるから、中世前期における拝殿白拍子の存在を認める以上、中世後期についてのみ史料の稀少性をいうことはできない。また中世後期には若宮祭以外の場でも人を指して「拝殿白拍子」「白拍子」の語を使用している史料がいくつか見られる。[21] 戦国期まで「拝殿白拍子」の呼称が存続していることを考えると、[22] 形骸化していた可能性は否定できないものの、制度的には拝殿白拍子が存続していたと考えておきたい。一方、拝殿「遊女」の所見は鎌倉中期までで途絶えてしまう。こうした存続時期の違いが持つ意味については、次節で改めて考えたい。

第三節　拝殿「遊女」の職掌

寺社における拝殿「遊女」の職掌は、「於二御前一巫・遊女等舞」「遊女月輪於二拝殿一舞」のように、史料上「舞」

だけでは延禅坊の参集を説明できない。同史料に見える次の事例を踏まえると、むしろメセが「傾城」である点が重要であると思われる。すなわち同年四月二一日条には、「同夜〈亥剋歟〉於二野田之辺〈色好春頼女許〉一神人等多酒宴。而……喧嘩出来」とあり、「色好春頼女」のもとで計九人の社司・神人たちが喧嘩して死傷者が出るという事件が発生した。五月二七日には「同時之会所色好春来女野田住宅同被レ破二却之一了」として、現場となった「色好春来女」の「住宅」を破却する処罰が行われた。二つの事例は①春日社に隣接する「傾城」「色好」の「住宅」で起こっている点、②深夜に多数の男性が関与して起こっている点、③「会所」の故に破却がなされている点等、共通点が多い。「メセ」の事例も「春頼女（春来女）」の事例と同様、傾城の家で複数の僧が宴会をしている最中に喧嘩が起こり殺害事件に発展したものと解すると、二件の殺人が連続して起こっていることや、深夜の事件であること等を整合的に理解できると考える。

(19)　松村注4前掲論文。なお当該記事は内閣文庫本の『嘉吉二年壬戌祐時卿御記』（請求番号、一四二―一一七五および一四二―一一九七）には見えないため、松村論文より転載した。

(20)　『明応六年記』（『続群書類従』二下）、『長川流鏑馬日記』（福原注1前掲書所載）、『千鳥文書』（東京大学史料編纂所架蔵影写本、請求記号三〇七一・六五―一一八）等。

(21)　『大乗院寺社雑事記』文正元（一四六六）年一一月三日条「先年拝殿白拍子止住モ則人夫等召進者也」、『多聞院日記』文明一六（一四八四）年一一月二七日条「伶人同東ノ仮屋南ニ著座、神楽男同、白拍子ト一所ニ著ス」等。

(22)　京都大学文学部古文書室架蔵影写本『一乗院記録』九（国史／特そ／八）所載『西金堂大行事方記』弘治三（一五五七）年三月条「御拝殿白拍子儀、丁巳三月十二日被レ上実正、■〔東カ〕門院息女十日ニ代物被レ渡了。侘言之間、三拾疋宥免二貫五百文請取。米之事、十四五日頃可レ渡之由被レ申者也。珍重〳〵。筒井家中為レ代従二河州一被レ上了」。

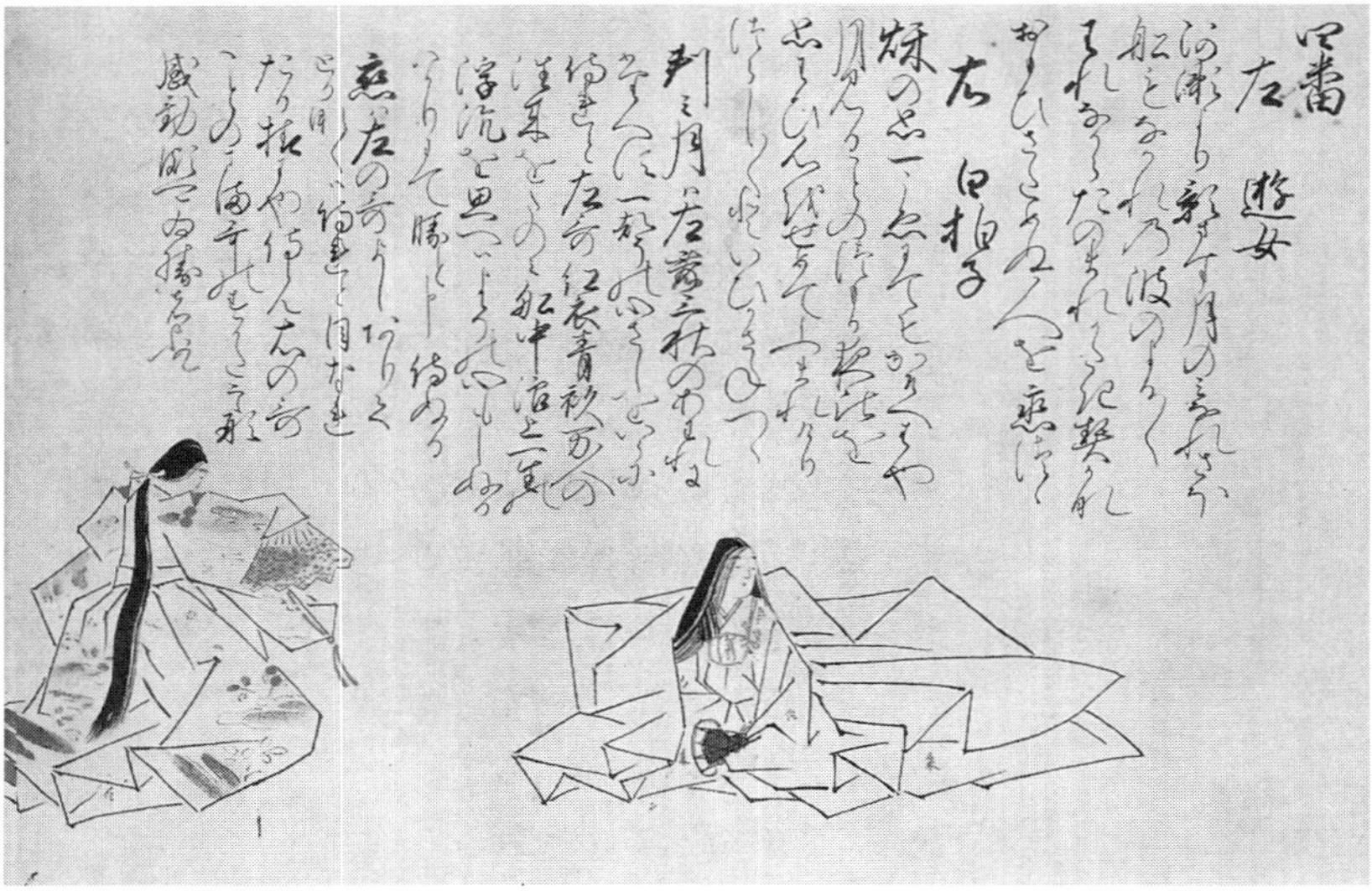

【図3】『鶴岡放生会職人歌合』 4番　遊女・白拍子

前田育徳会尊経閣文庫編『前田育徳会尊経閣文庫所蔵七十一番職人歌合』勉誠出版、2013より。

と出てくる（第一節参照）。ただ、通常「遊女」の芸態は座っての歌謡、白拍子の芸態は立っての舞と区別する。[23]そのことは例えば、弘長元（一二六一）年成立とされる『鶴岡放生会職人歌合』四番の図像によく表れていよう【図3】。このため拝殿「遊女」の「舞」はやや不審で、基本的には今様を以て奉仕していたのではないかと考える。その推定を支える根拠として、若宮における「哥ウタヒ」の存在が挙げられる。

> 若宮常住皆悉給。…八人八男《（八乙女）》妻七人衣一領ヅ、、神楽男五人白布二段ヅ、、哥ウタヒ丹後・木津二郎・泉・尺迦・宮丸・地蔵・一郎七人単衣一ツ、、残常住ニハ白布一段ヅ、也。（『中臣祐重記』寿永二（一一八三）年四月一二日条）

「哥ウタヒ」とは、他の用例から、今様を謡う者に対する一般名詞であると考えられ、[24]「遊女」を含んでいる可能性が高い。したがって同史料における「若宮常住」の「哥ウタヒ」[25]は、後の拝殿「遊女」に繋がる存在とみなし得る。

さて、嘉元二・三（一三〇四・〇五）年頃、無住によっ

て編まれた『雑談集』巻一〇「神明慈悲ノ事」には、

昔学生アリテ（引用者注、春日若宮に）法施シケルニ、拝殿ノ白拍子ウタヒ舞、雑人ヒサメキケレバ、心中ニ「アラムツカシヤ……」ト心中思ケル。……ハタシテ興福寺ノ別当ニ成テ、本意ナレバ白拍子打トヾメテケリ。……示現ニ明神御気色実ニスサマシゲニムツケタル体ニ……「我耳ニハ鼓ノ音、歌ノ言モ真如ノ理ニソムカズ、甚深ノ妙法ノ声ニ聞ユル也。鼓ノ音モ舞ノ袖モ、皆是レ仏事也…」ト、マスガミタル御気色ニテ被レ仰ケル故ニ、如レ本今ニタエヌ事ナルヨシ、白拍子ニ作レリ。

とあり、興福寺別当が社頭で行われる白拍子舞の許認可権限を持っていること[26]、鎌倉期には拝殿白拍子の職掌である白拍子舞が法楽と意識されていたことなどがわかる。なお、同時代の『とはずがたり』巻四や『春日権現験記』巻一〇の類話では、白拍子ではなく神楽をとどめたということになっている。少なくとも鎌倉時代の人々にとっ

（23）橋本初子「白拍子女に就いて」（『女子大文学　国文篇』一三、一九六二）、沖本幸子『今様の時代』（東京大学出版会、二〇〇六）、同「遊女白拍子と今様」（『軍記と語り物』四七、二〇一一）等。『春の深山路』に「遊女」（「傾城」）が白拍子を謡っているらしき例が見えるが、「この傾城も道とはなくて、一声など言ふ、興ありしことなり」とあるように、それは彼女の専門外で、例外的なことであった。

（24）『源三位頼政集』六五三～六五六、『梁塵秘抄口伝集』巻一〇、『今鏡』「藤波の上」第四「宇治の川瀬」、『文机談』巻第三「今様歌事」、『新夜鶴抄』。これらの用例は男女を共に含み、専業者・非専業者の両方に跨っているが、今様の謡われる場で用いられている点が共通する。なお、馬場光子訳注『梁塵秘抄口伝集』一七五頁（講談社学術文庫、二〇一〇）は「今様うたひ」の用例を挙げており、『異本梁塵秘抄口伝集』巻一二にも「朗詠・今様うたひ」が見える。『中右記』元永二年七月八日条「歌謡女船」も、あるいは「歌謡いの女の船」と読むのであろうか。この当時女性が「うたう」行為は遊女・傀儡子など「非常に特殊な状態でのみ認められるものであった」。沖本幸子「女声考」一六三頁（沖本注23前掲書、新稿）。

（25）『梁塵秘抄』四四三「淀にはおほきみ次郎君」、『梁塵秘抄口伝集』巻一〇「九郎」「二郎」「船三郎」「高砂の四郎君」等の例を勘案すれば、木津二郎・一郎も女性名の可能性がある。交名類では「二郎女」「女九郎」等の例は一般的である。

（26）ただし『雑談集』に載る別当の権限と、第二節で述べた衆徒や西金堂の権限との関係については未詳。

て、神楽が白拍子舞に替わっても違和感がなかったということはいえるのではなかろうか。また『とはずがたり』で二条は、この話を白拍子舞によって聞いたと書いている。(27)『雑談集』の「白拍子ニ作レリ」と呼応しており、当時そうした物語が白拍子に作られ、拝殿で舞われていたことは確実といえよう。

さて、こうした白拍子舞が拝殿の職務の一環であったことは、『春日若宮神主祐春記』正和元（一三一二）年六月一〇日条で、寺訴に伴う閉門の準備を行う際、次のようにあることからもうかがわれる。

有レ限御神楽ハ可レ行レ之。但、鼓ト拍子・笛、可レ止レ之。手拍子ニテ可レ有。又夜中白拍子ナムドハ忍テカヅフ（メズ）也。大方可レ止二高声一之由、加二下知一了。所詮以二文永元年例一、加二下知一了。

拝殿での白拍子は、閉門中には「忍んで」行わなければならないが、しかし神楽と同様、行う必要があるものと認識されていたことがわかる。

この点から推して、春日若宮で今様が謡われることの意味もまた法楽として考える必要があるだろう。今様が法楽として観念される確実な所見は管見では一二世紀中頃以降に見られるが、(28)後世の能や連歌を考えてもわかるように、法楽は芸能の流行に即応するものであるから、これは今様の流行によって生じた観念と見てよい。特に若宮拝殿に「哥ウタヒ」が存在していた後白河院政期は今様流行のピークに当たっており、「そのころの上下、ちとうめきてかしらふらぬ人はなかりけり」（『文机談』巻三）という状況だった。隆盛していた今様を取り込むことによって祈願の効果を高めようとする試みはごく自然なものであったと考えられる。ここで、院政期には個人的かつ随意な神社への参詣形態が一般化し、それに伴って神社側でも神職の常駐化による受け入れ態勢が構築されていったという三橋正の指摘を踏まえるならば、(29)保延元（一一三五）年の創建から間もない春日若宮において、法楽に対する参詣者の欲求に応える形で「哥ウタヒ」や「遊女」が拝殿組織に取り込まれていった可能性を想定できる。

このように拝殿「遊女」が今様の流行によって規定される存在であるとすれば、前節で述べたように拝殿「遊女」が文永年間を最後に史料から消えることは、今様流行の衰退期とほぼ一致している点から説明可能である。[30]一方、拝殿白拍子が中世後期にも存続することは、芸能としての白拍子舞が寺社を中心として存続していたことと対応する現象といえるだろう。[31]筆者は中世後期の「遊女」が芸能性を減じて売春性を強める一方、白拍子女は芸能性を保持し続けると考えているが（第八章後述）、その分岐点は鎌倉中・後期にあったと見られる。

第四節　その他の寺社と「遊女」

春日若宮以外の寺社においても、「遊女」との関わりをうかがわせる史料が僅かながら存在する。

まず『藤原実重作善日記』暦仁二（一二三九）年正月八日条には、「いるみやのやうとめ正月八日、米一斗三升・くだもの十三ぜん・さけ一そん。へぐりのやうとめに同日す、米一斗六升。てんわうのあそび同日す」とあるが、

(27) 「夜もすがら面々に物数ふるにも」。「数ふ」は白拍子を謡うことを意味している。

(28) 『梁塵秘抄口伝集』巻一〇、『今物語』、『春日権現験記絵』巻一三、『耀天記』等。

(29) 三橋正『平安時代の信仰と宗教儀礼』続群書類従完成会、二〇〇〇。松村和歌子によれば、春日社においても同様の傾向が確認され、また巫女による神意の仲介は白拍子など「芸能に近接した所で行われた」とされている。松村和歌子「中世春日社の社司と祈祷」「宗教者としての中世の春日巫女」（共に『国立歴史民俗博物館研究報告』一四二、二〇〇八）。

(30) 新間進一「『今様』の転移と変貌」（『立教大学日本文学』五、一九六〇）、同「今様の享受と伝承」（『日本歌謡研究』一四、一九七五）、植木朝子編『梁塵秘抄』（角川ソフィア文庫、二〇〇九）等参照。

(31) 山路興造「中世芸能の変質」（『翁の座』平凡社、一九九〇（初出一九八五））には、中世後期に各地の寺社祭礼で白拍子が催された例が列挙される。山城国寺田荘水度神社では、天正九年に至ってもなお祭礼に白拍子が参加していた（『城陽市史第四巻』所収『乾敏雄家文書』「寺田庄法堅法度」）。また中世後期には『法隆寺縁起白拍子』『今様之書』等も編まれている。

これは「やうとめ（八乙女）」との対応からいって職名であり、天王寺の「あそび」すなわち「遊女」と見るのが妥当であろう。天王寺には仁安～承安（一一六六～七五）年間頃に「歌うたひ」が存在していたことが知られるので、[32]春日社とよく似た状況が想定される。[33]

次いで、『賀茂別雷神社嘉元年中行事』[34]六月条、御戸代祭夜遊びの項に、

一、歌め・ハね牛有、今夜は氏人のふりう《風流》ありといへども、ちかごろよりは其ぎ《儀》なし、又供僧もふりうありけれども、とどまりて久はべる（後略）

という記述がある。「歌め」は「歌女」で、「遊女」のことと考えられる。「はね牛」は賀茂社の御戸代祭で行われた例が他にもあり、これは「はねをし」という鎌倉時代の遊戯ではないかと思われることは、別に述べたことがある。[35]賀茂社における芸能尽くしの場に、「遊女」が参仕していたことは間違いない。

また、やや確実性の下がる事例だが、『太平記』巻一七「金崎船遊事付白魚入船事」に「嶋寺《鳴吉イ》ノ袖ト云ケル遊君」とある。岩本馨は「嶋寺」が気比神宮西側の地名であるとして門前地への遊女集住を推測し、その上で「『嶋寺』が神宮寺に因んだ名前であるとすれば、敦賀における遊女の活動の背後に気比神宮の存在を見出すことも可能」としている。[36]その後、敦賀に時宗勢力が進出し、正安三（一三〇一）年に他阿真教が気比神宮西門の参道を造営したことが、光明寺本『遊行上人縁起絵』巻八第四段に描かれているが、そこに、

諸国帰依の人、近隣結縁の輩、貴賤を不レ論、道俗をいはず、神宮社僧・遊君遊女にいたるまで、七日夜の間は、肩をきしり、踵をつげり。

とあって、造営のための「砂持ち」に参加した人々の中に遊君遊女が見えているのも、あるいは気比神宮との関係を背景にしたものだろうか。[37]

その他、『石清水祠官系図』には、社僧の母として多数の遊女や白拍子が見えている。あるいは春日若宮のような組織的つながりを背景にしているのかもしれない。こうした例は他にも存在する可能性があろう。

中世後期の事例であるが、『七条道場金光寺文書』にある左のような売券が最近大山喬平によって紹介された[38]。売券は応安五（一三七二）年八月一五日付（①）と一六日付（②）の二通あり、善阿弥→時阿弥→高倉道場の経路で茶毘所が売買されたことを示している。

①善阿売券

うりわたすだミ所の地事

　合壱所〈在所清水寺領内赤築地天神中路南頬也〉

四至〈東限けいせいの地のついぢ、南ノ東なから程ハ岸をかぎる、中より西ハばくらうの墓の後の石仏をかぎる、西ハ天神大路の路をかぎる、□□〔北を〕なじ〉

右件地ハ善阿弥さうでんの私領也。しかるを用々あるによて直銭五貫文に永代をかぎて時阿弥陀仏へ売渡処実也。若

---

(32)『源三位頼政集』六五三〜六五六。植木朝子「源三位頼政と今様」（『国語国文』七三—一、二〇〇四）参照。

(33)『明月記』建仁三（一二〇三）年七月一〇日条で遊女三位が天王寺に参っている例も、あるいはこうした関係を想定するべきか。

(34)『日本祭礼行事集成』三所収、平凡社、一九七〇。

(35) 拙稿「古記録に見る芸能三題」（『明月記研究』一四、二〇一六）。

(36) 岩本馨「『遊行の砂持ち』から見る湊町敦賀」二二三頁（『近世都市空間の関係構造』吉川弘文館、二〇〇八（初出二〇〇五））。

(37) 光明寺本の絵画部分には、被衣姿で砂を運ぶ女性が二人、同じく被衣姿で砂を集める女性が二人描かれている。あるいは「遊女」を描いたものかと思われるが、確証がない。

(38) 村井康彦・大山喬平編『長楽寺蔵七条道場金光寺文書の研究』法蔵館、二〇一二。文書番号八二・八三。なお、同書所収の大山喬平「清水坂非人の衰亡」、および同「非人・遊女そして京女」（『歴史の広場—大谷大学日本史の会会誌』一四、二〇一一）を参照した。

万一もいらんわづらいのときハうりぬし請人のさたとして十ヶ日の中ニ余の地にたてかへ申べく候。仍為二後日一売券□《(の)》状、如レ件。

応安五年八月十五日　売主善阿（花押）
相共善妙（花押）
請人因幡（花押）
請人越前（花押）

②時阿売券

売渡申たミ所の地事
合壱所〈在所清水寺領内赤築地天神中路南頬也〉
四至〈東限けいせいの地のついぢ、南の東なからばかりハ岸をかぎる、中より西ハばくらうの墓の後の石仏をかぎる、西は天神大路の路をかぎる、北をなじ〉
右件地ハ時阿弥さうでんの地なり。しかるを用々あるによて直銭五貫、七条高倉の御道場へ永代をかぎてうりわたしたてまつる処実也。本売券一通をあいそへ申上ハ、さらに違乱わづらいあるべからず。若万一此地にわづらい出来時、十ヶ日中に余地にたてかへさへ《(マヽ)》致すべく候。仍為二後日一売文状、如レ件。
応安五年八月十六日　売主時阿（花押）

大山によれば、天神大路（中路）は五条天神に繋がる道である。「赤築地」は、『京都市の地名』（平凡社、一九七九）によれば現在の清水一丁目・二丁目付近、経書堂西側の五条坂と清水新道に挟まれた辺りをいうとされており、『中古京師内外地図』ではもう少し北西側で、五条坂と百度大路（祇園大路）の交差点南東角にあてている。いずれにしても正に清水寺の門前であり、位置関係からいって「けいせいの地」も「清水寺領内」にあると見てよいだろ

う。「けいせいの地」は、傾城が地主である地と解釈し得る。(39) さて、

『源威集』第一二段「文和東寺合戦ノ事」

当日終夜清水坂ニ立君袖ヲ烈〔列〕テ

『看聞日記』応永二九（一四二二）年正月一一日条

松拍〈略〉参、風流五条立傾城之体学レ之

『宗長手記』大永三（一五二三）年師走

五条あたりにたてるあまごぜ
たが後家のうかれ君とはなりぬらん

幸若舞曲『景清』

清水坂の傍らに、阿古王と申て遊女の有けるに

等を踏まえると、ここでいう「けいせい」が五条坂（清水坂）の立君を指していることは確実である。同地には立君の営業拠点があった可能性が高い。

これと関連する史料として、『七十一番職人歌合』三〇番「たち君」画中詞に、立君と客の男性の交渉を描く場

(39) 例えば同時期の祇園社「社家記録」正平七年正月五日条「白拍子地」は、白拍子が地主となり得たことを示している。三枝暁子「山門・祇園社の本末関係と京都支配」（『比叡山と室町幕府』東京大学出版会、二〇一一（初出二〇〇一））を参照。

【図4】『七十一番職人歌合』30番　立君・辻子君

右側が立君をめぐるやり取り。男が「よく見申さむ」と顔を照らすと、左の立君は「けしからずや」、右の立君は「すはごらんぜよ」と応じている。合意した男が「きよ水にていらせ給へ」と告げる。
後藤紀彦「立君・辻子君」（『週刊朝日百科3　日本の歴史　中世Ⅰ―③　遊女・傀儡・白拍子』朝日新聞社、1986）より。

面で、「きよ水にていらせ給へ」の記述がある【図4】。画面右側が立君をめぐるやり取りだが、この画中詞については、これを立君の発話とする後藤紀彦・大山喬平と、[40]当該画中詞が松明の男の上に書かれていることを重視して松明の男性の発話と見る村岡幹夫[41]との間で解釈が分かれており、最近刊行された尊経閣文庫本の解説でも、両論併記の形がとられている。[42]私見では、画中詞の位置や、遠方を指差すような男のしぐさに注意を喚起した村岡説が尊重されるべきで、これは男の発話であると考える。ただし、村岡が「清水にていらせ給へ」を「清水ということで（即ち、中妻として）一夜の契りを結びたい（つまりは無償の性行為の要求！）」と読んでいるのは明らかに解釈過剰であろう。「いらせ給ふ」には、当時「居る」「有る」[43]の尊敬表現として「いらっしゃる」の意味があるので、右に挙げた立君の諸事例を考え合わせれば、これは男が立君に向かって「清水にいて下さい」と言っている表現と考える。

また、国立歴史民俗博物館所蔵『東山名所図屏風』第四扇には、清水寺門前、清水坂の南側の懸造の家の中で、女性二人が男性たちに酌をしている場面が描かれている【図5】。同屏風は永禄年間（一五五八～七〇）頃の景観年代を示すとされ、他の諸作品では通常描かれない施設までが「相対的位置関係に留意して」詳密に描かれていること、通常の参詣曼陀羅などでは隠蔽されてしまう遊興の様子などが描かれていることなどを特徴とする。[44] 説明書きの付箋などがあるわけではないので、確証はないのだが、鴨川の西岸を描く第六扇で二か所も遊女屋を描くなど「遊女」への関心がうかがえること、女性が酌をする姿で描かれていること、またその立地などからいえば、当該図像が右に挙げた「けいせい」「立君」と関わる可能性もあるのではなかろうか。

このように、清水寺門前には、「けいせい」「立君」が営業拠点を構えていたと思しい。メセが春日社南隣の興福寺領新薬師寺郷に宅を構えていたように、寺社門前が通常寺社関係者の集住地であることから推測を重ねれば、清水寺と「けいせい」との間に何らかの統属関係があった可能性も否定できない。[45] 仮に芸能性の希薄な立君を清水寺が支配していたとすれば、法楽芸能の奉仕を目的とした中世前期興福寺・春日社の「遊女」支配とは別の目的——恐らく営業税徴収——を想定すべきであろう。私見では今様の衰退に伴って「遊女」の芸能性は弱まり、売春性が前面化するのであるが（第八章後述）、そうした「遊女」のあり方の変化に応じて、寺社による支配のあり方も変化していくと推量しておきたい。[46]

(40) 後藤紀彦「立君・辻子君」（『週刊朝日百科三　日本の歴史　中世I—③　遊女・傀儡・白拍子』朝日新聞社、一九八六）、大山注38前掲「非人・遊女そして京女」。
(41) 村岡幹夫「中世遊女との対話の一齣」（『年報中世史研究』二一、一九九六）。
(42) 菊池紳一・塚本洋司・加藤より子「『七十一番職人歌合』職人別解説」（前田育徳会尊経閣文庫編『前田育徳会尊経閣文庫所蔵七十一番職人歌合』勉誠出版、二〇一三）。
(43) 築島裕編『古語大鑑』一、「いる【入】」の項、東京大学出汲会、二〇一一。
(44) 上野友愛「「東山名所圖屏風」について」（『國華』一二二一一一、二〇〇六）。
(45) 寺社領支配のあり方については、祇園社の例であるが三枝注39前掲論文、同「室町幕府の成立と祇園社領主権」（注39前掲書、初出二〇〇一）等が参考になる。
(46) 奈良では室町後期になると「傾城屋」「女屋」が散見するようになるが、破却や停止の記事が多く、この段階の興福寺は芸能性を減少さ

【図５】『東山名所図屏風』第４扇　清水寺門前で酌をする女たち

【図６・７】『東山名所図屏風』第６扇　洛中の遊女屋

暖簾から出てきて客の袖を引く様子は、歴博甲本・上杉本『洛中洛外図屏風』や太田記念美術館所蔵『洛外名所図屏風』、サントリー美術館所蔵『多賀社参詣曼荼羅』などと共通する。16世紀半ばの『玉塵抄』巻38に「傾城カマイカネシテ、市町ノ戸ノワキ、張カケムシロノワキカラ半面ダイテホノミセテ、ヨソヲイヲシテ人ヲタラシ、バカサウドテハカスコトヲ術ト云ゾ」とある情景によく合致しよう。

白拍子と寺社とのつながりをうかがわせる事例も挙げておく。網野善彦は『民経記』寛喜元（一二二九）年六月一日条「毎月朔幣白拍子等巡役云々」を挙げて北野社への公的奉仕を指摘した。(47) 建長（一二四九〜五六）末頃成立とされる洞明院本『大山寺縁起』巻下-五六の「当山御願ノ猿楽ノ中ニ白拍子ト云遊女有リ」をこれに加えることができる。(48) また、『厳島神社文書』に、泥障を奉納した「三嶋白拍子」のことが見えており、大山祇神社にも白拍子がいたようだ。(49) その他、山路興造は南北朝期から室町期にかけて阿蘇神社、日前国懸神社、多賀神社などで白拍子が祭礼に参加した例を挙げている。(50) これらの例を踏まえるならば、祇園社「社家記録」正平七（一三五二）年正月五日・一五日条で祇園社領四条面南頬の地がもと「白拍子地」とされていることから、祇園社においても白拍子が組織されていた可能性があろう。

せた傾城に対して抑圧的に対処していたように見える。具体的な関係は今後の課題としたい。『長専五師記写』『大乗院日記目録』応永一〇年三月四日条、『大乗院寺社雑事記』文明元年八月一日条、同五年四月三〇日条、同一〇年五月一五日条、明応三年六月八日条、『政覚大僧正記』文明一八年九月二三日条、「興福寺大般若経B本（良尊一筆経）」巻三三〇奥書、『大乗院御門跡御文庫古文書写』四三号等。永島福太郎「奈良木辻遊廓の起源」（『部落』六二、一九五五）、井岡康時「奈良町木辻遊廓史試論」（奈良県立同和問題関係史料センター『研究紀要』一六、二〇一一）も参照。

(47) 網野善彦「遊女と非人・河原者」（『網野善彦著作集』一一、岩波書店、二〇〇八（初出一九八九））。

(48) 橋本章彦「洞明院蔵『大山寺縁起巻』についての一考察」（『説話文学研究』三一、一九九六）参照。

(49) 「厳島社田楽装束等目録」（『厳島神社文書』、『鎌倉遺文』四九五一）。

(50) 山路注31前掲論文。

第五節　まとめ

本章では、春日若宮の拝殿「遊女」、拝殿白拍子を中心として、寺社による〈遊女〉の支配を指摘した。[51] 最後にその要点をまとめておきたい。

①春日若宮の拝殿組織には「遊女」が存在し、巫女や神楽男と同じ様に西金堂と衆徒とによる二元的支配を受けていた。

②その職掌としては、法楽芸能の奉仕が想定される。院政期に今様が流行し出すと拝殿「遊女」の前身である「哥ウタヒ」が組織され、流行が終わる鎌倉中・後期以降は拝殿「遊女」が見えなくなる。一方、拝殿白拍子の場合には、中世後期に至っても引き続き所見する。このように、拝殿「遊女」・拝殿白拍子は、職掌としての芸能に規定される存在であった。

③拝殿「遊女」・拝殿白拍子は、拝殿に奉仕する一方で私宅を有し、私的な営業を行っていたと考えられる。

④寺社と〈遊女〉とのつながりは、他の寺社においてもその痕跡を認め得る。

以上によって王権と〈遊女〉との繋がりが相対化され、「職能民」一般に還元されない、固有の生業と自立的組織の上に存立する〈遊女〉のあり方が明確になったと考える。[52]

一方、本章では中世前期に主眼を置いたため、中世後期への展開過程を十分に論じ切れなかった。この点に関しては全くの見通しにとどまるが、近年、菅原正子が中世後期の傾城座について述べる中で、検非違使庁職員勢多氏を介して久我家に傾城局公事徴収権が移るとした後藤・網野説を否定し、傾城局公事は所領と引き替えに室町幕府から久我家に与えられたもので、織田信長による所領返付に際して返上されたと指摘した。[53] 菅原が侍所管轄を示す事例として挙げた『教言卿記』応永一三（一四〇六）年一一月一四日条で侍所が登場するのは、「路上で女性を請け取る行為」が関係するためであって、「洛中の傾城を管轄」したためではないと考えるが、傾城局公事徴収権が幕府から与えられたとする指摘自体は重要である。本所の変遷や分掌関係、また「傾城座地子銭」に至る支配形態の変化について、座一般を視野に入れつつ考える必要があるだろう。今後の課題としたい。

さて、③で述べたように、寺社に組織される〈遊女〉が私的な営業をも行っているとするならば、こうした〈遊女〉の自立性は寺社への従属とどのように折り合っていたのであろうか。つまり、寺社による支配は〈遊女〉の生活にとってどの程度の重みを持っていたのであろうか。この問いに答えるためには、寺社による支配を〈遊女〉の側から眺めてみる必要がある。そこで次章では、鎌倉末期の兵庫における「遊女」集団の在りようを分析することで、「遊女」集団の内部構造と支配との関係を考察したい。

---

(51) 念のために記すが、筆者は所謂巫娼説に与するものではない。巫娼説の問題点は、序章で述べた点に尽くされている。〈遊女〉は巫女性ではなく、芸能と買売春の上に存立している。

(52) なお、山路興造は、遊女・傀儡子が律令国家によって各地に配置され、国衙によって保護・養成され、座を持つ「国の芸能者」として一宮など有力神社で祭礼に奉仕する一方、普段は個別的に地域内の社寺と関係を結んでいたとする。しかし第二節前掲「春日金王」の事例からも分かるように、遊女・傀儡子は都鄙を往反しながら活動することが常態であり、山路のいう「国単位のテリトリー」の存在は認め難い。また給免田を支配従属関係の指標とみなすべきでないとする見解も存在するため、本章では山路説を考察の対象としなかった。山路の挙げた事例は本章で論じた神人・寄人としてのあり方で説明できる。山路注31前掲論文、同『中世芸能の底流』(岩田書院、二〇一〇)、桜井英治「中世職人の経営独占とその解体」(『日本中世の経済構造』岩波書店、一九九六(初出一九八七))。

(53) 菅原正子「遊女の座と久我家」(『中世の武家と公家の「家」』吉川弘文館、二〇〇七(初出一九九五))。

第二部

〈遊女〉集団の構造

第二部では、〈遊女〉の生業を支える集団の構造について考察する。従来の研究では〈遊女〉そのものに関心が集中し、その周辺に存在する従者や家族については顧みられることがなかったが、中世の職業的な集団が基本的に〈イエ〉の集合体であり、〈遊女〉の生業も〈イエ〉を挙げて営まれていたこと（大江以言「見遊女」）を踏まえれば、こうした〈イエ〉を成り立たせる要素をトータルに把握する必要がある。これらの作業を通じて、中世〈遊女〉像の立体化を目指したい。

第五章

「遊女」集団の内部構成

前章では寺社による〈遊女〉の支配について述べたが、こうした支配を〈遊女〉の側から眺めるとどのように見えるであろうか。本章では「遊女」集団の内部構成を分析することで、寺社あるいはその他の上部権力と「遊女」集団との関係をより具体的に明らかにしてみたい。分析の素材としては、従来の遊女史研究で言及されることのなかった『正安三年（一三〇一）業顕王西宮参詣記』一二月九日条を用いる。[1] まず該当部分を掲出しておく。

申刻、藤成（和気）朝臣来有二盃酌一、以成同来也。兵庫遊君十二人参上、皆装束也。長者〈愛王〉、左脇〈阿子〉、右一〈吉祥〉、左二〈正〉、右二〈薬師〉、左三〈千世一〉、右三〈千相〉、左四〈千熊〉、右（ママ）〈弥石〉、左五〈千世一〉、右五〈三て（カ）〉、末座〈幸（カ）〉、如レ此。仍予出座、及二深更一有二盃酌一。檀紙五十帖留事、内々申二子細之旨一候間、代物五百疋給レ之了。

第一節　座的構成

右の史料を一読してまず気付くのは、兵庫遊君一二人が明確な臈次制をとっていることだろう。「遊女」集団が臈次制をとることは、『山槐記』安元元（一一七五）年八月一六日条「法皇若宮〈……実遊女一臈腹、号二丹波局一……〉」の記事から後藤紀彦が既に指摘しており、[2] これを長者に率いられた座的集団、あるいは桜井英治に倣って「物型」組織と呼ぶことができる。[3]

（1）未刊史料を読む会編『正安三年業顕王西宮参詣記』一九九八。
（2）後藤紀彦「遊女と朝廷・貴族」（『週刊朝日百科三　日本の歴史　中世Ⅰ―③　遊女・傀儡・白拍子』朝日新聞社、一九八六）。
（3）桜井英治「職人・商人の組織」（『日本中世の経済構造』岩波書店、一九九六（初出一九九四））。

兵庫遊君の場合、長者から末座に至る一二人が明らかに一つのユニットを成している点が注目されるが、座的集団一般のあり方に照らせば、この一二人は集団の執行部を構成していたと見てよいだろう。『感身学正記』弘安八（一二八五）年八月一三日条には、同時期の兵庫における「一千七百余人婬女等」の持斎が記録されており——あまりにも数が多いので、「婬女等」には家族・従者等も含まれていると思われるが——執行部の下には多数の一般「遊女」が組織されていたものと考えられる。さて、楢原潤子は遊女集団への纏頭記事を分析し、均分を行う一般遊女と、特別纏頭を受ける長者・上首という二つの階層を見出した。(4) 同様に、座的構成をとる猿楽座の場合、執行部に多くの配分を与える規定が存在していた。(5) 以上を考え合わせれば、「遊女」集団のうち特別纏頭を受ける長者・上首こそが集団の執行部であり、兵庫遊君の一二人は長者・上首層に当たると見られる。また、「遊女」集団内部の配分も、猿楽座の場合と同じく明確な規定——『遊女記』にいう「陳平分肉之法」——に基づいていた可能性が高い。

　大山喬平によれば、「職人」の諸集団を含む「党・一揆・座などは…すべて各段階のイエ相互の結合の形態をとっている」といい、(6) 脇田晴子も座の構成について、「構成メンバーの『家』を単位としており、その戸主の連合ともいえる性格を持っていた」と一般化した。(7) こうした座一般のあり方に照らす時、「遊女」集団もまた〈イエ〉の集合体とみなされる。すなわち脇田は、傀儡子集団を「母系の家族の集合体であり、その女性の家長を構成員とする非血縁の座的集団をもち、その代表者が『長者』である」と説明し、(8) 楢原もまた、遊女・傀儡子の集団は家族（父母夫婿）・住居（宅）・家産（芸能）を有する生活共同体としての「家」を単位として集住していたと論じている。(9) ただし、〈イエ〉の構成員については若干注意が必要で、〈イエ〉は家族以外に下人・所従などの従属的身分を含み込んで成り立っているものと見なければならない。(10) 詳しくは第六章・第九章で後述するが、「遊女」集団でこれに当たるのが、「おほがさかざし《（簦翳）》・ともとりめ《（艫取女）》」（『梁塵秘抄』三八〇）、「ともとり」（『源三位頼政集』一八五）、袋持、(11)「従女」（『今様の濫觴』）、「わがつかふもの」(12)、「付きたるもの」(13)、「女船差」(14) 等の従者的存在であろう。したがって、「遊女」集団は、家族および従者を含んだ経営単位としての「遊女」の〈イエ〉が、相互に結合した集団とみなすことができる。鎌倉期には多数の「遊女」を抱える長者の姿が確認できるが、[15]猿楽座の場合に照らせば、[16]これは長者の〈イエ〉が肥大化して一般の「遊女」を取り込んでいった結果と見るべきだろう。また、傀儡子の「党」（『傀儡子記』）がイエ相互の結合形態であるとの楢原の指摘を踏まえるならば、「党」もまた座的集団として捉え直すことが可能なのではなかろうか。

（4）楢原潤子「中世前期における遊女・傀儡子の『家』と長者」（総合女性史研究会編『日本女性史論集九　性と身体』吉川弘文館、一九九八）。

（5）『申楽談儀』「定魚崎御座之事」、『円満井座壁書』。脇田晴子「中世猿楽座の組織構成」（『能楽からみた中世』東京大学出版会、二〇一三（初出二〇〇二））参照。

（6）大山喬平「中世の身分制と国家」三七五頁（『日本中世農村史の研究』岩波書店、一九七八（初出一九七六））。

（7）脇田晴子「中世芸能座の構造と差別」二五四頁（脇田注5前掲書、初出二〇〇五）。

（8）脇田晴子「中世の分業と身分制」（永原慶二・佐々木潤之介編『日本中世史研究の軌跡』東京大学出版会、一九八八）。脇田は遊女を傀儡子の分化したものと考えている。脇田晴子『女性芸能の源流』一〇四頁（角川選書、二〇〇一）参照。

（9）楢原注4前掲論文。

（10）髙橋昌明「中世の身分制」（『中世史の理論と方法』校倉書房、一九九七（初出一九八四））。

（11）国会図書館本『和漢朗詠注』（伊藤正義ほか編『和漢朗詠集古注釈集成』第二巻上、大学堂書店、一九八九）。中村直美「遊女考」（『佛教大学大学院紀要』三六、二〇〇八）参照。

（12）『藤の衣物語絵巻』第四段詞書。

（13）『閑居友』下―二「室の君顕基に忘られて道心発す事」。

（14）『兵範記』保元三年一〇月一九日条。

（15）『とはずがたり』巻五、『藤の衣物語絵巻』第三段詞書、仮名本『曽我物語』巻六（大磯の盃論の事）等。

（16）脇田注5前掲論文、および脇田注7前掲論文。

第二節　左方・右方

『正安三年業顕王西宮参詣記』を見て次に気付くのは、兵庫遊君が左方・右方の組織に編成されていることである。ここで、豊永聡美が『明月記』建仁元（一二〇一）年三月一九日条「遊君両方」の記載を基に推定した、「江口方」「神崎方」の存在が想起される。[17]もちろん、江口方・神崎方がそれぞれに長者を戴する別集団であるのに対して、兵庫遊君の左右方は同一集団内での編成である点異なっているのだが、江口・神崎「遊女」の終見時期と兵庫遊君の初見時期が重なることから、両者の間に何らかの関係を考えてみる必要があると思う。

すなわち、江口・神崎「遊女」は『勘仲記』弘安七（一二八四）年一一月一三日条「神崎遊女参入」の記事以降所見が減少し、元弘三（一三三三）年について述べた『太平記』巻七「千剣破城軍の事」の「諸大将の陣々には、江口・神崎の傾城どもを呼び寄せて、様々の遊をぞせられける」が終見とされている。[18]一方、兵庫遊君については前掲『感身学正記』弘安八年八月一一・一三日条、

十一日、著㆓兵庫㆒。
十三日、於㆓安養寺㆒、九百七十二人授㆓菩薩戒㆒。随㆑分殺生禁断状。一千七百余人姪女等毎月持斎〈随㆑分不㆑定㆑日六斎等也。或一日二日〉。

の記事が初見であり、これは同時に兵庫の初見ともされている。[19]同じ弘安八年には、『実躬卿記』一〇月二一日条にも、

（注、亀山上皇）自㆓福原㆒、出㆓兵庫嶋㆒、歴㆓覧和多御崎・経嶋〈略〉㆒。数百艘舟繋㆓此入海㆒者也。遊君等差㆑笠、棹㆓扁船㆒、

廻レ汀、各施二郢曲一、是臨幸間為レ構二見参一歟。

との記事があり、正慶元（一三三二）年八月日付「東大寺八幡宮神人等中状土代」（『東大寺文書』一三九一、『鎌倉遺文』三一八〇四）では、「東西両地頭・預所・土民以下至二遊君等一」が「烈参」を行っている。徳治二（一三〇七）年から一〇余年をかけて完成した『法然上人絵伝（四八巻伝）』巻三四第三段で、摂津国経の島の場面に「遊女」およびその従者と見られるグループが二組描かれており【二六六頁　図14・15】、真光寺本『遊行上人縁起絵』巻一〇第一段で、正安四（一三〇二）年の兵庫を描く中に遊女の船が見えるのは【二三四頁　図12】、右の如き状況を踏まえた描写に違いない。こうした時期的な重複と、兵庫遊君が当初からかなり大きな集団として現れる点とを考え合わせると、江口・神崎から兵庫への漸進的な移動が起こった可能性が高い。

滝川政次郎は江口・神崎の衰微を①白拍子の出現、②福原遷都・鎌倉開府、③日宋貿易に伴う室津の繁栄の三点から説明したが、[20] 江口・神崎の終見時期との間に時期的な開きが大きい。一方、大村拓生は近年、一三世紀後半に大阪湾岸の再編が起こり、散在していた港湾が「兵庫」「尼崎」「渡辺」等の都市に収斂すると指摘しており、[21]「遊女」集団の移動はこうした地域再編の動きと連動していると考えられる。神崎に近い尼崎ではなく、兵庫に移動する理由は不明だが、大村の指摘する土砂堆積の問題を考慮に入れるべきだろう。

---

(17) 豊永聡美「中世における遊女の長者について」（安田元久先生退任記念論集刊行委員会編『中世日本の諸相』下、吉川弘文館、一九八九）。

(18) 注2前掲書所掲年表。

(19) 大村拓生「流通経済の進展と悪党」（新修神戸市史編集委員会編『新修神戸市史歴史編Ⅱ　古代・中世』、神戸市、二〇一〇）。

(20) 滝川政次郎『江口・神崎』二一二〜二一三頁、至文堂、一九七六増補（初出一九六五）。

(21) 大村拓生「都市史における一四世紀の位置」（『日本史研究』五四〇、二〇〇七）、同「港湾の発展と商工業」（尼崎市立地域研究史料館編『図説尼崎の歴史』上、尼崎市、二〇〇七）、同注19前掲論文。

一三世紀後半には、「遊女」集団の側においても、本拠地移転を受容し得る状況が生じていた。中世前期の「遊女」は今様を生業としていたが、その今様の正統性は青墓などの居住地と結び付いたものであり、また今様の詞章理解を共有し得る今様圏＝流布圏の観点からも居住地は重要な意味を持っていたと考えられる。このため、一二世紀から一三世紀前半にかけての「遊女」は何らかの事情で本拠地を離れる場合にも、本拠地との連絡を取り続けていた。一三世紀後半になって大規模な居住地の移動が可能になるのは、この頃今様の流行が本格的に衰退し、本拠地への執着が薄らぐことによるのであろう（第八章後述）。

以上よりここでは、「江口方」「神崎方」が再編された結果「左方」「右方」になったものとひとまず考えておきたい。このように「遊女」集団の変容には、芸能と居住の論理が影響を与えていた可能性がある。

第三節　長者と﨟次

座的集団において、通常は一﨟が長者・兄部とされ、左右の組織がある場合にはそれぞれに長者・兄部が存在する。その上に立つのは「惣長者」「惣兄部」であるのが普通である。[22] しかし兵庫遊君の場合、左右の一﨟は「脇」であって「長者」とは分離している。この点は、網野善彦が豊富な事例で示したように、長者が相伝・補任される「職」の一つであり、[23] 本来座内部の﨟次制とは別の論理に立つと見ることで理解可能となる。

脇田晴子は夙に「かかる（引用者注、入座年齢順）構成を持つ座のおとなを、領主寺家は作手に補任し、あるいは兄部に補任し、自治組織をもった座を把握し支配しようとつとめる」と述べていた。脇田は、「基本的には﨟次による座内部の身分的平等性と、その原則にもとづいた領主の作手、兄部補任権の存在を見ることができよう」として、﨟次原理が補任権者によって尊重されたことを強調するが、[24] 裏返して言えば、補任権者にとって、﨟次原理は相伝原理（譲与・世襲・買得など）・技能原理（器量）などと並ぶ選択肢の一つに過ぎないのであり、長者職の進止（補任・改替）は本来的に臈次原理から自由なものと理解される。[25] したがって、兵庫遊君の長者が左右方の上位のみに存在するのは、長者職補任のバリエーションの一つと見て差支えない。

さて、兵庫遊君の長者を右のように理解する時、江口・神崎段階の長者についても、臈次と分離していると考えた方が整合的である。即ち、『長秋記』元永二（一一一九）年九月六日条には、

過二江口一之間、遊女群参。長者孫々□熊野自レ本在二此船一。為二饗応一書二長者譲文一、令レ加二孫母子判一、給二熊野一。件孫母子預二纒頭一。又戸々子母給レ扇。

とあり、欠損が見られるものの、源師時によって「長者譲文」が作成され、「熊野」に与えられた事がわかる。師時がこうした権限を有した背景については成案を得ないが、[26] この時判を加えた「母子」すなわち長者「孫」とその娘は、元々長者職に関する権利を有していたものと考えられる。[27]「尾張国橋下遊君長者忌日。前長者女也」（『法華滅

（22） 例えば日吉神人の場合、右方御酒一膳座兄部・御油座兄部・左方荘厳供兄部らの上位に惣兄部が存在し、日吉大津神人の場合にも「日吉社大津左右方神人長者等」とあって左右それぞれに長者が存在する。

（23） 網野善彦「『職』と職能民─惣官・兄部・長者」（網野善彦・横井清『日本の中世六　都市と職能民の活動』中央公論新社、二〇〇三）。

（24） 脇田晴子「中世商工業座の構造と展開」四五七頁（『日本中世商業発達史の研究』御茶の水書房、一九六九（初出一九六二・六四））。

（25） 進止権の問題に関しては新田一郎「『相伝』」（笠松宏至編『法と訴訟』吉川弘文館、一九九二）を参照した。なお、桜井英治が三条釜座の分析に際し、職人役動員のために公儀によって世襲制的に任命される大工（大工所）と、年臈制的原理に立つ年寄（座頭）の存在を指摘している点も参考になる。桜井注3前掲論文。

（26） 久保田収「伯家と西宮」（『神道史の研究　遺芳編』皇学館大学出版部、二〇〇六（初出一九七四））は、当該記事によって、広田社が村上源氏一族から顕房流を介して白川家へと伝領されたと推測するが、なぜ村上源氏が広田社の本所となるのかは説明しておらず、俊房流の師時と顕房流との関係も不明である。

（27） 楢原注4前掲論文は欠損箇所を「長者孫々相伝之熊野」と推定し、「孫母子判」を「孫に当たる熊野をも含めた女三代の判を連判し…長

罪寺年中行事』六月二八日条）の事例を合わせ見る時、「遊女」の長者は臈次原理と無関係に世襲される場合が多かったことがうかがわれるだろう。

長者の地位が補任に立脚するものであるとすれば、長者は補任権者により近い存在であり、脇田の指摘の如く、補任権者は長者を通じて座の把握を行ったものと推測される。ここで注目したいのは、「長者」の初見に先行して「上首」が見えている点である。管見の限り「長者」の初見は『新猿楽記』（治暦二（一〇六六）年頃成立）の「十六女〔君イ〕者、遊女・夜発之長者、江口・河尻之好色也」であるが、これより早い永承三（一〇四八）年には「其次袖〔抽〕下為二上首一之者両三〈観童・右衛門・阿古木〉上、諸大夫被レ物」の記事が確認される。[28] 両三人が他の遊女たちとは別個に特別纏頭を受けていることから見て、この「上首」が遊女集団の上層部を指すことは疑いない。かなり時代は下るが、『大乗院寺社雑事記』文明七（一四七五）年正月七日条で「上首」に「ヲトナ」の傍訓が振られているように、上首は所謂オトナ層に当たるものと見てよいだろう。このことは、各地に集住していた「遊女」たちの中に、階層性を持った社会集団としての遊女集団がまず先行して成立し、その後、上部権力によって集団が捕捉される際に長者が設定されたことを意味しているものと推察される。[29] つまり長者は、上部権力の側から見る時、自立的な「遊女」集団に打ちこまれた支配のくさびとみなすことが可能であろう。もちろん、長者とされるべき人物は集団内に一定の地歩を有する必要があり、また長者の側にとっては自身の利害が第一に優先されるものと考えられるが、少なくとも従来のように、長者を単に集団の代表者、最長老と捉えることは適当でない。[30]

長者の初見時期にも着目したい。前章第三節で、寺社の「遊女」が芸能に規定される存在であったことを述べたが、長者が初見する一一世紀半ばは、「遊女」の芸能性が顕著になっていく時期である。詳しくは第八章第二節で後述するが、一一世紀以降の今様流行と軌を一にして、一一世紀半ばには遊女・傀儡子の呼称が呼び分けられるようになっていく。[31] それ以前の「遊女」が和歌を詠みつつも売春性を強く有していたのに比して、この時期には「遊女」の芸能性が前面に出てくるのである。「長者」の成立は、当然こうした動きに対応したものと考えてよい。この時期の「遊女」集団を支配した上部権力を具体的に指摘することはできないものの、その支配の目的は「遊女」の芸能にあった可能性が高い。だからこそ、今様が衰退し「遊女」が芸能性を減退させる鎌倉中・後期には、拝殿「遊女」の所見が途絶えるのである（第四章）。なお、補任権者とその目的を如上に想定すると、「『宿長者＝遊女長者』という等式はそのままでは成り立ちえない」とした網野の指摘(32)が的を射ているように思えるが、この点は後考

者の正当な後継者である熊野に与えられた」と解したが、被譲与者の署判は一般的とはいえないのではないか。用語面でも「孫々」は「子々孫々」の形で所見するのが普通で、また女三代を指して「孫母子」といった用例は管見に入らない。一方で「人名＋母子」の用例は多く確認されるため、滝川注20前掲書のように「孫」を遊女名ととるべきだろう。傀儡子の事例だが、人名「孫君」が『本朝無題詩』巻二に見える。服藤早苗『古代・中世の芸能と買売春』一〇三頁（明石書店、二〇一二）は欠損箇所を「長者孫母子・熊野」と読み、「孫母子」という遊女名ととるが、類例がなく、また一〇五頁で「戸々母子《ママ》」を戸々とその子としている点とも整合しない。

(28)『宇治関白高野山御参詣記』永承三年一〇月二〇日条。翻刻は末松剛「『宇治関白高野山御参詣記』（京都府立総合資料館本）の紹介と諸本について」（『鳳翔学叢』五、二〇〇九）によった。

(29) 中世非人をめぐる議論が参考になる。黒田俊雄「中世の身分制をめぐって」（『黒田俊雄著作集』六、法藏館、一九九五（初出一九八三））、塚田孝「近世身分制研究と非人論の見地」（塚田孝ほか『賤民身分論』明石書店、一九九四（初出一九八九））および「徹底討論 近世身分制と被差別身分」（前掲『賤民身分論』）での同氏発言、三枝暁子「中世における社会集団の編成原理」（『部落問題研究』一八九、二〇〇九）などを参照。

(30) 長者のあり方は集団によって多様であるが、長者と上首層・一般成員との潜在的乖離に関しては、例えば表章が指摘した猿楽座の「長」の「遊離」性や、清水坂非人長吏と「長吏之下座」八人との対立にこれを看取できるだろう。表章「大和猿楽の『長』の性格の変遷」（『大和猿楽史参究』、岩波書店、二〇〇五（初出一九七六～七八））、大山喬平「奈良坂・清水坂両宿非人抗争雑考」（注6前掲書、初出一九七六）。

(31) 例えば文献上の初見である『競狩記』昌泰元（八九八）年一〇月二〇日条「盃酒通宵笛歌送レ暁。…又遊女数人入来在レ座。好風朝臣、数称ニ旧少将一、探ニ其懐一、吮ニ其口一、戯言多端、不レ可ニ〔具言〕一」には、施芸をうかがわせる記述がない一方、性愛の対象としてのあり方が直接的に表現されている。

(32) 網野注23前掲論文一〇八頁。

を期したい。

以上の考察を踏まえると、前章で見た寺社の「遊女」支配も、長者を通じて自立的な「遊女」集団を把握することによって行われていた可能性が高い。一方、「遊女」集団の形成が上部権力による支配に先行している点から、そうした支配は集団の存立にとって本質的なものではなく、あくまで外在的なものであったと考えられる。むしろ、今様・売春などの生業こそが、集団存立の基礎をなしていた。

第四節　まとめ

本章では、『正安三年業顕王西宮参詣記』の分析を通して、「遊女」集団のあり方を考察してきた。論点は以下の通りである。

①「遊女」集団は〈イエ〉を基礎とする座的構成をとっており、内部に長者・上首・一般「遊女」といった階層性を有していた。この集団は、執行部と内部規範とを持つ自立的な集団であった。

②このうち長者の地位は、上部権力からの補任に基づく点で他の「遊女」とは異質であり、﨟次原理からも遊離していた。寺社などの上部権力は長者を通じて集団全体を掌握していたものと思われる。

③長者の初見が今様の流行り始める一一世紀半ばである事から、上部権力による「遊女」集団の支配は、当初から今様奉仕を目的としていた可能性が高い。

④「遊女」集団の形成が上部権力による支配に先行している点から、そうした支配は集団の存立にとって本質的なものではなく、あくまで外在的なものであった。そうした「遊女」集団の形成・解体には、今様の伝承と関

わる居住の論理が影響を与えていた可能性がある。

このように、「遊女」集団の存立を根底から支えていたのは、上部権力との関係ではなく、今様・売春などの生業であった。「遊女」と上部権力との関係を強調する「職能民」論には、この点で限界が存在する。

さて、集団存立に果たす生業の重要性を踏まえるならば、鎌倉中・後期に今様の流行が衰微することは、「遊女」集団にとって、また「遊女」集団と社会との関係にとって、少なからぬ影響を与えたと推測される。この点については、第八章で改めて論じたい。

第六章

「遊女」集団の階層性

第一節　『遊女記』の所得記載

本章の目的は、大江匡房『遊女記』難読箇所の読解を通じて、中世遊女集団内外の諸身分について考察する点にある。まず『遊女記』の本文を掲げる（テキストは付論三の校異作業を踏まえたもの。改行や句読点・訓点等の記号は全て筆者による）。

①

自二山城国与渡津一、浮二巨川一西行一日、謂二之河陽一。往二反於山陽・南海・西海三道一之者、莫レ不レ遵二此路一。江河南北、村邑処々、分レ流、白〔向〕二河内国一。謂二之江口一。蓋典薬寮味原牧、掃部寮大庭庄也。到二摂津国一、有二神埼・蟹嶋等地一。比レ門連レ戸、人家無レ絶。倡女成レ群、棹二扁舟一、着二旅舶一、以薦二枕席一。声遏二（1）漢〔渓イ〕雲一、韻飄二水風一。経廻之人、莫レ不レ忌〔忘〕レ家。洲蘆浪尤〔花〕、釣翁商客、舳艫相連、殆如レ無レ水。蓋天下第一之楽地也。

②

江口則観童為レ祖、中君、小馬、白女、主殿。蟹嶋則宮城為レ宗、如意、香炉、孔雀、三枚。神埼則河孤姫為二長者一、孤蘇、宮子、力命、小児之属。皆是倶尸羅之再誕、衣通姫之後身也。上自二卿相一、下及二黎庶一、莫レ不下接二林〔牀〕第一施中慈愛上。又為二人妻妾一、没レ身被レ寵。雖二賢人君子一、不レ免二此行一。南則住吉、西則広田、以レ之為下祈二徴嬖一之処上。殊事二百大夫一。道祖神之一名也。人別剋レ之、数及二百千一。能蕩二人心一、又土風而已。

③

長保年中、東三条院参二詣住吉社・天王寺一。此時禅定大相国被レ寵二小観童一。長元年中、上東門院又有二御行一。此時宇治大相国被レ賞二中君一。延久年中、後三条院同幸二此寺社一。狛犬・犢等之類、並レ舟而来、人謂二神仙一。近代之勝事也。相伝曰、雲客風人、為レ賞二遊女一、自二京洛一向二河陽一之時、愛二江口人一、刺史以下、自二西国一入レ河之輩、愛二神埼人一。皆以二始見一為レ事之故也。

（1）本間洋一『本朝無題詩全注釈』一（新典社、一九九二）二〇七～二〇八頁の大江匡房「傀儡子孫君」語釈、および山崎誠『江都督納言願文集注解』（塙書房、二〇一〇）五九〇～五九五頁を参照。

④ 所レ得之物、謂二之団手一。及二均分之時一、廉恥之心去、忿厲之色興。大小諍論、不レ異二闘乱一。或切二麁絹尺寸一、或分二粳米斗升一。蓋亦有二陳平分肉之法一。其豪家之侍女、宿二上下船一之者、謂二之湍繕一、亦称二出遊一。得二少分之贈一、為二一日之資一。爰有二髫俵絧絹之名一。舳取登指。皆出二九分之物一、習俗之法也。

⑤ 雖レ見二江翰林序一、今亦記二其余一而已。

私見では、同史料は大きく五つの段落に分けられる。すなわち①では遊女集住地の地理と景観が、②では遊女の代表例とその生態が、③では客に関する事柄が、④では遊女の所得が述べられ、⑤の跋文で先行文献との関係を明示して結びとなる。このうちの④が、本章で問題とする箇所である。

『遊女記』の注釈は度々試みられている。比較的まとまったものとして、

1. 滝川政次郎『江口・神崎』至文堂、一九七六増補（初出一九六五）
2. 大曾根章介校注「遊女記」（山岸徳平ほか校注日本思想大系八　古代政治社会思想』岩波書店、一九七九）
3. 西山良平「遊女」（部落問題研究所編『部落史史料選集』一、部落問題研究所出版部、一九八八）
4. 小峯和明「『遊女記』贅注」（『院政期文学論』笠間書院、二〇〇六（初出一九九四））
5. 田中嗣人「「遊女記」について」（『華頂博物館学研究』五、一九九八）
6. 渡邊昭五『梁塵秘抄にみる中世の黎明』岩田書院、二〇〇四
7. 服藤早苗『古代・中世の芸能と買売春』明石書店、二〇一二

などが挙げられる（以下、諸註釈の引用は右の算用数字によって示す）。所得記載の前半部は諸注釈間の一致が大きく、筆者としても大きな異論はない。一方、後半部については、「舳取登指」の解釈を中心としていくつかの新解を呈示できる。以下では、所得記載を三つの部分に分けて私見を述べたい。

第二節　「遊女」の所得とその分配方法

ここでは「所得之物謂之団手~蓋亦有陳平分肉之法」の部分について述べる。当該箇所が遊女の所得とその分配方法について述べていることは疑いがない。

所得の名称として、ここでは「団手」という言葉が使われているが、この用語は和漢に用例がなく、諸註釈も文脈から「纏頭」「玉代」「花代」等としている。ひとまず、1が「『手』は料金の意」としている点は首肯されよう（二四二頁）。

「団手」の分配に関しては、『呉書』韋曜伝「廉恥之意弛、而忿戾之色発」によりながら、遊女たちの争うさまが述べられる。ここで問題となるのは、そうした分配の形式が「均分」であり、「陳平分肉之法」と表現されている点である。「陳平分肉」は『史記』陳丞相世家二六によったもので（6）、陳平が祭礼用の肉を非常に公平に切分けた故事に由来する。遊女の場合には絁絹（生絹）やうるち米を厳密に分配するわけだが、その分配に「法」が有るという記述は、分配が一定の規範に基づいてなされるもので、集団全体への纏頭がなされた場合には常に「均分」が行われたことをうかがわせる。

遊女集団が実際に纏頭物の「均分」を行っていたことは、次の記録から判明する。

【史料一】『宇治関白高野山御参詣記』永承三（一〇四八）年一〇月二〇日条(2)

（2）翻刻は末松剛「『宇治関白高野山御参詣記』（京都府立総合資料館本）の紹介と諸本について」（『鳳翔学叢』五、二〇〇九）を基にしたが、一部私意を加えている。

江口・神崎遊女等、連レ笠争レ棹〔楫イ〕各以率参。高年衰邁之者、強衒二客〔容〕色一、求レ入二具〔見〕参之烈〔列〕一。壮齢歌咲〔唱イ〕之輩、各慗〔整〕二衣裳一、偏待二余恩之及一。過二御山崎橋下一之間、分二給桑糸二百疋〈納殿〉・米二百石〈播磨・伊予〉一、所二返遣一也〈上下各同数〉。其次、袖〔抽〕下為二上首一之者両三〈観童・右衛門・阿古木〉上、諸大夫被レ物、蓋依二御定一也。其後亦参二御船之辺一、有二纒頭事一。

ここでは、遊女集団に対して大量の桑糸と米が与えられているが、「上下各同数」という記述から、その分配に際して「均分」が行われたことが判明する。楢原潤子は【史料一】などをもとに遊女集団の階層性を論じ、米・絹（ここでは桑糸）など集団全体に対して与えられる多量の（分配可能な）纒頭物を平等に分けあう一般の遊女たちと、衣などの特別な（分配不可能な）纒頭を与えられる長者・上首という二つの階層を見出した。[3]また筆者は前章で、臈次制に基づく遊女集団の座的構成を分析する中で、長者・上首が集団執行部を意味していることを明らかにした。これらを踏まえると、遊女集団では臈次階梯制に基づく内部序列と、集団執行部／一般構成員という階層性とに立脚して纒頭物の分配規定が慣習法的に定められており、私見では、この分配規定こそが「陳平分肉之法」であると考えられる。

さて、遊女集団の分配規定を右のように想定する時、鎌倉期の猿楽座における分配規定の存在が、その性格を考える上で役立つだろう。[4]分配規定が判明する猿楽座のうち、平等性が強く「古風」と評される円満井座では、以下のように規定されている。

【史料二】「円満井座壁書[5]」

一、長殿の御得分三ぶ〔分〕。二座、三座、六位までは二ぶ半づゝ。其次より、推並て二ぶづゝ。子座は一つづゝ。十四才迄は子座、十五才より大座。

これによれば、円満井座の内部には、一五歳以上の所属する大座と、一四歳以下の子座の二座がある。座集団全体で獲得した得分は構成員全体で分配し、その比率は、大座の長が三、二～六﨟が二・五、七﨟以下が全員二、子座構成員は全員一、という形になる。長（一﨟）から六﨟までは集団執行部の可能性が高いので、この規定では大座執行部が多くの得分を得る一方、それ以外の一般構成員は基本的に均分を行っていることになる。結崎座の場合には、以下のように規定されている。

【史料三】『世子六十以後申楽談儀』「定魚崎御座之事[6]」

一、得分ノ事。三、長殿。二、端居。三座、一分半。マタ、一ヲ三ニ分ケテ、四座ヨリ六位マデ、分ケテ取ルベシ。又、中座ノ一﨟ハ、二分。中座ノ端居ハ、三ヒトツ取ラセ給ウベシ。コノ外、四カウ《（酒肴カ）》モ禄モ、座振ニ分クベシ。

ここでの比率は大座（上座）の長が三、二﨟が二、三﨟が一・五、四～六﨟が三分の一、中座の一﨟が二[7]、二﨟

(3) 楢原潤子「中世前期における遊女・傀儡子の『家』と長者」（総合女性史研究会編『日本女性史論集九 性と身体』吉川弘文館、一九九八）。なお、服藤早苗は7において「纏頭は遊女の上首に与えられる」（五六頁）、「長者に一括して給与された米や絹の纏頭を分ける」（六二頁）と述べているが、集団全体への「分給」と上首への被物・纏頭は別に行われており、楢原の解釈が妥当と考える。

(4) 以下、猿楽座に関する記述は脇田晴子「中世猿楽座の組織構成」「中世芸能座の構造と差別」（ともに『能楽からみた中世』東京大学出版会、二〇一三（初出二〇〇二・〇五））による。

(5) 表章・伊藤正義校注『金春古伝書集成』わんや書店、一九六九。

(6) 表章・加藤周一校注『日本思想大系二四 世阿弥・禅竹』岩波書店、一九七四。

(7) 注6前掲書の頭注では「三分の一」と解釈する。脇田注4前掲「中世猿楽座の組織構成」は、「普通は『三分』といえば、円満井座の場合のように『三ぶ』とあるように、三分と解釈するのが普通である」としながらも、「三分の一なのかとも思う」と述べている。管見では、「n分」のみで「n分の一」を示す用例は見当たらないので（第四節に後述）、ここでは「三分」を意味していると解したい。

が三分の一となっており、大座・中座ともに一般構成員に対する分配規定が見られない。また、配分比率の格差も大きく、円満井座に比べると、集団の平等性が弱いといえよう。

このように猿楽座の場合には、集団全体で獲得した得分を分配するにあたって、執行部により多くの得分が渡る仕組みになっている。これと比べると、遊女集団の場合、集団全体で獲得した得分を「上下各同数」に「均分」しているので、比較的平等性の強い集団といえそうである。

以上より、『遊女記』の当該箇所は、座的集団に組織され、集団内慣習法の適用圏内にある遊女について語っていよう。

第三節　「遊女」の競合者

次に、「其豪家之侍女～得少分之贈為一日之資」の部分について述べる。

「其」は「その」と訓まれてきたが（2・4・5・7）、ここで話題が変わることは明白なので、「発語の辞」（『大漢和辞典』）とみて「それ」と訓じた方が的確であろう。

「豪家」は、延喜二（九〇二）年三月一三日付太政官符[8]に例がある。百姓が課役を遁れるために「好属二豪家一」するとあるが、この「豪家」は院宮諸家などの「権門」を指している。降って建久二（一一九一）年三月二二日付後鳥羽天皇宣旨[9]や建治三（一二七七）年一二月日付金剛峯寺衆徒置文写[10]では「権門」と「豪家」とが対句を構成しており、弘安四（一二八一）年三月二一日付関東御教書[11]にも「権門豪家之仁」という記述がある。以上より、「豪家」は権門勢家を指すことが明らかである。

「侍女」は、大江匡房『続本朝往生伝』に二例見える。第三八段では、参議藤原兼経妻（敦家母）の臨終の際、異香が室に満ち、「敦家朝臣并侍女之衣」が深くその香に染みたという。室内において主人の臨終に立ち会っていることから、「侍女」は半物などの下女層ではなく女房層を指している。第四一段では、従四位上賀茂保憲孫の比丘尼縁妙が、在俗時には「二条関白之侍女」であり、「監君」という女房名を持っていたとする。以上の二例から、同じ匡房の手になる『遊女記』においても、「侍女」は下女層ではなく女房層を指している可能性が高い。(12) 以上より、当該箇所は遊女ではなく、権門勢家の女房について語っているとみなし得る。

問題は「上下の船に宿する」ということの内容であるが、先行注釈では「出遊」の字義から、「豪家の侍女のアルバイトであって、彼等はこのアルバイトに出かけることを『出遊《いであそび》』といっていた」とする1（一八六頁）の解釈がその後も継承されており、「湍繕」も未詳ながら「出遊」に準じて解されてきた。(13) 女房が船に乗って売春ないし侍宴などの遊女に類した行為を行い、それによって収入を得ていたことを示す明証は管見に入らないが、7では困窮する女房たちの考察によって右の通説的理解を補強している。すなわち、『今昔物語集』などの史料には、中媒（斡旋人）の紹介によって男性と性愛関係を結ぶ女房や中下級貴族女性の例が散見し、その多くは身寄りのない不安定な生活を送っていたことがわかるとした上で、当該箇所についても「少分の贈を得て一日の資と為す」という記

---

(8) 『類聚三代格』一九および『本朝文粋』二所収。

(9) 『三代制符』、『鎌倉遺文』五二三。

(10) 『高野山文書又続宝簡集』一二七、『鎌倉遺文』一二九五七。

(11) 『紀伊金剛三昧院文書』、『鎌倉遺文』一四二六九。

(12) 平成二四年度中世歌謡研究会大会の席上において、姫野敦子氏から、遊女の有力者の従者を「豪家の侍女」と表現した可能性はないのか、とのご意見をいただいた。後述する所得記載の構成にも関わる重要な指摘であるため検討を加えたが、管見ではこの解釈に資する史料を見出せなかった。このため、ここでは複数用例から導かれる「権門勢家の女房」としての解釈を呈示した。

(13) 「湍繕」には「速く繕ろう転じて売春のみを専門とする所謂ショートのことか」（5、七頁）とする見解もあるが、「湍」は水の流れの速いことをいうのでやや無理があろう。

述に困窮のニュアンスを読み取っている。[14] 中下級貴族出身の女性が遊女・白拍子になっているわずかな事例を見ても、父の死や没落が前提されているようであり、[15] 7の理解は妥当であると考える。酒宴での同座や人前での歌謡等に関して、遊女と女房の行動規範に大きな違いがあることは次章に述べるが、女房がそうした行動規範の違いを乗り越えて遊女に類する行為に及ぶ上では、生活の困窮という切実な理由が必要とされたに違いない。

なお、遊女集団と「湍繕」「出遊」との関係に関しては、「そのままズルズルと本職の遊女の仲間になってしまったであろう」（1、一八七頁）・「娼家に属せぬ素人の売色」（2）等として両者を（一応）切り離す見解と、「組織の中への出入りも比較的フリーであったらしく、アルバイト的な女性も多かったらしい」（6、一九三頁）等として同一集団内の存在とみなす見解とで相違が見られる。しかし遊女集団が臈次制に基づく年齢階梯制をとっている以上（第五章参照）、集団への出入りは「フリー」ではあり得ない。「湍繕」「出遊」が「陳平分肉之法」の適用を受けていない点からみても、彼女たちは遊女集団の外部にあったとみなすべきだろう。遊女集団の側からみれば、彼女たちは当然排除すべき競合相手として映ったのではないかと思われるが、この点は推測にとどまる。

以上、当該箇所では、座的集団の外部にあるために集団内慣習法の適用を受けず、女房としての身分を別に保持する「湍繕」「出遊」身分について語られる。

第四節　「遊女」の従者たち

ここでは「最も難解な箇所」（4）とされる「爰有髻俵絅絹之名～習俗之法也」の部分を扱う。

「爰」には、「上を承けて下を起こす詞」として「ここにおいて」「すなはち」と訓む場合と、「発語の助辞」として「ここに」と訓む場合とがある（『大漢和辞典』）。前者は前文と連続し、後者は前文と断絶する。このことは「湍繕」「出遊」と「髫俵絅絹」との関係性に直結しており、先行注釈では「髫俵・絅絹は、このアルバイト遊女を呼ぶ言葉である」（1、一八六頁）・「ここに髫俵（出遊と判るような髪型か）、絅絹（出遊と判る服装か）の名の由来がある」（5、七頁）・「繍絹[16]＝湍繕に似た女性か」（6、一七七頁）等として両者を同一視する見解と、「『髫俵』『絅絹』も大笠をかざしたり、舟の櫓を漕いだりする役割の女たち、もしくは彼女たちの行為やしぐさをさす意味のことばになろうか」（4、一五〇頁）等として両者を切り離す見解とで解釈が分かれている。[17]筆者は以下の三点から後者の立場を採りたい。第一に、匡房の文章において、「爰」には確かに前文を承けている例もみられるが、[18]用例数としては発語の助辞としての用例も同じ程度に存在している。[19]第二に、前文と連続させて訓むとすれば、「得少分之贈為一日

(14) 八五～九三頁。挙げられている事例では比較的持続的な性愛関係を持つ場合が多いが、遊女と客との関係にも持続的な例は見られ、またそもそも婚姻関係や愛人関係と買売春との差異は曖昧なものであるから、この点はさしたる問題とはならない。

(15) 『大和物語』一四六では「うかれめ」のうちに「大江玉淵がむすめと申す者」がおり、「南院の七郎君」に後見が申しつけられている。「玉淵は……歌などよくよみき」と過去形で語られている点からも、玉淵没後、後見を欠いていた事情が示唆されていよう。また、『吾妻鏡』建仁二年三月八日条では舞女微妙の身の上が語られており、父右兵衛尉為成が奥州に放逐され、母が卒去し、兄弟親昵もないため、多年孤独の恨みに沈んでいたとされている。「始めて当道に慣れ」白拍子女となったのは、「漸く長大の今」になってからとされているので、父母の不在が直接白拍子への転身をもたらしたわけではないが、少なくともその前提とされていることは間違いない。次章で詳論する。

(16) 『史籍集覧』『古事類苑』『群書類従』（続群書類従完成会本）のいずれかによった本文と思われる。伴信友自筆校本に由来する用字であり、近世初期の写本には見られない。

(17) なお、3も両者を切り離して理解するが、「湍繕あるいは出遊と言って『豪家之侍女、宿二上下舟一之者』がおり、髫俵や絅絹が『得二少分之贈一、為二一日之資一』と伝える」として、「出遊」の直後で両者を区切っている。

(18) 『続本朝往生伝』（番号は井上光貞ほか校注『日本思想大系七　往生伝・法華験記』岩波書店、一九七四による）七・八・一六・三一・三三・三五、『江都督納言願文集』（番号は山崎注1前掲書による。以下同じ）巻一―2・9・04、巻二―4・5・10、巻三―1・2・25、巻五―14・16・17・25・28。「此の時に当りて」「此の理に因りて」「此の處に於て」「すなはち」等と訳し得る用例を採択した。なお、巻五―22は文頭にないため除外した。

(19) 『暮年詩記』、『江都督納言願文集』巻一―10・11・13・14・17・01、巻二―5・8・14、巻三―15、巻五―2・18・19、巻六―3・15・

之資」と「髻俵絅絹」との間に意味上の繋がりが必要となるが、「髻俵絅絹」は未詳ながらいずれも服飾に関わる字で構成されており、前文の経済的な話題と繋がる可能性が低い。第三に、前段が「豪家之侍女」について語っているのに対し、後段はこのあと述べるように「おほがさかざし」「ともとりめ」について語っている。二つの話題の転換点は、「爰」という助辞に求めるのが自然である。

「舳取登指」について、1は「舳取二登指一」と訓んだ上で、「アルバイト遊女船であることが一見してわかる標識を舳《とも》に掲げておかねばならない」（一八七頁）と解し、2は①登指＝「高い柱」、②「登指」が「簦楫（簦と棹）」の誤り、の二つの可能性を呈示した。3は『新猿楽記』「十六女」についての注釈だが、補説で当該箇所を挙げて「船首に特徴的なシンボルを付けていた」と解している。4は2—②と3の両方を、5は1と2の両方を踏襲している。しかし、「標識」「高い柱」「シンボル」説は証例がなく、「簦楫（簦と棹）」説は舳に簦と棹の両方を取るという点に違和感を感じる。そこで次の史料を参看する時、別の訓みが可能となる。

【史料四】『兵範記』保元三（一一五八）年一〇月一九日条

御船令レ昇[20]二河上一給之間、遊女三艘、自二井堰辺一参会〈三艘六人乗レ之。各着二紅葉・黄菊衣一。有二笠指者一、同着二襲袿一。船差用二男共一、此河女船差有二怖畏一之故也〉

この史料から、『梁塵秘抄』三八〇にいう「おほがさかざし」「ともとりめ」がそれぞれ「笠指者」「女船差」とも呼ばれたことがわかる。さてここで、「登」を「簦」の誤記とした2の指摘を思い起こせば、「登指」＝「簦指」と「笠指」との類似性が見えてくる。「簦」は「オホカサ」とも訓むが、『類聚名義抄』（観智院本・蓮成院本）には「カサ」という訓が見えるので、「簦指」で「かささし」と訓むのであろう。とすれば、残る「舳取」は「ともとり」と訓む可能性が高い。『源三位頼政集』一八五には「ともとりも小舟もみえずたはれめがこゐばかりこそ霧にかくれね」とあるので、「ともとりめ」は単に「ともとり」とも呼ばれていた。「舳」は現在では船首を指して「へ」と訓むが、『新撰字鏡』「舳〈……艫舳止毛〉」、『説文解字』「舳、一曰船尾」、『漢書』武帝紀元封五年冬条李斐注「舳、船後持レ柂處也。艫、船前頭刺レ櫂處也」など、歴史的には船尾を指して「トモ」と訓む説も存在した。(21)以上より、当該箇所は「爰に髻俵絅絹の名有り。舳取《ともとり》・簦指《かささし》なり」と訓むべきと考える。

このように訓むと、「髻俵絅絹」の語についても未詳ながらおぼろげに推測できるようになる。「髻」はたぶさ・もとどりなどの束髪、「俵」は散ることなので、「髻俵」は髪型に関する言葉であろう。「絅」は布の名、「絅」ならば単衣物・うすぎぬ、「絹」はきぎぬ・あらぎぬのことなので、「絅絹」は衣服に関する言葉であろう。「舳取・簦指」は遊女の下人・所従であるから（第九章後述）、彼女たちは髪型や服飾によって主人の遊女と可視的に区別されていた可能性が高い(22)。絵画史料では、垂髪で小袿姿あるいは被衣姿の遊女に対して、「舳取」は元結束髪で小袖袴姿に描かれることが多い。「簦指」は垂髪・小袿姿の場合も、束髪・小袖姿の場合もあるようである。例えば嘉禎三（一二三七）年成立の善導寺本『本朝祖師伝記絵詞（伝法絵流通）』巻三第三段では、一つの船に舳取が一人、簦指が一人見えており、遊女と思われる女性が三人同船している。舳取は垂髪を衣の下に着込めており、簦指は垂髪、掛姿である。遊女のうち二人は扇で顔を隠している【図8】。鎌倉末成立で伝法絵祖本の姿を残すとされる國華本『法然上人伝法絵』残闕一〇では、一舟に三人の女性が見えるが、舳取はなく、簦指は垂髪に描かれている【図9】。仁治二（一二四一）年から弘長二（一二六二）年頃の成立とされる琳阿本『法然上人伝絵詞』巻六第八段では、

19・22。前文（前段）と後文（後段）が直接繫がらない用例を採択した。

（20）『法然聖人絵（弘願本）』巻四では、室津の君の船差を男性として描いている。同図では簦指も男性である。

（21）『新撰字鏡』は昌泰年間（八九八〜九〇一年）の成立。『説文解字』『漢書』は寛平年間（八八九〜八九八年）成立の『日本国見在書目録』に見えている。匡房がこれらを参看した確証はないが、可能性は高いであろう。

（22）保立道久「秘面の女と『鉢かつぎ』のテーマ」（『物語の中世』講談社学術文庫、二〇一三（初出一九八七））。

【図８】善導寺本『本朝祖師伝記絵詞』巻３第３段
中井真孝編『法然上人絵伝集成１　本朝祖師伝記絵詞（善導寺本）』浄土宗、2008による。

舳取が束髪・小袖に笠をかぶった姿で描かれる。船の中ほどには垂髪の女性と被衣姿の女性が描かれ、篙は宙に浮いたように描かれており、位置関係からは被衣姿の女性が持っているように見える【図10】。一方、琳阿本に基づく正安三（一三〇一）年の常福寺本『拾遺古徳伝絵』巻七第六段では、ほぼ同じ構図で、舳取が笠をかぶらない束髪・小袖姿に、垂髪の女性が束髪・小袖姿に変わっており、この女性が篙を持って被衣姿の女性に差し掛けているように見える【図11】。琳阿本は祖本を忠実に写すとされるが、束髪にしたり髪を衣に着込めたりするのが労働上の必要によるという指摘にしたがえば[23]、琳阿本よりも『拾遺古徳伝絵』の方が理解しやすいように思える。元亨三（一三二三）年成立の真光寺本『遊行上人縁起絵』巻一〇第一段では、兵庫の海上に遊女らしき舟が描かれる。舳取は束髪・小袖姿で、腰には褶《しびら》（エプロン）を巻いているように見える。篙指は垂髪・掛姿と思われ、左端の遊女に篙を差しかけている【図12】。『法然上人絵伝（四八巻本）』巻三四第五段は有名な図像であるが、ここでは舳取が束髪・小袖姿、篙指が束髪・掛姿に描かれている。左端の遊女は垂髪・小袿姿である【二四〇頁　図13】。同絵巻の巻三四第三段には、同じような女性三人組が描かれるが、ここでは篙指が束髪・垂髪両様に描かれている。

　このように、絵画史料を通覧すると、舳取・篙指、特に舳取は束

（23）束髪に関しては保立道久「中世絵巻にみる庶民女性の生活誌」（『新装版　中世の女の一生』洋泉社、二〇一〇（初出一九九九））を参照。

【図９】國華本『法然上人伝法絵』残闕10
梅津次郎「新出の法然上人伝法絵について」（『國華』705、1950）による。

【図10】琳阿本『法然上人伝絵詞』巻６第８段
中井真孝編『法然上人絵伝集成２　法然上人伝絵詞（妙定院本）』浄土宗、2008による。

【図11】常福寺本『拾遺古徳伝絵』巻７第６段
正安３（1301）年製作。舳取・篙指は束髪・小袖姿。中央の被衣姿が遊女かと思われる。
中井真孝編『法然上人絵伝集成３　拾遺古徳伝絵（常福寺本）』浄土宗、2009による。

【図12】真光寺本『遊行上人縁起絵』巻10第1段　兵庫の遊女

元亨3（1323）年製作。遊女と簦指は垂髪・小袿姿か。舳取は束髪・小袖姿。宮次男・角川源義編『新修日本絵巻物全集23　遊行上人縁起絵』角川書店、1979より。

髪・小袖姿で描かれることが多い。「髫俵絅絹」は、こうした「舳取・簦指」の髪型や服飾を示す言葉が、「舳取・簦指」自身をも意味するようになったものと解しておきたい。

「九分之物」は、2によって「九は『丸』の誤り。円形を分割した形か半円形をいうか。しるしの紋様」と断ぜられた。これを承けて、4は「丸分之物」を『栄花物語』三一「遊女ども、傘に月を出し、螺鈿・蒔絵さまざまに劣らじ負けじとして参りたり」と関連付け、また5は「九（丸カ）分の物（出遊と判る標識。丸いものか）」が「登指」に掲げられたと推測する。1にいう「標識」、3にいう「特徴的なシンボル」にも、恐らくこうした解釈が含まれているだろう。だが、『遊女記』諸本では「九」の用字で一致していること（付論三参照）、またこれらの解釈では「舳取」と「しるし」との関係が不明であることなどの問題があり、容易に従い難い。むしろ6のように「客から得た所得の九割」と経済的な意味に解した方が、「少分之物」との対応関係が見えてよいのではなかろうか。

その場合、まず「九分」の割合が問題となるが、「分」

には①一定の数量をいくつかに等分すること。また、等分した数量、②全体の数量をいくつかに分ける比率、割合を表す単位、③全体の数量を十等分したものの割合を表わす単位。割、といった意味がある（『日本国語大辞典』）。このうち、①は「n分一」「n分之一」「n分一分」「分n分、以其一…」などの形で表わされ、分母と分子とが必ず記される。②は第二節で見た【史料二】【史料三】や、『尼実阿弥陀仏譲状』[24]「太郎十分、二郎九分、五郎九分」のように、二つ以上の割合を並列する形をとる。当該箇所の「九分之物」は以上のいずれでもないため、③の意味、すなわち「九割の物（金銭）」の意味で用いられているとみなし得る。

次に、「出」の主体を誰に宛てるかによって以下の三通りの解釈が生じる。

A　遊女が、（自らの収入の）九割の物を（舳取・登指に給与として）出す

B　客が、（遊女に与えた報酬の）九割の物を（舳取・登指に報酬として）出す

C　舳取・簦指が、（自らの収入の）九割の物を（遊女に上納として）出す

Aの解釈は著しく不合理であり除外してよい。BとCの解釈はいずれとも決め難いが、『遊女記』所得記載の当該箇所に先行する部分で、「得」「切」「分」などの動詞の主体が遊女に、「宿」「得」「為」などの動詞の主体が「豪家之侍女」に、それぞれ宛てられていることを考慮すれば、「出」の主体を「舳取・簦指」としてCに解することができよう。

舳取・登指の収入を示す史料は殆どないが、『閑居友』下—二「室の君、顕基に忘られて道心発す事」では、遊女が生業を放棄することによって「付きたる者」、すなわち下人・所従が遊女のもとを離れていくとされている。このことは、下人・所従の生活が経済的に強く依存していたことを示しており、私見では、舳取・簦

（24）『鎌倉覚園寺所蔵戌神将胎内文書』、『鎌倉遺文』一二九五五。

指もこうした下人・所従の一部である。Ｃの解釈に立つならば、遊女たちは九割の法外な上納を「習俗之法」として慣習法化することにより、舳取・簦指の従属性を強めていたものと推測される。当然その反対給付として、遊女たちには舳取・簦指に対する給養の義務が課されたはずである。一方で、舳取・簦指の側に立てば、わずかに一割とはいえ独自の収入が確保されており、この収入は遊女の稼ぎに応じて変動する。遊女が生業を放棄すれば、舳取・簦指は遊女からの給養を受けることも、独自収入を得ることも叶わなくなり、遊女のもとを去らざるを得ないと考えられる。

以上、当該箇所では遊女に従属する「舳取」「登指」の身分について語られる。彼女たちは下人・所従であるから、厳密にいえば、〈イエ〉の家長の集合によって成り立つ座的集団の正規構成員ではない。しかし、遊女の〈イエ〉の内部にあって、集団（ないし遊女社会）の周縁部を形成していた。そのために彼らは集団内慣習法の規制を受けることとなるのであろう。

第五節　まとめ

以上に述べ来った本章の理解に基づき、所得記載の構成を改めて概観したい。

Ｉａ（所得記載より前の記述）　…呼称と生態

ｂ所レ得之物、謂二之団手一。及二均分之時一、廉恥之心去、忿厲之色興。
大小諍論、不レ異二闘乱一。或切二麁絹尺寸一、或分二粳米斗升一。
蓋亦有二陳平分肉之法一。　…所得

Ⅱa其豪家之侍女、宿二上下船一之者、謂二之湍繕一、亦称二出遊一。　…呼称と生態

b得二少分之贈一、為二一日之資一。　…所得

Ⅲa爰有二髻俵絧絹之名一。舳取・簦指。　…呼称（と服飾）

b皆出二九分之物一、習俗之法也。　…所得

所得記載は、Ⅰ遊女／Ⅱ湍繕・出遊／Ⅲ舳取・簦指という三種類の身分について言及している。Ⅰの遊女に関しては、『遊女記』のこれまでの記載によって呼称・実態が明らかであるため、所得に関する記載から始まっているが、Ⅱ・Ⅲに関しては呼称と実態を説明した上でその所得について言及する形をとっている。

ⅠとⅢの所得は、ともに「法」に従って獲得される[25]（傍線部）。このことは、両者が恒常的な集団（ないし社会）の内部に属していることを示している。ⅠとⅢとの関係は、集団（社会）内における主従の関係である。一方、Ⅱは「法」の規定を受けない。このことは、Ⅱが集団（社会）の外側にあることを示している。ⅡはⅠに類する行為を行っていた可能性が高く、ⅠとⅡは恐らく競合関係にある。

このように、『遊女記』の所得記載は、遊女集団内外の諸身分とその関係について言及する、稀有な史料である。本章ではその大要を読み取ったつもりだが、いくつかの語については依然として不明なままに残さざるを得なかった。また、湍繕・出遊の存在が集団外にとどまる点は、遊女の流出入を従来よりも限定的に捉え女系再生産を重視する必要性を示しており、同時に遊女集団の範囲や特権、テリトリーの問題などについても考察を要求する。例えば、序論で紹介した加島の遊女「香炉」は、大和守（藤原義忠《のりただ》）の水死によって婚姻関係が解消した後、「ふるきなにはの里にかへる」、つまり本拠地の加島に戻っている（彰考館文庫本『伊勢大輔集』一四八）。『月詣和歌集』八二六に

（25）「法」への着目は菅野扶美氏のご教示による。

は、一一世紀半ば、「りき」という遊女が藤原兼房と諍いをして「家出」したことを載せるが、このとき兼房は橘俊綱に頼んで代わりに「りき」を呼び出してもらっている。「難波がたたのめしことの有りしかば」という和歌から見て、「りき」は本拠地に帰っていた可能性が高い。また本書で何度か触れてきたように、『閑居友』下―二では播磨国室の遊女が中納言源顕基と別れた後、故郷に戻っている。いずれの場合も、戻った時点では遊女として再度働くことが想定されていたと思われる。青墓の傀儡子「目井」は長期にわたって京都に滞在しながら定期的に青墓を訪問しており、何らかの形で傀儡子集団内での地位を保っていたと思しい。このように、集団を離れて暮らしている者の資格がどのように位置付けられているのかなど、全て今後の課題とせざるを得ない。ひとまず私見を述べて、諸賢のご批判を仰ぎたい。

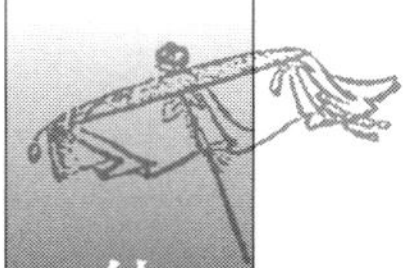

付論二……『梁塵秘抄』三八〇歌「遊女の好むもの」

遊女《あそび》の好《この》むもの　雑芸《ざふげい》　鼓《つづみ》　小端舟《こはしぶね》　簦《おほがさ》　翳《かざし》　艫取女《ともとりめ》　男《をとこ》の愛祈《あいいの》る百大夫

遊女が必要とするものは、今様・鼓・小端舟・簦を指す女・舟を漕ぐ女・男の寵愛を祈る百大夫の神像。

（『梁塵秘抄』二・四句神歌・三八〇）

遊女にまつわるもの尽くし。この時期の遊女は江口・神崎などの淀川べりに家を構えて居住し、比較的広範囲を舟で移動しながら往来する舟に近づいて客を誘った。一四世紀前半に描かれた『法然上人絵伝（四八巻本）』巻三四第五段には、垂髪・小袿姿で鼓を抱え、束髪・小袿姿の簦翳と、束髪・小袖姿の艫取女を従えた遊女の一行が法然の船に近付く様が描かれている【図13】。売春も行っていたが、「歌女《うため》」とも称されるように、後世に比べると芸能の比重がかなり高く、集団ごとに今様の旋律を管理する歌手的な側面を持っていた。女性貴族は人前で歌わないので、男性貴族にとっては珍しい存在であったろう。

梁塵秘抄に見える「雑芸」は歌謡全般をいうが、ここでは特に今様を指している。「鼓」はその伴奏楽器である。また「小端舟」は小さなはしけ舟。喫水の浅い舟で、港内や河川の行き来に使われた(1)。遊女の乗る舟はしばしば「小舟《おふね》」とも呼ばれているので、ひときわ小さなものであったと思われる(2)。「簦翳」は「笠指者《かささしのもの》」と

(1)　『高倉院厳島御幸記』、『宇治拾遺物語』一八〇などを参照。

(2)　後掲する『源三位頼政集』一八五のほか、正治二年の熊野類懐紙「餞遊女」（源家長・藤原重輔）などを参照。後者は田村柳壹「正治二年後鳥羽院当座歌会歌（熊野類懐紙）集成〔稿〕」（『後鳥羽院とその周辺』笠間書院、一九九八（初出一九九一））による。

も呼ばれるように、遊女に傘をさしかける女性。遊女一人ずつに付いていたようで、舟の中に複数遊女がいる場合、「傘を並べる」といった表現が散見される。(3)「艫取女」は「女船差《おんなふなさし》」とも呼ばれるように(4)、操船にあたる女性である。大江以言「見遊女」詩序によれば年老いた遊女が行う場合もあったようだが、基本的には遊女に仕える従女的存在とみなしうる。白拍子に船差を命じたところ上手くいかず、男性に交替したという記録が残っているので、(5)操船にはそれなりに力や技術が要ったらしい。

「百大夫」は道祖神の一種とされる。道教的祭儀である百神信仰との関連が指摘されているが、(6)実態は不明な点が多い。大江匡房『遊女記』によれば、百大夫は遊女ごとに彫るもので、数は百千に及んだとある。手彫りの木像をたくさん並べて祈ったのだろう。同書に「能く人心を蕩《とろ》かす」とある点が本歌の「男の愛祈る」に通じており、男性客の心を射止めるための呪術的信仰であったと考えられる。

当時の淀川は葦が生い茂り、見通しがよくなかったらしい。川霧や宵闇も視界を阻んだ。『源三位頼政集』一八五に「艫取《ともとり》も小舟《おぶね》も見えずたはれめが声ばかりこそ霧に隠れね」とあり、『更級日記』では「舟の楫《かじ》の音」から遊女の来訪を知ったとあるように、遊女の接近を伝えるものはまずもって音であった。本歌で「雑芸」「鼓」

【図13】『法然上人絵伝』巻34第５段　法然の船に近付く遊女の一行

14世紀前半製作。遊女は垂髪・小袿姿で鼓を抱え、束髪・小袿姿の簦翳と、束髪・小袖姿の艫取女がこれに従う。京都国立博物館特別展図録『法然　生涯と美術』120〜121頁、2011より。

が最初に挙げられるのは、恐らくそのことと関係している。その後遊女の舟が近づくと、まず「小端舟」が、次いで色鮮やかな傘を持つ「簦翳」と立っている「艫取女」とが目に入る。遠くから近くへ、あたかも客の視線を追体験するかのように周辺事物を立体的に歌い込んでいくことで、直接描かれない遊女の姿をかえって自由に想像させる仕組みであろう。

遊女の優美な歌声と容姿とが聴衆の心に像を結んだその刹那、本歌は一転して遊女の卑俗な内面を暴露する。その優美さの裏では、怪しげな木像に向かって必死に男の寵愛を祈っているというのである。三巻本系『枕草子』一本第五段が「下の心かまへてわろくて、清げに見ゆるもの」として「河尻《かうじり》のあそび」を挙げ、外見と内面のギャップを指摘しているのと共通する。(7) 遊女は父母夫聟といった家族に加えて、従者たちの生活をもその肩に負っていた（第六章参照）。その日の糧に対する不安、寵愛による安定への希望、そうした生活者としての遊女の必死さを嘲笑する、残酷な笑いを含む歌である。

（3）『長秋記』元永二年九月三日条、長門本『平家物語』巻七。

（4）『兵範記』保元三年一〇月一九日条。

（5）『明月記』建仁元年四月二一日条（明月記研究会編『明月記研究提要』所載「『明月記』京本新箇集攷」（八木書店、二〇〇六）による）。

（6）鴻巣隼雄「山上憶良と沈痾自哀文」（『日本文学』二七、一九七八）等。

（7）同章段に関しては、萩谷朴「下の心かまへてわろくて・唐絵の屏風・盛物・河尻のあそび」（『国文学』六―八、一九六一）などに言及がある。

付論三　『遊女記』『傀儡子記』校異ノート

一　史料研究の現状と再校訂の意義

『遊女記』『傀儡子記』は「遊女」を語る際に必ずといってよい程引用される根本的な史料だが、多数の注釈にも関わらずその解釈は一定しない[1]。要因としては内容の特異性や漢文的修辞の問題が挙げられるが、加えて本文研究の遅れを指摘することができよう。出典である『朝野群載』の現存諸本には問題の多いことが指摘されている[2]。同書は大部であるにも関わらず伝本が多数存在し、また国学院大学所蔵猪熊本（鎌倉期古写本、巻一のみ現存）を除けば全て近世以降の写本である。こうした状況が、同書の写本研究を遅らせてきたものと考えられる。

しかしながら近年、高田義人によって『朝野群載』の体系的な調査が行われ、近世初期の写本が紹介されるとともに、初めてその系統分類が行われるに至った[3]。高田によれば『朝野群載』の現存諸本（猪熊本を除く）は

（1）角田一郎「傀儡子記の検討」（『人形劇の成立に関する研究』旭屋書店、一九六三）、滝川政次郎a『遊女の歴史』（至文堂、一九六五）、同b『江口・神崎』（至文堂、一九七六増補（初出一九六五））、大曾根章介校注「遊女記」・「傀儡子記」（日本思想大系八『古代政治社会思想』岩波書店、一九七九）、小峯和明a「『傀儡子記』を読む」（『院政期文学論』笠間書院、二〇〇六（初出一九九〇））、同b「『遊女記』贅注」（『同』、初出一九九四）、田中嗣人「『遊女記』について」（『華頂博物館学研究』五、一九九八）等。

（2）彌永貞三「朝野群載」（『国史大系書目解題』上、吉川弘文館、一九七一）。

（3）高田義人a「『朝野群載』写本系統についての試論」（『書陵部紀要』五四、二〇〇二）、同b「『朝野群載抄』について」（『栃木史学』一八、二〇〇四）。本論では主として前者によった。これを受け、新たな校訂の試みも始まっている。朝野群載研究会『朝野群

共通の祖本を持ち、二つの系統に大別される。

〈後陽成天皇所持本〉系統は、万治四（一六六一）年に焼失した後陽成天皇所持本を親本とする。同本は北条実時の花押を有し、金沢文庫本から出ている可能性がある。同系統は、欠損箇所の態様からさらにA・B二つの系統に細分することができる。A．慶長写本系統は欠損箇所を空白としているのに対し、B．東山御文庫本系統は穴や残画を丁寧に模写する。

〈三条西古本〉系統は北条実時の花押を有する共通祖本が後陽成天皇の手に渡る以前、享徳二～四（一五二九～三二）年頃に三条西公条が書写した本（所在不明）を親本とする。早い段階で書写されたため欠損が少なく、A・Bで欠損とされている箇所を補える場合がある。巻二・巻三の巻首目録および本文に省略がある点が、同系統の特徴である。奥書や欠損箇所の態様からさらにC．三条西本・D．葉室本の二系統に細分できる。

高田の指摘を踏まえた上で従来の刊本を調べてみると、伴信友校本（改定史籍集覧・嵐義人「新校遊女記・傀儡子記」）[4]、群書類従（経済雑誌社本・続群書類従完成会本・新校群書類従、いずれも版本を改変）、神宮文庫所蔵旧林崎文庫本（国史大系、日本思想大系は国史大系本を底本とする）等が底本とされており、いずれも近世中後期の写本・版本、しかも〈後陽成天皇所持本〉系統とみなされる。国史大系本等は対校本に〈三条西古本〉系統を用いているが、実際には高田の指摘の通り「三条西古本系統の本の情報があまり反映されていない」。したがって「人名などは……三条西古本系統により再校訂の余地が」あるという。本論はこうした指摘を踏まえ、問題箇所の多い『遊女記』『傀儡子記』について本文比較を試みるものである。

二　参照写本一覧

まず、管見に入った刊本・写本の概略を示す。〈刊本〉、〈後陽成天皇所持本〉系統、〈三条西古本〉系統の三グループに分類し、各グループ内では判明する限りで年代順に配列したが、便宜上前後する場合がある。不明のものはグループ内で後置した。なお本論の趣旨から、巻三を有する写本に限定した。

〈刊本〉

㊟籍＝『改訂史籍集覧』（近藤瓶城、一九〇一）
㊟苑＝『古事類苑』（人部三十三、神宮司庁、一九〇一）
㊟板＝『群書類従』（版本）
㊟経＝『群書類従』（経済雑誌社、一八九三）
㊟群＝『群書類従』（続群書類従完成会、御橋悳言、一九二八）
㊟新＝『新校群書類従』（花見朔巳、一九三二）
㊟大＝国史大系『朝野群載』（黒板勝美、一九三八）
㊟思＝日本思想大系『古代政治社会思想』（大曾根章介、一九七九）

〈後陽成天皇所持本〉系統

㊟慶＝国立公文書館内閣文庫所蔵紅葉山本（函号特一〇一―二）
一九冊。後陽成天皇所持本を慶長二〇（一六一五）年に書写。
㊟東＝東山御文庫本（函号勅一六五―二）
二一冊。うち一六冊は後西天皇のもとで後陽成天皇所持本を書写、三冊は〈三条西古本〉系統の影響、

載　巻二十二　校訂と註釈』吉川弘文館、二〇一五。
（4）　滝川注1前掲b書に付載。

二冊は霊元天皇のもとでの補写。巻二六に花押模写あり。

(蓬)＝蓬左文庫所蔵本（函号一〇八―一）

一三冊。一七世紀中頃の書写。(5)『尾陽内庫』朱印。

(林)＝国立公文書館内閣文庫所蔵林家本（函号一四七―一五〇）

一七冊。『弘文学士院』朱印から林鵞峯（一六一八～八〇）の所蔵が、『林氏蔵書』朱印から寛政九（一七九七）年に昌平坂学問所に入ったことが判明する。(6)

(甘)＝国立公文書館内閣文庫所蔵甘露寺旧蔵本（函号一四七―一四七）

一七冊。草飾り付きの『甘露寺蔵書』朱印は江戸中期以降のもの。(7)

(巌)＝神宮文庫所蔵旧林崎文庫本A（図書番号一一〇六）

二五冊。天明四（一七八四）年、村井古巌が林崎文庫に奉納した書籍の一つ。(8)

(伴)＝小浜市立図書館所蔵酒井家文庫本（函号伴一九一―一～十）

一〇冊。伴信友自筆本。天保五（一八三四）年書写校合、天保一四年再校。朱色二種。識語によれば数種の校本に基づいているらしい。「得レ見ニ或人所蔵一校本ニ云、校以ニ禁本・官本・林本・異本与其本一書ニ合五本一也。別得ニ一秘本一、称ニ尾本一、其中間載ニ他本校字一。又別得ニ一本一、其一本中頗校ニ異本一、校字都合十本、彼此互相校」。

(岩)＝関西大学所蔵岩崎美隆文庫本（請求番号LI二／二一〇・〇九／M四）

一三冊。朱角印『岩崎美隆文庫』。朱筆校合、注釈等が見られる。各巻の奥書により、校合は天保一〇（一八三九）年二月と知られる。異本校合は荒木田神主久老（宇治五十槻）蔵本と別の異本との二種によっている。このうち久老本は巻二・巻三の省略が〈三条西古本〉系統のそれと一致し、校字にも同系統の情報を反映したものがある。岩崎本の本奥書に『久老本奥書云、貞享三丙寅三月廿日書写了』とあることから、久老本は現在の東京大学史料編纂所所蔵貞享三年本（一六八七年、請求記号四一五七―八二）[9]に当たると見られる。荒木田久老（一七四六〜一八〇四）は外宮権禰宜橋村家出身で内宮権禰宜宇治家に養子に入った国学者[10]。

（神）＝神宮文庫所蔵旧林崎文庫本Ｂ（図書番号九二九）

一三冊。天保一二（一八四一）年、山川真清が伴信友校本に朱筆校合を加えたもの。山川真清は伊勢新川の酒商で長谷川森十郎が本名らしい。『金光明最勝王経音義』（現大東急記念文庫所蔵）を旧蔵し、享和〜嘉永の書写奥書を残している[11]。ほか盛岡市中央公民館所蔵『蜻蛉日記』にも嘉永五・六（一八五二・五三）年識語[12]。

（元）＝国立国会図書館所蔵山脇元冲校訂本（請求番号一九九―八〇）

二〇冊。現状では合綴され九冊。数種の料紙を用いる。嘉永三（一八五〇）年に山脇東海（元冲[13]）が校合

（5）高田注3前掲a論文。

（6）『改訂増補版　内閣文庫蔵書印譜』国立公文書館、一九五三。

（7）注6前掲書参照。

（8）古巌については『図書寮叢刊　書陵部蔵書印譜』下（宮内庁書陵部、一九九七）参照。

（9）朝野群載研究会注3前掲書に紹介がある。〈三条西古本〉系統の初期に属する写本であるが巻三を欠くため、筆者は未見。

（10）『荒木田久老歌文集竝傳記』神宮司庁、一九五三。

（11）築島裕「金光明最勝王経音義解題」（古典研究会『古辞書音義集成十二　金光明最勝王経音義』汲古書院、一九八一）、丸山季夫「石橋眞國雑筆抄記　附山川眞清」（『典籍』二、一九五二）、朝倉治彦『蔵書名印譜』（臨川書店、一九七七改訂新版（初出一九五二））。

（12）国文学研究資料館日本古典資料調査データベースによる。

（13）漆山天童編『日本書誌学大系三六　近世人名辞典　三』青裳堂書店、一九八七。

を行なった旨奥書がある。朱点・朱校合あり。印に『青蓮王府』（青蓮院印）、「榊原家蔵」（榊原芳野）等。(14)
磐下徹は当該本を「三条西古本系か」としている。(15)確かに欠損箇所を見ると巻一二「不免及欠負官〔ママ〕物」「以下直丁以上」、巻一六「恨以順砕〔ママ〕不逐〔ママ〕本意朝」、巻二一「将軍且思家門之名」等葉室本系統の特徴を有するものが多い。しかし一方で巻二一「遷五條荒」等慶長写本の特徴を示す箇所もある。巻二・巻三に省略が見られない点を重視し、本論では一応〈後陽成天皇所持本〉系統として扱うこととする。

㊟浅＝国立公文書館内閣文庫所蔵伴信友校本（函号一四七—一四六）二一冊。旧浅草文庫本。蔵書印は下から『乗廣蔵書』、「昌平坂学問所」等。信友蔵書印がないことから伴信友自筆校本の写しと思われる。また、伴信友識語のある第二一冊を含め、第九冊、第一七冊～第二一冊は表紙が新しく、朱点・校合の形式も他と異なるため、補写の可能性がある。

㊟教＝国立公文書館内閣文庫所蔵教部省旧蔵本（函号一四七—一五一）七冊。『安禅寺蔵書記』(16)のほか明治期蔵書印。

㊟内＝国立公文書館内閣文庫所蔵内務省旧蔵本（函号一八二—九二）二〇冊。蔵書印は下から『三又威』、『星』、『松田本生』(17)等。

㊟紅＝国立公文書館内閣文庫所蔵紅葉山文庫本（函号一四七—一五二）一二冊。蔵書印は全て明治時代のもの。

㊟国＝国立国会図書館所蔵本（請求番号わ二一〇・〇九—三〇）一三冊。現状は合綴され八冊。明治時代蔵書印。稀に墨書での異本校合。取合本と見られる。巻二一・巻三に省略がないこと、また巻二一「遷□〔空白〕五條荒」、巻七「宣□□□〔空白〕宜」、巻二八「承〔ママ〕□〔空白〕帳」等により、全体として慶長写本に近い本文を持つとみなし得る。ただし巻二「之至落」など〈三条西古本〉系統の情報も入っているようである。

(菊)＝京都大学附属図書館所蔵菊亭文庫本（函号菊―チ―一四）
六冊。朱角印『今出河蔵書』。巻九奥書「一校了」。墨・薄墨・朱三種での校注。欠損箇所の比較からは、慶長写本・東山御文庫本それぞれに近い部分が見出され、また両系統のいずれにも属さない箇所がある。例えば『傀儡子記』「氈帳逐水」の部分等は残画まで写しているが、東山御文庫本のそれとは異なっており興味深い。巻二「虚空『於現来来』雖不随」、巻一三「藤原朝臣有俊對」等も独自。

(天)＝天理図書館所蔵吉田文庫本Ａ（函号吉一六―一四）
一冊。貼紙による校勘がある。巻二省略なし。巻二「広隆寺縁起」内の欠損箇所に「遷□□□〔三字空白〕五條荒」とあり、慶長写本の影響が想定される。

(半)＝関西大学所蔵半澤文庫本（請求番号L二三／二〇〇）。
二〇冊。朱角印『半澤文庫』。奥書・識語なし。朱書異本校合あり。

〈三条西古本〉系統

(三)＝国文学研究資料館所蔵三条西家旧蔵本（函号二三八―一～八）

（14） 共に渡辺守邦・後藤憲二編『日本書誌学大系七九　新編蔵書印譜』青裳堂書店、二〇〇一。榊原芳野については『国史大辞典』及び『国立国会図書館百科』三三四頁（出版ニュース社、一九八八）も参照。

（15） 朝野群載研究会注3前掲書。

（16） 寛政期頃捺されたのではないかと見られる例があるが、下限不明。藤巻和宏「随心院蔵『亠一山龍穴秘記』と安禅寺旧蔵聖教群」（随心院聖教調査研究会編『随心院聖教と寺院ネットワーク』一、国文学研究資料館共同研究「随心院聖教に見る文学関係資料、および寺院ネットワークに関する研究」研究成果報告書（研究代表者＝渡辺信和）、二〇〇四）参照。荒木浩氏のご教示による。

（17） 松田本生は幕末の医師・官人。芳賀矢一『日本人名辞典』思文閣、一九七二（初出一九一四）。

八冊。巻一七・二六に本奥書。三条西実教（一六一九〜一七〇一）書写か。[18]

(葉)＝宮内庁書陵部所蔵葉室家旧蔵本（函号葉―一二七一）

八冊。巻一三・一七・二六に本奥書。葉室頼孝（一六四四〜一七〇九）蔵書印。[19]

(巫)＝神宮文庫所蔵御巫清白氏・滝本茂氏献納図書本（図書番号一八四五）

五冊。(宮)本と密接に関わる。巻二目録なし。角印「志毛井氏」「忠直之印」。外宮社家志毛井忠直の蔵書。忠直は神宮文庫所蔵『太神宮例文』（図書番号一〇〇一）に正徳六（一七一六）年・享保二（一七一七）年、神宮文庫所蔵旧豊宮崎文庫本『二所太神宮例文』に享保二年の奥書をそれぞれ残している。[20]

(宮)＝神宮文庫所蔵旧豊宮崎文庫本（図書番号九三〇）

二一冊。国史大系凡例・『国書総目録』・『神宮文庫所蔵和書総目録』いずれも一二冊とするが誤り。朱筆校合あり。

(柏)＝国立国会図書館所蔵柏原学而旧蔵本（請求番号一九八―一七）

二一冊。現状は合綴され七冊。各巻識語によれば文化一〇（一八一三）年に「豊宮崎文庫御書」を書写したもの。白文朱印『柏原之印』により、柏原学而（一八三五〜一九一〇）の旧蔵が知れる。[21]ほか黒角印「榊原家蔵」等。墨・朱異本校合あり。返点・振仮名等は墨書。省略・欠損箇所の態様から葉室家本系統と考えられる。ただし巻二・巻三の巻首目録は見られない。対校異本は〈後陽成天皇所持本〉系統と考えられる。「筥崎宮記」の頭朱注に見られる「曼殊院本」がこれに当るか。

(宣)＝本居宣長記念館所蔵『朝野群載抜書』

一冊。省略や欠損箇所の態様から、葉室家本系統と考えられる。朱角印『鈴屋之印』は宣長蔵書印。[22]その他、特徴的な筆跡や小口書等から本居宣長（一七三〇〜一八〇一）自筆本を想定したが、学芸員の方によれば宣長筆とは少し異なるとのこと。

(平)＝本居宣長記念館所蔵本
七冊。巻二目録の存在、省略や欠損箇所の態様から、葉室家本系統と見られる。下から『藤垣内印』、『本居文庫』。前者は本居大平（一七五六～一八三三）蔵書印[23]。

(古)＝天理図書館所蔵古義堂文庫本（函号古七二／一八）
七冊。朱角印『古義堂』。省略や欠損箇所の態様から、葉室家本系統と考えられる。ただし巻二・巻三巻首目録なし。巻二六本奥書「本云／一校了　判」。

(吉)＝天理図書館所蔵吉田文庫本Ｂ（函号吉一六―四）
六冊。返点・送仮名・振仮名および異本校合が見られる。巻九奥書「一校畢」。欠損箇所の態様は葉室家本に近似するものの、巻二・巻三共に目録は存在しない。

三　〈三条西古本〉系統の優位性

以上の諸本によって本文の系統比較を行なう。本来であれば比較表を掲げるべきであろうが、紙幅の関係で本書への収載は見送った。関心のある方は、初出論文付載の表を参照していただきたい[24]。まず、以下のような箇所では明らかに〈三条西古本〉系統の優位性が指摘できる。

(18) 高田注3前掲ａ論文。
(19) 高田注3前掲ａ論文。
(20) 鎌田純一「群書類従と神宮関係書」（『塙保己一記念論文集』温故学会、一九七一）。
(21) 渡辺守邦・島原泰雄編『日本書誌学大系四四　蔵書印提要』青裳堂書店、一九八五。
(22) 渡辺・後藤注14前掲書。
(23) 渡辺・後藤注14前掲書。
(24) 拙稿「『遊女記』『傀儡子記』校異ノート」（『梁塵』二六、二〇〇九）。

・「味原牧」(遊女記)は〈後陽成天皇所持本〉系統で「牧」「樹」「厨」等用字の混乱が見られるのに対し、〈三条西古本〉系統では「牧」で一致している。『典薬式』等により、正しくは「味原牧」であることが確認できる。『漢書』匈奴伝・蘇武伝や『南斉書』芮芮虜伝を典拠とする「氈帳」(傀儡子記)のほか、「着旅船」(遊女記)、「父母夫聟」(傀儡子記)等でも同様である。

・〈後陽成天皇所持本〉系統で「忿厲之興」「或分米斗升」(以上、遊女記)、「雙剣」(傀儡子記)等とされている部分、〈三条西古本〉系統ではそれぞれ「忿厲之色興」「或分粳米斗升」「跳雙剣」等となっており、対句を構成する上で後者の方が適切である。

・〈後陽成天皇所持本〉系統で「道神」、「河陽之時」、「愛神埼神埼人」、「宿女下船」(以上、遊女記)、「別法士之類」(傀儡子記)となっている部分については、いずれも意味の上から、〈三条西古本〉系統の「道祖神」、「向河陽之時」、「愛神埼人」、「宿上下船」、「別法等之類」といった本文が妥当であろう。

一方、〈三条西古本〉系統であっても、明らかに本文が誤っている箇所が存在する。例えば以下のような点である。

・両系統ともに「慮耻」(遊女記)としている部分は、『呉書』韋曜伝「廉恥之意弛、而忿戻之色発」により「廉恥」が正しい。

・〈後陽成天皇所持本〉系統で「穹廬」、〈三条西古本〉系統で「穹慮」としている部分(傀儡子記)は、前述の『漢書』匈奴伝等により、「穹廬」が正しい(序章第二節(三)参照)。

・〈後陽成天皇所持本〉系統で「魚龍曼蜒之献」、〈三条西古本〉系統で「魚龍曼蜒之□」としている部分(傀儡子記)は、『漢書』西域伝賛等により、「魚龍曼蜒之戯」が正しい。

・両系統ともに「片下」と「竹下」とが混在している箇所、両系統ともに「里鳥子」としている箇所(以上、傀儡子記）は、歌謡名であるからそれぞれ「片下」「黒鳥子」でなくてはならない[25]。

・両系統ともに「使弓馬」としている箇所（傀儡子記）は、「便弓馬」の方が用例として一般的である。

・字形の類似によるものではあるが、両系統ともに古い写本で「白河内國」としている箇所、両系統ともに「林第」としている箇所、両系統ともに「判史」とか「剌史」としている箇所（以上、遊女記）、両系統ともに「比秋之俗」としている箇所、両系統ともに「周者」としている箇所（以上、傀儡子記）なども明らかに誤っている。正しくはそれぞれ、「向河内国」「牀第」「刺史」「北狄之俗」「閭者」とあるべきであろう。

・両系統とも「能人自」としている箇所、「不耕一畝[26]」としている箇所（以上、傀儡子記）には、誤字・脱字が想定される。

・「傳粉」「傅粉」（傀儡子記）は、〈三条西古本〉系統内でも異同があるが、意味からいって「傅」が正しい。出典は『旧唐書』張行成伝「傅粉施朱、衣錦繍服」であろう。

右に挙げた諸点は、初期写本の段階から両系統で共通しているものが多く、恐らくは祖本段階での誤写誤記に規定されているものと想定される。

以上から、〈三条西古本〉系統を完全な善本と見ることはできないが、相対的な優位性は認めてよいものと考える。

（25） 宇津木言行「今様『黒鳥子』の継承と能楽『班女』の形成」（『梁塵』二四、二〇〇七）、馬場光子「今様辞典」（同全訳注『梁塵秘抄口伝集』講談社学術文庫、二〇一〇（初出二〇〇四））。

（26） 小峯注1前掲a論文は、大江匡衡奏状との関連を指摘する。

四　〈三条西古本〉系統を主体とする本文校訂の試み

そこで、以下では〈三条西古本〉系統を基礎として、従来の本文に変更を加え得る点をいくつか箇条書きで挙げていくこととする。

・刊本では「西海南海」（遊女記）とするものがあるが、写本では全て「南海西海」。

・刊本で「邑々處々」（遊女記）とされている部分は、〈三条西古本〉系統および〈後陽成天皇所持本〉系統の近世初期写本では全て「村邑處々」となっている。

・刊本や〈後陽成天皇所持本〉系統で「声過漢雲」「声遏渓雲」（遊女記）と表記が分かれている箇所は、〈三条西古本〉系統では全て「声遏漢雲」とされている。これは『列子』「湯問」の「響遏行雲」や、『張華博物志』、唐代の類書『初学記』巻一五などを典拠とするもので、「雲を遏《とど》む」の意である。「渓雲」「漢雲」については よく分からないが、同じ大江匡房の手になる『本朝無題詩』巻二「傀儡子孫君」で「雲遏響通晴漢月」、『江都督納言願文集』巻五—五「清原定子天王寺舎利供養願文」で「声遏暮雲」、『同』巻五—二四「参議雅実室家為母堂堂供養願文」で「梵唄歌頌遏行雲」などの用例があるので、一致して「遏」を用いる〈三条西古本〉系統に優位性が認められる。

・従来、〈後陽成天皇所持本〉系統の影響により、刊本では「中君□□□小馬」（遊女記）という欠字が想定されてきた。しかし〈後陽成天皇所持本〉系統でも初期のものにはこうした空格がなく、〈三条西古本〉系統にはいずれも空格が見られない。空白・空格を宛てている場合、ほとんどが行末に位置していることから、本来は字詰めを調整するための空白であった可能性が高い。このように考えると、遊女の人数が江口・蟹嶋・神崎の各所に五名ずつで揃うことになり、都合がよい。

・「立枚」「力余」とする刊本があるのは（遊女記）、〈後陽成天皇所持本〉系統の影響を受けたもので、〈三条西古本〉系統ではそれぞれ「三枚」「力命」で一致している。

・刊本や〈後陽成天皇所持本〉系統では、「為妻妾」と「為人妻妾」、「人別剜□之数及百千」と「人別剜之数及百千」、「蓋亦有陳平分肉之法」と「□□有陳平分肉之法」（以上、遊女記）といったように、脱字の有無をめぐって解釈が分かれていた。しかし〈三条西古本〉系統では一致して「為人妻妾」、「人別剜之数及百千」「蓋亦有陳平分肉之法」を用いている。

・刊本がいずれも「亦古風而已」（遊女記）とする箇所は、〈三条西古本〉系統を中心に「土風」と読めるものが少なくない。「古」の崩しと「土」が似通っているためであろうが、『魏書』司馬叡伝「盛飾子女招遊客、此其土風也」、『同』鄧至赫羊伝「土風習俗」等を見れば、「土風」でも特に問題はないように思われる。

・「入河之輩」「入江之輩」（遊女記）は、〈三条西古本〉系統ではいずれも「入河之輩」としている。

・刊本では「愛有」とするものが多く、思想大系本のみが「爰有」としている（遊女記）。「愛」と「爰」は崩すと同形となるが、〈三条西古本〉系統では明らかに「爰」と読めるので、思想大系本の読みが支持される。

・「匕／七九」（傀儡子記）の「九」は、多くの注釈で「丸」かとされているが、〈三条西古本〉系統及び〈後陽成天皇所持本〉系統初期写本によって、「丸」であることが確かめられる。なお滝川政次郎は「弄匕丸」を「弄匕」と「弄丸」の複合語と解しているが[27]、「匕」とするのは(元)本のみで、他本は筆順・字形から全て「七」と判読される。したがってこの箇所は「七丸」の可能性が高い。

・刊本で「自限浪人」、「三千載」（以上、傀儡子記）とされている部分は、〈三条西古本〉系統では全て「自以浪人」、「三千歳」となる。下に「万歳」とある点からも、後者は「歳」であろう。

(27) 滝川注1前掲a書、一一五頁。

・刊本で用字が分かれる「満周」「満固」（傀儡子記）については、字形が似ているため判読が難しい所だが、〈三条西古本〉系統でははっきり「満周」と書かれている場合が多いようである。

五　その他

そのほかに気がついた点をいくつか挙げておきたい。

・「観音」「小観音」（遊女記）は、〈遊女〉＝巫女説を中心によく言及される遊女名であるが、[28]実際には近世初期写本を始めとして多くの諸本で、「観童」「小観童」と表記されている。「観童」という名前は出典や意味が不明で、また中世の交名類には「観音女」などの女性名が見えているので、「観音」の方が遥かに通りがよいのであるが、ここで以下のような事実が注目される。まず『古事談』巻二―六に「遊女小観童〈観音弟也〉」という記事があり、新日本古典文学大系の脚注によれば、底本である和洋女子大学附属図書館本では右のように表記されているものの、他本ではいずれも「遊女小観童〈観童弟也〉」となっているという。[29]また尊経閣文庫本『二中歴』「一能歴」の「遊女」の項でも同様に「観童　小観童〈山殿《（カ）》〉」とされている。同史料には「一能歴〈掌中不レ立二此題一、通為二芸能歴一〉」とあるので、この部分は『掌中歴』に由来する記事と考えられる。とするならば、共に三善為康の編纂になる『掌中歴』[30]『朝野群載』で等しく「観童」「小観童」とされていることとなり、興味深い。更に、『宇治関白高野山御参詣記』[31]にも「為上首之者両三〈観童・右衛門・阿古木〉」という記事がある。以上の点を考え合わせるならば、当該部分は「観童」「小観童」であった可能性が高いといえる。

・田中省造は「河孤姫」（遊女記）を、『二中歴』「一能歴」所載の「乙阿《河イ》古」「阿《河イ》古」等と結びつけ、「阿古」を指すものと見ているようである。[32]しかし少なくとも本文批判のレベルでは、「河孤姫」で揺らがない。国史大系本・思想大系本で採用されている「菰」の字は江戸中期の本に僅かに見える程度であり、首肯し難い。

・「登指」「九分」は「簦楫」「丸分」の可能性が指摘されている。[33]「登」についてはわずかに(東)本で上部に筆画が認められるものの、竹冠であるとは断定できない。(東)本は親本を忠実に模写しており注目されるが、他本では全て「登」と判読される（一画目を斜めに入るものが多い）ため、ここでは「登」を採用せざるを得ない。「指」「九」はほぼ全ての写本で用字が一致している。「九公」は〈後陽成天皇所持本〉系統で(林)本以降支配的になった用字であり、誤写と見るのが妥当であろう。なお、この箇所の解釈については第六章第四節を参照のこと。

・「不誠□丞」（傀儡子記）は両系統共に欠字となっているが、(東)・(教)・(菊)の三本には字が見られる。「新」「邦」「邽」等に似ているが不明。(東)・(菊)両本は「穹廬氈帳」（傀儡子記）の部分でも虫損を模写しており、忠実な書写態度が注目される。

・「小三日百三千歳」（傀儡子記）の部分、(東)・(伴)再校・(教)・(菊)本等では「日」ではなく「四」とされている。また(慶)・(甘)異本・(三)・(葉)本等では、他の箇所の「日」と書き方を異にし、やや横長に表記している。傀儡子

(28) 例えば柳田国男「「イタカ」及び「サンカ」」（『定本柳田国男集』四、筑摩書房、一九六三（初出一九一一・一二））の中で、「巫と娼と相兼ぬること」を論じる際、相場長昭「遊女考」を参照しながら「観音小観音文珠御前孔雀など仏教に因める名称多し」と述べている。なお、「文珠御前」は未詳。

(29) 前田育徳会尊経閣文庫編『尊経閣善本影印集成一六　二中歴　三』（八木書店、一九九八）による。

(30) 川瀬一馬『増訂再版　古辞書の研究』雄松堂出版、一九八六（初出一九五五）。

(31) 末松剛「『宇治関白高野山御参詣記』（京都府立総合資料館本）の紹介と諸本について」（『鳳翔学叢』五、二〇〇九）。

(32) 田中省造「運慶と阿古丸」（『皇學館論叢』一六―四、一九八三）。

(33) 小峯注1前掲b論文参照。

の名前に関わる箇所であり、区切り方を含めて今後検討の余地があろう。かなり下るが、享禄四（一五三一）年四月一九日付「柴田吉次・小七請取状[34]」に「ふくごぜ・つかごぜ・百ミつごぜ、彼三人之かい物のくうじ《（公事）》之事」という記述があり、「百三御前」という女性名が見えているので、「小三四・百三・千歳・万歳・小君・孫君」という試案を記しておきたい。

六　小括

以上、きわめて煩瑣な記述に終始したが、〈三条西古本〉系統の本文を軸とすることで『遊女記』『傀儡子記』の読解に基礎的な材料を提供し得たものと思う。ただ、最も難解な部分について成果が得られなかったことは残念である。すなわち「謂之湍繕、亦称出遊」「髻俵絅絹」（以上、遊女記）等については予想よりも異同の幅が小さく、従来の刊本を越える読みは得られなかった。他に残された課題も多い。今後も引き続き関連史料と傍証を積み重ねていくことでしか、同史料を読み解くことはできないものと思われる。

（34）『州河文書』一（福岡市史編集委員会編『新修福岡市史』資料編中世一、福岡市、二〇一〇）。

第三部

〈遊女〉の身分とその変容

第三部では、〈遊女〉と彼女たちを取り巻く社会との関係、およびその変容について考察する。それは端的にいえば〈遊女〉の身分をめぐる諸問題の考察であり、〈遊女〉身分が服飾や行動によってどのように可視化されたのか、〈遊女〉は地域といかなる関係を取り結び、都市にいかように住み込んだのか、〈遊女〉は周囲の人々からどのように呼ばれ、どういったイメージを持たれていたのかといった様々な論点を含み込む。これらの作業を通じて、〈遊女〉を中世社会の中に位置付けることを目指したい。

第七章

〈遊女〉と女房・従女

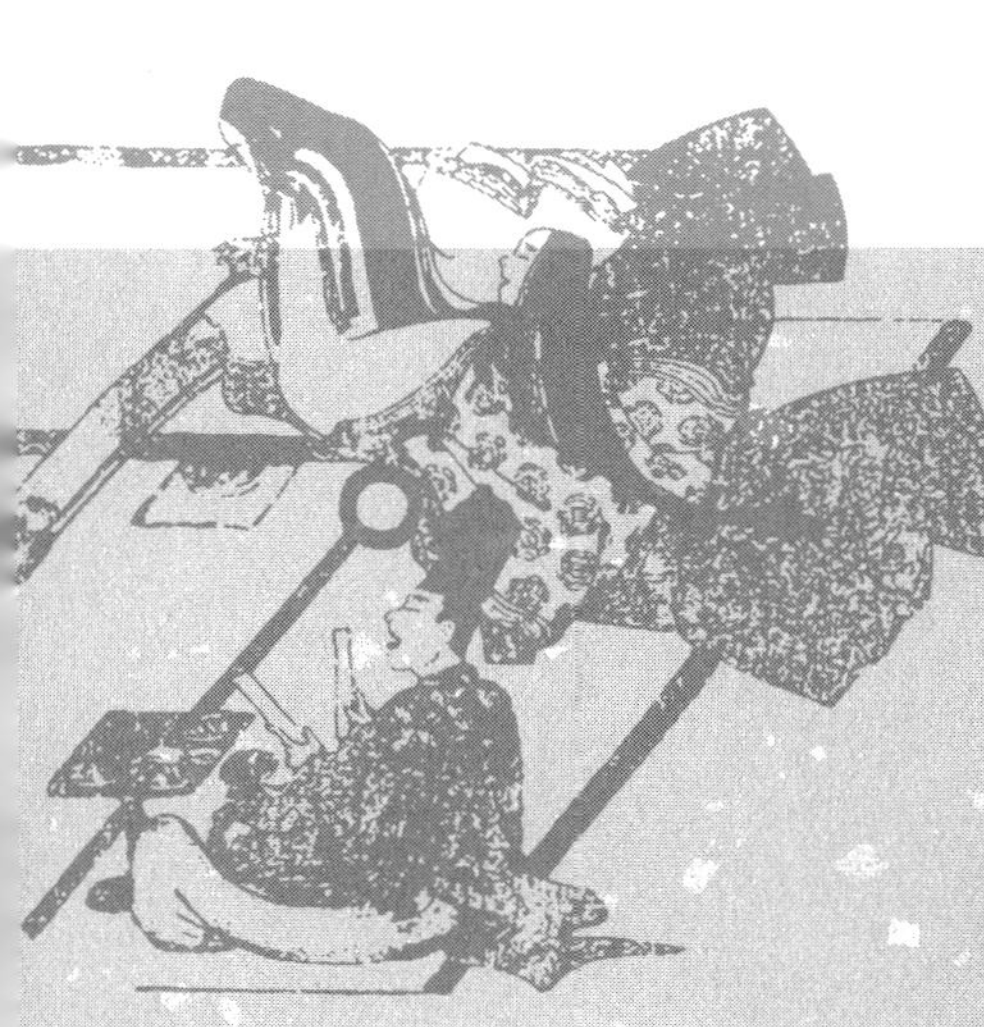

第一節　働く女性と〈遊女〉の関係

〈遊女〉と女房・女官が親近性・互換性を持つことは、研究史上の定説となっている。本章では、この点の再検討を行う。まず、先行研究をたどってみたい。

滝川政次郎は遊女の淵源を朝鮮に求める中で、朝鮮で民間の妓女が宮廷妓女の風儀を真似たことに着目し、日本にあっては民妓である遊行女婦が宮妓である内教坊妓女の風儀を真似たと推定した。さらに滝川によれば、平安中期以降、朝廷の財政窮乏に伴って内教坊妓女の待遇が悪化し、一部妓女が遊女クグツに流入した可能性があるという(1)。

後藤紀彦は、遊女・傀儡子・白拍子と朝廷との関係を強調する立場から右の滝川説を継承した上で、「遊女は古く内教坊と何らかのつながりがあったが、それが衰微した院政期に、畿内・近国の遊女・傀儡・白拍子を雅楽寮付属の機関を設けて、かなり大がかりな組織に再編した」と推定し、遊女の五節下仕参仕をその徴証とした。後藤はまた、遊女の服飾や藹次が宮廷の女官ときわめて似通っていることを指摘し、これらの類似は、彼女らが共に朝廷に組織されていた点から理解できるとしている(2)。

網野善彦は後藤説を積極的に支持し、遊女の教養の高さ、天皇・上皇・女院などに仕える女房の中に遊女・白拍子出身の女性が存在したこと、逆に女房たちが「遊女的」な「愛の遍歴」を行っていたことなどから、「遊女が宮廷の女性官人を、少なくとも一つの重要な源流としていた」として内教坊妓女や遊行女婦の存在に注意を促した(3)。

（1）滝川政次郎『江口・神崎』六一～六六頁、至文堂、一九七六増補（初出一九六五）。
（2）後藤紀彦「遊女と朝廷・貴族」（『週刊朝日百科三　日本の歴史　中世Ⅰ―③　遊女・傀儡・白拍子』朝日新聞社、一九八六）。
（3）網野善彦「遊女と非人・河原者」（『網野善彦著作集』一一、岩波書店、二〇〇八（初出一九八九））。

服藤早苗は、中央の内教坊妓女ではなく、地方の「準女官的」専門歌人である遊行女婦の後身が九世紀後期になって買売春を行うようになった結果、遊女が成立すると考える。[4] 服藤によれば、遊女・傀儡女・白拍子と女房や女官には「互換性」があったという。[5] すなわち、遊女・傀儡女と、下級貴族層出身の女房は受領の下向に同行する点で「同じ行動様式」であり「同様な存在」であった。[6] 一方、遊女・傀儡女・白拍子女と下級女官・半物はほぼ同じ階層出身であり、貴族や下級役人たちの愛人になる点で共通するともいう。[7] 総じて、服藤は「女房や女官、雑仕女たちが、遊女や白拍子女・辻子君と同様な性愛関係の実態があったゆえに互換性があった」[8] と見ているようである。

このように、〈遊女〉と女房・女官との親近性・互換性を説く論は、当然ながら両者の共通性のみを強調する傾向にある。しかしながら、両者の関係性を真に考察しようとするならば、共通性と差異性の両面を視野に入れる必要があることは、いうまでもない。この点で注目されるのが、関口裕子の所論である。

関口は、女性の秘面と露面、すなわち顔や髪の可視性を問題にした保立道久の指摘[9]を踏まえ、絵巻物における遊女の描かれ方に着目した。それによれば、遊女は「外歩き」の際に顔を露出して描かれており、「『被衣』を被る女性と区別されると同時に、髪を着こめる婢女等とも区別される存在だった」。「『外歩き』に関しては、女房は貴族女性として秘面であり、遊女は一般社会から切り離された、乞盗にも比すべき存在であるが故に露面であって、両者間には明瞭に相違が存する」。したがって「遊女をただちに『貴族の女性といって決して不自然ではない』とはいえない」という。こうした差異性の一方で、関口によれば遊女と女房は共通性も有している。それは「邸宅内の場」では、遊女と同様に女房も露面を晒さざるを得なかったという点であり、このことは、遊女と女房が共に家父長の庇護の外側におかれた女性であったこと、それ故に家父長の意志に制約されることのない性の開放性を有していたことを意味するという。[10] つまり、関口の理解では、遊女と女房は、「外歩き」の場で相違し、「邸宅内の場」で共通するということになる。

関口が顔の可視性に着目して遊女と女房の比較を行った点は重要だが、その内容については疑問に感じる点が少なくない。

まず、「外歩き」に関して、保立・関口らは共に絵画史料の遊女を露面と見ており、「彼女らは多く露面」（保立初出論文））、「顔を露出して描かれている」（関口）とするのであるが、これは妥当だろうか。遊女の図像として最も著名な『法然上人絵伝（四八巻伝）』巻三四第五段、播磨国室の泊の場面では、法然の船に近付く遊女が確かに顔を露出しているが【二四〇頁　図13】、巻三四第三段の摂津国経の嶋の場面には、これと全く共通する女性三人組が二組描かれており、そのうちの一組は被衣姿で描かれている【図14・15[11]】。また、『法然上人絵伝』と同様の場面を描いた『拾遺古徳伝絵』巻七【二三三頁　図11】や『法然聖人絵（弘願本）』巻四では、室の泊の遊女が被衣姿で

（4）服藤早苗「遊行女婦から遊女へ」（『平安王朝社会のジェンダー』校倉書房、二〇〇五（初出一九九〇））。なお、同『古代・中世の芸能と買売春』二三〜二四頁（明石書店、二〇一二）では、「準女官」ではなく「専門歌人」であるというところに重点があるという補足説明がなされている。
（5）服藤注4前掲書一一二頁。
（6）服藤注4前掲書七四頁。
（7）服藤注4前掲書一五七頁・一六〇頁。
（8）服藤注4前掲書二一一頁。
（9）保立道久「秘面の女と『鉢かづき』のテーマ」（『物語の中世』講談社学術文庫、二〇一三（初出一九八七））。ただし、同論文は単行本所収時に大幅な改稿を経た結果、遊女に関する記述などが削られている。このため、初出論文「秘面の女と露面の女」（『化粧文化』一六、一九八七）も参照した。
（10）関口裕子『日本古代婚姻史の研究』下、一六一〜一六五頁、塙書房、一九九三。
（11）今堀太逸「法然の絵巻と遊女」（『神祇信仰の展開と仏教』二六一頁、吉川弘文館、一九九〇（初出一九八六））は、これらを遊女と見ている。同論文によれば、【図13〜15】は先行する『九巻伝』に基づいて描かれたものという。なお、増田美子「日本女性の顔隠しのはじまりと被衣」（同編『花嫁はなぜ顔を隠すのか』悠書館、二〇一〇）は、被衣は髪を隠すもので顔隠しとは異なると主張するが、被衣を女性性の否定とみて変成男子と関連付ける結論は首肯しがたい。

【図14・15】『法然上人絵伝』巻34第３段　２組の遊女たち

法然の説法を聴聞に訪れた遊女は被衣姿で、束髪・作眉の簦指を従える。右下の女性は垂髪だが従者であろう。舳取を自船に残して男性の船に乗り込む遊女と簦指は、いずれも垂髪・作眉・小袿姿である。小松茂美編『続日本の絵巻２　法然上人絵伝　中』中央公論社、1990より。

描かれている。時代が降って『七十一番職人歌合』に描かれる立君もまた被衣姿である【一九六頁　図4】。文献史料でも、『更級日記』高浜の場面で「遊び」が「扇さしかくして歌うたひたる」とされているのであって、遊女が「外歩き」に関して露面であるとは必ずしもいえないと思う。

第二に、関口は「外歩き」における秘面を貴族女性（ないし「下女を伴う女性」）の行動様式、露面を「乞盗にも比すべき存在」（ないし女主人に伴う婢女や販女）の行動様式として、いわば身分固定的に捉えているのであるが、保立論文が指摘しているように、「外歩き」で秘面と露面の示す身分は相対的なものであって、同一の女性が状況によって秘面と露面を使い分ける。単行本収録後の保立論文では秘面が「貴族のみでなく、都市における一般的な女性の風俗」とされている点にも注意を促しておきたい。

第三に、「邸宅内の場」に関して、関口は『枕草子』第二二段「おいさきなく、まめやかに(12)」を根拠に、「邸宅内の場」で女房が露面であったとする。

宮仕へする人を、あはく〵しうわるき事に言ひ思ひたる男などこそ、いとにくけれ。げに、そもまたさる事ぞかし。かけまくもかしこき御前をはじめたてまつりて、上達部、殿上人、五位、四位はさらにもいはず、見ぬ人はすくなくこそあらめ。女房の従者、その里より来る者、長女、御厠人の従者、たびしかはらといふまで、いつかわ〔は〕それを恥ぢ隠れたりし。

右の史料では確かに女房の顔は人に見られやすいことが分かるが、それは果たして遊女の露面と同列視できるのだろうか。詳しくは第三節で後述するが、女房はごく親しい男や夫・家族・主人を除けば、男性と面会する際に御簾・几帳などの隔てを用い、顔を扇で隠すことが普通である。三巻本系『枕草子』第四六段「職の御曹司の西おも

(12)　新日本古典文学大系本（三巻本系統）による。前田家本、能因本も大きな違いはない。

ての立蔀のもとにて」を見ると、[13] 清少納言自身、仲の良い藤原行成から「(引用者注、私と貴女は) なかよし、なども人にいはる。かくかたらふとならば、なにか恥づる。見えなどもせよかし」と言われた際にこれを拒否し、また、御簾のすき間から覗いているのが義弟でなく行成であると分かった際には慌てて几帳に隠れている。女房は結果的に顔を見られる機会が多いとしても、積極的に露面をしているわけではないのであり、保立が「清少納言は自分の恋愛の導入となる秘面を大切にしていた」と正しく指摘している点を見逃すことはできない。

私見では、遊女と女房の身分上の相違は、「外歩き」よりも「邸宅内の場」において顕著に認められる。不特定多数に対して身分を表示する「外歩き」には過差の入り込む余地が大きいのに対して、「邸宅内の場」の方が、特定の者との身分関係を明確に表示せねばならない点で、より顕著に身分の相違を映し出すのではなかろうか。

なお、遊女・傀儡子・白拍子と女房・女官との差異については、服藤も可視性に着目し、貴族男性の視線にさらされる五節下仕に遊女が選ばれるのは、当時の貴族層出身の女房たちは人前に顔を晒すことを恥とする「常識」を持っており、また半物も庭で顔を晒す行為を嫌ったのに対して、遊女はそのような「常識」を持っていなかったためと述べる。[14] ただし服藤は、先述のように一方で遊女・傀儡子・白拍子と女房・女官との「互換性」や「同じ行動様式」を繰り返し強調しているのであって、こうした共通性と差異性をどのように理解すればよいのかについては言及がない。

以上のような研究状況を踏まえ、本章では、〈遊女〉と女房・女官との差異、特に邸宅内における行動様式の差異について考察する。その手がかりとして、次節では旧河本家本『餓鬼草子』第一段を取り上げ、そこに描かれた女性たちはどのような性格の者として描かれているのかを論じたい。絵画史料には、当時の典型的な行動様式がコード (記号) として表現されると考えるためである。

ここで、本章で用いる「女房」「従女」の語について説明しておく。吉川真司は、平安時代の平安宮内裏にいた女性を①后、②御息所、③女房、④女官 (女房以外の下級女官)、⑤従女 (下仕・女童) の五種に分類し、「天皇のキサキが①②であり、天皇・キサキ・東宮それぞれに③女房と④女官が奉仕し、⑤従女が女房・女官の職務を助けた」と指摘する。主人の家族に直接仕えるのが女房・女官であり、女房・女官の下で補助的業務を担うのが従女ということになる。吉川は特に女房の存在形態に着目し、彼女たちの階層を「家司女房層」＝「受領層」（すなわち四位五位の諸大夫層）として把握したが、従女についてはほとんど触れていない[15]。これに対し、保立は地方貴族・領主が宮廷社会に倣って作り出した女房組織を「女房—半物—下女」として把握した上で、半物や下女に分析の主眼を置いた。保立によれば、「女房」は領主の妻女に仕え、「半物」は女房に仕え、「下女・下仕」は童姿にされ賤しい雑役に従事させられた。「下女・下仕」は下人身分の女性であり、百姓・下人層と婚姻関係を結んだという[16]。吉川の分類に当てはめれば、「従女」の中に「半物—下女」の二階層が含まれるということになろう。本章では、できるだけ議論を単純化するために、「従女」内の諸階層についてはこれを捨象し、「女房」と、それに仕える「従女」とに分けて論を進めたい。

第二節　『餓鬼草紙』第一段の女性たち

一二世紀半ば、後白河院周辺で成立したとされる絵巻の一つに『餓鬼草紙』がある。このうち、旧河本家本『餓鬼草紙』第一段には、男性貴族の宴席に交わる二人の女性が描かれている（【図16】参照、以下「当該図像」と呼ぶ）。

(13)　新日本古典文学大系本（三巻本系統）による。能因本も大きな違いはない。
(14)　服藤注4前掲書一六八頁。
(15)　吉川真司「平安時代における女房の存在形態」（『律令官僚制の研究』塙書房、一九九八（初出一九九五））。
(16)　保立道久「中世絵巻にみる庶民女性の生活誌」（『新装版中世の女の一生』洋泉社、二〇一〇（初出一九九九））。

【図16】旧河本家本『餓鬼草紙』第１段　貴族の宴会

女性２人は、男性と同じ畳に座り、筝と鼓を演奏している。下方の女性は、隣で笏拍子を打って謡う男性貴族と同じ表情に描かれている。奈良国立博物館特別展図録『美麗　院政期の絵画』140頁、2007より。

詞書を欠くこの図像については、従来「白拍子を侍らせて饗宴する貴族達[17]」、「二人の女は、にわかに召された遊女《あそび》であろうか[18]」、「琵琶を弾く男、笛を吹く男、笏拍子をとる男、それに合わせて筝を奏る女。鼓を打つ女は、招かれて席に参入した白拍子か[19]」等と説明されてきた。

小松茂美は、同絵巻全体が『正法念処経』を絵画化したものであり、当該図像は巻第一七（餓鬼品之二）の欲色餓鬼を絵画化したものであると指摘している[20]。同経には以下のように書かれている[21]。

迦摩餓鬼〈…魏に欲色と言う〉を観るに、何の業の故を以て其の中に生まるるや。彼の聞恵《もんえ》（聖教を聞いて得られる知恵）を以て此の衆生に知らせん。①若《も》しくは男、若しくは女、若しくは黄門（宦官）の人、種々の衣を著して自ずから厳飾し、女人の衣を服して婬女の法を行う。若し人発《おこな》わんと欲せばこれと交会（性交）し、此の事の故に因《よ》りて財物を得。凡人に施与するも福田（善行）の處に非ず、不浄心の施しなり。是《こ》の因縁を以て、身壊れ命終わらば欲色餓鬼の中に生まれ、鬼身を受くるのみ。種々厳飾するに意《こころ》の念《おも》ふ所に随い、皆心に従うを得。…或いは男子と作《な》らば、顔容端正なり。或いは女人と作らば、姿首美妙なり。或いは畜生と作らば、相貌殊異なり。能《よ》く種々上妙の荘厳を作せば、能く遍く一切方所に遊行す。…②能く微細の身を以て人家に盗み入り、以て飲食を求む。…或いは人身と作りて他の節会に入り、或いは鳥身と作りて人の祭飯を食う。其の身細密にして人見る能《あた》はず。此の鬼是《か》くの如し。…③或いは女身と作りて人と交会す。是《か》くの如く種々荘厳して人を誑かす。

人が着飾って「婬女の法」を行い、他人と性交して得た財物で施しを行うと、死後に欲色餓鬼となる。この餓鬼はさまざまに姿を変えることができ、美男美女にも、動物にもなれる。上手に変身できるのであらゆる所に出入可能である。また目に見えないほど小さな姿になって人の家に侵入し、飲食物を盗む。あるいは女身となって人と性交するなど、変化して人を誑かすという。小松は当該図像中、男性の体に小さな餓鬼がまとわりついていることを②の記述と結びつけた。さらに筆者は、図像中の二人の女性が従来考えられていたように遊女ないし白拍子であるとすれば、彼女たちもまた、二重の意味で同経の記述と結びついていると考える。まず遊女・白拍子の生業は人との交会によって財物を得る点で①の記述そのものであり、これから欲色餓鬼に堕ちようとする女性を表現していると見ることができる。同時に、彼女たちは人と交会して誑かす③の如き存在でもあり、既に欲色餓鬼として節会中に紛れ込んでいるのだと見ることもできよう。小さな餓鬼が男性の体のみにまとわって女性たちに付いていないの

(17) 秋山光和「地獄草紙・餓鬼草紙・病草紙の絵画」（『日本絵巻物全集六　地獄草紙・餓鬼草紙・病草紙』角川書店、一九六〇）。

(18) 『日本絵巻大成七　餓鬼草紙・地獄草紙・病草紙・九相詩絵巻』（中央公論社、一九七七）二頁図版キャプション（小松茂美）。および『日本の絵巻七　餓鬼草紙・地獄草紙・病草紙　九相詩絵巻』（中央公論社、一九八七）三頁図版キャプション（小松茂美）。いずれも同文である。

(19) 小松茂美「六道を描く絵巻」（注18前掲『日本の絵巻七』）。

(20) 小松茂美「餓鬼・地獄・病草紙と六道絵」（注18前掲『日本絵巻大成七』）、および小松注19前掲論文。

(21) 『大正新修大蔵経』七二一により私に書き下した。（　）内は引用者による注記である。

は、彼女たち自身が餓鬼であるためと解釈し得る。このように、『正法念処経』との対応から見ても、当該図像中の女性たちを遊女ないし白拍子と見ることの蓋然性は高いといえよう。

とするならば、当該図像を見る者には、女性たちが女房などではなく遊女ないし白拍子であると了解することが期待されていたはずであり、当然図像中にその識別を可能にするためのコードが埋め込まれているはずである。次節以下では、そのコードの解読を通して、〈遊女〉と女房・従女との相違について考察したい。具体的には、当該図像の特徴を四点抽出し、そのそれぞれについて〈遊女〉と女房・従女との比較を行う。

第三節　〈遊女〉と女房

（一）　箏

当該図像でまず目に入るのは、女性が持つ楽器である。画面上方の女性が弾いている絃楽器には柱があり、形状からも箏とみて間違いない。

遊女・傀儡子が箏を演奏した事例は多くはないが、延慶本『平家物語』巻一〇「重衡卿千手前ト酒盛事」で、「千手、琴ヲ取テ五常楽ノ急ヲ引澄ス。中将ハ琵琶ヲ取テ掻鳴サル」とされており、千手が箏を弾いて重衡と合奏している。「千手」は「手越宿ノ君ノ長者ガ娘」つまり「遊女」の長者の娘とされている。序章で紹介したように、『とはずがたり』巻四では赤坂の宿の「若き遊女姉妹」が「箏・琵琶などひきて」作者をもてなし、また、嘉暦二（一三二七）年成立の『糸竹口伝』[22]では、「夕霧」という女性に端を発する箏の流れについて、「世ニスグレタル遊君・白拍子ノヒケル様コレナリ」としている。また、室町時代前期頃の図像だが、『藤の衣物語絵巻（遊女物語絵巻)』第二段の絵画部分で「かうじゅ」という遊女が箏を引いている。[23]

白拍子が箏を弾いた例としては、先述の『糸竹口伝』のほか、『花園天皇宸記』元亨三(一三二三)年一〇月五日条「今夜蜜(密)々白拍子参。於二女院(広義門院)御方一被二聞食一。…又令レ弾レ箏。音曲尤有レ興、及二種々雑芸一也」が挙げられる。

女房の弾箏例は枚挙に暇がなく、相承系図にも多数女房名が見えている。「昔より箏は女なん弾きとる物なりける」(『源氏物語』「明石」)を挙げれば十分であろう。女房の楽器としては箏と琵琶が圧倒的であり、稀に琴《きん》・和琴・方磬の演奏事例が所見する。

以上のように、箏に関しては遊女・傀儡子、白拍子、女房のいずれもが弾奏しており、この点に関しては差異が見いだせない。

(二) 鼓

当該図像で画面下方の女性は、鼓を手にしている。右手の指をそろえ、左手を調緒に添えていることから、鼓を打っている様子である。

鼓の所見する文献史料は比較的僅少であり、舞楽や祭礼の例を除けば遊女・傀儡子・白拍子・巫女の関わる事例がほとんどである。[24] 遊女・傀儡子に関しては、有名な今様「遊女の好むもの　雑芸・鼓・小端舟・簦翳・艫取女・男の愛祈る百大夫」(『梁塵秘抄』三八〇)を筆頭に、「ふねのうちみやこのことやしのぶらんつゞみのをとやなみにま

(22) 『群書類従』一九。
(23) 伊東祐子『藤の衣物語絵巻(遊女物語絵巻)影印・翻刻・研究』一五頁、笠間書院、一九九六。同絵巻の詞書部分は鎌倉時代、絵図部分は室町時代の成立とされる。
(24) 植木朝子「和歌の修辞と今様」(『梁塵秘抄とその周縁』三省堂、二〇〇一(初出一九九五))、菅野扶美「鼓と傀儡子」(『国語と国文学』八一―五、二〇〇四)、同「鼓と今様」(日本歌謡学会編『歌謡の時空』和泉書院、二〇〇四)。

がへて」[25]、「くわいらい《傀儡》苫屋形に袖をつらねて拍子を扣、遊君は船の中にかさをならべて鼓を打つ」（長門本『平家物語』巻七）などが挙げられよう。遊女・傀儡子が自ら鼓を打ったことがわかる例は意外なほど少ないが、『古事談』巻三―九五で「神崎の遊女の長者」が「鼓を執りて乱拍子の上句を弾く」とある例[26]のほか、絵画史料に幾つかの例が見いだせる。[27]これは基本的には遊女の歌謡、特に今様が伴奏に鼓を伴うためであると考えられ、前掲『古事談』のように「乱拍子」などの伴奏にも同様に鼓が用いられた。初期の今様には必ずしも鼓が必要でなかった可能性が指摘されており、[28]『藤の衣物語絵巻（遊女物語絵巻）』第一段詞書には「鼓などはうちやりて、朗詠し、今様などうたひすさぶ」とあるので、鎌倉期にも鼓の伴奏を伴わず今様を謡う場合があったようである。[29]一方で後白河院は「今様を好みて怠ることなし」という状態を説明する記述の中で「明けて後もなほ鼓の音の絶えぬさま」という表現を使っているので（『梁塵秘抄口伝集』巻一〇）、一般的には今様の伴奏楽器として鼓がイメージされていたものと考えられる。

白拍子女の芸である白拍子舞は、その名の通り、拍子に合わせて足踏みをしながら舞うことをその基本的芸態とする。[30]その伴奏楽器は鼓であるため、『七十一番職人歌合』に見えるように、白拍子は鼓を伴った姿で描かれ【図17】、文献史料でも白拍子女は鼓と関連して登場する。[31]ただし、実際には白拍子女本人ではなく、「鼓打」と呼ばれ

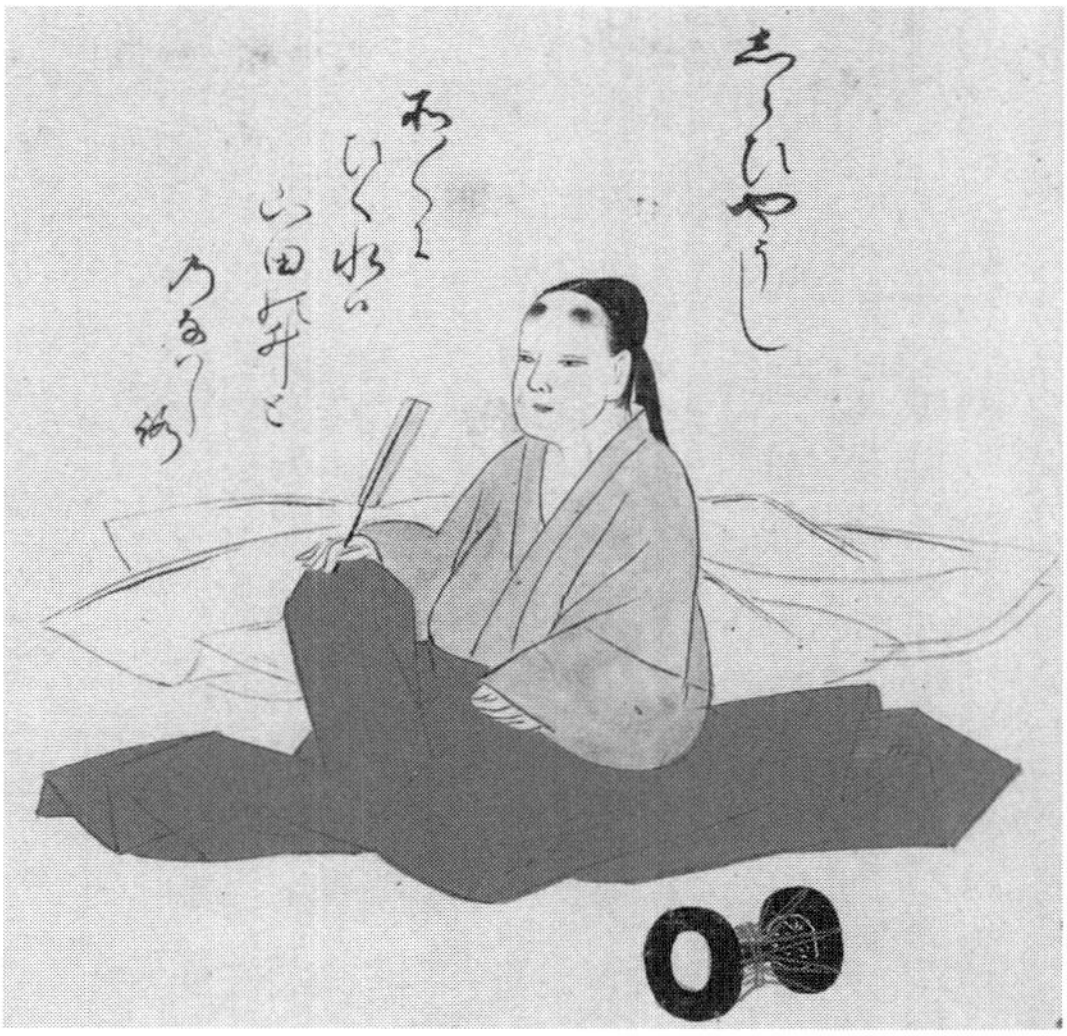

【図17】『七十一番職人歌合』48番　白拍子

前田育徳会尊経閣文庫編『前田育徳会尊経閣文庫所蔵七十一番職人歌合』勉誠出版、2013より。

る伴奏者が鼓を打ったもののようである。例えば『とはずがたり』巻二では、後深草院から白拍子舞を所望された白拍子女の姉妹が「鼓打ちを用意せず」との理由で一旦断り、近在で鼓を求めた上で藤原隆顕がこれを打っている。その他『沙石集』巻五末―二、覚一本『平家物語』巻一「祇王」、『義経記』巻六、『普通唱導集』上巻「世間部」などにも鼓打が所見する。これらの史料によれば、鼓打は男性であった可能性が高い。

一方、女房が鼓を打った例は管見では、覚一本『平家物語』巻二「卒塔婆流」で、平康頼の夢に「女房達」二、三〇人が鼓を打ち、声を調えて今様を謡ったとある程度に過ぎない(32)。ただこれは夢想であり、次に述べるように当

---

(25) 熊野類懐紙「餞遊女」(正治二年、平家重)。田村柳壹「正治二年後鳥羽院当座歌会歌(熊野類懐紙)集成〔稿〕」(『後鳥羽院とその周辺』笠間書院、一九九八(初出一九九一))による。

(26) 『十訓抄』三ノ一五も同様。

(27) 『法然上人絵伝』巻三四、『藤の衣物語絵巻(遊女物語絵巻)』第一～三段・第五～六段・F絵1。

(28) 菅野注24前掲諸論文。例えば先に触れた『更級日記』では、高浜で遊女が「扇さしかくして歌うたひたる」とする記述があり、少なくとも歌唱する遊女自身は鼓を打っていないことがうかがえる。

(29) なお、『狭衣物語』「扇うちならしつつ『いなごまろ拍子うち、きりぎりすは』など、細めつつ」、菊亭本『文机談』巻三「こやなぎ少々、卿といひし哥女にあひて博士つけ拍子さしたり」など今様の歌唱に際して拍子をとったとする記述が散見されるが、鼓と拍子(扇拍子・笏拍子)との関係はよくわからない。また、「今様品々有りといへども、はかせ短に拍子うたず」(『異本梁塵秘抄口伝集』巻一一)、「拍子をあてず譜のままにのばして唱なり。今様・朗詠のごとし」(『同』巻一四)など今様に拍子をあてないという記述との整合性も不明である。

(30) 沖本幸子「白拍子・乱拍子の登場」(『今様の時代』東京大学出版会、二〇〇六(初出二〇〇三))、同『乱舞の中世』(吉川弘文館、二〇一六)。

(31) 『たまきはる』「例目馴れたる若を呼びにやりて、白拍子の鼓打ち出だしたりし」、『雑談集』巻一〇「神明慈悲ノ事」「我耳ニハ鼓ノ音、歌ノ言モ真如ノ理ニソムカズ」など。

(32) より古態を残すとされる延慶本にはこれにあたる記載がなく、遊女記事などの女性説話を好む長門本では「やかたには幔の幕を引きたり、風のさつと吹上げたるたえ間より見入たれば、十七八ばかりの女房たち、琴をだんじ、びはを引き、今様をうたひ、朗詠し管絃しすましたり」とあって、鼓のことは書かれない。

時女房が人前で合唱することは通常考え難いので、これをもって女房一般が鼓を打ったとするにはかなり慎重でなくてはならない。

以上のように、鼓の演奏事例に関しては〈遊女〉と女房との間で明確な相違が見受けられる。特に、当該図像の女性は自ら鼓を打っていることから、遊女・傀儡子の可能性が高いと言えよう。

(三) 歌謡

【図18】『春日権現験記絵』(模本) 巻13第3段　今様を謡う童
永井幾麻による模本。小松茂美編『続日本の絵巻13 春日権現験記絵　上』、中央公論新社、1991より。

前項で取り上げた画面下方の女性は、鼓を打つ一方で顔を仰向けて口を開けている。これはすぐ下の男性と全く同じ表情であり、男性が笏拍子を打っていることからすれば、両者は共に歌謡を謡っているとみなされる。歌謡の絵画表現に関しては別に論じたことがあるので[33]、ここでは一例だけ類例を挙げておく。『春日権現験記絵』巻一三第三段では、小童が「『霊山御山の五葉松』といふ今様を両三反歌ふ」という場面が描かれており、対応する絵画部分では、拝殿の円座に座った童が右手に扇を持って膝を打ち、顔を仰向けて口を開けている【図18】。この例からも、『餓鬼草紙』の当該女性は今様等の歌謡を謡っている可能性が高いと言えよう。

このことは、当該図像の女性を考える上で大きなヒントになる。なぜならば、この当時、女性が歌を謡うということは、「非常に特殊な状態でのみ認められるものであった」とされているためである。すなわち沖本幸子によれば、「平安時代を通して、貴族の女性は基本的には歌わないもの」であり、貴族女性の歌謡は常軌を逸した行為として公私を問わず忌避された。これは姿形を容易には見せない当時の男女関係の中で、女性の「声」、特に個人の心情や感慨を歌詞に乗せて謡う歌謡が非常に官能的・肉感的なものと捉えられていたためであり、遊女・傀儡子のような「歌女」[34]はこうした貴族女性のタブーに対応する形で存在していたという。[35]一二世紀後半成立の『とりかへばや物語』巻一には「(引用者注、女君が)ものうち誦じ、歌うたひなどし給を、参り給殿上人・上達部などは、めでうつくしみきこえつゝ、かたへは教へたてまつりて、この御腹のをば姫君と聞こえしは、ひが事なりけりなど、みな思ひあへる」とあって、『餓鬼草紙』が描かれた頃にもなお、歌謡を謡うことは貴族女性のジェンダーから大きく外れた行為であった。[36]

なお、白拍子は、前半で歌謡白拍子に合わせて舞い、後半では即興の和歌を歌いあげ、それに合わせて足拍子を踏み鳴らしながら舞台を廻る芸である。一般に理解されているように「今様を歌いながら舞う」ものでも「今様を歌ってから舞う」ものでもなく、白拍子にとって今様は副次的な芸であった。また、白拍子が舞わずに歌謡白拍子のみを謡う例も決して多くはないという。[37]このため白拍子女を図像として表現しようとするならば、『鶴岡放生会職人歌合』のように立って舞う姿で表わすのが、最もふさわしい【一八八頁　図3】。当該図像のように、座って歌謡する姿から白拍子を想起するのは難しいのではなかろうか。

したがって、当該図像の下方女性が歌謡を謡っていると見てよいならば、この女性は非貴族女性、それも遊女・傀儡子のような「歌女」を描いたものとみるのが、最も蓋然性の高い解釈であろう。

---

(33) 拙稿「中世絵画史料における歌謡の表現」(『川村学園女子大学研究紀要』二六―一、二〇一五)。
(34) 『今昔物語集』巻一三―四四。
(35) 沖本幸子「女声考」(沖本注30前掲『今様の時代』、新稿)。『大弐高遠集』九一・九二で女房むまこその歌謡が賞賛されるなど、僅かな例外はあるものの、おおむね首肯される見解であろう。
(36) 中世後期には貴族女性が小歌を謡う例などが散見することから、鎌倉期以降にはこうした意識に変化が起こったものと考えられる。
(37) 沖本幸子「遊女白拍子と今様」(『軍記と語り物』四七、二〇一一)。

（四） 同座と可視性

当該図像でもう一つ注目されるのは、女性と男性の間に几帳などの障壁具が全く描かれていない点である。絵画であるから見やすく省略された可能性は当然考慮しなければならないが、しかし女性がいずれも男性と同じ畳の上に描かれていることから、隔てが省略された可能性は低いといってよいだろう。すなわち当該図像における女性二名は、隔てを用いることなく、男性のすぐ傍に同座しており、顔を男性の視線に晒した状態で描かれているのである。

さて、第一節で触れたように、女房などの貴族女性は通常男性と接する場合には御簾や几帳、屏風などの障壁具を何重にも用いて男性から顔が見られないように配慮するものであった[38]。管見では、貴族女性が顔を見せるのは、家族、主人、懇意の男性[39]に対してのみであって、それ以外の男性に会うときは、基本的に庇の御簾の中に几帳を置いて物越しに会話を行った。比較的親しい男性や人目をはばかる場合、あるいは僧・医師などは庇の間に入れて母屋の御簾を下ろし、几帳を添えて会話したようである[40]。貴族女性が男性に顔を見られることを嫌ったことは、例えば『源氏物語』「総角」の、薫が病床の大君を見舞う場面などにうかがえる。薫は病床近くに座を占め障壁具を前に置いていたが、風で几帳がめくれてしまうと、中の宮は奥に入ってしまい、老女房たちも顔を赤くして隠れたとされている。このような意識は鎌倉期の『弁内侍日記』寛元四（一二四六）年一一月二二日条、『同』寛元五（宝治元）年五月二三日条、『十訓抄』一ノ五五などにも確認できることから、平安期を通じて継続していたと考えられる。

合奏のようにお互いを視認できた方が便利な場合であっても、男女の間には隔てが置かれる。例えば『源氏物語』「末摘花」で源氏と頭中将が左大臣邸を訪ねて合奏をする場面では、左大臣が「御琴召して、内にも、この方に心得たる人々に弾かせたまふ」とある。「内」は御簾の内、またそこにいる女性たちを指しており、「人々」の中には中務の君などの女房が含まれている。『同』「竹河」では、玉鬘亭を訪れた薫と蔵人少将が催馬楽を謡うのに合わせて女房たちが和琴や琵琶を奏でるが、琵琶や土器が御簾の内から差し出されており、庇には御簾が下ろされている。同じく「竹河」では、冷泉院が薫をけ近く召し入れて大君（箏）や中将のおもと（和琴）などと度々合奏させているが、「容貌はた、いとをかしかべし〔る脱カ〕」という薫の心情描写から、女性たちと薫との間は隔てられていて顔が見えなかったと推測される。簾中で箏が演奏されるといった例は、他史料にも枚挙に暇がなく(41)、また絵画史料においても『男衾三郎絵詞』第一段のように男女の間は隔てて描かれる。

合奏の場合にも、男女同座が許されたのは家族、主人、懇意の男性の場合のみである。『源氏物語』「少女」では内大臣が母の大宮、娘の雲居雁と合奏をする場面がある。そこでは「姫君の御さまのいときびはにうつくしうて、箏の御琴弾きたまふを、御髪のさがり髪ざしなどのあてになまめかしきをうちまもりたまへば、恥ぢらひてすこし

---

(38) 良源『二十六箇条制式』「応禁制裹頭妨法者事」に見える「秘レ面而不レ見者、是女人之儀也」など。その配慮は並々ならぬもので、『大鏡』人「道長」には「大宮（藤原彰子）の、赤色の御扇さし隠して、御肩のほどなどは少し見えさせたまひけり。かばかりにならせたまひぬる人は、つゆの透影もふたぎ、いかがとこそはもて隠したてまつるに…」とある。

(39) 保立注9前掲論文の表現に従えば「知る人」。第一節前掲『枕草子』のほか、『夜の寝覚』巻一には中納言が中の君を訪れた際に「『ゆかり離れずあなづらはしき人をば、ただ御簾のうちにこそ入れさせまふべけれ。いとうとうとしく、顕証なる心地する』とのたまへば、『いつ馴れてか。さまでは。いますこしも面馴れさせたまひてこそ御簾のうちは』といと馴れて答へかけて…」といったやりとりが見える。

(40) 例えば『源氏物語』「宿木」には「『なやませたまふをりは知らぬ僧なども近く参り寄るを、医師などの列にても御簾の内にはさぶらふまじくやは。かく人づてなる御消息なむ、かひなき心地する』とのたまひていとものしげなる御気色なるを、一夜もののけしき見し人を、げにいと見苦しくはべるめりとて、母屋の御簾うちおろして夜居の僧の座に入れたてまつるを…簾の下より几帳をすこし押し入れて列の馴れ馴れしげに近づき寄りたまふがいと苦しければ」、『夜の寝覚』巻一では対の君が中納言中将に対して「簾のうちに御座まゐりて、障子押しあけて几帳添へて、まほならずはた隠れて対面したり」とある。

(41) 平安末期の例を一つだけ挙げれば、『建礼門院右京大夫集』九四に「みすのうちにもことかきあはせなどおもしろくあそびしほどに」とある。

側みたまへるかたはらめ、つらつらうつくしげにて」とあることから、父の内大臣と娘の雲居雁との間には隔てが存在していない。しかし、内大臣の甥である夕霧が参入すると、内大臣は雲居雁を「御几帳隔てて入れたてまつり」、自身は夕霧と合奏を行う一方で、雲居雁の琴の音を聴かせまいと別の部屋に下がらせてしまうのである。『同』「若菜下」に描かれる有名な女楽の場面では、庇の間の障子を取り払って源氏と妻である姫君たち、および女房などの座を設け、女性たちの前には几帳ばかりを立てたとある。この時夕霧をはじめとした男性たちも簀子の座で合奏に加わっているが、源氏が御簾の下から夕霧に箏を差し出して、簾の中には「疎き人の入るべきやうもなきを」と述べていること、また夕霧が「いと内ゆかしくおぼえたまふ」と感じていることなどから、源氏以外の男性たちは庇の御簾で隔てられていたことが明らかである。『夜の寝覚』巻五では、父入道と娘の寝覚の上、孫息子のまさこ君、孫娘の石山の姫君の四人が合奏をする場面がある。この時紅葉を見るために御簾は上げられ、寝覚の上は父に促されて几帳の陰からいざり出てきており、その後上達部・殿上人たちが参入すると、女性たちは女房とともに御簾の中に入ってしまい、その演奏についても言及されなくなる。いずれの例も、近親男性に対する場合とそれ以外の「疎き人」の場合とで貴族女性・女房の可視性に違いがあったことを示している。

したがって、貴族女性が宴席で男性の近くに同座することも、通常はあり得ないことであった。[42]『紫式部日記』寛弘五（一〇〇八）年一一月一日条、敦成親王御五十日祝の記事によれば、公卿たちが中宮藤原彰子の御前に参上した際には、公卿たちは簀子敷に座を与えられている。この時庇の御簾は巻き上げられているが、女房たちの前には几帳が置かれており、藤原実資が女房の人数を数えるためには、几帳の裾から覗く衣の褄や袖口を数える必要があった。几帳の綻びを引きちぎって女房に近付く右大臣藤原顕光は嘲弄の対象であり、あるべき姿とはみなされていない。座が乱れ始め、庇の間に入り込む公卿たちが出てくると紫式部は宰相の君と二人で隠れようとするが、藤原道長につかまって几帳を取り払われてしまう。紫式部がその際の心情を「いとわびしくおそろし」と述懐しているように、このような酔狂は異常であり、貴族女性にとっては恐怖を感じる事態であった。私見では、貴族女性が酒宴で男性と同席し、酌を行うのは鎌倉中後期以降のことであり(43)、それ以前には貴族女性がこうした行為を行うことは極めてまれであったと考える。

このように、『餓鬼草紙』が成立する一二世紀後半の段階では、貴族女性が隔てを用いることなく、男性のすぐ傍に同座することは一般的とはいえない。一方で、〈遊女〉の場合にはこうした行為を行っている事例が散見される。その最も早い例は、紀長谷雄『競狩記』昌泰元（八九八）年一〇月二〇日条に見えている。同史料は「遊女」の文献上の初見であり、宇多上皇が吉野・竜田山・難波に行幸した際の記録である。川尻秋生によれば、紀長谷雄は二〇日まで行幸に随行しており、宇多上皇の命によって実録的態度で記録した可能性が高いという(44)。二〇日の晩、赤目御厩で設けられた酒宴に際し、左のような記述がある(45)。

盃酒通宵笛歌送レ暁。好風朝臣快飲先酔、長歌長舞。一座覚レ眼、遂徹二遙夜一。又遊女数人入来在レ座。好風朝臣、数

---

(42) 東海林亜矢子「女房女官饗禄」（服藤早苗編『女と子どもの王朝史』森話社、二〇〇七）は、天元五（九八二）年五月八日、円融中宮遵子の立后後初入内時、中宮と女官の君臣関係を構築するために「女房女官饗禄」が行われたことを指摘している。この儀礼では内裏の上女房（上級女官）・女官（下級女官）が集められて酒宴を賜り、その席上では中宮の近臣男性や中宮職司によって上女房・女官に勧盃が行われている。東海林は延長元（九二三）年の藤原穏子立后時以降に同儀礼が行われたものと推測しているが、史料上確認できるのは右の一例のみである。一一世紀初頭には既に行われなくなったとされ、きわめて短期間に行われた行事であることがわかる。この事例では女性の前に隔てが置かれた形跡がなく、男性が女性に勧盃している点で注目されるが、右のような特異性から、ひとまず例外事例と捉えておきたい。

(43) 『とはずがたり』や『絵師草紙』『太平記』など。詳細は後考を期したい。

(44) 川尻秋生「『紀家集』と国史編纂」（『史観』一五〇、二〇〇四）。

(45) 引用は宮内庁書陵部編『図書寮叢刊平安鎌倉未刊詩集』（明治書院、一九七二）による。ただし、『大日本史料』一―二および『日本古典文学大系七二　菅家文草　菅家後集』（岩波書店、一九六六）の参考附載を参照した。

称二旧少将一、探二其懐一、吮二其口一、戯言多端、不レ可二〔具言一〕。

これによれば、この時、遊女数人が座に交じったが、小野好風は遊女の懐を探り、その口を吸ったとあり、酒宴の場で遊女と密接な身体的接触を持っていることがわかる。「座に在り」という記述から、遊女は恐らく貴族たちと同座しており、両者の間には障壁具が無かった可能性が高い。保立によれば八世紀後半から九世紀初頭には秘面の風習が成立し、一〇世紀には貴族女性の秘面意識が一般化していたという(46)。九世紀末成立の『競狩記』でも行幸の見物人について触れた部分で「車中之女、争瞻二天顔一。或出二半身一、或忘二露面一」という記述があり、貴族女性たちは普段貴族男性に対して顔を隠していた。これに対して遊女は酒宴に陪席することのできる存在であり、客にその容姿を見せ、言葉を交わすなど、直接的に接することができた。その点に貴族男性の需要があったと見てよいだろう。「遊女」の評価基準に容姿が含まれたことは次章で詳しく述べるが、このことも、「遊女」が可視性を持っていたことを示している。

「歌ウタヒ」が今様を謡う者を指し、「遊女」を含む可能性については第四章で既に述べたが、『梁塵秘抄口伝集』巻一〇には「今熊野にて、広言・康頼、我が足柄歌ひしに付けしを、歌うたひの姫牛、資賢が傍にて聞きて」という記述があり、「歌うたひ」が公卿の傍に座っている。これも男性と同座していると見てよいのではなかろうか。また『異本梁塵秘抄口伝集』巻一二には、「朗詠・今様うたひ」の一人として平清盛に召し寄せられた「乙女」という女性が出てくるが、「大弐の内より気に入て瓶子とりにもまいりたる女」と説明されており、彼女は清盛に酌をすることを職務としていたようである(47)。

鎌倉時代に至っても、遊女は宴席で男性と同座していた。建暦二～建保三（一二一二～一五）年の頃に成立した『古事談』の巻三―九五には、

書写上人…神崎に行き向ひて、長者の家を相ひ尋ぬる処、只今京より上日の輩、群れ来たりて遊宴乱舞の間なり。長

者、横座に居て、鼓を執りて乱拍子の上句を弾く

という記述がある。「横座」は、平行に敷かれた一般の座に対し、直角に敷かれた上座のことをいう。このような座の配置で障壁具が置かれることは通常ない。「目を開くる時は、又た元の如く女人の皃《かお》と為りて」という記述からも、神崎の長者は客と隔てなく向き合っていたと考えられる。その他枚挙に暇がないが、例えば飛鳥井雅有の『嵯峨の通ひ』『都の別れ』などでは、「遊女」や白拍子が酒を勧める記述が頻繁に見られる。

以上より、当該図像における女性二名は、女房ではなく、〈遊女〉に近いありようを示していると言えるだろう。

(五) 小括

以上、当該図像に見られる四つの特徴に関して、女房と〈遊女〉との比較を行ってきた。その結果、女房などの貴族女性が鼓・歌謡・同座に関わっている例は僅少かつ異例であり、当該図像は〈遊女〉、それも歌謡を主たる芸とする遊女・傀儡子の女性を表現したものである可能性が極めて高いことが判明した。

関口の議論とは異なり、「邸宅内の場」において、〈遊女〉と女房は顕著な差異を示している。遊女の初期事例が既に全国的な広まりを示していることから、古代において地方官衙と遊行女婦が密接な関係を持っていたとする服

(46) 保立注9前掲論文。増田注11前掲論文は秘面の初見を九世紀末〜一〇世紀初頭の『竹取物語』とするが、保立は『日本霊異記』中巻三四を初見としておい、こちらに従う。

(47) 山木幸一「西行歌風の形成」(『国語国文研究』二七、一九六四)はこの「乙女」を乙前とする。注目すべき指摘であるが、『梁塵秘抄口伝集』巻一〇によれば、乙前は承安四(一一七四)年に八四歳であり、保元二(一一五七)年に後白河に召された際には、既に今様などを久しく謡っていないとして固辞している。清盛が大宰大弐になるのは保元三年であるから、この乙女と乙前にはやや懸隔があるようにも思われる。

藤早苗の指摘には一定の有効性が認められるが、しかしそのことは平安期以降において〈遊女〉と女房が互換性を持つことを必ずしも意味しない。むしろ、九世紀後半以降、貴族女性の秘面化が進み、男性との接触制限が強化されていく中で、女房とは異なる行動様式をもつ〈遊女〉たちが貴族男性の需要を満たしていくのであり、〈遊女〉と女房との差異性こそが意味を持っていたと考える。

第四節　〈遊女〉と従女

当該図像の女性たちが〈遊女〉であるとすれば、彼女たちは女房よりも下層、従女クラスの女性たちとどのように区別され得るのであろうか。本章では、前章と同様の観点から〈遊女〉と従女の行動様式を比較してみたい。

ここでいう従女とは、貴族階層の女房に仕える半物や雑仕、下女・下仕などのことを指しており、その階層は非貴族層に属している。従女に関しては先に述べた保立のほか、(48)菅野扶美が論じている程度で、(49)ほとんど研究が進んでいないが、両氏が紹介する陽明文庫本『平治物語』下巻（常葉六波羅に参る事）の記事は、従女が庶民階層の女性から選ばれた可能性を示唆している。すなわち同史料には、九条院の雑仕常盤を選ぶ際、「都の中よりみめよき女を千人そろへて、そのなかより」選抜したと述べられている。外見によって選抜するという点は、『今昔物語集』巻三一―五「下仕・半物、心ニ任セテ形チ・有様ヲ選勝《えりすぐり》ケレバ」、関戸家本『病草紙』（口臭の女、京都国立博物館蔵）「みめかたち、かみすがたあるべかしかりければ、人、ざうしにつかひけり」などの他史料とも一致しているので、都の中から選んだという点もある程度一般化してよかろう。『梁塵秘抄』三六三「嫗が子どもは唯二人、一人の女子は二位中将殿の厨雑仕に召しゝかば奉てき」などは、そうした例に当たるだろうか。以上の点から、従女は庶民女性と互換性を有する存在と見なすことができる。

（一）箏

従女や庶民女性が箏を演奏した記事は全くといってよいほど管見に入らない。菅原道真は、京内を漂泊し「徒跣にして琴を弾く」「弁の御」という女性について言及しているが、彼女はもともと「藤相公」の娘が零落したものといい、公卿層の出身であるから、ここに含めるべきではないだろう。(50)

（二）鼓

一方で、庶民女性が鼓を打っている例はいくつか見られる。巫女の鼓は頻繁に所見する。それ以外にも、例えば『一言芳談』下巻では、日吉社の巫女に変装した「なま女房」(51)が鼓を打っている。絵巻物では関戸家本『病草紙』（白子の女）の図像、『七十一番職人歌合』「女盲」のほか、『年中行事絵巻』別本巻三で女童部が安楽花（やすらいはな）を「まひかなづ」る場面などで、鼓を持った女性が描かれている。

（三）歌謡

これまでにも度々引用した記事だが、『梁塵秘抄口伝集』巻一〇には、後白河が今様を習い覚えた経緯について、

かくのごとき上達部・殿上人はいはず、京の男女、所々の半物・雑仕、江口・神崎の遊女、国々の傀儡子、上手はい

---

(48) 保立注16前掲論文。
(49) 菅野扶美「半物・雑仕・主殿司・厨女」（『日本文学』五六―七、二〇〇七）。
(50) 『菅家後集』四八三「慰少男女」。
(51) 『日葡辞書』によれば、「奉公をする女房でもなければ、身分のある女房でもない、普通の婦人」を指す。

はず、今様を歌ふ者の聞き及び、我が付けて歌はぬ者は少なくやあらむ。

という記述がある。ここで、京域にすむ庶民の男女、所々（諸司・諸院・諸家）の半物・雑仕は今様を謡う存在として把握されている。一方、ここには女房は挙げられていない。

菅野は「残念ながら半物・雑仕の歌声そのものを史料に見ることはできていない」とした上で、雑仕に相似する存在として主殿司の女官たちを挙げ、傀儡子女が主殿司になり今様を奉仕したとする『梁塵秘抄口伝集』巻一〇「鏡の山のあこ丸、主殿司にてありしかば、常に呼びて聞き」との関連を指摘している。[52] 確かに史料的制約もあって半物・雑仕の歌謡記事は明確には見いだせないが、一方で院政期には江口の遊女玉江前が上西門院に半物として仕えており、[53] 西行説話の中で乙前が待賢門院女房権中納言局に仕える半物であったとされるなど、[54]「歌女」である遊女・傀儡子が半物として貴族に仕えている例が散見される。一般の半物・雑仕が必ずしも歌謡を行わなかったために遊女・傀儡子への需要があったのか、あるいは一般の半物・雑仕にも歌謡的契機が少なくなかったことの延長で歌謡に長じた遊女・傀儡子が召されているのか、この点の評価は難しい。ただ、先に述べた従女と庶民女性との互換性を考慮に入れれば、おそらく後者の可能性が高いと考える。

庶民女性による歌謡の事例は比較的広範に見受けられる。例えば三巻本系『枕草子』八三段「職の御曹司におはしますころ、西の廂に」では、「なま老いたる女法師」である常陸介が歌を謡っているのが見える。能因本系（九一段）では狩袴を着ていたとあるので、身分としてはかなり低いとみてよい。『同』九五段「五月の御精進のほど」では、賀茂の奥にある高科明順の家で、「若き下衆」「そのわたりの家のむすめ」たちが清少納言らに歌を謡ってみせる。『沙石集』巻五末―二では石見国の海女たちがえもいはず歌を謡うというので、国司が召し出して酒を賜わり謡わせている。貴族たちにとって、庶民女性の歌謡は鑑賞の対象であったようである。

このように『餓鬼草紙』が描かれた頃、歌謡は様々な階層の男女によって謡われており、その中には従女や庶民女性も含まれていた。右に引いた『梁塵秘抄口伝集』の記事からは、謡わない貴族女性の特異性がみてとれよう。

(四) 同座と可視性

従女が容貌の美しさによって選ばれたことは前述した。このことは、従女が他者から見られる存在であったことを示している。この点は保立・菅野らの研究に詳しいのでそちらを参照していただくこととして、[55]ここでは女房と従女の差異をよく示す『男衾三郎絵詞』の事例を挙げるにとどめたい。

『男衾三郎絵詞』は西暦一三〇〇年前後に関東で成立したとされる絵巻物で、後半部を欠く。武蔵国の武士である男衾三郎は、兄吉見二郎が亡くなると姪の「慈悲」を疎略に扱い、慈悲に思いを寄せる男性から奪われないよう「内によびて目を離たず、半物に使はゞや」と半物にしてしまう。半物は邸宅内で主人の目の届く範囲に活動したことがわかるが、さらに「僅かなる小袖一つ着せつつ、髪を背中中より切り捨てて、『からかみ』といふ名を付けてぞ使はれける」という詞書から、女房と半物には装束・髪型・名前などに身分的な格差があったらしい。半物になった「唐髪」は、その後武蔵国司をもてなしている際に国司の目に止まり、懸想される。本書の関心から注目されるのは、この段の絵画表現である。灯明を奉仕する唐髪の姿を国司の従者が直視する描き方になっている。両者の間には障壁具が置かれておらず、寝殿に座す男衾三郎の娘、女房たちと武蔵国司とが格子・屏風・几帳などで何

(52) 菅野注49前掲論文。『続古事談』巻一―二二にも、源資賢が「白薄様」という乱拍子を謡ったとき、「主殿司あこ丸、ことにたへたるによりて、くつぬぎにめしてつけしむ」という記事があり、保延四(一一三八)年頃のことと推定されている。
(53) 『津守氏古系図』「国茂」左注。加地宏江「津守氏古系図について」(『人文論究』三七―一、一九八七)参照。
(54) 山木注47前掲論文は、『西行物語』で佐藤義清の取次をした「乙女の前」を乙前とする。
(55) 保立注9・注16前掲論文、菅野注49前掲論文。

重にも囲まれている様子と比べると、その可視性は際立って見える。(56) 国司は騙されて男衾三郎の娘と対面することになるのだが、その醜い容姿と引き比べる形で唐髪の「一日の姿」を思い起こしている。こうした記述は半物である唐髪の場合、男女の仲を結んで対面しなくとも顔を見ることができたことを示していよう。

さて、男衾三郎夫妻は唐髪が国司から懸想されたことに嫉妬し、唐髪をさらに下の階層である水仕に堕としてしまう。「唐髪女、あれ体にて置きたらば、猶も由なき事出で来なんず。様を変へて水仕に使はせ給へ」という三郎の妻の言葉からは、水仕が屋外労働に従事し、客人の目の届かない範囲で働いていたことがわかる。「一つの小袖をも脱ぎ取りて、信濃のてうたい馬の麻衣といふもののあさましげなるを着せて奉りて、翠のかんざしを元結際より切り捨てて、唐髪といふ名をだに心憂しと思ひしに、剰へ『子日』と変へて、遠侍の厩の水をぞ汲ませ奉る」とあるので、半物と水仕との間にも身分の隔たりがうかがえる。

右の事例からもうかがえるように、半物や水仕などの従女は、隔ての外側を基本的な存在空間としており、可視的な存在であった。絵巻物を通覧すると、簀子や板敷の辺りで束髪の女性が食物・茶等の役送に当っている例が多く見られるが、(57) 彼女たちは男性と隔てなく直に接することができる故に、こうした接待に従事しているのであろう。そのことは、酒席においても同様である。

『明月記』正治二（一二〇〇）年二月一〇日条には、中宮藤原任子の侍所で初参の者を簡に加える儀式が見えるが、その儀式に雑仕女が参加しており、終了後、盃酌を行うに際して男性への酌を行っている。

所司召二雑仕女一。答云、尾緒、（傍書）「称唯音也」。仰云、瓶子ニ参礼。雑仕取二銚子一来。（中略）次所司召二雑仕女初一、御盃スヱヨ。雑仕一人居レ之。又召二雑仕今一人唯一、仰云、瓶子ニ参レ。持来。如レ初下。又如レ前令二献盃一。（後略）

また『民経記』寛喜三（一二三一）年四月二五日条、秀仁親王家所始に際しても同様の記事があり、「一献〈……侍者已下雑仕女為二次酌一〉」「汁物〈……御監已下陪膳可レ為二雑仕女一也〉」等の記述から、雑仕女は明らかに男性への酌・陪膳をつとめている。

一三世紀には正式な酒宴よりも砕けた「酒盛」が登場するが[58]、そうした場面では、従女による酌がより広範に行われたようである。例えば慈光寺本『承久記』上には、伊賀光季が討たれる前日、相舅の佐々木広綱が光季を招いて酒盛りを行う場面が出てくる。「追座ニ成テワリナキ美女召出シ、酌ヲ被レ取テ、其ヲ肴ニテ、今一度トゾ勧メケル」は、前後で敬語が使われていないため「酌ヲ被レ取テ」の主体が判別しづらいが、少なくとも「美女《（びんじょ）》」（＝便女）が酒席に同座していることは読み取ってよいだろう。「ワリナキ美女」という表現が明らかに容姿を問題にしていること、当時従五位下の広綱によって「召出」されていることなどから、「美女」は女房よりも身分が低い、従女クラスの女性であったと見なされる。

さらに『太平記』巻一「土岐十郎と多治見四郎と謀反の事、付無礼講の事」では、日野資朝が企てた無礼講の催しに際して「年十七、八なる女の、みめ貌《かたち》好《いつくし》く、膚殊に清らかなるを二十余人に、褊《すずし》の単ばかりを着せて、酌を取らせたれば、雪の膚透き通って、太液の芙蓉新たに水を出でたるに異ならず」という記述がある。ここで酌をさせられている「女」たちには、その容貌や肌の白さに無遠慮な視線が向けられており、やはり従女以下の女性であった可能性が高い。

絵画史料では、関戸家本『病草紙』（嗜眠癖の男）で台盤を囲む貴族男性たちの中に、女性が一人同座しているのがみてとれる[59]。女性の周囲に障壁具は一切なく、女性は男性と同じ畳の上に座している。詞書からはこの女性の性

---

(56) 両者の対比については千野香織「嘲笑する絵画」（『千野香織著作集』ブリュッケ、二〇一〇（初出一九九六））参照。

(57) 『春日権現験記絵』巻一五、『松崎天神縁起』巻五など多数。

(58) 永池健二「酒盛考」（『逸脱の唱声　歌謡の精神史』梟社、二〇一一（初出一九九七））。

(59) 奈良国立博物館特別展図録『美麗　院政期の絵画』一四六頁（二〇〇七）にカラー図版掲載。なお、同図録の作品解説（中島博執筆）で当該人物を「童子」とするが、当該人物の服装は、童子の装束とされる童束帯・童直衣・半尻・童水干・額烏帽子、童女の装束とされる汗

格をうかがうことができないが、女性が束髪である点は一つの手がかりになり得る。先に引いた関戸家本『病草紙』（口臭の女）では、「ざうし（雑仕）」の女性が束髪に描かれているからである。異本を含めて『病草紙』を通覧すると、束髪の女性は従女として何らかの作業に従事しているか、もしくは状況・衣服などから庶民女性と判断されるかのどちらかである。従女・庶民女性が垂髪で描かれる場合もあるが、『病草紙』（三老人の巻）[60]の「上臈女房」「女房」を始めとして、女房らしき人物は全て垂髪であるから、『病草紙』における束髪は従女・庶民女性の記号であったとみなしてよい。保立によれば、庶民女性にとって「元結」で髪を束ねることは、実際の労働や立ち居振る舞いの上での必要によるものであり、成人女性としての表現でもあった。ただし時と場合によっては庶民女性も垂髪のままでいたという。[61]既に見たように従女は庶民女性と出自を同じくし、また様々の労働に従事する存在であったから、両者は同じく束髪姿で表現されることになるのであろう。したがって、関戸家本『病草紙』（嗜眠癖の男）で貴族男性と同座する女性は、従女もしくは庶民女性であると見てよい。なお、探幽本『異本病草紙』（口のない男）[62]にも、酒宴に同座する束髪の女性が見えているが、同座する男性の服装は貴族男性のものではないため、今回の考察からは除外した。

　このように、従女は貴族男性から見られ、容貌を評価される存在であり、身分の違いにも関わらず彼らと同座することがあり得た。この点で従女と〈遊女〉とは共通する側面を有している。『更級日記』で、作者が足柄山の「遊女」に接した際、

> をのこども、火をともして見れば…髪いと長く、額いとよくかかりて、色白くきたなげなくて、「さてもありぬべき下仕へなどにてもありぬべし」など、人々あはれがるに…

とあるのは、右のような両者の共通性を前提にして初めて理解できるだろう。

（五）小括

以上、従女・庶民女性の行動様式について見てきたが、これらの女性は、箏を弾かない点や束髪などの点で〈遊女〉とは相違するが、一方で鼓・歌謡・同座などに関しては〈遊女〉と類似する行動様式を示すことがわかった。〈遊女〉は女房よりもむしろ従女・庶民女性との親和性が高いといえそうであるが、一方で〈遊女〉は弾箏など貴族女性に近い行動様式をも示している。当該図像を見る者が描かれた女性たちを〈遊女〉であると理解できるのは、このように貴族女性とも従女・庶民女性とも異なる行動様式をとっていることによるのではなかろうか。貴族男性たちが身近にいる従女ではなく、わざわざ〈遊女〉を召す理由も、こうした特殊性によっていたはずである。この点は今後もう少し考察の必要があるが、私見では、その特殊性とは、従女では行い得ない弾箏や、歌謡に関する能力・知識など、すなわち彼女たちの芸能にあったのではないかと考えている。

なお、こうした行動様式の違いを考慮に入れれば、これまで〈遊女〉ではないかとされながらも詞書がないために確証を欠いていた図像、例えば『一遍聖絵』巻四第一段―筑前の武士の酒宴に侍る鼓の女性【図19】、『扇面古写経』法華経巻七扇四―小祠の傍で歌謡する男性と共に座る鼓の女性【図20】、『同』法華経巻八扇二―簀子敷に座す鼓の女性、『同』観普賢経扇1―男性と同座し箏を弾く女性、などについても、〈遊女〉図像としての蓋然性が高まることを補足しておきたい。

衫・細長・袙・飾り紐のいずれにも該当せず、疑問である。『平安時代史事典』「童装束」の項（高田倭男執筆）、保立道久「中世民衆のライフサイクル」（注16前掲書、初出一九九三）、近藤好和『装束の日本史』（平凡社新書、二〇〇七）など参照。

(60) 佐野みどり「病草紙研究」（『風流　造形　物語』スカイドア、一九九七（初出一九八一））に図版が掲載されている。

(61) 保立注16前掲論文。

(62) 佐野注60前掲論文による。

【図19】『一遍上人絵伝』巻４第１段　筑前の武士の館
中央の女性は男性のすぐ隣に座り、口を開き、鼓を打つ。左の男性は扇で拍子をとっている。『週刊朝日百科　日本の歴史　古代から中世へ５　家と垣根』朝日新聞社、2003より。

【図20】『扇面古写経』（摸本）法華経巻７扇４　謡う男と鼓の女
小堀鞆音による下絵摸本。考古学会編集発行『扇面古写経下絵』1920より。

第五節　〈遊女〉の身分変容と行動様式

前節まで、貴族男性と邸宅内で関わる場合の行動様式に着目して〈遊女〉、女房、従女の三者を比較してきた。その結果、〈遊女〉の行動様式は女房よりも従女・庶民女性により近く、先行研究の説く女房との親近性・互換性は再考されるべきであることがわかった。一方で〈遊女〉は女房とも従女とも異なる独自の行動様式を示している。このことは、〈遊女〉の身分がその振る舞いによって表明・認識され、その都度構築されていたことを示している。では、〈遊女〉から女房へ、あるいは女房から〈遊女〉への身分変容が起こる時、彼女たちはどのような振る舞いを見せるのだろうか。最後にこの点を考えることで、〈遊女〉身分とは何かについて考察を深めてみたい。

（一）〈遊女〉から女房へ

〈遊女〉が女房になった例として有名なのは、後白河に仕えた丹波局であろう。度々触れてきたが、『山槐記』安元元（一一七五）年八月一六日条には、「法皇若宮〈建春門院御猶子、実遊女一﨟腹、号㆓丹波局㆒…〉」とあり、一﨟遊女が後白河皇子を産み、「丹波局」という女房名で呼ばれたことを示している。第三節で見たように、〈遊女〉と女房の行動様式が大きく異なるとすれば、彼女はどのようにふるまっていたのであろうか。その実態をうかがわせる記事が、『花園天皇宸記』元応元（一三一九）年七月二九日条に見られる。この日、後伏見上皇と花園上皇は、二条道平の押小路第に御幸して納涼を行った。その際に行われた酒宴に、白拍子が所見している。

一献後召㆓禅閤（二条兼基）㆒、即参。数献及㆓乱会㆒、諸人銘（酩）酊。禅閤愛物白拍子〈今為㆓家女房㆒〉為㆓女房㆒対面、在㆓簾中㆒。召㆓出之㆒、両三曲歌㆑之。即朕盃給㆑之。禅閤銘（酩）酊之余落㆑縁、公秀（三条）卿取㆓揚之㆒。有㆑頃退出。事々乱々不㆑及㆑記。

ここで禅閤二条兼基の「愛物」とされる白拍子は、女房として二条家に仕えている。そのため、彼女はこの時、初め「女房として」簾中に座し、花園上皇に対面した。しかし上皇は彼女を御前に召出して歌謡を命じ、さらに盃を賜っている。ここで上皇が彼女に対してとった行動は、明らかに女房に対してのそれではなく、彼女を白拍子として遇したものとみなし得る。この事例から、二つのことが読み取れる。一つは、白拍子は女房になった場合には原則的に女房としての行動様式を取ることである。二つ目は、女房としての行動様式をとっていても、彼女は白拍子としての身分を払拭できておらず、要求されれば白拍子として振る舞うことがあったということである。二つの身分の併存は、何を意味するのであろうか。

「遊女」「傀儡子」「白拍子」といった身分は、集団や帰属を越えて用いられることから、本来「職業身分」にあたるものと考えられる。髙橋昌明によれば、職業身分とは、社会的分業＝芸能・所能が家業＝イへの職能として固定する時に生まれる身分の一類型であり、日本中世においては大きく文士・武士、農人、道々の細工、の三つに分類されるという[63]。この分類に従えば、「遊女」「傀儡子」「白拍子」などは道々の細工に含まれる職業身分ということになる。『今昔物語集』巻二八―二七には、来合わせた傀儡子の演奏を聴いて思わず躍り出してしまったという伊豆国の「傀儡子目代」についての説話が収められている。ここには傀儡子たちの言葉として「此ノ人ハ、古ヘ若ク侍リシ時、傀儡子ヲナム仕リテ候ヒシ。其レガ、手ナドヲ書キ、文ヲ読テ、今ハ傀儡子ヲモ不仕《つかまつら》デ、此様ニ罷リ成テ此ノ国ノ御目代ニテナム候フ」という説明があり、それを聞いた同僚たちは「然ハ、此ノ人ハ本《もと》傀儡子ニテ有ケル」と認識している。つまり傀儡子はその芸能を「仕」ることによって成り立つ職業身分であり、それを「仕」らなくなった者は「もと」傀儡子であると他者に認識されたのである。ここでは「傀儡子」が明らかに職業身分として捉えられている。『撰集抄』巻三―三に、出家した尼が「本は室の遊女にて侍けるが……一とせの程、都になんすみ渡り侍りける。いかなる事か侍りけん、すさめられ奉て、室に帰りて後は、又も遊女の振舞などし侍らざりけるとかや」とされているのも、遊女が「遊女の振舞」によって成り立つ職業身分であったことを示していよう。応長元（一三一一）年七月二二日付「鎮西下知状」で、善願が、祖母本阿に対して「古白拍子」であるという「悪口《あっこう》」を吐いたと訴えられたが、本阿はもともと（本当に）白拍子だったので、善願が処罰されることはなかった。[64]これもやはり、本阿が白拍子をやめたことを意味するのではなかろうか。本阿は文永九（一二七二）年には「女房」と呼ばれていたようなので、白拍子をやめた後は浄明のもとにいたようである。

一方、右に挙げた『山槐記』『花園天皇宸記』などの場合には、女房として仕えているにもかかわらず、「遊女」や「白拍子」に「もと」にあたる言葉は冠されていない。これは、「女房」が主従関係に基づく「帰属身分」であり、職業身分とは別個の身分体系であったためと考えられる。髙橋によれば、帰属身分は主―従関係、所管―被官関係、下人・所従などによって成り立つ。髙橋は女性を身分体系から外しているので女房には言及していないが、家司は帰属身分の一つとみなしている。家司層と女房層とが婚姻関係などを通じて階層的に重なり合い、「家」を挙げて主人に奉仕したことは既に明らかにされているから、[65]女房も家司と同じく帰属身分の一つと考えてよい。そのことは、「誰々の女房」という言い回しに端的にみてとることができよう。女房という帰属身分は、主人との関係によって成り立つものであるから、白拍子であっても、主人が認めれば「家の女房」であり、「女房として」振る舞うことができた。[66]逆に、主人（や主人よりも上位の者）が要求すれば、彼女たちは女房としてあるべき振る舞い

---

(63) 髙橋昌明「中世の身分制」（『中世史の理論と方法』校倉書房、一九九七（初出一九八四））。
(64) 『肥前後藤家文書』、『鎌倉遺文』二四三七六所収。
(65) 吉川注15前掲論文。
(66) 『嵯峨の通ひ』によれば、藤原為家の中院山荘には、白拍子に「縁ある女」が仕えており、その縁によって白拍子が自由に出入りしていたという。水川喜夫『飛鳥井雅有日記全釈』一〇二頁（風間書房、一九八五）のようにこれを「縁続きの女」と解してよければ、これも白拍子が女房として抱えられた事例とみなし得る。ただし、『花園天皇宸記』元亨三年一〇月五日条のように、女房の「知音」といった程度の「縁」かもしれない。

を捨て、白拍子として芸能を奉仕することも可能であったと思われる。(67)この場合、傀儡子目代や本阿のように全くその芸能をやめてしまうのではなく、芸能による奉仕をも継続して行っていたために、「白拍子」としての職業身分が継続したものであろう。

『梁塵秘抄口伝集』巻一〇には、若き日の後白河が今様の謡い手を盛んに召し寄せていたことを述べる場面に、以下のような記述がある（（　）内は引用者注）。

神崎のかね、女院に候ひしかば、参りたるには（後白河が）申して歌はせて聞きしを、（待賢門院が）「あまりにては。時々はこれにても。いかで聞かではあらむずるぞ」とて、「夜まぜに賜ばむ」とて給ひしかば、あの御方へ参る夜は、人をつけて暁帰るを呼び、我給はる夜は、いまだ明かきより取り籠めて歌はせて、聞き習ひて歌ふ歌もありき。明け方に返し遣りても、なほ歌ひしを、かねが局、対《むか》へなりしかば……「いつの暇にか休むらん」とあさみ申しき。

ここからは、神崎の遊女であるかね(68)が、「神崎」という所属を保ったままで待賢門院に仕え、女房として「局」を与えられていたことがわかる。彼女は一日おきに後白河院に歌謡を奉仕していたが、それには後白河が主人である女院に「申し」、あるいは女院が「賜」うという手続きが必要であった。

このように、〈遊女〉が女房となるためには、主人の許可、主人との関係が重要な意味を持っていた。〈遊女〉自身の歴史的性格によって〈遊女〉と女房との互換性を説くことは、こうした観点からも誤っていると言わざるを得ない。

（二）女房から〈遊女〉へ

逆に、女房が〈遊女〉になる例は限られている。視野を諸大夫層・侍層の女性にまで広げるならば、以下の諸例が挙げられよう。

一〇世紀後半成立の『大和物語』一四六には、次のような記事がある。宇多院が摂津国鳥飼院に御幸した際、従四位下大江玉淵の娘と申す「うかれめ」（遊女）を召した。院が「玉淵は和歌をよく詠んだので、『鳥飼』という題で（お前が）和歌をよく詠んだならば、玉淵の子と認めよう」と仰せになると、果たして遊女は見事な和歌を詠んだ。感心した宇多院は廷臣たちに纏頭を命じた上、「南院の七郎君」にこの遊女の後見をさせた、という話である。玉淵の娘が遊女になった理由については書かれていないが、説話中で玉淵は故人として扱われているようであり、また「かれにわびしきめな見せそ」という宇多院の命令から、娘には経済的な後見人がいなかったことが示唆されている。

『吾妻鏡』建仁二（一二〇二）年三月八日条には、侍層の女性が白拍子になった経緯が述べられている。

> 八日、癸丑、御所御鞠…爰有下自二京都一下向舞女〈号二微妙一〉上。盃酌之際、被レ召二出之一、歌舞尽レ曲。金吾（源頼家）頻感二給之一。廷尉（比企能員）申云、此舞女依レ有二愁訴之旨一、凌二山河一参向、早直可レ被二尋聞食一者。金吾令レ尋二其旨一給之処、彼女落涙数行、無二左右一不レ出レ詞。恩問及二度々一之間、申云、去建久年中、父右兵衛尉為成、依二不讒（入）一為二官人一被二禁獄一。而以二西獄囚人等一為レ給二奥州夷一、被レ放二遣之一。将軍家雑色請取下向畢。為成在二其中一。母不レ堪二愁歎一卒去。其時我七歳也。無二兄弟・親昵一、多年沈二孤独之恨一。漸長大之今、恋慕切之故、為レ知二彼存亡一、始慣二当道一而趣二東路一云々。聞レ之輩悉催二悲涙一。速遣二御使於奥州一、可レ被二尋仰一之由、有二其沙汰一。盃酒及二終夜一、鶏鳴以後令レ還給。

これによれば、微妙という白拍子が七歳の時に、父である右兵衛尉為成が奥州に追放され、それを悲嘆した母が亡

(67) なお、主人の要求によって一般の女房がこうした振る舞いに及ぶ例は管見に入らない。主従関係は双務的なものであるから、貴族層出身の女房に対して本来よりも下層の振る舞いを要求することは難しかったのではなかろうか。

(68) 『今鏡』「藤波の下」第六「弓の音」、『古事談』巻二―八一、『十訓抄』九ノ八。

くなった。頼れる兄弟や知人もいなかったため孤児になった微妙は、成長後に父の行方を知ろうと思い、白拍子になって東国に赴いたのだという。この事例では、孤児になった年齢が七歳ということもあって、父母の不在が白拍子になることに直結しているわけではない。しかし、父母が健在であれば微妙が白拍子になる可能性は極めて低かったはずであり、少なくとも侍層の女性が白拍子になる場合、後見人の不在が前提されていることはうかがえるだろう(69)。

網野善彦が紹介した白拍子鶴王子の場合、志摩国の有力武士であった父大中臣茂仲が、元徳三(一三三一)年三月以前に尾張国守護名越宗教によって誅された。その後鶴王子は白拍子鳥王女に養育され、志摩国を離れていたが、その間、建武元(一三三四)年に茂仲跡地が光明寺に寄進された際、鶴王子が祖母成阿から譲与された久志本屋敷畠も光明寺の手に渡ってしまったとして、これを取り戻す訴訟を起こしている(70)。鶴王子が白拍子になったのがいつなのかはわからないものの、彼女が白拍子鳥王女に養育されていた期間は、父の死後と考えられるので、父の死を契機に白拍子になった可能性が高いと思う。

後見人の不在は、すなわち貧窮を意味している。平安中期〜末期に成立したとされる『玉造小町子壮衰書』では、貴族女性の零落過程がかなり詳しく描かれている。この女性は「倡家の子」(71)「良室の女」として、「奴婢」や「僮僕」にかしづかれながら「華帳の裏」「珠簾の内」に大切に育てられ、親兄弟は彼女を「王宮の妃」にしようと画策していた。しかし一七歳から二三歳にかけて、父母兄弟を相次いで喪うと、経済状況が悪化して「奴婢」「僮僕」も従わなくなり、「貧孤」に陥る。亡親の遺財を売りつくしてしまうと、彼女は道路にさすらうことを余儀なくされたのだという。漢文的修辞がちりばめられた文学作品であることからも、ここに見える話をそのまま史実と見ることはもちろんできないが、第四節(一)で言及した「弁の御」の事例を見ても、後見人を失った貴族女性が悲惨な状況に転落していくことは平安期の実情を踏まえている可能性が高い。服藤早苗は、貴族層の娘たちは…両親を亡くし、頼れる兄弟姉妹や親類もおらず、夫も何らかの形でなくした場合、あるいは独身だった場合、家を経営維持することは困難であり、没落するか、女房勤めをする必要があった。しかし、それだけでは生活の安定を得ることができず、媒介人の老女などを介して、貴族や裕福な男性と性関係を結び、報酬を得て生活の資にあてることも多かった。まさに、経済力を持つ貴族豪族層や有力上層都市民たちによる買春の対象になっていたと推察されるのである。

と述べ、「豪家の侍女」が淀川の船上で売春等を行い、「湍繕」「出遊」と呼ばれたとする『遊女記』の記事もその一環であると指摘している。(72)

其豪家之侍女、宿㆓上下船㆒之者、謂㆓之湍繕㆒、亦称㆓出遊㆒。得㆓少分之贈㆒、為㆓一日之資㆒。

この記事の詳しい解釈については前章で述べたが、本章の関心から重要なのは以下の二点である。まず、「豪家之侍女」という帰属身分と、「湍繕」「出遊」という職業身分はここでも併存している。権門勢家の女房であっても、売春や侍宴など〈遊女〉としての振る舞いをとることで、〈遊女〉の一種として認識されるのである。次に、

(69) 貞和四年四月五日付「最勝光院政所裁許状案」、貞和五年一二月二一日付「最勝光院政所裁許状案」(以上『東寺百合文書』さ函一六・一八号)によれば、「遊女」善哉女は、曾祖父想意が「長高」を殺害したことにより「罪科人之余流」と呼ばれている。善哉女が「遊女」になった事情は不明だが、あるいは貧窮以外に、犯罪などによる社会的疎外を考慮する必要があるかもしれない。

(70) 延元三年閏七月二二日付「祭主大中臣親忠下文案写」、興国三年五月日付「光明寺雑掌行真重申状写」(以上『光明寺文書』四〇七・四一〇)などを参照。網野善彦「口廿の旅人たち」(『網野善彦著作集』一一、岩波書店、二〇〇八(初出一九八四))参照。

(71) 「倡家之子」が『文選』を踏まえた表現であり、為政者や権力者の妻妾にまで登りつめる可能性を持ち、比較的恵まれた境遇の女性を指すことは、第二章で指摘した。

(72) 服藤注4前掲『古代・中世の芸能と買売春』八五~九三頁。女房が経済的に非常に不安定であったことは、吉川注15前掲論文にも述べられている。

「得㆓少分之贈㆒、為㆓一日之資㆒」という記述から、「侍女」たちが経済的に困窮しており、生活資金を求めて売春等を行ったことがうかがわれる。

このように、女房が〈遊女〉になるためには、貧窮という切実な理由が必要であった。人前で謡わず、男性に顔を見せないように育てられた貴族女性が、全く逆の行動様式、それも自分より下層の従女や庶民女性と共通する行動様式をとり、貴族男性に接することには、大きな葛藤があったことは想像に難くない。それは恐らく、〈遊女〉が女房となるよりもはるかに高いハードルであった。こうした身分意識の問題を捨象して、〈遊女〉と女房の互換性を強調する議論には、賛同できない。

第六節　まとめ

本章では、『餓鬼草紙』の図像を手掛かりとして、〈遊女〉、女房、従女の差異について考察した。その結果、〈遊女〉は従女・庶民女性と完全に同一視はできないものの、ある程度親和性を持っており、逆に〈遊女〉と女房・貴族女性との間には行動様式上大きな差異があることを明らかにした。こうした観点からすると、従来いわれてきたように〈遊女〉と女房との間に本来的に互換性があるという理解は、改める必要がある。

先行研究が〈遊女〉と女房との互換性を重視してきた背景には、〈遊女〉の「淵源」や「源流」を探ることで、中世〈遊女〉の性質を明らかにしようとする意識が横たわっている。そうしたアプローチが全く無意味であるとは思わないが、起源の重視は、一方で、起源が〈遊女〉の性質を規定し続けるという本質論的・超歴史的な理解に陥り、歴史的な変容を見落としかねない危険性を有している。九世紀以降、〈遊女〉と女房・貴族女性との差異が生じることを踏まえて初めて、両者の関係性を正しくとらえることができるだろう。そして両者の差異は、労働の具体相の中にこそ、見出すことができるのである。

本章の結論からは、中世〈遊女〉の再生産に関する課題も導かれる。〈遊女〉が女房・貴族女性ではなく従女・庶民女性と親和性を有するとすれば、従女・庶民女性が〈遊女〉になっていた可能性が検証されなければならないだろう。史料残存の特性上、その追究はかなり困難ではあるが、本章で言及したように〈遊女〉が半物などの従女になっている事例があるので、その逆も十分に可能性がある。詳細は後考を期したいが、従来特殊なものと理解されてきた遊女のいわゆる「源氏名」には、庶民女性と共通する名乗りが多数含まれている。「源氏名」が特殊なものではないとすれば、〈遊女社会〉を一般社会とは隔絶した特殊な社会とみなしてきた従来の研究[73]にも見直しを迫ることができるだろう。こうした作業を通して、今後〈遊女〉と一般社会との関係性、すなわち差別の問題や、近世「遊女奉公」[74]への移行過程を見通していきたい。

---

(73) 例えば柳田国男「「イタカ」及び「サンカ」」(『定本柳田国男集』四、筑摩書房、一九六三(初出一九一一・一二))、滝川注1前掲書、関口注10前掲書第三編第二章など。

(74) 本章で〈遊女〉をやめ、あるいは〈遊女〉になる事例をいくつか紹介したが、中世後期から近世初期にかけても、「入夜尼真禅〈旧遊女〉候二簀子一、密々曲舞等有二逸興一。」(『実隆公記』文明九年閏正月一二日条)、「前草ハ始ハクゞツニテ、後ニハ遊女ニナリテ、両方ノ事ヲシリテメデタカリケリ」(『體源鈔』一〇ノ下)、「むすめを遊女にしたて」(『廻国雑記』)、「女ハ傾城ス」(『新豊寺年代記』天文一一年条)、「傾城になって上郎町へ罷り行て」(『懺悔録』)などの表現が見られる。本章では中世身分の重層性を重視する立場から、こうした事例を「職業身分」の問題として理解しただ、一方、近世の遊廓社会論では、近年、遊女は年季奉公人の一形態であって、女性のライフサイクルにおける一時的な「身分状態」ないし「地位・状態」であるから、「身分」ではないという議論がなされつつある。近世身分論と中世身分論との接合は容易ではないが、〈遊女〉の位置づけや供給・再生産を考える上では重要な論点であろう。横田冬彦「混血児追放令と異人遊廓の成立」(ひろたまさき・横田冬彦編『異文化交流史の再検討』平凡社、二〇一一)、吉田伸之「序文」(佐賀朝・吉田伸之編『シリーズ遊廓社会一　三都と地方都市』吉川弘文館、二〇一三)。

第八章

中世前期における〈遊女〉の変容

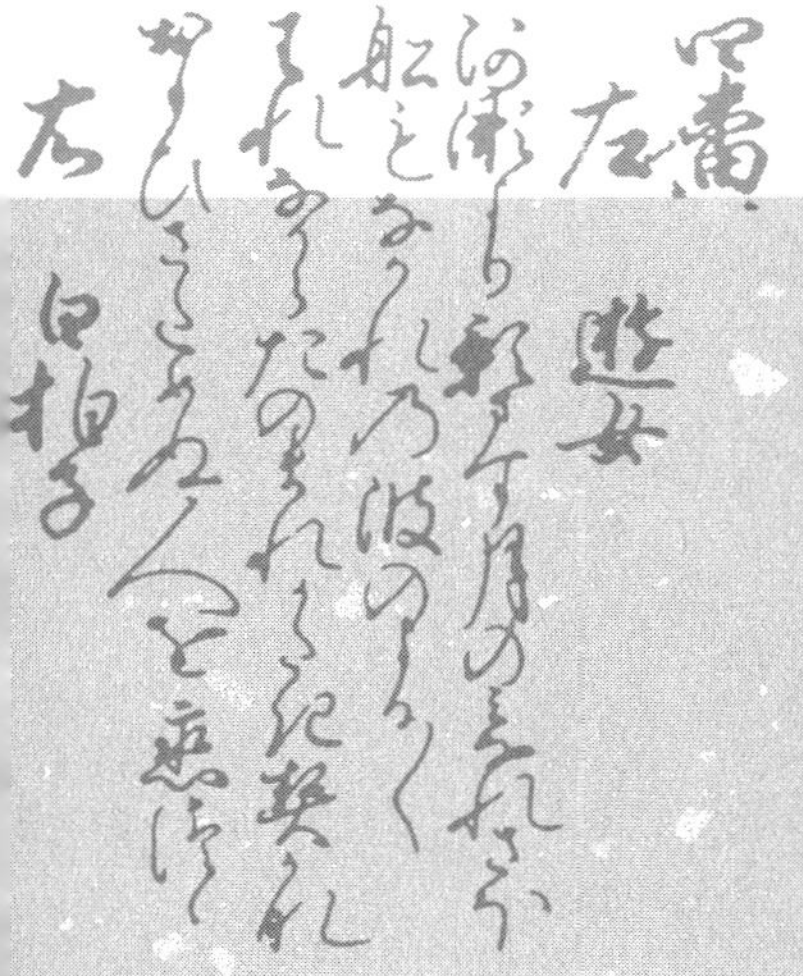

本章では、鎌倉中・後期における今様流行の衰退が「遊女」集団に影響を与えたとする第一章・第四章の見通しをさらに深め、影響の中身について検討を加える。その際、「居住」「呼称」という二つのキーワードを設定する。「居住」は〈遊女〉集団の存在形態に関わる論点で、集団自体の変容を追究する。「呼称」は〈遊女〉集団と全体社会との関わりに関する論点で、社会的地位やイメージの変容を追究する。本章では鎌倉中・後期の変容に着目するため、基本的に「遊女」の問題を扱うが、白拍子についても対比的に言及することとしたい。

第一節　居住の変容

「遊女」の居住の変容について、後藤紀彦・網野善彦は京都への定住過程に着目した。後藤は、中世前期の遊女が「一か所に居をとどめない遍歴型の存在」であり、傀儡もまた「宿に定住するのみでなく、客を求めてかなり遠くまで赴いており、なおかつての漂泊する姿の一端をとどめている」、白拍子は「京と地方の二つの拠点の間を頻繁に往反していた」とした上で[1]、次のように述べる。

> 院政時代に朝廷が有したと推定した遊女に関する統轄権は、いずれも京に確かな定住地を持たず遍歴的な遊女を組織するための人的結合を基に編成した組織であり、これに対して傾城局公事職の方は、京に定住宿を構えた遊女を地縁的に管理する方法であり、支配の原理を異にするものであった、それは遍歴から定着へと、多くの職人・遊芸人の生活が変化していったのと対応しており、かつての伝統的な遊女の遍歴性は次第に衰微して、定住性を強めていったの

（1）　後藤紀彦「遊女と朝廷・貴族」（『週刊朝日百科三　日本の歴史　中世I―③　遊女・傀儡・白拍子』朝日新聞社、一九八六）。

であろう。水辺の遊女は新しく繁栄した津泊に移り、宿々の傀儡は江戸時代の街道の宿場女郎につながると思われるが、別に洛中の傾城屋に流入したものも多かったと思われる。(2)

また網野は、遊女・傀儡子・白拍子を「遍歴する女性たち」と捉えた上で、(3)一五世紀以降、

各地の津・泊・宿などに都市が成立していくとともに、遊女の集団は、娼婦として都市に屋を持って定着するもの、依然として遍歴をつづけるもの、芸能民として身を立てるものなどに、急速に分化していった。

と述べている。(4)こうした両者の理解は、「遍歴から定住へ」という所謂「網野史学」のシェーマに沿ったものであるために、遊女の定住は彼女たちに固有の問題として説明されることはなく、職能民一般の変化に解消されてしまっている。

また、具体的な京内居住の開始時期については、鎌倉末〜南北朝期の変化を強調する網野と、後藤との間で見解の齟齬が見受けられる。すなわち、網野が「十四世紀には京に定住するようになりはじめたと見られる遊女たちは、辻子君とよばれ、その集住地は地獄辻子、加世辻子と通称された。地獄辻子―『ちこくかつし』はすでに建武二年（一三三五）の文書（『真珠庵文書』）に現れるので、その形成は十三世紀後半にまで遡りうると思われる」とするのに対して、(5)後藤は『梁塵秘抄』三九八の難読歌「をとこをじせぬ人、かもひめ、いよひめ、かづさひめ、はししあかてるゆめなえのすしの人、むろまちわたりのあこほと」を挙げて、「すしの人」は「辻子の人」すなわち辻子君であるとしており、京における辻子君の発生を一二世紀半ばに想定している。(6)

こうした研究状況を踏まえ、本節では、両者が問題とした京内居住の問題を手がかりとして「遊女」の居住について考察し、居住の変容について「遊女」固有の論理を引き出してみたいと思う。

（二）京内の「遊女」と本拠地への執着

既に多くの指摘があるように、一〇世紀後半頃から京近辺に「遊女」がいた事は確実である。例えば『日本紀略』永延二（九八八）年九月一六日条では、摂政藤原兼家の新造二一条京極第で興宴があり、「河陽遊女等」が群集している。こうした例は一一世紀半ばから増加していく。『日本紀略』長元六（一〇三三）年四月二二日条「斎院侍等召二遊女一、令レ発二歌曲一之間、其中有二懐妊之女一□」では、淀川河口部に集住していた遊女が京に召されており、また『春記』長久元（一〇四〇）年五月三日条「又参二右府一、相公亜相云、今日可レ向二桂別業一。…終日遊興之間、傀儡子来歌遊。太有レ興々々。臨二晩景一帰給」では、本来東海道などの宿にいるはずの傀儡子が桂の辺りに来ていることがわかる。『師記』永保元（一〇八一）年三月一〇日条には「次密々向二近江守宅一。喚二出歌女一両一。深更帰来」とあり、ここでも呼び出せばすぐに来られる場所に歌女すなわち遊女・傀儡子がいることがわかる。[7]『殿暦』長治元

（2）後藤紀彦「立君・辻子君」（注1前掲書）。

（3）市村高男によれば、網野は本拠を持つ遍歴と持たない漂泊とを区別し使い分けていた。市村高男「中世鋳物師研究の視点と方法」（石井進編『考古学と中世史研究』名著出版、一九九一）。従来の〈遊女〉論には、この両者を混同し、〈遊女〉を根無し草のように扱っているものが散見されるが、遍歴・定着する〈遊女〉たちが、地域にいかに住み込んで生きているのかという側面を等閑視すべきではない。

（4）網野善彦「中世の旅人たち」三一頁（『網野善彦著作集』一一、岩波書店、二〇〇八（初出一九八四））。なお、晩年の網野は、漂泊から定住へという定式を「根本的に考え直す必要が出てきた」と述べているが、その具体的内容については示されていない。網野善彦「都市と職能民」（中世都市研究会編『中世都市研究八　都市と職能民』新人物往来社、二〇〇一）。

（5）網野善彦「遊女と非人・河原者」四二三頁（注4前掲『網野善彦著作集』一一、初出一九八九）。

（6）後藤注2前掲論文。「すしの人」は『梁塵秘抄』四四五にも見えている。なお、高橋康夫「辻子　その発生と展開」（『京都中世都市史研究』思文閣出版、一九八三（初出一九七七））によれば、京における辻子の初見は保元二（一一五七）年とされているので、嘉応元（一一六九）年に原形が成ったとされる『梁塵秘抄』とは時期的に矛盾しない。

（7）『今昔物語集』巻一三―四四「諸々ノ遊女・傀儡等ノ歌女」。

（一一〇四）年七月七日条で「クヾツ」が来ている例、『同』同年九月一八日条で「アソビ」が来ている例等、同様の史料は枚挙に暇がない。

京近辺において「遊女」の所見が増加し始める時期が、鎌倉時代の『吉野吉水院楽書』に「今様ノ殊ニハヤル事ハ後朱雀院ノ御トキヨリ也」とある時期（長元九〜寛徳二（一〇三六〜四五）年）に一致することから、これは京近辺での今様流行と、それにともなう「遊女」への需要増大に対応した動きであると考えられる。実際この時期以降の「遊女」たちは京内で今様の催しに参加し、貴族の家で今様を披露し、あるいは今様を以て諸家に仕える[8]など、いずれも今様に関連した動きを見せている。書陵部本『散木奇歌集』[9]一六一三ａｂに、

伏見の山ざとにて、あそび〔ひ脱カ〕とりをあるじのをこしたりけるを、「あそべ」「などかうては」などいひけるついでに　六郎大夫孝清

あそびをだにもせぬあそびかな

人〳〵つけよとありければ

さもこそは歌もうたはぬきみならめ

とあるように、この時期には貴族の側でも「あそび（きみ）」は歌を謡うものと認識されていた。

さて、一一世紀後半から一二世紀にかけては、このように京近辺で遊女・傀儡子の活動が多く見られる一方で、同時期に書かれた大江匡房『遊女記』『傀儡子記』や『本朝無題詩』等の漢詩文には、遊女が江口・神崎等の水辺に、傀儡子が東海道などの宿々に居住するという観念が認められ、同様の観念は一三世紀初頭の『明月記』段階でも確認されている[10]。この点をどのように考えるかが、当該期の「遊女」の居住を考えるポイントになるだろう。

手がかりになるのは、次の二つの史料である。まず書陵部本『散木奇歌集』一六〇〇ａｂでは、

ふしみにくゞつしさむがまし《〔うカ〕》できたりけるに、さきくさにあはせて歌うたはせんとてよびにつかはしたりけるに、もとやどりたりける家にはなし、とてまうでこざりければ、

う〔か脱カ〕らめはうかれてやどもさだめぬる《〔かイ〕》　　家綱

つく

くゞつまはしはまく《は》りきてをり

とあり、やはり傀儡子「しさむ」（四三）が京近郊に来ているが、「まうできたりける」「やどりたりける」といった表現からは、彼女の滞在が一時的なものであったことがうかがわれる。次に、『越前前司平時広集』[11]一〇三には、

名所夏　大井河

おほ井川みぎはをしめてうかれつましばしすむてふ夏はきにけり

とある。同歌は歌題から『建保名所百首』を踏まえていると考えられるが、「うかれつま」は同百首には見られないため、時広の創意としてよい。この「うかれつま」が遊女・傀儡子を指す歌語であることは、『続千載和歌集』一九七四、『朗詠題詩歌』四一一・四一六、『南朝三百番歌合（建徳二年）』一三二、『師兼千首』八一〇等から明ら

（8）植木朝子「歌い女の主たち」（お茶の水女子大学国語国文学会『国文』九五、二〇〇一）。

（9）源俊頼晩年（大治三（一一二八）年頃）の自選で、当該歌は永長二（一〇九七）年頃の詠。「などかうては」という拒否理由の内容は不明ながら、恐らく「ひとり」という条件と関係するものと思われ、伴奏者の不在などを指すのであろう。なお、歌を「うたふ」とある場合、「歌」は和歌ではなく歌謡を指す。

（10）星倭文子「『明月記』に見る遊女・白拍子」（『総合女性史研究』一九、二〇〇二）。

（11）晩年（建治三（一二七七）年以前）の自選とされる。ただし井上宗雄「平親清の娘たち、そして越前々司時広」（『鎌倉時代歌人伝の研究』風間書房、一九九七（初出一九八九））は、正元元（一二五九）年以後の成立としかいえないとしている。

かである。大井川にこれらの「遊女」がいたことは、

大井河〈傀儡后(ママ)住上一町許、仁治三四以㆓在成説㆒注㆓付之㆒〉(『拾芥抄』下「霊所」)[12]

嘉禄四(ママ)年百首、寄傀儡恋　為家卿

大井河岸のとまやの竹柱うかりしふしやかぎりなりけむ(『夫木和歌抄』一六七〇五)

等によって知られており、先行研究では「鎌倉期には大堰川が傀儡の拠点の一つであったとしてよい[13]」等とされていた。しかし、同じ鎌倉中期の『越前前司平時広集』で「しばしすむ」とされている点からすると、これらの史料も恒常的な居住ではなく一時的な滞在をいっている可能性があるのではなかろうか。

ここで注目されるのが、京内にいる「遊女」が本拠地の地名によって把握されていたという指摘である[14]。例えば、

富家の入道殿に俊頼朝臣候ひける日、かゞみの傀儡共参りて哥つかふまつりけるに(『無名抄』「俊頼歌傀儡云事」)

は、これまで見てきた史料と同じく貴族の邸宅に傀儡子が来ていることを示しているが、その際傀儡子は本拠地である近江国鏡宿の地名によって認識されている。『梁塵秘抄口伝集』巻一〇「ある人申していふ、『さはのあこ丸とて青墓の者、歌あまた知りたる上手、このほど上りたり』と申す。朝方が許にある由……申すと聞きて尋ねしかば」「修理大夫顕季、樋爪にて、墨俣・青墓の君ども数多呼び集めて、やうやうの歌を尽くしけるに」や『異本梁塵秘抄口伝集』巻一四「江口・神崎のあそび女ども今様を唱、その声又かくべつなり」等も同様であり、法住寺で毎年開催された今様会への参加者もやはり「江口・神崎の君、青墓・墨俣の者」「墨俣の式部」「江口・神崎の君、美濃の傀儡子」(『梁塵秘抄口伝集』巻一〇)、「すく(宿)の君たち」(『前参議教長卿集』)(『貧道集』)四五七・四五八)と本拠地ごとに把握されていたことがうかがえる。本拠地による把握は、短期的な滞在者にとどまらない。『梁塵秘抄口伝集』

巻一〇には「鏡の山のあこ丸、主殿司にてありしかば、つねに呼びて聞き、神崎のかね、女院に候ひしかば、参りたるには申して歌はせて聞きしを」との記述があり、諸司諸家に仕える「遊女」もまた本拠地によって把握されたことがわかる。一〇世紀半ば以降、人々が「居住」によって認知されるようになったとする西山良平の指摘を踏まえると、(15)こうした本拠地の地名は彼女たちの居住地を指している可能性が高い。実際、右に挙げた「鏡の山のあこ丸」は、『祝部成仲集』八六、

あふみへまかりくだりしに、鏡山のあこまろが旧宅を見てよめる
なき人のかげはうつらでかゞみやまなみだにくもるけふにもあるかな

によれば、本拠地である鏡宿に晩年まで「宅」を保有していたと考えられる。

---

(12) 尊経閣文庫本および京都大学附属図書館本を参照。仁治三年は西暦一二四二年。
(13) 菅野扶美「『内野通りの西の京』論」(『国語国文』七八―一一、二〇〇九)。
(14) 服藤早苗「日本における買売春の成立と変容」(服藤早苗・三成美保編『権力と身体』明石書店、二〇一一)。なお、服藤は別の論文で『師記』の記事を基に「京都に居住」する「歌女」の存在を主張しているが、『今昔物語集』「諸々ノ遊女・傀儡等ノ歌女」の記事が示すのは「歌女」が遊女・傀儡子の総称(上位カテゴリ)であるということであって、服藤のように「江口・神崎等の『遊女』、諸国の宿は『傀儡子(女)』、京の『歌女』」として同一レベルでの区別を強調する理解は首肯し難い。服藤早苗「白拍子女の登場と変容」(服藤早苗・赤阪俊一編『罪と罰の文化誌』森話社、二〇〇九)。なお、服藤はその後「遊女と傀儡女はともに歌女とされる」とも述べており、若干見解が変わってきているように思われるが、「平安京内にいる同業者は「歌女」・「倡女」とよばれていた」とあるので、歌女の要件を平安京居住に求める点は同様である。服藤早苗『古代・中世の芸能と買売春』八四頁(明石書店、二〇一二)。しかし、それでは「関東」に「卿といひし歌女」がいたとする『文机談』巻三の事例や、関東の藤原頼経第で北条政子・北条義時らが行った酒宴に「歌女等」が召されている『吾妻鏡』貞応二(一二二三)年五月五日条の事例などを説明できない。私見では、「歌女」は遊女・傀儡子の芸態に注目した総称であるに過ぎず、居住地を要件と見る必要はないと考える。
(15) 西山良平「平安京と農村の交流」(『都市平安京』京都大学学術出版会、二〇〇四(初出二〇〇二))。

あこ丸の様に長期間京に滞在する「遊女」が本拠地での居住にこだわったのは、西山が説くように居住が「一種の権利」となっていたためであろう。そして「遊女」の場合、居住による権利は今様の相伝と関わっていたらしいことが、歌謡史の研究からうかがえる。すなわち馬場光子は『今様の濫觴』に付された注記や、『梁塵秘抄口伝集』巻一〇の、さはのあこ丸による乙前への批判、

さはのあこ丸、歌沙汰して言ひけるは、「五条殿〈乙前〉は……目井が子にして、しばらく美濃にありしかど、とく京に率にしかば、清経などが様をこそ習ひたらめ、目井も、実の子どものやうには、よも教へざりけんものを」

などを基に、美濃国青墓の傀儡子が今様の正統性を判断する基準は①女系実子相続と、②青墓宿に生い育ち生活することとの二点によっていたと指摘した[16]。「本来、一つの集団は、その系列下の今様旋律のみを管理伝承して」おり、したがって今様の正統性も集団の構成および本拠地と密接に関わっていたのである。こうした正統性の認識は享受者の側、少なくとも貴族等には共有され、傀儡子の評価に反映されていたことが確認できる。傀儡子が需要の多い京に出向く一方で本拠地への居住にこだわるのは、そこに居住し続けることによって生業である今様の正統性を保持し続ける必要があったためであろう。

仮に何らかの理由で本拠地居住を継続できない場合にも、今様を生活の糧とする限り、傀儡子は本拠地との連絡を欠かすことができなかった。右の史料が示す通り乙前の養母目井は監物清経に従って京に居住していたが、『梁塵秘抄口伝集』巻一〇には「清経、目井を語らひて、相具して年来棲み侍りけり。……青墓へ行くときはやがて具して行き、また迎へに行きて具して帰りなどして」とされている。実子相続が叶わない場合に養子関係が結ばれたのと同様に、本拠地に居住し続けることが叶わない場合には、次善の策として不断の本拠地訪問が行われていたものだろう。

こうした本拠地重視のあり方は、傀儡子が都鄙を往反することを常態化し、そのためのシステムやネットワーク

の形成を促したと考えられる。『平戸記』仁治元(一二四〇)年正月二四日条には次のような記事がある。

一日或人云、美濃国青波加宿遊女長元〔者カ〕有㆓夢想㆒。日二出云々。依㆓愚昧之女性㆒、思㆓身之吉凶㆒、京上相㆓逢夢説㆒問㆑之。今朝夢解答云、是非㆓身事㆒、公家御慎事也云々。仍安堵、于㆑今在京之由聞㆑之。而一昨日不慮聞㆓出彼縁者㆒、問㆑之。示㆓送之㆒、事已一定云々。件事承久乱時聞〔関〕東士女有㆓此夢㆒云々。尤可㆑思事也。

ここからは青墓宿の遊女の長者が簡単に京上しており、しかも京内に「縁者」と一定期間滞在する手づるとを有していたことがうかがわれる。

さて、以上述べたように、本拠地居住の重視が今様の正統性という芸能の論理によって支えられているとすると、今様の衰退によって本拠地居住はその必要性を減ずると考えられる。歌謡史研究の成果に拠れば、今様の衰退は後白河執政期から段階的に進展するが、一三世紀後半にはその衰退が決定的となり、儀式以外の史料に見えなくなるとされている。[17]そしてまさにこの時期、「遊女」の都鄙往反が史料に見えなくなるのである。

本拠地への執着が薄れた結果起こったであろう動きとしては、まず本拠地自体を移動するケースが考えられる。例えば第五章で述べたように、一三世紀後半には江口・神崎から兵庫への緩やかな移動が起こった可能性がある。傀儡子の本拠地として著名な青墓も、弘安三(一二八〇)年までには「昔その名高き里なれど、今は家も少なう遊びもなかめり」という状態になっていた(『春の深山路』)。もちろんこうした本拠地移動の直接的要因は交通の変化

(16) 馬場光子「今様の濫觴」(『今様のこころとことば』三弥井書店、一九八七(初出一九八三))、同全訳注『梁塵秘抄口伝集』八六頁(講談社学術文庫、二〇一〇)。
(17) 新間進一「『今様』の転移と変貌」(『立教大学日本文学』五、一九六〇)、同「今様の享受と伝承」(『日本歌謡研究』一四、一九七五)、植木朝子編『梁塵秘抄』(角川ソフィア文庫、二〇〇九)。衰退の原因はよくわかっていないが、白拍子や早歌などの流行に圧されたことは間違いない。外村久江『鎌倉文化の研究』(三弥井書店、一九九六)、沖本幸子『今様の時代』(東京大学出版会、二〇〇六)等参照。

に伴うものであるが、集団側にもそれを許容する条件が揃っていなければ移転は難しいと思われる。

次に、これまで述べてきたようなあり方の発展として、集団の一部が本拠地居住を解消して京・鎌倉などの大都市へ移住するケースが考えられる。例えば弘安六（一二八三）年の『宇都宮家式条』では、

一、鎌倉屋形以下地事
右、為二給人之進止一、不レ可レ相二伝子孫一。縦当給人雖レ為二存日一、随二祗候之体一、可レ被レ充二行別人一。兼亦白拍子・遊女・仲人等之輩、居二置彼地一事、一向可レ停二止之一。

として「白拍子・遊女・仲人等」への屋形の又貸しが禁止されている。[18]弘安年間にこうした問題が表面化する背景には、宿から鎌倉への「遊女」流入が増加したという事情があるのではないかと推測される。恐らく同時期には京にも同様の事態が起こっていた可能性が高い。いずれのケースにおいても、芸能と密接に結びついていた「遊女」の集団編成は一旦崩れ、新たに再編成されると考えられる。同時に、それまで芸能の奉仕を目的としていた「遊女」集団への支配は、公事銭の徴収等を目的とする形へと次第に変化していったはずであり、戦国期の傾城局公事に繋がる支配形態はこの時期以降に形成されていったものであろう。

（二）「遊女」の階層性と京内居住

一方で、後藤が指摘した一二世紀半ばの「すしの人」をどのように位置付ければよいだろうか。これを仮に京内居住の史料とみなした上で、類例を探してみると、一二世紀には見出せず、一三世紀前半にわずかに二例を検出できる。史料の稀少さからは、「遊女」の京内居住が未だ一般的でなかったことがうかがえよう。まず『諸家系図纂』所載の「藤原氏惣系図〔大友氏〕[19]」では、藤原泰広の母に関する注記で「京腹、傾城」とされているが、同書は元禄五（一六九二）年の成立であり、他本には「母京人也」「京腹」等のみで「傾城」の注記が見られないため、史料

的にはやや問題がある。一方、仁治三（一二四二）年以後に成立したとされる[20]『宇治拾遺物語』一六〇、

> 今は昔、一条桟敷屋にある男泊りて傾城と臥したりけるに、夜中ばかりに風吹き雨降りてすさまじかりけるに、大路に「諸行無常」と詠じて過ぐる物あり。何者ならんと思ひて、蔀をすこし押し明て見ければ…馬の頭なる鬼なりけり。おそろしさに、蔀を懸けて奥の方へ入りたれば、此鬼格子押し明て、顔をさし入れて、「よく御覧じつるな〳〵」と申ければ、太刀をぬきて、入らば斬らんとかまへて、女をばそばに置きて待ちけるに……

は、「遊女」の京内居住の性格を考える上で示唆的である。まず、この「傾城」は「桟敷屋」で営業を行っているが、後半部の記述から見てその規模はあまり大きなものではなく、高橋康夫が〈町家・桟敷〉と呼んだものに近いと思われる[21]。本拠地における「遊女」の「宅」「家」が複数の部屋を有していたことを考えると[22]、比較的狭小といってよいだろう。もう一つ重要なのは、右の史料では傾城との同衾のみで芸能の記述が見られない点である。これらの点を勘案すると、早い時期から京内に居住していたのは、芸能の比重が比較的小さい、下層の「遊女」ではなかったかという推定が成り立つ。初見史料が辻子君として現れることも、これと照応している。

その後、鎌倉末～南北朝期成立の『秀郷流系図』「結城系図」忠信左注「於二京都傾城宿一被レ誅」等を経て、南北

（18）秋山哲雄「都市の地主」（高橋慎一朗・千葉敏之編『中世の都市』東京大学出版会、二〇〇九）。

（19）横山勝行編『マイクロフィルム版諸家系図史料集』（雄松堂書店、一九九五）によった。

（20）「後鳥羽院の御時」という諡号によるもの。近年では編者論からこの時期の成立を支持する見解も出されている。薗部幹生「宇治拾遺物語編者考」（『駒沢国文』二六、一九八九）、五味文彦「雑談の時代」（『書物の中世史』みすず書房、二〇〇三（初出二〇〇二））。但し諡号を後補と見て承久の乱直後に成立を求める見解も存在する。

（21）高橋康夫「京町家の誕生」（『京町家・千年のあゆみ』学芸出版社、二〇〇一（初出一九九六））。なお林屋辰三郎「平安京の街頭桟敷」（『古代国家の解体』東京大学出版会、一九五五（初出一九四六））は当該史料を宿屋的桟敷利用の例として挙げている。

（22）『古今著聞集』巻一六-五四九、『藤の衣物語絵巻（遊女物語絵巻）』等。

朝～室町期には「女屋」「傾城屋」としての所見が圧倒的となるが、これは鎌倉中・後期に今様が衰退した結果、京への移住が進み、芸能の比重が小さい右のようなあり方がむしろ顕著になっていくためであると考えられる。

（三）白拍子の京内居住

白拍子には、次の二つの起源譚が伝えられている。

通憲入道、舞の手の中に興あることどもをえらびて、磯の禅師といひける女に教へて舞はせけり（『徒然草』第二二五段）

鳥羽院ノ御時、島ノ千歳・若前ト云ケル女房ヲ、水旱・袴ニ立烏帽子キセテ、刀ナサ、セナドシテ、舞ハセ初ラレタリケルヲ（延慶本『平家物語』「義王義女之事」）

これらに共通するのは、白拍子が一二世紀中頃に京の王権周辺で生み出されたという点であり、仁安二（一一六七）年には既に後白河周辺の貴族が白拍子を愛好していることから(23)、その蓋然性はかなり高いと思われる(24)。

したがって白拍子の場合、「遊女」とは異なって、当初から京内居住が行われたであろう。文治年間（一一八五～八九）成立の『貴嶺問答』には、「磯禅師第舞女祇候之由承レ之、召給哉、如何」という記述がある(25)。『明月記』建仁二（一二〇二）年六月一〇日条では白拍子が「帰洛」するとされており(26)、『同』承元元（一二〇七）年八月二一日条「白拍子二人、二条殿跡作二新宅一、今夜渡〈卿二位・大宮中納言各経営、置二種々物一〉」、『古今著聞集』巻二〇―七二〇「白拍子ふとだまわうが家にある女に、ある僧通ひけるを」等からも、白拍子が京内に「家」「宅」を有し、その内部に複数の白拍子を抱えていたことがうかがえる。慈光寺本『承久記』「佐目牛西洞院ニ住ケル亀菊ト云舞女」や『石清水祠官系図』（続群書類従本）龍清左注「母京白拍子善徳」といった史料から、白拍子の京内居住は鎌倉期を通じて継続したものと思われる。『嵯峨の通ひ』で白拍子を二人、車に乗せ、「かの家」で降しおいたとあるのも、あるいは白拍子の家かと思われる。中世後期の事例は余り見えないが、祇園社の「社家記録」正平七（一三五二）年正月五日条に、「四条面南□〔類〕」の地がもと「日向入道并白拍子地」であったとされているから、引き続き京内居住が行われていると見てよいだろう。このように、白拍子は当初から一貫して京内に居住しており、一三世紀になると、白拍子が流行するのに伴って次第に鎌倉・奈良等にも拡散していったようである。

（四）小括

本節では、中世前期「遊女」集団の存在形態が芸能の論理と密接に結びついていたことを、居住を中心として見てきた。芸能性が希薄になると本拠地ごとの集団編成が一旦崩れ、集団の変質・再編が起こったものと考えられる。こうした集団の変質は、当然「遊女」社会と全体社会との関係にも何らかの変容をもたらしたと予想される。そこで次節では、こうした関係変容の様相を呼称の変化に探ってみることとしたい。

---

(23)『顕広王記』仁安二年六月二八日条、『兵範記』同年一一月一五日条。第二章第二節参照。

(24)『続古事談』巻二―四九には「松殿御時…白拍子の会ありけり。若・千歳ぞ有ける」とあり、嘉応元（一一六九）年一一月二六日のことかと思われるが、この「和歌・千歳」は時期的に延慶本『平家物語』の「島ノ千歳・若前」と関連する可能性がある。白拍子の起源をめぐる研究史については、麻原美子「白拍子舞の成立」（『幸若舞曲考』新典社、一九八〇（新稿））などを参照。なお、世阿弥「却来花」は白拍子を南都維摩会の延年から出たとするが、本書では鎌倉期の起源譚を重視する。

(25)「第」は字形上「弟」の可能性もある。貴族の家に「祇候」しているので「第」にも問題がないわけではないが、この時期には既に磯禅師の娘静が活躍しているので、「弟」とするよりは「第」の可能性が高いであろう。

(26) 星注10前掲論文。

第二節　呼称の変容

「遊女」の呼称については、先行研究でもしばしば言及されている。

まず角田一郎は、平安期（一一世紀）に逃散民が「傀儡」「くぐつ」集団を形成して以降、「戸籍民」である「遊女（あそび）」と「治外の民」である「傀儡」「くぐつ」とが併存したとした上で、鎌倉期に傀儡が「治下」に入ってくると両者の違いが薄れ、両者が「遊君」「遊君遊女」として一体化するようになっていくと指摘した。角田によれば「推移段階」としての鎌倉期にはまだ「傀儡」呼称が残存していたが、室町期になると完全に「遊君」呼称に一元化されるという。傀儡子＝「部族」説に立つ角田説においては、それは傀儡女の「業態と組織とが遊女と等しくなる」過程であり、彼女たちが傀儡子部族から「職能的に分立」することによって傀儡子の党（集団）が解体していく過程であった(27)。

宇津木言行は角田説を継承し、クグツが顕著化して遊女とクグツとが呼び分けられるようになるのが平安中期（一一世紀）であること、遊女とクグツの区別が曖昧化するのが鎌倉中期（一三世紀）であることを明確化した(28)。

服藤早苗は最近、角田・宇津木両説とは別に呼称の問題を考察し、両説とほぼ同様の結論を導いた。氏によると、本来は陸上・水辺の「歌女」が全て「あそび」と呼ばれ「遊女」と表記されていたが、傀儡子集団が一一世紀末に陸上の宿駅に定着して今様を謡うようになると、陸上は「傀儡」「傀儡子」「傀儡女」、水辺は「遊女」と漢字で区別されるようになる(29)。しかし一三世紀初頭から傀儡女が「遊女」「遊君」と称され始め、一三世紀末、特に文永年間頃に「傀儡子」呼称がほぼ消滅するという(30)。服藤はその背景に「傀儡女たちの歌謡が芸術として評価される最高の時代の終焉」を看取しており、「十三世紀の中頃こそが、傀儡女とよばれ今様を謡った芸能的側面が低下し、旅人と一夜を共にする売春の方が強くなった時期ではないか」としているが、この点は第一節（一）で述べた歌謡史の知見とも合致するもので、継承すべき見解といえる。

以上の諸説はいずれも大筋において首肯し得るものであるが、筆者の立場からは（一）～（四）で述べる四点を指摘しておきたい。本論文が課題とする鎌倉中・後期の変容に関わるのは（二）～（四）だが、芸能性と呼称との関係をより明確にするため、一一世紀半ばにおける「傀儡子」呼称の出現についても（一）で関説することとする。

（一）「傀儡子」呼称の出現について

従来の〈遊女〉史研究においては、傀儡子が「治外」の部族であるとされ、あるいは傀儡子は定住しない移動生活者であるとされており、したがって傀儡子集団は遊女集団とは別個に生じたと考えられてきた。その論拠は『傀儡子記』やそれを下敷きとした『本朝無題詩』に求められているが、『傀儡子記』の記述が当時の実態と乖離していることは、序章で述べた通りである。角田はこうした乖離を「過渡的な在り方」として時間的に処理したが、「北狄」になぞらえた部族性や遍歴性（あるいは漂泊性）については慎重に扱うべきであろう。

「傀儡子」呼称の初見は第一節（一）前掲『春記』長久元（一〇四〇）年五月三日条であるが、ここで注目されるのは、その直後、康平三（一〇六〇）年頃に成立した『更級日記』である。

(27) 角田一郎『人形劇の成立に関する研究』旭屋書店、一九六三。なお、伊東祐子「『あそび』と『遊女』」（『藤の衣物語絵巻（遊女物語絵巻）影印・翻刻・研究』笠間書院、一九九六（新稿））は鎌倉時代と室町時代の文学作品における呼称を対比し、鎌倉時代は和文史料で「あそび」が、和漢混交文で「遊君」「遊女」が優位である一方、室町時代には「あそび」が姿を消して「ゆふぢょ」「ゆふくん」が用いられるようになるとしている。

(28) 宇津木言行「古代中世クグツについて」（『日本歌謡研究』三九、一九九九）。

(29) 陸上の遊女と傀儡子との関係については触れられていない。

(30) 服藤早苗「傀儡女の登場と変容」（『埼玉学園大学紀要　人間学部篇』一〇、二〇一〇）。

【図21】下総国分寺跡出土墨書土器 「遊女」の初出

10時の方向に「遊女」と書かれている。周りには「荷」「酒」「牛」「馬」など流通・交通に関わる文字が見える。『市立市川考古博物館研究調査報告第６冊 下総国分寺跡 平成元～５年度発掘調査報告書』市立市川考古博物館、1994による。

・足柄山といふは…闇にまどふやうなるに、あそび三人、いづくよりともなく出で来たり。五十許なる一人、二十許なる、十四五なるとあり。庵のまへにからかさをさゝせてすへたり。…人々いみじうあはれがりて、けぢかくて、人々もて興ずるに、「西国のあそびはえかゝらじ」などいふをきゝて「難波わたりにくらぶれば」と、めでたくうたひたり。

・美濃の国になる境に、墨俣といふわたりして、のがみといふ所につきぬ。そこにあそびどもいできて、夜ひとよ歌うたふにも、足柄なりし思いでられて、あはれにこひしきことかぎりなし。

これらはいずれも寛仁四（一〇二〇）年の旅を回想した場面であるが、ここでは、足柄山や野上に「あそび」がいることになっている。足柄山が後に美濃国青墓の傀儡子集団によって神話的起源としての意味を付与される場であったこと[31]、「野上」が「傀儡の心」を表す歌語として用いられたことなどを考えると[32]、『更級日記』の「あそび」は明らかに傀儡子に繋がる存在とみなし得る。しかもそれら東国の「あそび」は江口・神崎など「難波わたり」の「あそび」と比較し得るような存在であった。以上に述べた点を踏まえれば、「あそび」（「遊女」）が一一世紀半ばに遊女と傀儡子とに分化したとみなすのが自然であろう。

近年、千葉県市川市の下総国分寺跡から「遊女」の墨書がある土器が出土し、九世紀後半に比定されている[33]【図21】。これは現在のところ「遊女」の初見史料であり、『更級日記』の記述などと併せ見るとき、分化以前の

「遊女」が早くから各地の交通の要衝に点在した様子をうかがわせる。(34) また、序章で既に述べたように、『傀儡子記』には傀儡子が各地に存在していたことが記されている。傀儡子のこうした広範な拡がりも、「遊女」からの分化を想定すると理解しやすい。

分化の理由についてはよくわからないが、後世の『體源鈔』巻一〇ノ下「今様事」に、

前草ハ始ハクヾツニテ後ニハ遊女ニナリテ両方ノ事ヲシリテメデタカリケリ。前草ガイヒケルハ…今様ハ本体ハ律ナリ。然而、呂律倶ニ存也。クヾツノヤウハ呂音ニ哥ナリ。

とあって、遊女と傀儡子との違いが旋法にあったとされるので、分化の理由も今様に関連していた可能性が高い。「傀儡子」という名称自体は人形戯に由来するものと思われる。『傀儡子記』では男性のみが人形戯に携わるとされているが、角田が指摘した様に、『四条中納言定頼集』(35) 三九二詞書では「こさむといふくゞつまはし」、前掲『散木奇歌集』一六〇〇ａｂでは「しさむ」(36) が「くゞつまはし」とされていて、傀儡子女も人形戯と無関係であったと

(31) 『吉野吉水院楽書』『海道記』等。

(32) 『六百番歌合』恋一〇第一〇番、『源三位頼政集』三八八、『南朝三百番歌合（建徳二年）』二四七番等。

(33) 『下総国分寺跡　平成元～五年度発掘調査報告書』市立市川考古博物館、一九九四。山路直充「『更級日記』上洛の記」（倉田実・久保田孝夫編『王朝文学と交通』竹林舎、二〇〇九）も参照。

(34) 服藤は別の論文で、八世紀の「準女官」たる遊行女婦と十世紀以降の「遊女」との間に系譜関係を確認し、一方で「遊女」が売春性を持つようになる点に両者の質的断絶を見出した。遊行女婦が地方の交通の要衝に存在していた点を踏まえると、当該墨書土器の発見によって、服藤説の蓋然性は高まったといえるだろう。服藤早苗「遊行女婦から遊女へ」（『平安王朝社会のジェンダー』校倉書房、二〇〇五（初出一九九〇））。関口裕子『日本古代婚姻史の研究』上・下（塙書房、一九九三）も服藤とほぼ同様の見解を示す。

(35) 尊経閣文庫本。永承五～六（一〇五〇～五一）年頃成立。「こさむ」は時期的に見て『今様の濫觴』に載る「小三」と同一人物だろう。

(36) 『今様の濫觴』に載る「四三」と同一人物と思われる。

は思われない。『今昔物語集』巻二八―二七には「本《もと》傀儡子」の目代に関する説話が収められており、男性傀儡子の芸態を示す史料として貴重であるが、そこには、

傀儡子ノ者共多ク館ニ来テ、守《かみ》ノ前ニ並ビ居テ、歌ヲ詠ヒ、笛ヲ吹キ、譏《おもしろ》ク遊ブニ、…此ノ目代ノ印ヲ指スヲ見レバ、前ニハ糸吉ク指ツル者ノ、此ノ傀儡子共ノ吹キ詠フ拍子ニ随テ三度拍子ニ印ヲ指ス。守此レヲ見ルニ怪シト思テ護《まも》ル程ニ、目代皺《ふくれ》宿徳気ナル肩ヲ亦三度拍子ニ指ス。傀儡子共其ノ気色ヲ見テ、詠ヒ吹キ叩キ増テ、急ニ詠ヒ早ス。其ノ時ニ、此ノ目代、太ク辛ビタル音《こえ》ヲ打出シテ、傀儡子ノ歌ニ加ヘテ詠フ。守、奇《あさまし》異ク、此ハ何《いか》ニト思フ程ニ、目代、印ヲ指々ス、「昔ノ事ノ難レ忘ク」ト云テ、俄ニ立走テ乙《かなで》ケレバ、傀儡子共、弥《いよい》ヨ詠ヒ早シケリ。

とされている。男性を含む傀儡子の芸態が歌謡（詠ヒ）、笛（吹キ）、打楽器（叩キ）、舞（乙《かな》ヅ）等から成り立っていたことがわかる。想像を逞しくすれば、人形劇を含めた男性傀儡子の芸態と、傀儡子女の芸態とは重なり合う部分があり、人形や男性傀儡子の舞を男女の傀儡子が歌い囃すといった芸が行われていたのではなかろうか。こうした芸にあわせて今様の曲調を変化させたため、先に述べたような呂律の違い、すなわち遊女と傀儡子女の区別が生じたものと解しておきたい。

(二)「傾城」「好色」「淫女」呼称

先行研究では、一三世紀において「遊女」「傀儡子」の呼称が「遊君」「遊女」に統合・一体化していく点に注目が集まっていた。そうした中で網野や服藤は、同じ時期に「傾城」の呼称が目立ち始めることに注意を促しており、注目される。(37) 例えば服藤は、

十五世紀には芸能的側面を主とする遊女たちが姿を消し、主として売色を生業とする辻子君・立君等傾城が目立つ

が、その始まりは十三世紀であり、十四世紀にはより多くなっていくのではないかと思われる。この時期、かつては多かった遊女や白拍子女・歌女たちを「あそび」と記す史料も少なくなっていくようである。アソビと呼ばれつつ、男性たちと芸能で遊ぶことよりも、共寝＝売色の方が次第に主になり、傾城と呼ばれるようになりはじめるのが十三世紀であり、十四世紀には一般化するのではなかろうか。

と述べており、芸能性の減退が呼称の変化をもたらしたとする指摘はきわめて重要である。ただ、網野や服藤は、同じ時期に「好色」「婬女」等の呼称が多用され始めることには言及していない。本書では、一三世紀半ばにおける呼称変化の意味を、もう少し詳しく追究してみたい。

一一世紀半ばの『新猿楽記』には「十六女《〔君イ〕》者、遊女夜発之長者、江口河尻之好色也」とされている。また治承・文治（一一七七〜九〇）頃成立の『十二月往来』では、「抑今年可レ献二五節一候也。童女・下仕、傾城之属已以難レ得。先日倡女可レ然者召給候乎。専有二西施之姿一。蓋応二下仕之仁一哉」という往状に対して、「五節御営事承及候。一夜傾城早可レ随レ召」という返状が載せられており、「傾城」が「倡女」（＝歌女）と同義に用いられている。これらの事例は他に比べてかなり早いが、漢文的修辞を多用し、一つの語を多様に言い換えるといった史料的特性が影響したもので、先駆的な事例といえる。

ここではむしろ、鎌倉中期以降にこうした呼称が急増する点に着目したい。すなわち仁治三（一二四二）年以後成立の『宇治拾遺物語』一六〇に「傾城」とあるのを始めとして（第一節（二）前掲）、以下のような諸例が確認される。

（37）網野注4前掲「中世の旅人たち」、服藤注14前掲『古代・中世の芸能と買売春』二一五〜二一六頁。

【傾城】

・「平重時消息」（天理図書館所蔵、『鎌倉遺文』八七三〇）「けいせい」＝弘長元（一二六一）年

・「駿河実相寺衆徒愁状」（『駿河北山本門寺文書』、『鎌倉遺文』一〇二九八）「傾城」＝文永五（一二六八）年八月日

・『為氏卿記』「傾城」＝文永七（一二七〇）年一二月一七日条

・『春日若宮神主祐春記』「傾城」＝徳治二（一三〇七）年六月一二日条

・「覚如起請文案」（『山科本願寺文書』、『鎌倉遺文』二三七三三）「傾城」＝延慶二（一三〇九）年七月二六日

・「尭円起請文」（『東大寺文書』四―六九、『鎌倉遺文』二九三六一）「傾城」＝正中三（一三二六）年二月二二日

【好色】

・古活字本『承久記』「好色」＝仁治三〜建長元（一二四二〜四九）年成立

・『十訓抄』三ノ一五「好色」＝建長四（一二五二）年成立

・「駿河実相寺衆徒愁状」（前掲）「好色之女」＝文永五（一二六八）年八月日

・「覚如起請文案」（前掲）「好色」＝延慶二（一三〇九）年七月二六日

【婬女】

・『塵袋』（第五「命婦」）「婬女」＝文永・弘安（一二六四〜八八）頃成立

・『興正菩薩御教戒聴聞集』（出家人不応礼在家人也）「婬女」＝弘安六（一二八三）年頃成立

・『感身学正記』「婬女」＝弘安八（一二八五）年八月一三日条

ここでは中世後期の例を省略して鎌倉期までの事例を示したが、一三世紀後半以降、これらの呼称が一般に普及していったことがわかるだろう。容色と関わる「傾城」の呼称や、性愛と関わる「好色」「婬女」等の呼称がこの時期になって普及することとは、第一節で述べた芸能性の比重低下および売春性の前面化という動きと密接に関連して

いるものと考えられる。(38)

こうした変化はまた、「遊女」に対する評価基準にも反映している。まず鎌倉前期以前において、「遊女」の評価は芸能・容色の両面でなされていた。例えば『類聚歌合巻』「長元八年五月十六日関白左大臣頼通歌合」の長元八(一〇三五)年五月二二日条には「過二江口一間、遊女舟数隻、任レ波容興〔与〕。光粉妖冶、歌曲幽咽」とあり、また前掲した『更級日記』足柄山の場面では、

をのこども、火をともして見れば、昔、こはたといひけむが孫といふ。髪いと長く、額いとよくかかりて、色白くきたなげなくて、さてもありぬべき下仕へなどにてもありぬべしなど、人々あはれがるに、声すべて似るものなく空にすみのぼりて、めでたく歌をうたふ。…見る目のいときたなげなきに、声さへ似るものなくうたひて、さばかりおそろしげなる山中にたちてゆくを…

とされており、「見る目」と「声」、即ち容色と芸能(歌謡)とが賞賛されていた。同様のことは、

大江玉淵が女の、声よく容貌をかしげなれば…(『大鏡』「人」道長(雑々物語))

声如二頻伽一、貌若二天女一(『新猿楽記』十六女)

旅舶逢レ君涙不レ窮、貫珠歌曲正玲瓏、翠蛾眉細二羅衣外一、紅玉膚肥二錦袖中一、雲遏響通二晴漢月一、塵飛韻引二画梁風一…
(大江匡房「傀儡子孫君」、『本朝無題詩』巻二所載)

翠黛紅粧為二己任一、郢歌楚舞惑二人情一(藤原基俊「傀儡子」、『本朝無題詩』巻二所載)

亭子院鳥養院にて御遊ありけるに…あそびあまた参り集まれる、その中に、歌よくうたひて声よきもののありけるを

---

(38) 逆に、『今昔物語集』や『師記』『中右記』等に見えていた遊女・傀儡子の総称としての「歌女」呼称は、『文机談』を最後として、この時期以降見えなくなるようである。

問はるるに…（『古今著聞集』巻五―一九九）

等からもいえるであろう。

一方、鎌倉後期以降になると、「遊女」が芸能で評価されることは少なくなり、容色のみの評価が主流となっていくようである。『撰集抄』は文永二～弘安五（一二六五～八二）年頃の成立とされているが、巻三―三には次のようにある。

むかし、播磨国竹の岡と云所に庵を結て行《おこなう》尼侍る。本《もと》は室の遊女にて侍りけるが、見めさまなども悪からざりけるにや、醍醐中納言顕基に思はれ奉りて、一とせの程都になんすみ渡り侍りける。

本話の取材源である『閑居友』（承久四（一二二二）年成立）下―二には、「見めさまなども悪からざりけるにや」といった表現は見られないので、これは『撰集抄』が編纂された鎌倉中期の「遊女」観を示しているといえよう。弘長元（一二六一）年の「平重時消息」で、

一、けいせいを、人のあまたよりあひてと《(泊)》めん時、見めもわろく、いしやう《(衣裳)》もなきをとむべし。よきをば人の心をかくる也。わろきは人もすさめ、又わが心もとゞまらぬ也。

とされている点も傍証となる。

さらに中世後期になると、容色による評価がより明確化する。まず明応九～文亀元（一五〇〇～〇一）年の絵画史料である尊経閣文庫本『七十一番職人歌合』三一番「たち君」を見ると、松明を掲げた男が「よく見申さむ」と立君の顔を覗き込んでおり、これに対して立君が「すハごらんぜよ」と顔を晒す事によって、「きよ水にていらせ給へ」として交渉が成立している【一九六頁　図４】。ここでは明らかに顔貌の良し悪しが問題となっているのであ

る。[39]そしてこうした評価基準は「遊女」の階層性によるものではない。文明一〇（一四七八）年前後の成立とされる『猿源氏草紙』では、大名宇都宮殿の来訪を期待した遊女屋の亭主が南阿弥に「遊女」の選抜を依頼するが、その際南阿弥は、

三十人ばかり出で立たせて南阿弥に見せ候へば、南阿弥、これを見て、いづれも美しく候へども、その内を十人選り出し申すところに…

と美しさのみで選抜を行っている。宇都宮殿が来臨し、亭主から好みの「遊女」に盃を差すよう求められる場面でも、

（注、宇都宮殿は）われに心を尽させける蛍火とやらんはいづれならんと見るに、いづれも蛍火に劣らぬ遊君どもなれば…さし損ずるものならば、笑はれ候はんことの口惜しかるべしと思ひ乱れ、かれこれ見まはしける中に、ゆふ〳〵としたる遊君に盃をさしければ、蛍火にてぞありける。

とあって、「遊女」の評価は目視のみでなされている。このときの蛍火という「遊女」は、「大名高家よりほかへは出でず」とあることから最高級の「遊女」として設定されていると思われるが、そのような「遊女」であっても当時は芸能を行うことなく容色のみによって評価されたのである。

（39）『蓮如上人子守歌』に見える室町期の千秋万歳歌（「京の町」あるいは「やしやうめ」）でも、室町通りの「上臈」と値段交渉をする際、「御顔ハ古ウ御リアル」ことに言及されている。

㈢ 中世前・後期「遊女」の連続性

従来、遊女・傀儡子と立君・辻子君との関係は必ずしも明確でなく、別々のカテゴリであるかのように扱われてきた。例えば服藤は、室町期には「遊女は立君や図子君とは差別化されつつも、『傾城』と総括される」としている[40]。しかし、「君」が早くから遊女・傀儡子の総称として用いられてきたことを踏まえると、必ずしもそのようにはいえないと考える。

遊女が「君」と呼ばれた明確な例は、第一節前掲『散木奇歌集』一六一三ａｂで「あそび」と「きみ」とが言い換えられているのが早く[41]、『山家集』七五二では江口の遊女に対して「よのなかをいとふまでこそかたからめ かりのやどりをおしむ君哉」と詠みかけられているほか[42]、『古今著聞集』巻一六―五四九では今津の遊女が、『同』巻五―一六七や『十訓抄』一〇ノ五一では神崎の遊女「とねぐろ」が「君」と呼ばれている。『梁塵秘抄口伝集』巻一〇にも「江口・神崎の君」とある[43]。一方で傀儡子に対しても、同書は「墨俣・青墓の君ども」としており、『前参議教長卿集』（『貧道集』）四五七・四五八「すく《（宿）》の君たち」、「蓮仁等交名[44]」「青墓君」等からも、傀儡子が「君」と呼ばれたことは明らかだろう。『信生法師集[45]』でも、小野宿・橋本宿・池田宿に「君」がいたとされている。このように、「君」はもともと遊女・傀儡子のいずれにも用いられた。「遊君」呼称は、院政期から既に多く用いられているが、『民経記』嘉禄二（一二二六）年九月二一日条に、今津の「遊公」が見えることから、「遊君」は「あそびのきみ」と読み、本来は「すくの君」＝傀儡子と区別されていたと思われる。したがって鎌倉中・後期以降、遊女・傀儡子が「遊女」として再び同一視されるようになると、「君」は「遊女」「遊君」「傾城」等の同義語として広く用いられたのである。文永五（一二六八）年成立の『名語記』巻六に「諸国ノ宿々泊々ノ遊女ヲヲシナベテ君ト申也ト云々」とあるのは、こうした事情をよく示している。

文永・弘安（一二六四～八八）頃の『塵袋』第五「命婦」に「町君」が、『看聞日記』永享三（一四三一）年一一月

二六日条に「辻立君」が見られるように、「立君」「辻子君」の呼称はその営業場所ないし営業形態を示すものに過ぎない。五条の「立君」が「立傾城」「うかれ君」と互換性を持つ点からいっても、[46]「立君」「辻子君」は「君」＝「遊女」＝「傾城」の下位カテゴリであり、中世前期の「遊女」に連続する存在として捉えるべきだろう。

このように、呼称の面からは鎌倉中・後期以降の「遊女」「傾城」が基本的に中世後期まで連続しているものと考えられる。室町期の傾城屋が近世遊廓に繋がっていくことを考えると、[47]白拍子ではなく「遊女」こそが近世遊女に繋がる系譜であると想定できよう。

---

(40) 服藤注14前掲「日本における買売春の成立と変容」。服藤注14前掲『古代・中世の芸能と買売春』二五六頁でも、「傾城は遊君や舞女・白拍子・辻子君・立君を包括する言葉であり、遊君と辻子君も傾城である」という記述があり、遊君と辻子君は別のものとされている。

(41) 一〇世紀初頭の『古今和歌集』九二〇（島田良二氏蔵本『伊勢集』四七五）「水のうへにうかべる船の君ならばこゝぞとまりといはましものを」に「遊女」のイメージが重ねられている可能性もあるが、ここではひとまず『荀子』王制「君者舟也」との関連を指摘する通説に従う。一六世紀の『参議済継集』四八・三五四では、右の歌を本歌として「舟の中につゐのわがよを尽共こゝぞとまりと誰を頼まん」と詠んでいるが、そこに「遊女」という題がつけられているように、伊勢の歌は遊女に関わる歌として読み替えることも可能であった。

(42) 群書類従本『藤原隆信朝臣集』三五五や関戸有彦氏所蔵熊野類懐紙「餞遊女」（正治二年、藤原信綱）なども同様。後者は田村柳壹「正治二年後鳥羽院当座歌会歌（熊野類懐紙）集成（稿）」（『後鳥羽院とその周辺』笠間書院、一九九八（初出一九九一））による。

(43) 『中臣祐定記』寛元四（一二四六）年五月五日条「君等」も遊女を指すと思われる。

(44) 滋賀県甲賀市玉桂寺阿弥陀如来像胎内納入文書の一つ。『日本彫刻史基礎資料集成　鎌倉時代　造像銘記篇二解説』三一一頁（中央公論美術出版、二〇〇四）によった。

(45) 『信生法師集』三・八・一〇・一九九・二〇〇。

(46) 本書一九五頁所掲の諸史料を参照。

(47) 後藤紀彦「遊廓の成立」（注1前掲書）。

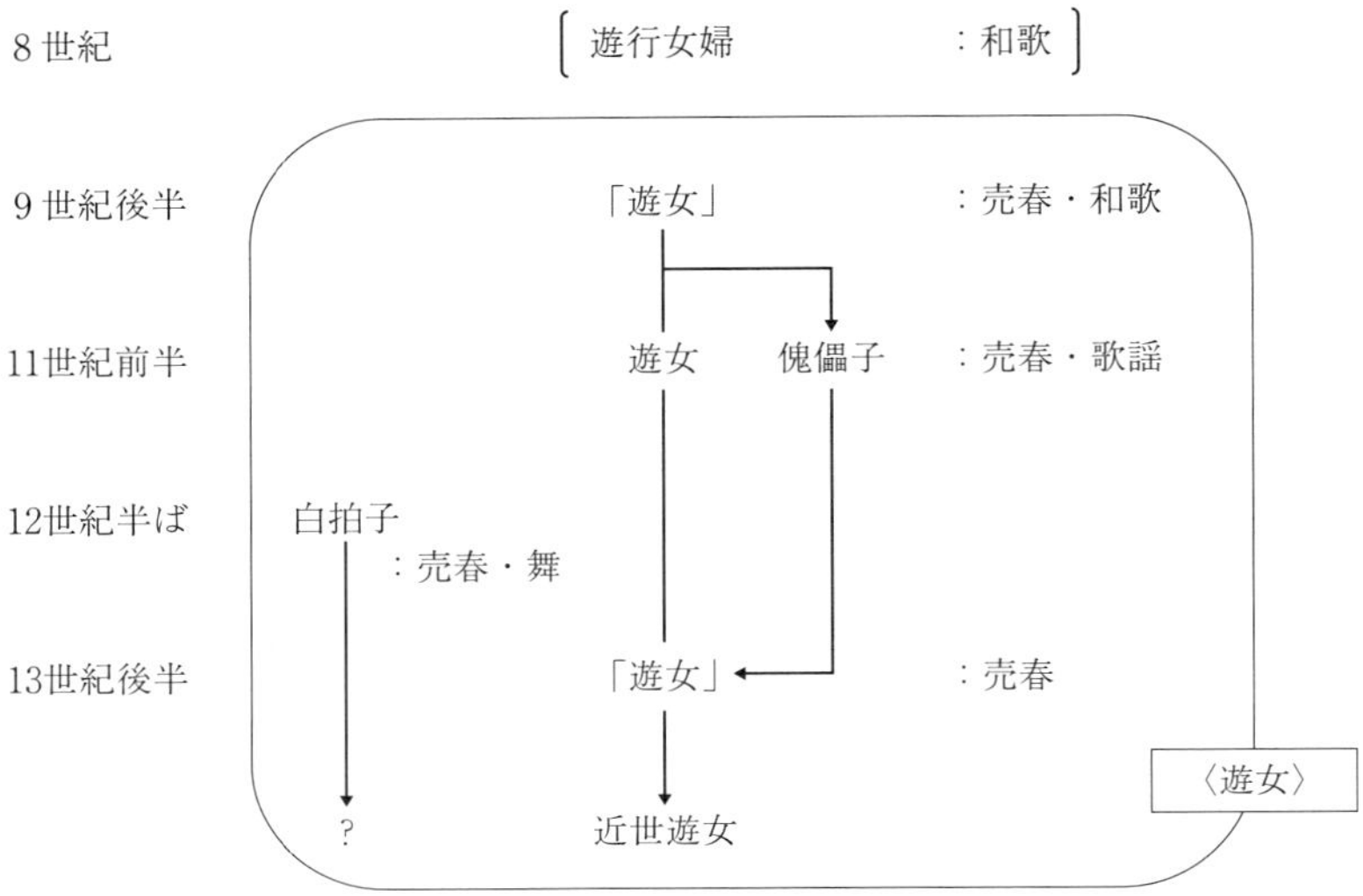

【図22】〈遊女〉呼称の変遷

（四）白拍子の呼称

遊女・傀儡子を指す呼称が鎌倉中・後期に変化するのとは対照的に、白拍子女の呼称には目立った変容が見られない。これは、中世後期に至っても芸能としての白拍子が残存し[48]、白拍子女が芸能性を保持し続けるためであろう。この点に、遊女・傀儡子と白拍子女との展開の違いが表れている。実際、鎌倉中期以降「白拍子」は「遊君」「傾城」「好色」とそれぞれ対になって所見する場合が多く、白拍子女と「遊女」とは基本的に区別され続けたものと考えられる[49]。

（五）小括

本節で論じたことをまとめると【図22】のようになるだろう。

九世紀半ば、各地の交通の要衝に「遊女」が登場する。これは八世紀の遊行女婦の後身であるが、しかし売春性を持つという点において遊行女婦とは区別される。「遊女」「アソビ」として所見するのは、その相違を示している。この時期の「遊女」は売春と和歌とを生業としていたと考えられるが、一〇世紀末から一一世紀初頭にかけて今様が流行し始めると、これを生業に取り入れたらしい(50)。程なく今様をアレンジして謡う一派が現れ、男性や人形による舞を取り入れた結果、そうした芸風が広範に広まり、一一世紀半ばには従来の遊女とは区別されて傀儡子と呼ばれるようになった。ここに狭義遊女と傀儡子との区別が生じる。両者はいずれもこの時期までに集団化を遂げたらしく、それぞれの本拠地に応じた今様を管理・伝承していった。両者の区別が芸態・本拠地の違いに応じたものであったため、一三世紀後半に今様の衰退が本格化し、本拠地からの離脱傾向が強まると、両者の区別も曖昧化し、遊女・傀儡子は再び「遊女」として同一視されるようになる。この際、芸能性が低減して売春性が前面に出たことにより、「遊女」は「傾城」「好色」「婬女」とも呼ばれるようになった。これらの呼称は中世後期以降も継続して用いられる。

(48) 康安二（一三六二）年成立の『法隆寺縁起白拍子』、寛正六（一四六五）年以後成立の白拍子詞章集である『今様之書』など、寺院で用いられた例は多い。『北山行幸記』『教言卿記』応永一五（一四〇八）年三月二五・二七日条等によると、朝廷での関心も継続していたらしい。早歌等の影響から長編の因縁白拍子を生み出すなど、時代に合わせた芸能自体の改革も存続の背景に存したものと思われる。外村注17前掲書参照。

(49) 古活字本『承久記』（好色／白拍子）、『鶴岡放生会職人歌合』（遊女／白拍子）、『平重時消息』（傾城／白拍子）、『宇都宮家式条』（白拍子／遊女）、『絲竹口伝』（遊君／白拍子）、『下学集』（傾城／白拍子）、『連釈之大事』（傾城／白拍子）、『伊呂波集』（傾城／白拍子）、『富山之記』（傾城／白拍子）等多数。

(50) 今様は『紫式部日記』寛弘五（一〇〇八）年八月二〇余日条・某月一一日条、『枕草子』「歌は」などから見え始める。これらは今様が貴族社会に入り込み始めたことを示しているので、下層における「あやしの今様歌」の始原はもう少し遡る可能性があるだろう。一方、今様を謡う「遊女」の明確な所見は、寛仁四（一〇二〇）年のことを回想した『更級日記』の記事が早く、『日本紀略』長元六（一〇三三）年四月二二日条「斎院侍等召二遊女一、令レ発二歌曲一之間」や前掲『類聚歌合巻』「長元八年五月十六日関白左大臣頼通歌合」長元八（一〇三五）年五月二二日条等がこれに続く。なお『日本紀略』永延二（九八八）年九月一六日条「会者誦二詩句一、唱二歌曲一。河陽遊女等群集」は、『中外抄』上八五にあるように今様を謡った可能性もあるが明確でない。また一〇世紀後半に原形がなったとする『住吉物語』にも河尻の「あそび物ども」（または「君ども」）が謡ったとしている本があるが、同書は改作物語であり、改作時期については一〇世紀とするものから鎌倉期とするものまで幅があるため、一〇世紀「遊女」の実態を示す史料として用いるにはやや問題がある。

一方、一二世紀半ばに出現する白拍子は、売春と白拍子舞とを生業とする。売春を行う点で〈遊女〉の一形態であるが、中世後期においても芸能としての白拍子舞が需要されるため、白拍子は芸能性を保持し続け、売春主体の「遊女」とは区別され続けた。

このように、中世における〈遊女〉の呼称には、〈遊女〉に対する社会の認識やイメージが反映されており、それらは芸能の流行盛衰など、生業のありように応じて変化したと考えられる。〈遊女〉というカテゴリにとっての「本質」が売春性にあるにも関わらず、芸能性が集団認識に大きな影響を与える点に、複数の生業を抱える中世〈遊女〉の特質が表れていると考える。そうした特質が薄れ、売春性を主体として近世に繋がるあり方が準備され始めるのが、「遊女」における鎌倉中・後期の意味なのではなかろうか。

もちろん、この時期に芸能性が完全に払拭されるとは考えていない。これ以後も「遊女」は酒宴に同席し酌を取るので、時に座興として多少の芸能、例えば朗詠などが行われることはあったであろう(『太平記』など)。しかしこれは過渡的なあり方というべきであって、今様の相伝が行われ、今様それ自体を目的として遊女・傀儡子が召された鎌倉前期までのあり方とは相当に異なる。[51] 少なくとも社会的な認識のレベルでは、「遊女」はもはや芸能の管理者とはみなされなくなっていくのである。[52] 戦国期には、前掲『猿源氏草紙』のように、上級「遊女」ですら芸能性を見せなくなり、酒宴に侍るだけの存在になっている(第二節(二)参照)。曾根ひろみは、むき出しの性売買を行う「売女」の出現に、近世買売春の特質を見出した。[53] そこに至る最初の画期として、鎌倉中後期の変化を位置づけたい。

第三節　まとめ

以上、本章では、南北朝期に天皇権威が失墜することによって〈遊女〉の「卑賤視」が進むとする網野説に対して、「遊女」の変容の画期が鎌倉中・後期の今様衰退に求められること、白拍子は大きな変容を遂げることなく中世後期を迎えることなどを指摘してきた。具体的内容をまとめておく。

①一三世紀前半までの「遊女」は、今様の正統性をめぐる意識から本拠地に執着しており、需要の多い京に滞在することはあっても居住することはなかったと考えられる。

②鎌倉中・後期に今様流行が本格的に衰退すると、こうした本拠地への執着は薄れ、「遊女」の京内居住や本拠地の移転が活発化する。

③今様流行の衰退に伴って、「遊女」の芸能性は減退し、売春性が前面化すると考えられる。

④そのことは呼称や評価基準の変化にも表れている。一三世紀半ばには、それまで芸態の違いによって区別されていた遊女と傀儡子の呼称が曖昧化し、同時に「傾城」「好色」「婬女」といった容色・売春にまつわる呼称が定着する。それまで容色と芸能の両面でなされていた「遊女」への評価も、鎌倉中・後期以降は容色の

(51) 服藤注14前掲論文が紹介した『看聞日記』永享四（一四三二）年一〇月一〇日条の女猿楽に関する記事、「女共ハ如二遊君一音声殊勝、観世などにも不レ劣、猿楽之体神妙也」はどこで切るのかが難しいが、仮に「遊君のように音声が殊勝であった」と続けて読んだ場合でも、座興的雑芸に関わる評価と見るべきだろう。

(52) 近世初期に諸芸能に堪能な太夫がいたことはよく知られるが、しかしそれも売春性の優位下にある点で、鎌倉中・後期以降の「遊女」の系譜を引くものと考えられる。

(53) 曽根ひろみ『娼婦と近世社会』吉川弘文館、二〇〇三。

みでなされるようになる。

⑤「遊女」とは対称的に、この時期白拍子の居住や呼称が大きく変化することはない。これは、芸能としての白拍子がこれ以降も存続するためと考えられる。

買売春のみに、あるいは芸能のみに着目していては、以上のような中世〈遊女〉の変遷は捉えきれない。本書が、〈遊女〉の生業をトータルに捉えようとするのも、そのためである。生業の変容に着目することで、中世前・後期移行期の〈遊女〉の変容を〈遊女〉集団の側から捉え返すという所期の目的はひとまず達成されたと考える。

さて、では、残る「卑賤視」の問題はどのように考えればよいだろうか。今これに全面的に答えるだけの用意はないが、次章では中世身分論の枠組みを借りながらその後の〈遊女〉の展開を見通し、「卑賤視」の内実を奈辺に求めるべきかを探ってみたい。

第九章

中世後期における〈遊女〉の変容

本章では、〈遊女〉の集団構造を身分という観点から捉え直すことによって、その階層的な構造を明らかにし、そうした構造の変化の中に中世後期における〈遊女〉の展開を見通したい。

中世の総合的な身分論としては、身分形成の諸契機から中世身分の重層性を説明した黒田俊雄の身分系列論が著名であるが、[1] 黒田説では〈イエ〉や集団の視点が希薄で再生産を説明しづらいという批判がある。[2] 髙橋昌明はこうした批判を踏まえて身分成立の諸契機を集団の維持・発展・拡大の契機として捉え直し、黒田説の批判的継承を図っている。[3]

髙橋は、「中世においては個々の人間が通例イへと一体化して」いるとの前提に立って、身分を集団・組織内部に形成される「人間（イヘ）の類別」と規定する。氏は、身分を生み出す社会集団を①〈イヘ〉、②族縁的集団、③地縁的・職能的共同団体、④権門勢家とその家産的支配体制、⑤日本国（全体社会）の五つに分類し、①〜④の場においては支配・被支配関係（および所管・被管関係）を契機として「帰属身分」が、⑤の場においては分業を契機とする「職業身分」、朝廷や幕府など「管理能力を備えた集団上層」の形成・再生産を契機とする種姓・家格としての「出生身分」、イデオロギーを契機とする観念的「イデオロギー身分」の三つが、それぞれ成立すると論じた。〈イエ〉を基礎として、〈イエ〉＝人間と各レベルの社会集団との関係を分節的に論ずる髙橋説は、〈遊女〉が〈イエ〉を基礎として座的集団（族縁的集団にあたる）を形成し、上部権力や全体社会に繋がっていたとする本書の立場にとって適合的である。そこで、以下髙橋説を下敷きとしながら、〈遊女〉の身分とその変容について考えてみたい。

（1）黒田俊雄「中世の身分制と卑賤観念」（『黒田俊雄著作集』六、法蔵館、一九九五（初出一九七二））。
（2）永原慶二「解説」（黒田注1前掲書）。
（3）髙橋昌明「中世の身分制」（『中世史の理論と方法』校倉書房、一九九七（初出一九八四））。

第一節　〈遊女〉の〈イエ〉

前提として、〈遊女〉が〈イエ〉を持つことを確認しておく。ここでいう〈イエ〉は経営体としてのそれであり、具体的には家族・住居（家財）・家業を指している。

まず、「遊女」が家族を有することは、長徳二（九九六）年の作かとされる大江以言「見遊女」詩序（『本朝文粋』巻九所載）によく表れている。

其俗天下衒二売女色一之者、老少提結、邑里相望、維《つなぎ》二舟門前一、遅《まつ》二客河中一。少者《わかき》脂粉歌咲、以蕩二人心一、老者担レ簦《おおがさ》擁レ棹、以為二己任一。有二夫聟一者、責以三其少二淫奔之行一、有二父母一者、只願以三其多二徴嬖之幸一。

まず後半部に「夫聟」「父母」の存在が示されており、家計が「遊女」の生業にかかっていたことが読み取れる。また前半部からは、「老者」が簦指《かささし》・舳取《ともとり》（第六章および付論二参照）として働いていることが読み取れる。比較的高齢の「遊女」が傘を差し掛け舟を漕ぐなどの従属的労働に従事していることは、第八章第二節の（一）で掲げた『更級日記』の「五十許なる」「あそび」の存在からもうかがえる。一般に、〈イエ〉の成員としては狭義の家族以外に下人・所従の存在が考えられ、実際「遊女」の下には「従女」「つかふもの」「袋持」等がいたことが確認されるが、[4]「見遊女」詩序や『更級日記』の記事は、「遊女」の家族もまた家長の下でこうした従者的存在に転化し得ること、逆にそうした従者的存在も場合によって「遊女」と呼ばれたことを推察させる。『今様の濫觴』で従女とされるさきくさも『體源鈔』では傀儡子と呼ばれる。このように「遊女」の〈イエ〉が家族および下人・所従を含み込んで成り立っていたことは、時代の下った史料でも確認できる。例えば一三世紀の『閑居友』下―二では室の遊女が生業を放棄して仏行に専念した結果、「日に添えて家のさまいふかひなくなりゆき」、「母」は病死し、「付きた

【図23】現在の室津（兵庫県たつの市、著者撮影）

る者」も離散した。家族や下人・所従の生活は遊女の働きにかかっていたのである。
「遊女」の住居に関しては、第八章で言及したように「遊女〇〇宅」といった表現が散見される。その具体像については、序章で紹介した『古今著聞集』巻一六—五四九が詳しい。

近比天王寺よりある中間法師京へ上けるみちに、山ぶし一人、又いもじする男一人、行つれて上けり。各三人あゆみつれて行に、今津辺にて日暮てければ、三人一やどにとまりにけり。家のあるじは遊女にてぞ侍りける。おの〱うちやすみてねぬれば、あるじもぬりごめに入てねにけり。

とあることから、遊女が住居を有し、またその住居は宿屋として利用し得る一定の広さを有していたことが明らかである。詞書部分が鎌倉期に成ったとされる『藤の衣物語絵巻（遊女物語絵巻）』の第八段詞書でも、次のように「遊女」の住居が描写されている。

ふねさしよせて見わたせば、ただこの渚なる座敷二間ばかりに小柴垣のはづれ見えて廂立つ軒にや苫といふ物葺きたるなど、ことにふれてゐ中《(田舎)》びたる気配おかしく見ゆ。…半蔀に輿さしよせてをりぬれば、畳などは汚げなくて、ささやかなる火をけに火かきおこしたるほど、さるかたにつきづきし。海の方近く見渡されて、くれゆくままに…

同絵巻の絵画部分は室町時代の制作とされるが、小柴垣が描かれるなど、詞書を意識したものになっているようである【図24】。

（4）『今様の濫觴』、『藤の衣物語絵巻』第四段詞書、国会図書館本『和漢朗詠注』等。

【図24】『藤の衣物語絵巻（遊女物語絵巻）』第６段　遊女の住居
長者の娘「かうじゅ」が今様・朗詠を謡いながら息絶える場面。右側に小柴垣があり、奥に海が望める。

さて、序章や第五章でも少し触れたが、「遊女」の娘が「遊女」となっている例は、『長秋記』元永二（一一一九）年九月六日条「孫母子」、『源家長日記』「江口のせん一がむすめ」、群書類従本『藤原隆信朝臣集』三六二・三六三「きひめがむすめ」、『吉野吉水院楽書』「宮姫ノ御子ニナビキ、、、、が子四三、子无」、『法華滅罪寺年中行事』「尾張国橋下遊君長者忌日。前長者女也」等多く見受けられる。『散木奇歌集』八二二では、永長二（一〇九七）年頃の詠として、

> 江口にて、しろといふあそびの、むすめのとゝをぐして、これはまだおさなき物なればあはれにせよなど申ければ、物語などしてはるかにをくりて、こよひはとゝめは泊りげに申けれど、猶おりふしあしとて返しつかはしけるついでによめる
>
> とゞめよとしろくいへども折ふしのあしわけにて
> もすぐしつるかな

とあり、母「しろ」が娘の「とと」を源俊頼に紹介している。母娘間で人脈の継承が図られているのだろう。「とと」は、服藤早苗が指摘しているように『長秋記』元永二年九

月六日条に所見する「戸々子母」と同一人物であり、「とと」の娘もまた遊女として母と共に働いている。(5)『梁塵秘抄口伝集』巻一〇や『今様の濫觴』では「実子」関係を基本として今様相伝が行われている（第八章第一節参照）。これらの事例は、「遊女」の生業が基本的に女系で営まれたことを示している。そして、『右記』に、

　禁裏節会、或風俗・催馬楽・今様等政令其一也。為二相伝家業一、奉公立身之世塵也。或倡家女・白拍子、皆是公庭之所属也。然雖レ非二其累家一、月卿雲客翫二学其音曲一之事、古今流聞者也

とあるように、「遊女」や白拍子の歌謡は「相伝家業」と目され、彼女たちの家は「月卿雲客」とは対照的な歌謡の「累家」と見られていた。『とはずがたり』巻五で、二条は備後国鞆を訪れ、「たいか島とて、離れたる小島」に、出家した「遊女」たちが、庵を並べて住んでいるのを見る【図25】。その際、二条は「遊女」たちの生業に思いをめぐらせ、

　さしも濁り深く、六の道にめぐるべき営みをのみする家に生まれて、衣裳に薫物しては、まづ語らひ深からむ事を思ひ、わが黒髪をなでても、たが手枕にか乱れんと思ひ、暮るれば契りを待ち、明くれば名残を慕ひなどしてこそ過ぎ来しに……

と述べており、右の記述から、歌謡だけでなく、「遊女」の生業全体もまた、「家」によって営まれる家業と認識されていたことがうかがえる。

　中世の「遊女」は比較的高齢になるまで働いていたと考えられる。たとえば先に触れた「とと」の場合、少なくとも二二年間にわたって現役の遊女として働いている。また『とはずがたり』巻五で、二条は「たいか島」の尼に

（5）服藤早苗『古代・中世の芸能と買売春』一〇五頁（明石書店、二〇一二）。

【図25】現在の鞆の浦（広島県福山市、著者撮影）

たいか（太可）島は水上交通の要衝であり、後には南朝や村上水軍が拠点を構えた。近世初期に陸続きとなり、円福寺が建てられた。画面右側、半島のように突き出た部分が太可島。

発心のきっかけを訪ねているが、その際尼は、

我はこの島の遊女の長者なり。あまた傾城を置きて、面〳〵の顔ばせを営み、道行人を頼みて、とゞまるを喜び、漕ぎ行くを嘆く。また、知らざる人に向かひても、千秋万歳を契り、花のもと、露の情けに、酔ひをすゝめなどして、五十路に余り侍りしほどに、宿縁やもよほしけん、有為の眠り一度覚めて、二度故郷へ帰らず、此島に行きて……

と答えている。これによれば、「たいか島」の「遊女」の長者は下人・所従としての「遊女」を多数抱え、客に酒を勧めるなどして、五〇歳を超えるまで働いていたことが判明する。『藤の衣物語絵巻（遊女物語絵巻）』の長者も同様だろう。長者だけではない。『撰集抄』巻九―八で僧が出会う「あるじの遊女」も、「四そぢ余りにや成ぬらん」とされていた。同書は西行に仮託して書かれたものだが、少なくとも一三世紀中頃の人々にとって、四〇歳を超えた「遊女」の存在が特に違和感なく受け入れられるものであったことはわかる。この「遊女」はまだ出家を思いきれずにいるとされているが、

此遊女の云やう、「いとけなかりしより、かゝる遊女と成侍りて、年比そのふる舞をし侍れども、いとしなく覚て侍り。女は殊罪の深きと承はるに、此振舞さへし侍事、げに前の世の宿習の程思智られ侍りて、うたてしく覚侍しが、此二三年はこの心いと深くなり侍し上、年もたけ侍ぬれば、ふつにそのわざをし侍らぬ也…」

とあり、罪業感ゆえにこの二、三年「そのわざ」をまったくしていないとされている。「そのわざ」が何を指すのかは明確でないものの、女性の罪業や年齢と関連付けられていること、僧を泊めたり和歌を詠んだりといった行為は行っていること、今なお「遊女」と呼ばれ続けていることなどから、恐らくこの「遊女」は売春を行わず、旅宿や芸能に限って「遊女」の仕事を行っていたものと思われる。先に「見遊女」詩序や『更級日記』の例で、年配の「遊女」が若い「遊女」の補佐的な業務に当たるケースを見たが、『撰集抄』の事例も同様に考えられるのかもしれない。こうした事例の一方で、『宇治関白高野山御参詣記』永承三（一〇四八）年一〇月二〇日条には、(6)

江口・神崎遊女等、連レ笠争レ棹〔楫イ〕各以率参。高年衰邁之者、強衒二客〔容〕色一、求レ入二具〔見〕参之烈〔列〕一。壮齢歌咲〔唱イ〕之輩、各愁〔整〕二衣裳一、偏待二余恩之及一。

とあるので、年配の「遊女」たちが必ずしも売春を放棄していたとは限らない。「遊女」集団は年齢階梯制（臈次制）をとっているので、上首として集団の統括にあたった者もいたであろう（第五章参照）。年配の「遊女」の多さは、その「家業」＝生業の多様性や集団における役割を踏まえることで理解可能となる。

以上述べたように、「遊女」は家族・住居・家業からなる〈イエ〉を有していた。

白拍子の集団構造をうかがわせる史料は乏しいが、少なくとも白拍子が〈イエ〉を基礎として生業を営んでいた

（6） 翻刻は末松剛「『宇治関白高野山御参詣記』（京都府立総合資料館本）の紹介と諸本について」（『鳳翔学叢』五、二〇〇九）を基にしたが、一部私意を加えている。

ことはうかがい知れる。例えば白拍子は家族として「夫」を持っていた。[7] 第七章で紹介した白拍子鶴王子は、白拍子「鳥王女」に「養育」されており、白拍子の家族には養子も含まれていたことがうかがえる。

また第四章で紹介した拝殿白拍子のメセや春頼女は、自分の「宅」を営業場所として用いていた。第八章で触れた『古今著聞集』巻二〇—七二〇「白拍子ふとだまわうが家にある女に、ある僧かよひけるを」の記事は、白拍子が「家」を持ち、その内部に下人・所従と思しき「女」を抱えていたことなどを示している。成立が南北朝〜室町初期に降ってしまうが、『義経記』巻六「静鎌倉へ下る事」でも同様に、

（静・磯禅師は）徒跣にてぞ下りける。幼少より召し使ひし催馬楽・其駒と申しける二人のびぢよも主の名残を惜しみ、泣く〳〵連れてぞ下りける。

とあって白拍子が「美女」[8]の「主」であったとされ、『同』巻六「静若宮八幡宮へ参詣の事」では、

磯の禅師珍しからぬ身なれどもとて、貴賤と言ふ白拍子をぞ数へける。催馬楽、其駒も主に劣らぬ上手どもなりければ、共に歌ひて遊びけり。

とあるように、これらの「美女」は白拍子舞の上手であった。「催馬楽」は別の箇所でも鼓を打っている。さらに、

（静が）左衛門尉を呼びて申しけるは、「…この度は御不審の身にて召し下され候ひしかば、鼓打ちなどをも連れても下り候はず。母にて候人の形の如くの腕差を法楽せられ候はば、我々は都へ上り、又こそ鼓打用意して、わざと下りて法楽に舞ひ候はめ」

とあるように白拍子は「鼓打」と呼ばれる従属的伴奏者をも抱えており、鼓打は白拍子舞に欠かせない存在であった。『とはずがたり』巻二でも、「春菊」「若菊」という姉妹の白拍子が、後深草院から舞を所望された際に、「鼓打

ちを用意せず」として断っている。ただし、この時は結局、四条隆顕が鼓を打って白拍子舞を行った。『沙石集』巻五末―二に「後鳥羽院の御時、本所の者の中に、名人なりけるが、承久の乱に、都に跡もとどめずして、白拍子の鼓打ちして、田舎ここかしこ歩きめぐり」とあるので、「鼓打」は男性の場合もあった。一五世紀後半の史料だが、『史記抄』巻一六には「日本ニモシラビヤウシノ夫トテ、鼓ヲ打テ我妻ノトモヲシアルクゾ」とあり、白拍子の夫が鼓打をつとめることもあったと見える。覚一本『平家物語』巻一「祇王」にも「つゞみうち」が見えている。『たまきはる』に「例目馴れたる若を呼びにやりて、白拍子の鼓打ち出だしたりし」とあるのも、あるいは鼓打の事例に加え得るだろうか。

『貴嶺問答』には「磯禅師第舞女」という記述がある。これを踏まえるならば、白拍子の〈イエ〉に抱えられる従属的な「女」「美女」も白拍子（舞女）と呼ばれることがあり、「遊女」の場合と同様に、白拍子と従女との間にも互換性があった可能性が高い。

先に見た『右記』から、白拍子もその芸能を「相伝家業」と認識されていたことがうかがえる。第四章で触れた春日の白拍子金王は、「名人の白拍子」であり、「年たけ、白髪になりて後、花山院へ参りて」和歌を詠んでいる（『沙石集』巻五末―二）。白拍子の家業に芸能が含まれるからこそ、年を取ってからも白拍子として活動できたのであろう。家業の母子継承については、『徒然草』第二二五段に「禅師が娘、静と言ひける、この芸を継げり」とあることからうかがえよう。

このように、白拍子の場合にも、家族・住居・家業からなる〈イエ〉が確認される。

（7）『尊卑分脈』桓武平氏行親流「経氏」右注。

（8）保立道久「中世絵巻に見る庶民女性の生活誌」（『新装版　中世の女の一生』洋泉社、二〇一〇（初出一九九九））によれば、美女は領主層にあっては女房と半物の中間身分とされる。この場合は単に従女を指すのであろう。

第二節 〈イエ〉の変容

前節での検討から、〈遊女〉の〈イエ〉内部には家族および従者が存在し、彼女等もまた〈遊女〉とみなされ得ることが判明した。すなわち〈遊女〉には二つの階層が存在する。[9] 一つは家長としての〈遊女〉であり、[10] もう一つは家長権の下にある〈遊女〉である。このことを〈イエ〉内外の関係に即して言い換えるならば、対外的に〈イエ〉を代表して座的集団の構成員となり、寺社などから神人・寄人・供御人等の帰属身分を与えられる〈遊女〉と、〈イエ〉内部で家長に従属し下人・所従としての帰属身分を有する〈遊女〉の二つである。[11] 家長の家族としての〈遊女〉は、家長権の下にあるという点で下人・所従に近いが、一方、相続や分出によって自らの〈イエ〉を形成し得るという点では家長の予備軍ともいえ、両義的な存在とみなし得る。

中世〈遊女〉が家長の地位にあることは、女系相続の前提となっていたと考えられる。では、〈遊女〉の女系相続が行われなくなるのは、すなわち〈遊女〉が家長の地位から転落するのは、いつ頃であろうか。白拍子についてはこれをうかがわせる史料がないため、以下では「遊女」に限定して述べることとする。

家長としての「遊女」は当然に住居の所有者であるから、前掲『古今著聞集』巻一六―五四九等に見える「家のあるじ」は家長を示していると考えられる。「家主」は、鎌倉中後期以降、「亭主」とも呼ばれるようである（『名語記』巻九）。『看聞日記』応永三一（一四二四）年六月二一日条には、

抑此間南都有二喧嘩事一、去南都祇園会之時、田舎人酔狂有二比興之事一、傾城之美女咲レ之。仍田舎人其後件美女并亭主之傾城等殺害、了切腹云々。依レ之田舎人方人大勢寄来、南都之土民等防戦、両方若干被レ討了。但巷説不審。

とある。「亭主之傾城」とあることから傾城が家長であることは明白であり、亭主の下には「美女」が従属してい

た。この構造は中世前期と同様である。ほぼ同じ時期、『山科家礼記』応永一九（一四一二）年正月一六日条には以下のような記事がある。

次遊女葛木亭主、戊刻許ニ中御門高倉ニテアウシ《（横死）》ニ合テ死スト云々。

「遊女葛木亭主」の読みが問題となるが、『看聞日記』を踏まえると、「亭主」をもと小字と見て「遊女葛木＝亭の主」と読むべきだろう。以上の二例から、家長としての「遊女」はこの時期まで一般的なあり方と推定される。相続形態をうかがわせる史料は管見に入らないが、中世前期に引き続いて女系相続を行っていた蓋然性が高いといえよう。

しかし、近世初期までには「亭主」が男性になっていくことが網野善彦によって指摘されている。[12] 網野の挙げた『梅津政景日記』では、慶長一七（一六一二）年一一月二七日条、

一、角ノ館弥介と、院内二郎兵へけいせゐ役銀の出入、内記定候様子、如レ文之両人ニ申付候。…二郎兵へニ申付分ハ、其身ノ外、院内・よこほりのけいせゐのてい衆共、右之様子申理、此方へ差越候へと申付候。

のように、「傾城役」を納める「傾城の亭主」が頻出するが、いずれも明らかに男性と認め得る。『同』同年六月二

（9）第八章第一節（二）で指摘した「階層性」は集団構成員（家長）間のそれであり、ここでいう〈イエ〉内部の階層性とは次元が異なる事に留意されたい。

（10）高橋が「女性ははじめから『非器』なるものとして家長たり得ない存在であった」（一一九頁）としているのは疑問である。

（11）〈イエ〉の原理に立つとされる猿楽の「一座」や、徒弟を抱える手工業者等についても同様に理解できるのではなかろうか。猿楽に関しては脇田晴子「中世芸能座の構造と差別」（『能楽からみた中世』東京大学出版会、二〇一三（初出二〇〇五））等を参照。

（12）網野善彦「遊女と非人・河原者」（『網野善彦著作集』一一、岩波書店、二〇〇八（初出一九八九））。

六日条・七月一七日条・八月一二日条に、「けいせい屋の茂左衛門」が死んだ後、その傾城である「十蔵」が「茂左衛門女房分ニ罷成候」と主張して跡敷のことを「諸事仕」ったとあるように、この時期、「遊女」が傾城屋を差配することは、男性亭主の後家としての立場でなされるに過ぎなかったと思われる。

以上から、おおよそ一五世紀後半から一六世紀にかけて、「亭主」が女性から男性に変わる画期があったと推測される。この間の「亭主」史料としては、文明一〇（一四七八）年前後の『猿源氏草紙』に「亭主」が所見している例（第五章第二節（二）前掲）、天文五（一五三六）年頃の「宗三〈加地〉折紙」（『久我家文書』五四八）で「洛中洛外局公事儀」が「所々亭主中」に宛てられている例等を挙げられるが、いずれも性別を明らかにし得ない。[13] ただ、「亭主」の文言はないが、成化七（一四七一）年の『海東諸国紀』「日本国紀」国俗に「富人取二女人之無レ帰者一、給二衣食一容二飾之一、号レ為二傾城一」とある。朝鮮側の史料であることを考えると「富人」が男性を指す可能性が高いのではないか。不確かながら、おおよそ一五世紀半ばを境として亭主が男性に変わりつつあったのではなかろうか。

その背景としては、戦国期になると一般に男性による公的領域の独占が進み、〈イエ〉内部で納税主体の男性化が起こるという指摘が参考になる。[14] 実際には女性が働いており座の権利や財産権を持っていたとしても、公的には、つまり領主と関係する部分においては男性名義とされて、女性労働は「内助の功」としてシャドウ・ワーク化するというのである。前掲「宗三〈加地〉折紙」から明らかなように、傾城屋の「亭主」は〈イエ〉の納税主体であった。とするならば、「遊女」の〈イエ〉においても社会一般と同様に納税主体の変化が起こったと考えるのが妥当であろう。その場合、上部権力と関わる神人・寄人・供御人等の帰属身分は、もはや「遊女」のものではなく、男性＝亭主の身分として認知されるようになるものと考えられる。

〈イエ〉の家長が女性から男性へと変わることは、家長としての「遊女」およびその予備軍としての家族＝「遊女」という形態が基本的に消滅することを意味している。もちろん男性亭主の配偶者や娘が「遊女」として売春を行なうケースは想定されるし、先にも述べたように、「遊女」が後家として一時的に家長権を代行することはあり得ただろうが、「遊女」の女系相続はもはや行われなくなっていったと推定される。

第五章・第六章で述べたように、「遊女」の集団は〈イエ〉を基礎とし、その家長によって構成された。「遊女」たちはこの集団を通して上部権力と関係し、競合者を排除していたと考えられる。したがって、家長が「遊女」ではなく、男性家長に代わることは、集団のあり方にも大きな影響を与えたのではなかろうか。

その影響は、集団の再生産の面でまず表れてくるように思われる。この時期以降、集団の外部から流入してくる女性が、下人・所従としての「遊女」になる例が目立ち始めるからである。例えば先にみた『海東諸国紀』の場合、身寄りのない女性を「富人」が「取」って傾城にするとあり、集団外の女性が多数抱えられているようである。「興福寺大般若経B本（良尊一筆経）」巻三三〇奥書（一五五二年）には、

天文廿一年〈壬子〉七月十日、於二春日社般若屋一書二写之一訖。…丹後国之女房巡礼三人アリケルヲ、手掻《テカイ》ノヤキモチウリノ女房所行ニテ、三人ノ内十九オニナル巡礼ヲ一人タブラカシテ、今辻子ノケヰセヰヤヱ一昨日八日ノ日、ウリ畢。…ヤキモチウリ此度ノミニアラズ、当年モ二三人巡礼ヲウリ畢之由、風聞在レ之。先代未聞曲事也云々。

という記事があり、人身売買が行われている。この時期「遊女」に関する人身売買の事例が目につくようになるのは、内乱期という社会情勢に加えて、下人・所従としての「遊女」のあり方が一般化するという、「遊女」社会内

---

(13) 服藤早苗「日本における買売春の成立と変容」（服藤早苗・三成美保編『権力と身体』明石書店、二〇一一）は『猿源氏草紙』について「言葉遣いからして『亭主』は女性の可能性が高い」としていたが、服藤注5前掲書では、近世の挿絵で男性に描かれていることから、「性別は不明と訂正」されている。

(14) 田端泰子「大名領国規範と村落女房座」（女性史総合研究会編『日本女性史二　中世』東京大学出版会、一九八二）および脇田晴子「性別役割分担と女性観」（『日本中世女性史の研究』東京大学出版会、一九九二（初出一九八二））。

部の変化も関係していると思われる。恐らく、こうした下人としての「遊女」が、年季奉公人化を経て、近世遊女に繋がっていくのではないだろうか。

第三節　社会的地位の変容

前節では、戦国期に「遊女」が家長の地位から転落して下人化することを論じた。これは〈イエ〉内部における勢力交代であるから、〈イエ〉（例えば「傾城屋」）と社会との関係そのものには大きく影響しなかったものと考えられるが、一方「遊女」個人に即して考えるならば、公的領域から排除されるなど、社会との関係は大きく変化するのではないかと予測される。帰属身分については既に述べたので、ここでは髙橋説に則り、全体社会との関係を示す職業身分、出生身分、イデオロギー身分の変化を概観してみたい。

まず職業身分に関しては、基本的には「遊女」「傀儡子」「傾城」「白拍子」等がそれに該当するものと考えられる（第七章第五節参照）。「遊女」と「傀儡子」とは鎌倉中・後期に統合されるが、「遊女」「傾城」「白拍子」等の呼称が中世後期を通じて一般に用いられたことは、第八章第二節で既に述べた通りである。なお、髙橋は職業身分を「社会的分業が家業＝イへの職能として固定」したものとして考えているが、下人・所従に対しても「遊女」「白拍子」等の呼称が用いられる場合があること、家長から下人への転落が一般化した後も「遊女」の呼称に変化が見られないこと等を踏まえれば、職業身分は必ずしも〈イエ〉に対してのみ与えられるものではなく、個人レベルにも適用されるケースを想定した方がよいのではなかろうか(15)。

髙橋が出生身分として挙げるのは、貴種・侍・百姓等である。これらは「家格」すなわち「イへの社会的な格づけ」に関するものであり、「下人のうちイへをもたないものは当然出生身分ではない」とされている。「遊女」の出生身分を示す史料は見あたらないが、官位・官職を持たず、訴訟・納税主体になり得ることから、基本的には被支配身分としての百姓であったと考えてよいだろう。[16]下人化によって、「遊女」は百姓身分を喪失すると考えられる。

高橋によれば、イデオロギー身分は既存の諸身分を特定の価値観によって分類・統合し、支配・差別・搾取等の根拠として機能する観念的身分関係であるとされる。先行研究でいわれてきた「遊女」の「卑賤視」を考える上では最も注目される身分といえよう。高橋によれば、中世におけるイデオロギー的な身分関係の「大枠」は、人―人ナラヌモノ、世間―出世間、浄―不浄の三次元の座標軸によって区分され、①イヘを代表する世俗の身分人として社会の大部分を占める「人」、②出家してイヘから離脱した「僧侶」、③下人などイヘを構成し得ず他から給養される「童」、④以上の三身分とは浄―不浄の座標軸によって厳然と区別され世間から峻拒される「非人」の四身分から成り立っていた。

「遊女」の研究史を概観すると、「異民族」あるいは非定住民として常に差別されたとする説と、南北朝期になって賤視・差別を受け始めるとする説との違いこそあれ、基本的に「遊女」史は被差別民との関係で論じられてきたということができる（序章参照）。したがって先行研究が遊女への「卑賤視」や「差別」をいうとき、そこでイメージされていたのは「非人」としてのそれであったと考えられるが、[17]果たしてそのようにいうことができるだろうか。「非人」の身分的特質が社会からの疎外にあり、「人マジロヒ」をしない（し得ない）点にあったことは周知の通りであり、[18]具体的には婚姻規制、[19]共食規制[20]等の形で「峻拒」が行われたと考えられる。しかしながら、遊女の場

(15) 例えば高橋が職業身分とする武士の場合を考えても、家長以外が武士と呼ばれることは一般的と思われる。
(16) 「遊女」や白拍子が女房（「諸大夫」「侍」に相当する）となった事例はいくつか確認できるが、家格として固定化するには至っていない。
(17) 網野注12前掲論文は「遊女と非人に対する社会の賤視、差別が根を同じくしている」と述べている。
(18) 丹生谷哲一「中世における他者認識の構造」（『日本中世の身分と社会』、塙書房、一九九三（初出一九八九））、西山良平「『病草紙』の歴史学」（『杏雨』九、二〇〇六）。

合には院・天皇から貴族・下級官人・武士・職能民に至る諸階層と婚姻関係を持ち得たことが明らかであり、宴会への同席事例（第七章参照）から共食規制がなかったことも明白だろう。また「遊女」の家はしばしば宿泊所として利用され、そこでは性交渉のみならず世間話や和歌を通じた交流すら持たれていた（序章参照）。このような「遊女」を、「人マジロヒ」をしない「非人」と同一視することは到底できない。度々引用した『猿源氏草紙』でも遊君蛍火が猿源氏と酒宴を持ち婚姻に至っているように、あるいは『梅津政景日記』で傾城十蔵の婚姻が何ら奇異なものとされていないように、「遊女」が「人マジロヒ」をすることは時代が下っても変わらなかった。本章で述べたことを踏まえるならば、「遊女」は、神人・寄人等としての「人」、下人・所従（あるいは家族）としての「童」、出家した「僧侶」（尼）[21]の間を移動する、ごく一般的なあり方を示しており、戦国期以降はその中でも「童」としてのあり方、つまり下人・所従としての「遊女」のあり方が主流化すると見るべきだろう。上杉聰は、明治初期の「娼妓解放令」と「賤民廃止令」とを比較し、娼妓は下人などと同じく社会の「下」にある奴隷的・半奴隷的な存在であり、社会の「外」にある「賤民」とは区別されるとした。上杉は、一八世紀末に出された幕府の命令で、穢多の女性は娼妓になれないとされていることも指摘している。[22]この指摘を踏まえれば、中世・近世を通じて「遊女」は被差別民とは区別される存在であり、戦国期に一般化する下人・所従としての「遊女」のあり方が、明治初年まで継続していたといえそうである。

しかしその一方で、上杉が「娼妓は通常の婚姻関係から倫理的に外れるために、時として『社会外』と見なされる場合もある」と述べているように、観念的なレベルで「遊女」への「卑賤視」が次第に強化されていくことは、紛れもない事実である。

今堀太逸は、法然伝諸本の比較から、鎌倉時代中頃までは、今様を謡うことが遊女の信心と考えられていたこと、しかし鎌倉後期、一四世紀になると、遊女が念仏教化の対象として特別視されるようになり、罪業深い存在として描かれるようになること、そうした変化は、説話集とも共通することなどを指摘した。[23]今堀が挙げた『撰集抄』巻五―一一には、「遊女」が「仏の大にいましめ給へるわざをする」存在として描かれており、「遊女」の特別視が仏教的な罪業感から始まっていくことをうかがわせる。この時期には、他にも嘉暦元（一三二八）年成立の『律宗行事目心鈔』が、叡尊の言葉として「不レ可レ宿二君長者家一、衒二売女色一家故、可レ宿二余家一也」という記述を載せる。この時期に仏教側で遊女の罪業視が強まり、今様往生思想が見られなくなっていく背景には、もちろん仏教思想の展開が関わっていようが、『律宗行事目心鈔』が「女色」を問題としていたことからもうかがわれるように、その前提として、鎌倉中後期以降の「遊女」が売春性を前面化させていったという事情が存在していたことは間違いない。

こうした仏教的な側面での「遊女」の罪業視は、一定程度社会に影響を与え、「遊女」や、あるいは買売春に関わる〈遊女〉全体の卑賤視に寄与したと思しい。例えば七章で触れた応長元（一三一一）年七月二二日付「鎮西下知状」からは、「古白拍子」という言葉が、当時「悪口」になり得たことがうかがわれる。(24) また貞和五（一三四九）年一二月二一日付「最勝光院政所裁許状案」では、「善哉女」が度々の召喚に応じないことが非難されているが、その際「善哉女者、遊女放埒之間、無レ處二于催促一」とされている。(25)『建内記』嘉吉元（一四四一）年一〇月一一日条では、甘露寺親長に仕える官女に「女屋之女」であるという誣告がなされ、虚報と判明したため誣告した男を侍

---

(19) 『今昔物語集』巻一六―三四。
(20) 黒田日出男「史料としての絵巻物と中世身分制」（『境界の中世　象徴の中世』東京大学出版会、一九八六（初出一九八二））。
(21) 『閑居友』、『とはずがたり』など、出家した「遊女」の例は多い。
(22) 上杉聰『明治維新と賤民廃止令』序章、解放出版社、一九九〇。
(23) 今堀太逸「法然の絵巻と遊女」（『神祇信仰の展開と仏教』吉川弘文館、一九九〇（初出一九八六））。
(24) 『肥前後藤家文書』、『鎌倉遺文』二四三七六所収。
(25) 『東寺百合文書』さ函一六・一八号。

所に突き出す騒ぎが起きている。いずれも、〈遊女〉への人格的な蔑視が感じられる。さらに一五世紀初頭、東寺関係者によって書かれたとされる『貞観政要格式目』「并三家者位牌事」は、いわゆる差別戒名の様式に触れる中で「三家者」（坂の者＝非人かとされる）の異民族起源説を展開し、その「類例」に「傾城」を挙げている。

　三ケ類例ト者、渡シ守リ・山守リ・草履リ作リ・結《ユイ》筆・墨子・傾城・癩者・伯楽等、皆連寂衆ト云也。唐士トモ云、是ヲ云二非人ト一也。千駄櫃ノ輩トモ云也。

ここからは、先にみたような「遊女」と「非人」の違いにも関わらず、一五世紀には「遊女」が「非人」と観念的接近を見せていることがうかがえよう。『貞観政要格式目』は一六世紀から一七世紀にかけて多数の写本が製作され[26]、一八世紀になると同書の影響を受けつつ被差別民の異民族起源説が広範に展開されていく[27]。その中には、近世の『政談』や『弾左衛門由緒書』等、「遊女」を被差別民と見なす言説が散見されるが、こうした「遊女」観は、一三世紀後半の変化を契機とする「遊女」の卑賤視の中で、既に準備されつつあった。

　一方で、『貞観政要格式目』の書写が一六世紀以降に盛んになることにも注意が必要である。横田冬彦によれば、近世初期には遊女と非遊女としての一般女性（町女）という二分法的観念があったとされる[28]。このことは、売春を行う女性としての「遊女」が、売春を行わない女性としての「町女」との対比で特殊視され始めるということを意味している。横田はその直接の契機として、近世遊廓の形成に伴う身分的・空間的分離を挙げるが、横田自身が述べているように、遊廓形成以前に既に遊女屋が町共同体によって排除されていた以上、むしろそうした観念の形成が先にあった可能性を否定できない。脇田晴子が「はっきり隔離されて『辺界の悪所』を形成するにいたる動きは中世社会のなかで進行していった」と述べているように[29]、「遊女」の特殊視は戦国期にその画期を求めるべきではなかろうか。前節で、一五世紀後半から一六世紀にかけて、「遊女」が家長たり得なくなっていくことを指摘し、その背景として、男性による公的地位の独占と、それに伴う女性一般の地位の低下、〈イエ〉内部への囲い込みの強化を想定した。まだ見通しの段階にとどまるが、この時期に男女関係の大きな変化があったとすれば、それがセクシュアリティの問題――女性の「貞節」にまで影響している可能性は十分に考えられる。儒教的性倫理・性規範の拡がり、特に都市におけるそれが、右に挙げたような「遊女」と「町女」の二分法的観念を生み出したのではなかろうか。近世初期に成立した文例集である、コリャード『懺悔録』には、「本性がのうて面目・恥辱等をも知らいで、そのまま傾城になって、上郎町へ罷り行て」といった記述が見られる。傾城になることは、「恥辱」と見なされるようになっている。またこの時期以降、遊女屋が多く所見することを踏まえると、性規範の変化に応じて、売春性を強めた「遊女」への新たな社会的需要が生じてくるものと予想される。

私見では、「遊女」の卑賤視や特殊視は、まず一三世紀後半の芸能性減退、売春性前面化に伴って起こる。初期においては、仏教的な罪業の問題として、「遊女」の売春が取り上げられていたが、それが次第に社会に波及していく。しかしそうしたまなざしが広範な社会的広がりを持ち始めるのは、〈イエ〉における男女の地位とセクシュアリティが大きく変容する一五世紀後半から一六世紀にかけてのことと考える。こうした展望の当否については、近世のセクシュアリティをめぐる議論も踏まえた上で、今後引き続き検討していきたい。

---

(26) 牧英正『差別戒名の系譜』阿吽社、二〇一四。史料引用も同書(栗田文庫本)による。
(27) 上杉注22前掲書、序章。
(28) 横田冬彦「『女大学』再考―日本近世における女性労働」(脇田晴子・S. B. ハンレー編『ジェンダーの日本史』下、東京大学出版会、一九九五)、同「混血児追放令と異人遊郭の成立」(ひろたまさき・横田冬彦編『異文化交流史の再検討』平凡社、二〇一一)。
(29) 脇田晴子「町における『女の一生』」二二八頁(脇田注14前掲書、初出一九九〇)。

第四節　まとめ

本章では、「遊女」の〈イエ〉の変容から、中世後期における身分的変容を見通した。その内容を簡単にまとめておく。

①「遊女」は〈イエ〉を有しており、内部には家長としての「遊女」と下人・所従としての「遊女」の二つの階層があった。

②一五世紀後半頃、「遊女」の〈イエ〉内部で男女の勢力交代が起こり、「遊女」が一般に家長としての地位を喪失する。この結果、女系相続は行われなくなり、下人・所従としての存在形態が「遊女」の主要なあり方となっていく。

③家長の地位を喪失したことにより、「遊女」は神人・寄人等としての帰属身分や、百姓としての出生身分など、〈イエ〉の公的位置付けに関わる身分を失うと考えられる。一方、個人に対して与えられる職業身分・イデオロギー身分に関しては変化が見られない。

④「遊女」は中世を通じて非人としてのイデオロギー身分を与えられておらず、「遊女」への「卑賤視」は非人とは別の筋道で、恐らく男女の性規範をめぐる問題として考える必要がある。

以上のような一五世紀後半～一六世紀の変容を経て、中世「遊女」は近世遊女に連続していくものと考える。白拍子については、〈イエ〉を有する点を確認できたが、〈イエ〉の変容の有無については史料的制約もあって論及できなかった。今後の課題としたい。

終章

本書の成果と課題

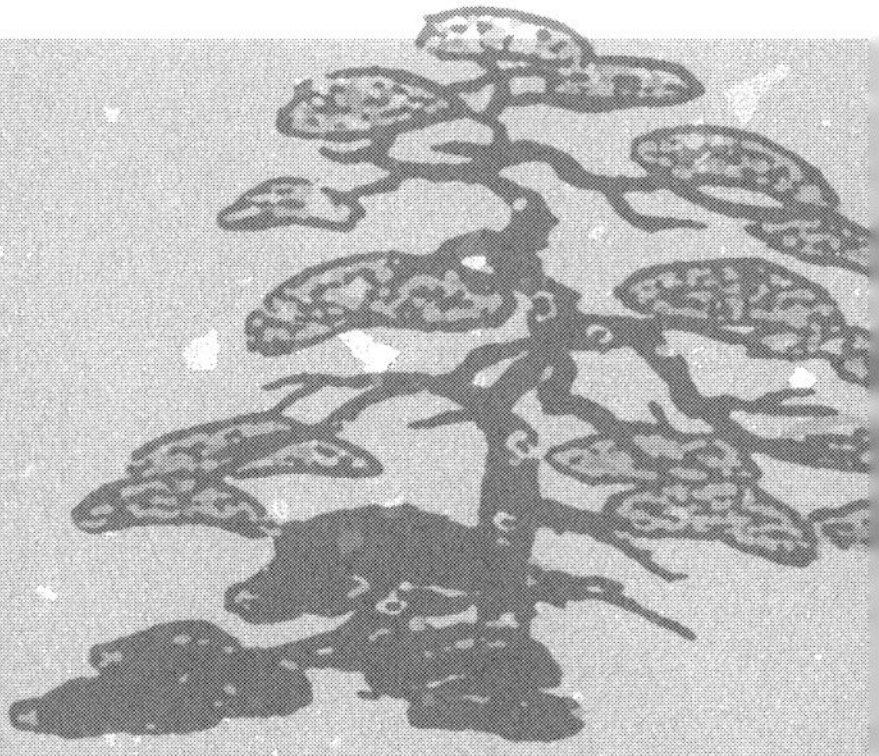

以上、本書では中世〈遊女〉の生業と集団・身分との関わりを論じてきた。本書が明らかにしたことを簡単にまとめておこう。

まず、第一部では、〈遊女〉の生業の一つである芸能、特に今様と白拍子に着目し、〈遊女〉が誰に、どのように需要されたのかを論じた。

「遊女」が歌謡を生業に取り込むのは、九世紀の発生当初からのことではなく、一〇世紀末になってからのことであり、さらに歌謡が前面に押し出されてくるのは一一世紀末になってからのことである。こうした「遊女」側の動向を、社会における今様の流行現象と関連するものと考え、社会的な需要と「遊女」側の動向との相互関係について考察した。一一世紀半ばごろから貴族社会で「遊女」の今様に対する関心が強まり、一一世紀末頃からは一部の貴族・官人たちが「遊女」との人脈や自身の芸能を活かして、より上級の貴族と繋がろうとし始める。この時期の貴族・官人の関心は、何よりも「遊女」の芸能にあった。この時期、「遊女」側でもこうした需要を受け止めるため、今様を生業の前面に出す動きが起こり、貴族社会への依存度を高めていった。しかし貴族・官人たちの関心は、新興芸能に関する人脈・能力を活かして自らのプレゼンスを高めることに置かれていたため、彼らはより朝廷社会に受け入れられやすい形に高尚化した今様を志向し始める。こうした動きによって今様の儀式化・固定化が進むと、今様が本来持っていた芸能としてのエネルギーは失われ、今様の流行は終息する。貴族たちが「遊女」の芸能に寄せる関心も急速にしぼんでいき、芸能を前面化していた「遊女」たちは大きな影響を受けざるを得なかった（第一章）。

後白河と「遊女」との関係、後鳥羽と白拍子との関係は、こうした貴族層の動きを追いかけ、貴族たちの人脈を利用する形で始まっている。この時期、天皇・院がさまざまな芸能を実践し、興隆させることが臣下を取り立てることにつながるという「諸道」観念が生じていた。これは、芸能によって上位者と繋がろうとする貴族・官人たちの動きに呼応した王権側の動きといえる。後白河は、詩歌管絃の素養を欠いていたために、自らが得意とする今様や蹴鞠の地位を高め、そうした自らの遊芸的素養を儀礼の場でアピールした。後白河の場合にはそのアピールが貴族だけではなく雑人にも向けられていた点が特色といえる（第二章）。

一方、詩歌管絃をはじめとしてあらゆる芸能に通じた後鳥羽の場合には、貴族社会内部に向かう意識がより明確に見受けられる。重要なのは、こうした天皇・院の芸能が、個人の帝徳を高めるための手段だったという点である。後白河・後鳥羽と〈遊女〉との関係も、彼女たちから新興芸能を摂取する目的のために取り結ばれていたと考えられる。したがって、後藤・網野が強調したように、朝廷が組織的に〈遊女〉を召し抱えることは求められていなかったのであり、王権と〈遊女〉との関係を過度に強調することは誤りであるといえよう（第三章）。

寺社もまた、今様流行の中で、法楽のために〈遊女〉の芸能を必要とした。春日若宮拝殿には「遊女」や白拍子が組織されており、彼女たちは社殿で法楽として芸能を奉仕することを基本的な職務としていたと思しい。このため、今様流行が終息すると拝殿「遊女」は見えなくなるが、拝殿白拍子は中世後期まで残り続けるなど、芸能の流行状況に応じた展開の相違が見られる。このような〈遊女〉との関係は、他の寺社においても断片的ながら推定できる例がある。このことは、春日若宮の事例が特殊なのではなく、〈遊女〉の芸能に対する社会的な需要の中で生じた、ある意味で普遍的な現象であった可能性を示していよう。また、拝殿の〈遊女〉たちは寺社での奉仕以外に、私的な営業を盛んに行っている。このことは、〈遊女〉の存在形態を寺社との関係のみでとらえるのではなく、〈遊女〉の側から、生業のありように即してみていく必要があることを示している（第四章）。

第二部では、〈遊女〉の集団構造を分析し、そうした集団が生業の変化によっていかなる変容を遂げるのかを論じた。

「遊女」集団の場合、長者と、﨟次制に基づく上首とが執行部を構成し、その他多数の一般「遊女」を指導する座的な構成になっている。しかし長者は﨟次制の外部に位置付けられており、他と比べて異質な存在である。長者と上首の成立時期を見ると上首の方が先行していることから、少なくとも一一世紀前半までには、各地に集住していた「遊女」の中に階層性を持った自律的集団が成立し、一一世紀半ば以降、今様流行に伴って上部権力の側に「遊女」集団を補足することへの欲求が高まると、権力側とつながる有力者として長者が設定されるのではないかと推測した（第五章）。

また、「遊女」集団には、「遊女」の生業を支えるスタッフとして、舳取・篷指などの女性従者がおり、彼女たちは経済的に「遊女」に強く依存した存在形態をとっていたと見られる。一方でこれまで「アルバイト遊女」と見られていた「湍繕・出遊」は、経済的に困窮した女房たちが「遊女」集団の外部で売春行為を行っているものであり、「遊女」集団にとっては競争者とみなし得ることを指摘した（第六章）。なお、白拍子については集団構成を示す史料が殆どないため、考察は「遊女」集団に限らざるを得なかった。

第三部では、〈遊女〉の身分について分析し、〈遊女〉と社会との関係が生業の変化によっていかなる変容を遂げるのかを論じた。

先行研究が〈遊女〉と女房との互換性を強調してきたことから、絵画史料に見える〈遊女〉の行動様式を女房・従女と比較したところ、〈遊女〉は女房よりもむしろ従女や庶民女性との親和性を持つこと、それ故に、〈遊女〉が女房になることは比較的容易にできるが、女房が〈遊女〉になるのはかなり特殊な事例と見られることが明らかになった（第七章）。

一三世紀後半に今様流行が終息すると、集団形態と身分の面で「遊女」には大きな変化が訪れる。まず、それまで今様の正統性を保証してきた本拠地への集団居住が必要なくなるため、本拠地の移動や、客の多い大都市への流入が起こったと考えられる。次に、芸能性よりも売春性が前面に出てきたことにより、「遊女」の呼称やイメージは「傾城」「好色」「淫女」といった性愛中心のものに変化し、彼女たちを容色のみによって評価するようになるなど、「遊女」と社会との関係は大きな変容を迫られた。一方で、今様を生業としない白拍子は中世においても芸能性を前面に保持するなど、「遊女」たちとは異なる歴史的展開をたどる（第八章）。

このように芸能性を減退させ、売春性を前面に出した「遊女」のありようは、中世後期の「遊女」につながっていくものであるが、そこから近世の「遊女」に至るには、さらにいくつかの変容を経る必要がある。もっとも重要な点は、中世の「遊女」は〈イエ〉の家長として自由な裁量権を有し、排他的な集団を形成していたが、一五世紀後半から一六世紀にかけて、他人に使役される下人（下女）としての「遊女」の存在が一般化し、集団外から流入して「遊女」となる女性の割合が増大していくことであろう。この頃にはまた、遊女と、非遊女としての一般女性を二分法的に区別するまなざしが成立するとされている。この点は展望にとどまるが、その背景にはおそらく性倫理・性規範の変化があり、「遊女」に対する社会的需要のありようが変化していくのだと予想される。ともあれ、「遊女」の下人化と特殊視によって、中世「遊女」は、廓に囲われて隔離され、主人に使役される近世的な「遊女」への道をたどり始める（第九章）。

このように、中世「遊女」の歴史的展開には、いくつかの画期がある。一つ目の画期は、これまでの研究で示されていたように九世紀後半、売春を行う存在として社会から「遊女」と見なされ始める時期である。二つ目の画期は、一〇世紀末から一一世紀にかけて、今様を生業に取り入れる時期である。社会で今様が流行すると、「遊女」は遊女と傀儡子に分化して集団化を遂げ、集団には権力とつながった長者が生まれる。貴族たちも遊女・傀儡子の今様を求めるようになると、遊女・傀儡子は次第に今様を前面に押し出すようになり、集団内で流派意識を育てて今様を管理し始め、貴族の邸第に出かけて今様を披露するようになる。三つ目の画期は、一三世紀後半、今様流行の終焉によって芸能性よりも売春性を前面に出すようになる時期である。遊女・傀儡子は再び「遊女」として同一視されるようになり、社会におけるイメージは性愛を中心としたものに変わっていった。「遊女」が都鄙の往反をやめて都市部などに流入し始め、集団は再編成を余儀なくされた。四つ目の画期は、一五世紀後半から一六世紀にかけて、「遊女」が家長としての地位を失い、男性家長に従属するようになる時期である。「遊女」の自律性と集団性は失われ、集団外の女性が「遊女」に流入し始める。また「遊女」を一般女性とは区別するまなざしが広範に定着し、近世の遊廓社会へと連続していく。一つ目と四つ目の画期は売春に関わるもの、二つ目・三つ目の画期は芸能に関わるものであり、いずれの場合も生業構造の変化が、集団や身分をドラスティックに変えていった。一方白拍子は、こうした「遊女」の歴史的展開とは、全く異なるルートをたどる。こうした性格の異なる画期や、〈遊女〉間での展開の相違は、売春のみ、あるいは芸能のみを見ていては見えてこないものであり、〈遊女〉の複合的な生業をトータルに捉えることによって初めて、〈遊女〉史を描くことができるのである。

とはいえ、本書が論じ残した問題はあまりにも多い。最後にいくつかの課題を記して、今後の展望としておきたい。

まず、本書は九世紀から一二世紀を中心に、また売春を中心に語られてきたこれまでの研究史を相対化するべく、一三世紀以降、芸能を中心にした立論を行ってきた。しかし一三世紀後半の今様流行終焉がもたらす影響に注力するあまり、売春性を再び前面化してから後の「遊女」のありようや、一五・一六世紀の変容についてはほとんど論じることができず、結果として近世「遊女」への展望が単なる見通しにとどまってしまった。中世後期の「遊女」史については史料もかなり残されているので、今後改めて論じていきたい。

また、同様の理由により、本書は従来の〈遊女〉史に芸能史的視点を加味した形になってしまっている。序章で指摘した旅宿の機能についても論じることができていない。〈遊女〉の生業の複合性を有機的連関として捉えていくことが今後必要である。その際、第七章で取り上げた酒宴の場は、一つのキーワードになり得るのではないかと考えている。酒宴には余興としての芸能がつきものであるが、既に見たように、中世前期においては酒宴で男性と同座し、声を聞かせること自体がセクシュアリティとつながる要素を含んでいた。一方で、『とはずがたり』の後深草二条が遊女姉妹と酒を飲み、奏楽をしていたように、遊女の家に宿泊する場合にも、必ずといっていいほど酒宴が開かれている。中世後期には遊女屋が酒宴の場として使われる事例が散見され、多数の男性が集まる集会場としての機能も果たしていた。滝川政次郎は、「宴席は枕席に連なるものであって、遊女が芸能を施すことは、男子が性交に先立って行う前技に等しい」、「宴席なき枕席は、前技なき房事に等しい」などといった彼一流の言い回しでもって、宴席を軸とした芸能と売春の有機的連関に言及している。[1]「遊女は一面芸能人であるがその芸能は原則として徴嬖を求める手段の程度を出でない」とまで言い切ってしまうのは問題だと思うが、酒宴の場とその変容を軸として見ていくことで、〈遊女〉の生業を一体的に捉える手掛かりが得られるのではないか。「遊女」に見られるこうした生業の連関が失われ、「売女」によってむき出しの性の売買が行われるようになる点にこそ、おそらく近世段階の買売春の特質があるのであろう。[2]

本書の論考は、実はその多くが「遊女」を対象としたものである。この点は今様を主軸として論じたことにもよるが、白拍子の集団性を示す史料がほとんどないという点も大きな要因になっている。なぜそうした史料がないのかという問題を含めて、白拍子固有の歴史的展開について考察していく必要を感じている。

「遊女」が行う今様以外の芸能、例えば朗詠などに関する問題、〈遊女〉集団の本拠地と地域社会・交通との関係、〈遊女〉を取り巻く社会関係としての家族のありようなどについても、なお論ずべき点がある。多くの課題を自覚しつつ、本書を終えることとしたい。

(1) 滝川政次郎『遊女の歴史』五四頁(至文堂、一九六五)、同『江口・神崎』一四一頁(至文堂、一九七六増補(初出一九六五))。
(2) 曽根ひろみ『娼婦と近世社会』吉川弘文館、二〇〇三。

あとがき

なぜ遊女の研究を始めたのか、とよく聞かれる。特に劇的な理由があるわけでもないので、口下手な私はいつも返答に窮するのだが、こういう本を書くときっとまた聞かれると思うので、あらかじめ書いておきたい。

私が中高生だった九〇年代半ばには、ブルセラや援助交際が大きな社会問題になっていて、メディアではいつも大人たちが議論を交わしていた。私は田舎の小さな町の純朴な少年だったので、そういった世界はどこか遠いもののように感じていたが、大人たちが「性」に対して示す反応の強さには興味をひかれた。人々が強く忌避する禁忌の中に、私たちの文化を形づくっている何かが垣間見えるように感じて、少しずつ性と文化に関する本を読むようになった。

好きだった隆慶一郎の『吉原御免状』や『かくれさと苦界行』を通して網野善彦の『無縁・公界・楽』を知り、近世・近代の遊女とは異なる、中世遊女の一種の明るさ、また彼女たちを取り巻く男性や家族、関連業者や支配者の存在に関心を覚えたのもその頃である。ただ、大学に入学した頃の私は、社会学か文化人類学か心理学から性の問題に取り組みたいと思っていて、歴史学はあまり意識に上っていなかった。

最終的に歴史学を選んだのは、西山良平先生の授業で説話や絵巻物の世界に触れて、そこに展開する世界の生々しさに驚いたのと、トイレや放火や群盗から社会を解き明かす手法の面白さに惹かれたからだったと思う。時々連れて行っていただいた遺跡や史跡の見学会も、この世界の重層性を見る思いがして面白かった。性に対する私たちの意識にも、歴史的な堆積がある。その層を一枚一枚はがしてみたいと思った。

「史料はないよ」と言われたが、いざ集め出すと、中世遊女の史料は思いのほかに多く、その一つ一つを調べていく過程で、私は多様な人や文化に行き当たった。遊女を通して見える中世の社会は、段々と広がりを見せるようになり、やがて私は、そうした広がりそのものが遊女の生きた世界を示しているのではないかと思うようになった。彼女たちの広範な活動と幅広い人的交流を要求し、また可能にした諸条件について考えることが、中世遊女の明るさを解き明かすことにつながるのではないか。本書はそうした思いで書いた。そしてこの先、そうした明るさが失われていく過程を見ることで、一〇代の私が抱いた疑問に少しずつ近づきたいと思っている。

遊女を研究しようと決めてから、いつの間にか一五年が経った。この間に経験した様々な出会いが、私の狭い世界を広げ、その都度新しい景色へと誘ってくれた。こうした出会いがなければ、本書を書くことは出来なかったと思う。

西山良平先生には、学部三回生の頃から今に至るまで、ご指導を仰いでいる。先生からは、歴史学の楽しさだけでなく、歴史を常に具体的にイメージすること、幅広い分野に開かれた目を持つこと、核となるテーマを持ち様々なアプローチで挑み続ける姿勢など、大切なことを多く学んだ。史料をたくさん並べて満足してしまいがちな私には、西山ゼミで一字一句の持つ重要性を叩き込まれたことも、ありがたかった。先生には本書の出版に際してもお世話になり、草稿にまで目を通していただいた。感謝の言葉もない。結局、ご退職間際までご心配をおかけすることになってしまった。

元木泰雄先生には、やはり学部の頃からお世話になっている。先生に研究報告を聞いていただくと、本人よりもずっと的確に整理してくださるので、それを聞いて自分の言いたかったことに気付くことがしばしばだった。先生はまた、『兵範記』や『台記』の輪読会、各地の巡見などを通して、様々な人々との出会いを提供してくださった。そこで交わされる議論は、政治史音痴の私には難しかったが、中世の人々の活動を、複雑なネットワークと交錯する思惑の中で読み解く作業は楽しかった。

故島崎健先生には、卒論・修論を読んでいただいた。勅撰集の配列や、『枕草子』の諸本論、仮名のくずし字など、先生に教えていただいたことは今とても役に立っている。

博論では、中国芸能史の赤松紀彦先生に副査をお願いした。学部の頃、ごく少人数のゼミで、中国の傀儡戯に関する史料を一緒に読んでいただいたのは、とても楽しく、ぜいたくな時間だった。

博論ではまた、当時立命館大学にいらっしゃった三枝暁子先生にも副査に入っていただいた。先生には日本学術振興会特別研究員の受入研究者をお願いし、「社家記録」の輪読会や北山問答など様々な研究会に混ぜていただいた。議論についていくために寺社や身分論の勉強をした経験は、本書の記述にもそこここで活かされている。先生にはまた、ゼミ運営をお手伝いする機会をいただいた。教育者としての先生の真摯な姿勢をすぐ傍で学べたことは、得難い経験としてその後の教育活動を支えてくれている。

私は多くの優秀な同期に恵まれた。なかでも、長村祥知・坂口太郎・花田卓司の三氏と机を並べて学べたことは幸福だった。彼らは私にとっては畏友であって、それぞれが専門とする分野の知識はもとより、史資料の調べ方、読み方、学会情報、教育法など、実践的なことの多くを、私は彼らとの雑談で学んだ。放恣と怠惰に流れがちな私がなんとかここまでこられたのも、彼らと励ましあい、彼らから刺激を受け続けてきたおかげである。

研究の性格上、国文学・建築史・音楽史・考古学・美術史など、隣接分野の方と接する機会が多い。京都時代には、平安京文化研究会や、平安京の〈居住と住宅〉研究会、藝能史研究會、遊女文化研究会などに参加し、夏休みには中世歌謡研究会の大会にお邪魔した。関東に就職してからは、看聞の会、明月記研究会、日本歌謡学会などに参加している。同じ対象を扱いながら関心やアプローチの異なる研究者と議論することは、歴史学者としての方法論を考えるきっかけとなった。本書第四・五章のもとになった論文で第八回林屋辰三郎藝能史研究奨励賞をいただいたことは、そうした自分なりの方法への自信につながり、随分励まされた。

また、最近では歴史学の中でも、様々な時代・地域の研究に接する機会が増えた。歴史科学協議会や総合女性史学会の委員として、また国立歴史民俗博物館基盤共同研究「日本列島社会の歴史とジェンダー」のメンバーとしての活動は、自己の研究を相対化する上でも、通時的な位置づけを考える上でも、よい刺激となっている。

現在の勤務先である川村学園女子大学では、初めて「史学科」に所属することとなった。教員も学生も、様々な時代・地域でそれぞれの関心を追いながら、歴史学・地理学という共通の基盤に立って議論をたたかわすことのできる場は、いつもにぎやかで楽しく、居心地が良い。知りたいことがあればすぐそばに専門家がいるという状況に、大学という空間の面白さを改めて実感している。自由な研究環境と知的な刺激を与えてくれる同僚の方々、私のまとまらない話を楽しそうに聞いてくれ、いつも率直な感想をくれる学生の皆さんに、感謝している。

お世話になった方々のお名前を一人一人挙げることはかなわないが、多くの方に支えられ、教えられて、今日まで研究を続けてこられた。本書を拙い中間報告とし、研究のさらなる深化を誓って、学恩への感謝を申し上げたい。

本書の出版に当たっては平成二八年度京都大学総長裁量経費人文・社会系若手研究者出版助成の交付を受けた。編集にあたっていただいた京都大学学術出版会の鈴木哲也氏は、初めての出版に戸惑う私を、的確に導いてくださった。注と史料名だらけの本書に華やかな彩りと軽やかさを加えていただいたことを、ありがたく思う。

最後に私事にわたることをお許し願いたい。父・和幸と母・八代子は、困難な季節の中で、長男が研究者の道に進むことを許し、一〇余年に及ぶ遊学を物心両面で支えてくれた。生業を持ち、人とのつながりの中で生きるという人間の生活のありようを、私は両親から学んだ。また妻の裕姫は歴史とは無縁の化学者でありながら、私の話をよく理解し、いつも的確な助言をくれる。彼女は私の研究の頼れる協力者であり、最初の読者でもある。勝手気ままな研究生活を支えてくれる家族に、あらためて感謝の気持ちを伝えたい。

二〇一七年二月

辻　浩和

初出一覧

序　章　〈遊女〉を理解するために
新稿

第一章　今様の流行と貴族社会
「新興芸能の流行と貴族社会への定着過程～歴史的観点から」（『藝能史研究』二一〇、二〇一五）

第二章　後白河と〈遊女〉
「後白河と〈都市民〉」（『古代文化』六〇―三、二〇〇八）

第三章　後鳥羽と〈遊女〉
「院政期における後鳥羽芸能の位置―後白河芸能との関係を中心に」（『史学雑誌』一一六―七、二〇〇七）および「後鳥羽芸能の全体像」（『歴史文化社会論講座紀要』五、二〇〇八）

付論一　院と芸能者たち
「院と芸能者たち」（元木泰雄編『保元・平治の乱と平氏の栄華』清文堂出版、二〇一四）

第四章　寺社と〈遊女〉

第五章　「遊女」集団の内部構成
「中世前期「遊女」の組織とその支配」（『藝能史研究』一九八、二〇一二）を分割収載

第六章　「遊女」集団の階層性
「『遊女記』の所得記載を読み直す」（『梁塵　研究と資料』三〇、二〇一四）
付論二　『梁塵秘抄』三八〇歌「遊女の好むもの」
「『梁塵秘抄』三八〇　遊女の好むもの」（日本歌謡学会編『古代から近世へ　日本の歌謡を旅する』和泉書院、二〇一三）
付論三　『遊女記』『傀儡子記』校異ノート
「『遊女記』『傀儡子記』校異ノート」（『梁塵　研究と資料』二六、二〇〇九）の一部を収載
第七章　〈遊女〉と女房・従女
新稿
第八章　中世前期における〈遊女〉の変容
第九章　中世後期における〈遊女〉の変容
「中世前期における〈遊女〉の変容」（『部落問題研究』二〇一、二〇一二）を分割収載
終　章　本書の成果と課題
新稿

＊本書は、京都大学大学院人間・環境学研究科に提出した学位論文「中世〈遊女〉の身分とその支配」（平成二三年一一月二五日受理）に、その後発表した論考を加えて再構成したものである。いずれの論考も大幅な加筆・修正を行ったが、論旨に大きな変更はない。

図版一覧

図1　遊女・傀儡子の拠点
写真　現在の青墓　著者撮影
写真　現在の鏡宿　著者撮影
写真　現在の室津　著者撮影
写真　応賀寺所蔵毘沙門天像　静岡県・応賀寺蔵　写真提供　湖西市教育委員会
図2　『年中行事絵巻』巻1　朝覲行幸を見物する雑人たち　個人蔵（田中家）
図3　『鶴岡放生会職人歌合』4番　遊女・白拍子　前田育徳会尊経閣文庫蔵
図4　『七十一番職人歌合』30番　立君・辻子君　前田育徳会尊経閣文庫蔵
図5　『東山名所図屛風』第4扇　清水寺門前で酌をする女たち　国立歴史民俗博物館蔵
図6・7　『東山名所図屛風』第6扇　洛中の遊女屋　国立歴史民俗博物館蔵
図8　善導寺本『本朝祖師伝記絵詞』巻3第3段　福岡県・善導寺蔵
図9　國華本『法然上人伝法絵』残闕10　個人蔵
図10　琳阿本『法然上人伝絵詞』巻6第8段　東京都・妙定院蔵
図11　常福寺本『拾遺古徳伝絵』巻7第6段　茨城県・常福寺蔵
図12　真光寺本『遊行上人縁起絵』巻10第1段　兵庫県・真光寺蔵
図13　『法然上人絵伝』巻34第5段　法然の船に近付く遊女の一行　京都府・知恩院蔵
図14・15　『法然上人絵伝』巻34第3段　二組の遊女たち　京都府・知恩院蔵
図16　旧河本家本『餓鬼草紙』第1段　貴族の宴会　東京国立博物館蔵
図17　『七十一番職人歌合』48番　白拍子　前田育徳会尊経閣文庫蔵
図18　『春日権現験記絵』（模本）巻13第3段　今様を謡う童　東京国立博物館蔵
図19　『一遍上人絵伝』巻4第1段　筑前の武士の館　神奈川県・清浄光寺（遊行寺）蔵

図20　『扇面古写経』（模本）法華経巻7扇4　謡う男と鼓の女　東京国立博物館蔵
図21　下総国分寺跡出土墨書土器　「遊女」の初出　市立市川考古博物館蔵
図22　〈遊女〉呼称の変遷　著者作製
図23　現在の室津　著者撮影
図24　『藤の衣物語絵巻（遊女物語絵巻）』第6段　遊女の住居　個人蔵（細見家）
図25　現在の鞆の浦　著者撮影

索　引（事項 / 人名・地名 / 史料名）

■事項索引

■人名・地名索引

■史料名索引

著者略歴

辻　浩和（つじ　ひろかず）
川村学園女子大学文学部史学科専任講師
専攻は日本中世の文化史・芸能史
1982年，鹿児島県で生まれる
2012年，京都大学大学院人間・環境学研究科博士後期課程（共生文明学専攻）修了
博士（人間・環境学）
日本学術振興会特別研究員（PD）を経て，2014年より現職
各地の祭礼に出没する

（プリミエ・コレクション　82）
中世の〈遊女〉——生業と身分

平成29（2017）年3月31日　初版第一刷発行

著　者　辻　浩和
発行人　末原達郎

京都大学学術出版会
京都市左京区吉田近衛町69番地
京都大学吉田南構内（〒606-8315）
電話（075）761-6182
FAX（075）761-6190
Home page http://www.kyoto-up.or.jp
振替 01000-8-64677

ISBN978-4-8140-0074-6
Printed in Japan

印刷・製本　亜細亜印刷株式会社
ブックデザイン　森　華
定価はカバーに表示してあります